高能级创新平台实战

守正创新笃行

李林 ◎ 编著

编委会成员（排名不分先后）

杨　颖　陈建雄　孙伟峰　李小满　沈振宇
陈　皓　张晶福　刘玉宗　肖月丽　彭俊江
王　耿　周晓彤　黄南根　王　静　李　栎
莫洪波　肖黎亚　唐成明　陆浩凯　黄志华

经济日报出版社

图书在版编目（CIP）数据

高能级创新平台实战：守正　创新　笃行 / 李林编著 . -- 北京：经济日报出版社，2023.10
ISBN 978-7-5196-1331-0

Ⅰ.①高… Ⅱ.①李… Ⅲ.①轨道交通 - 交通设施 - 装备制造业 - 技术革新 - 科技中心 - 中国 Ⅳ. ① F426.47

中国国家版本馆 CIP 数据核字（2023）第 113385 号

高能级创新平台实战：守正 创新 笃行
GAONENGJI CHUANGXIN PINGTAI SHIZHAN:SHOUZHENG CHUANGXIN DUXING

李　林　编著	
出　　版	经济日报出版社
地　　址	北京市西城区白纸坊东街 2 号院 6 号楼 710（邮编 100054）
经　　销	全国新华书店
印　　刷	北京虎彩文化传播有限公司
开　　本	710mm×1000mm　1/16
印　　张	24.5
字　　数	335 千字
版　　次	2023 年 10 月第 1 版
印　　次	2023 年 10 月第 1 次印刷
定　　价	78.00 元

本社网址：edpbook.com.cn　　　　　微信公众号：经济日报出版社
未经许可，不得以任何方式复制或抄袭本书的部分或全部内容，版权所有，侵权必究。
举报电话：010-63567684
本书如有印装质量问题，请与本社总编室联系，联系电话：010-63567684

推荐序一

创新驱动轨道交通求新求变

制造业是立国之本、强国之基，是国民经济的重要组成部分。只有做强了中国制造，实体经济的振兴才有强劲动力。

近年来，全球范围内新一轮科技革命和产业变革与中国式现代化发展形成历史性交汇，我国制造业发展的环境和动力发生了深刻变化。打好轨道交通核心技术攻坚战，实现高水平科技自立自强，始终把创新驱动发展放在首位。

创新驱动下的轨道交通装备产业，经历了从"常速向高速、普载向重载、直流到交流、进口到出口"的四次历史跨越，实现了从追跑、跟跑、并跑到领跑。随着交通强国、制造强国战略的深入实施，轨道交通装备产业的发展主题将是"创新、绿色、智能"，是"能源向储能、能量向智能"跃进的重要关键期，谁攻克了创新难题，谁就能掌握未来轨道交通装备产业的话语权和制高点。

2012年7月，我参加国家"制造强国战略研究"项目时提出了整合行业创新资源、建设国家级创新中心的建议。随后，同李林主任申报创建轨道交通装备国家级制造业创新中心，点燃了推动轨道交通装备产业实现跨越式发展的激情。

创新重在实践。希望国创中心团队继续发挥国家级制造业创新中心的平台优势，坚持求变求新、守正创新，在走向科技强国的道路上"创下一个新"，实现高新技术产品的快速迭代升级，让中国高端装备走向世界、誉满全球。

刘友梅

中国工程院院士
中车株洲电力机车有限公司专家委员会主任
国家先进轨道交通装备创新中心专家委员会主任

推荐序二

创新只有进行时没有完成时

因为"国家制造业创新中心"的缘故,我与李林主任合作有近五年的时间。在这五年时间里,我有幸参与了国家先进轨道交通装备创新中心(以下简称"国创中心")的筹建、申报、发展等相关活动,见证了它的成长与发展。这一切都让我极为振奋,当被邀请为这本书作序时,我欣然接受了。而李林主任一直沉浸于国创中心,依托于所学的理论基础和对国创中心的系统思考,使得这本书也呈现出独特的实践意义与理论价值。这是一部关于思想的书,也是一本关于路径和方法的书,"正心正念、善为善成"和"创所未创、轨物范世"的思想始终贯穿其中,国创中心的发展路径和方法则是这种思想的主要载体。或者说,正如李林主任想为国家级创新中心、新型研发机构所做的探索那样,这本书也是一个蕴含着企业管理思想与创新发展模式实践探索的结晶。

在我仔细阅读全书的过程中,脑海中会闪现出很多熟悉的画面，从方案策划、论证研讨、参观交流，到场地选址、技术攻关，到人员招聘、激活个体、发展组织，再到一起推进"中国管理创新模式研究中心""院士工作站"等机构的设立，一个个画面，一次次合作，一个个惊喜，都涌现了出来。我觉得这是一本创新创业的"出师表"，李林主任不断挑战和超越自我，带领团队从零起步、白手起家，有组织地放弃原本优势和既有习惯，竭尽全力全方位整合优质资源，不断提升国创中心的综合实力和品牌影响力，这需要开阔的心智、内在的动力、巨大的气魄、强烈的决心以及胸怀与担当，这些不容易做到，但是李林主任和国创中心团队努力做到了。所以，这本书与其说是对国创中心发展历程的全过程展示，还不如说是对国创中心所诠释的价值追求的全方位展示。国创中心作为国家级创新平台，不仅仅是在追求研制高端前沿的产品、提供更有价值的服务，本质上更是在寻找和探究生命的意义。所以当李林主任告诉我，他把"和而不同、见贤思齐、行稳致远、成人达己"等理念系统导入企业文化，并让它成为企业发展的内在驱动力时，我并没有什么突兀感，觉得这些都是水到渠成、顺理成章。因为用李林的话说，"企业即道场、工作即修行"，企业本身是一个学习的场所，是一个修炼的场所，事实上更是一个修行的道场。

  对一个初创型企业领导者来说，带领企业走上持续成长的道路，是一个永恒的挑战和责任。仔细阅读全书，你会感受到李林主任在引领国创中心持续成长的方向上，做出了富有成效的探索。他是一个有远见和务实的人，更是一个充满活力与创造力的人。他赋予国创中心愿景与使命，并把自己完全置于这个使命之下。他总是让自己处于一种学习和交流的状态中，不断与院士、专家、客户、员工以及同行和企业家们沟通对话。而至关重要的是，他敏锐地感知到一些前沿引领技术、关键共性技术和现代工程技术，并在组织专家论证后果敢加大投入，比如智能感知器件、人工智能与云计算、氢燃料系统等。这一切让我看到了国创中心未来发展的新希望。记得

2018年10月他向我征求国创中心LOGO标识的意见时，那装扮着"工业蓝、环保绿"的旋转车轮，仿佛已经让人们看到了高速前进的国创中心。

这些年我参与了国家科技创新体系改革研究，国家级科技创新平台不仅是国家创新体系中的重要组成部分，也是实现高水平科技自立自强的重要基础，还是国家战略科技力量的重要载体。未来，基于平台的创新体系将为国家实施创新驱动发展战略、建设创新型国家贡献智慧和力量。"技术创新+管理创新"双轮驱动，对于国创中心来说，是明智之举，但要做到这一点并不容易，所以你可以在书中看到这个过程的艰辛：一方面有来自上级主管部门以及主要客户习惯的外部压力，一方面有来自放弃既有优势、凝聚广泛共识的内部压力，更重要的是如何把握不确定性带来的复杂性和挑战。可喜的是，国创中心不仅做到了，而且超出了预期。当从书中看到国创中心初创期就连续多年持续盈利、主营业务迅猛发展以及带给社会全新的价值创造的真实绩效时，国创中心所经历和探索的路径与方法一定会让你深受启发，期待你借此去做出自己的创新尝试。

也许是因为自己非常熟悉国创中心和李林主任最近五年来所走的路，我一直更加关注国创中心的内在驱动力量是什么，而这也是本书尤为值得推荐的地方。那就是一个企业负责人如何成为一名"布道者"，把企业核心价值观内嵌到企业组织架构体系中和组织成员里。近五年来，国创中心一直在探索符合企业发展实情的创新发展模式，坚持把"创新和奉献"作为国创中心的立企之本，从人的本性的角度出发，与广大员工、左邻右舍形成命运共同体，对外分享创新发展的奥秘，由内及外构建内驱型企业发展模式。也正因为如此，国创中心收获了最近几年的稳健发展，并在工信部组织的2021年度、2022年度评估考核中获评"优秀"。

"为股东创造利益、为社会创造价值、为员工搭建平台、为未来创造机会"是回归企业发展的本性，对于身处转型发展关键期的中国企业家而言，显得尤为重要。因为当今技术迭代迅速、价值追求多元、挑战与机遇并存，如何率领广大员工为价值创造积极主动做出自身贡献，从而真正找到一条健康、高效、永续的企业发展之路，的确是件非常不容易的事。依我看来，赚钱只是企业必须具有的一个重要功能而已，不应成为唯一的最终目的。如果这个赚钱的功能不能还原生活本身，就完全失去了其存在的价值与意义。一旦企业真正影响到我们生活的时候，它就可以让我们有承载过去的载体、有感知未来的能力，当把这些所有感应串联起来时就会让生活变得更加丰富多彩。

彼得·德鲁克曾说，21世纪，中国必将与世界分享其管理智慧。这句话给我们带来了梦想和激情，也让李林主任认识到了自己的使命，需要不断总结我国轨道交通装备产业创新发展的成功经验，形成一套可复制的方法论，实现对外输出，与更多的人一道在工作中找到自己生命的意义，这或许也是这本书的价值之一。也正因为如此，李林主任带领国创中心建设发展时，把企业核心价值观直接转化为创新发展的方法论及管理模式，书本中所呈现的模式创新、产品创新、组织创新等，就是"技术创新＋管理创新"双轮驱动理念的具体实践和生动体现。

企业是个复杂整体，创新是个系统工程。我一直强调无论是企业管理还是科技创新，一定要回到"整体论"上，用"企业是一个整体"的视角，尽可能地贴近企业真实面貌，系统理解企业的经营管理与改革发展，整体推动企业的变革创新，以让企业更具发展战略眼光，更易融入竞争环境，更能与顾客联姻合作。一旦企业拥有了整体竞争力，就能焕发出更加强大的驱动力和正能量，从而能够取得更为卓越的组织绩效。创新之要，唯在得人。这个整体的核心，无可厚非就是"人"，它不仅仅是一个个鲜活的个体，更是一个个拥有梦想的个体，这是领导层必须真实感受、真切启发的关键。在这一点上，国创中心进行了有益探索且富有成效。把刘友梅、丁荣军、田红旗、翟婉明等一批科学家和周清和、李东林等一批企业家聚集

推荐序二

在一起，同时让一批年轻的科技人才敢想敢闯敢干，这需要企业家精神、科学家精神、工匠精神以及创新创业精神。此外，在创新发展的整个过程中，国创中心的广大员工打破藩篱，相互学习，精诚合作，不断寻找发展机会突破自我枷锁，不断打破组织边界实施全面创新，努力让创新变得更为生动，让优秀成为一种习惯，在社会面前始终展示出一个具有活力、合力、能力的高效整体，非常难能可贵。

目前，我正在牵头推动湘江实验室的建设，国创中心也是重要参与者之一。区块链、大数据、人工智能等先进技术与轨道交通产业有很大的契合点，湘江实验室重点发展的"算力、算据、算法、算网"也可以在轨道交通产业找到很好的应用场景。在2018年的国创中心研讨会上我就提出"国创中心的主要任务，要与国家现在急需解决的一些核心技术、在市场推广方面要解决的一些关键技术，紧密结合起来"。现在回想起来，依然是这样。作为轨道交通装备行业唯一的国家制造业创新中心，应该有胸怀和担当去解决一些战略性、前瞻性、基础性重大科学问题与关键核心技术，并且把这些技术与轨道交通装备应用场景结合起来，快速转化成生产力，为社会发展贡献更大的价值。

万事开头难、创业始为艰，需要战略定力；创新只有进行时，没有完成时，需要久久为功。最后引用《荀子·修身》中的话一起共勉：路虽远，行则将至；事虽难，做则必成。

中国工程院院士
湘江实验室主任
湖南工商大学党委书记

推荐序三

让科学家企业家携手奋斗在同一屋檐下

过去我们谈企业创新，更多的是讨论新技术、新产品、新创意，但在企业长期发展过程中，创新并不能完全等同于技术研究，还涉及企业管理体系的优化与完善等。事实上，企业单纯地追求技术创新，并不能持续走向成功，从高地攀登高峰，无论是"百年老店"，还是世界一流企业，都是在创新系统中去综合考量与积极探索。

改革开放几十年来，中国企业从匍匐起步，在学习模仿中开始追赶与超越，逐步进入自主创新阶段，越来越多的"灯塔工厂""智慧企业"和"最具创新企业"进入全球视野并被广泛认可。我曾精选了中德美等区域的一些世界一流企业进行案例剖析，研究发现，美国企业强于战略创新，德国企业擅于技术创新，而中国企业则善于整合资源，进行商业模式创新。其中华为、海尔、中国中车等企业，就是在中国创新驱动战略引领下开展自主创新、协同创新、模式创新和管理创新的成功典型。

创新驱动经济发展模式现已发生根本转变，从以前的自主创新、开放创新、协同创新，逐步走向整合式创新和有意义的创新，他们更加强调将"战略规划"置于统领位置。我曾经系统思考和分析总结过航天科技和高速列车等方面的科技创新，并整理形成了整合式创新的理论框架。整合式创新是符合时代发展趋势的创新模式，具备符合中国哲学和文化整体思维的优势要义。它的核心要义在于，突破了传统创新思想中源于原子论的思维方式，应用中国传统文化中的"中道""阴阳整合"等思想理念和中国特色社会主义建设中所形成的新思想新理念，从系统整体视角来谋划企业科技创新，通过战略规划和最优路径设计来有机整合各类创新要素，力图突破并超越二元逻辑，进而率先抢占发展制高点和制胜权。

国创中心作为整合式创新理念的有益探索者和实践者，我觉得整个过程是非常成功的。他们在红海中寻找蓝海，进而提出了"黑海战略"，不与高校争名、不与企业争利，在竞合关系的夹缝中，找到了阳光与雨露，拓宽了自我发展空间；虽然大树底下好乘凉，但本着"依靠但不依赖"股东单位和龙头企业的开荒精神，不甘做大树底下的小草，一直向阳而生，按照"战略引领、技术驱动、运营管控、人财保障"的经营思路，服务国家战略与赋能地方发展"双向发力"，战略财务、业务财务和共享财务贯穿企业生产经营始终，实现了自我造血和持续经营；探索"企业＋联盟、院士＋博士、平台＋创客、技术＋管理"的平台创新管理模式，在立足实现使命驱动、国家战略需求牵引的背景下，科学地统筹了技术创新与管理创新的平衡关系，导入面向市场、制造与服务的IPD科研体系，开展了基于大数据和区块链的"知识管理"探索，让"没有胸牌的员工"成为企业创新的重要力量；坚持产业同心多元化，推动先进制造业与现代服务业深度融合，在走好两条钢轨的同时走出两条钢轨，高效整合行业的创新资源，有效嫁接相关行业优质资源，成功探索出了一条从"样品—产品—商品"快速孵化的新路，避免同质竞争，保障永不"脱轨"。

中国经济的高质量发展和高端产业的持续跃升，都离不开中国企业的进步与贡献。进入新时代，将面临新的机遇与挑战，一方面要避免过度开放，防止出现企业核心能力缺失和"卡脖子"等问题，另一方面也要防止过度强调自主倾向，从而丧失参与全球创新网络与科技治理的谋划，以至于难以融入和构建面向全球的开放协同创新生态。

国创中心作为国家围绕"四个面向"目标任务而组建的重要战略科技力量，在构建协同创新生态、打破技术孤岛效应、实现创新资源串珠成链、打造技术创新高地等方面备受关注，值得倾情付出。本书呈现的是国创中心致力于打造我国先进制造业的科创中心和新型研发机构的宝贵经验，值得我国其他相关的机构借鉴。希望国创中心始终坚持"四个面向"，牢记自己提出的"创新创造美好生活""以创新擦亮轮轨上的国家名片"等企业愿景，与时俱进，真抓实干，积极探索技术创新、模式创新和组织业态创新，塑造科技创新品牌，总结创新实践经验，凝练变革创新精神，形成一套可复制、可推广的制造业创新发展新模式、新范式。

中国管理科学学会副会长
清华大学技术创新中心主任
教育部长江学者特聘教授

推荐序四

创新无"窘":新型研发机构的创新之道

非常幸运,我们不仅生活在这样一个高速发展的时代,而且还生活在世界上最有创新创业活力与生机的国度——美丽中国,大众创业、万众创新的内驱动力已经成为实现中国梦的核心引擎。

转型出雏形,技术变产品,关键在于创新。2015年中办、国办印发的《深化科技体制改革实施方案》中提出"制定鼓励社会化新型研发机构发展的意见,探索非营利性运行模式"。2016年在《国家创新驱动发展战略纲要》中将新型研发机构作为引领创新发展的创新主体之一,明确提出"发展面向市场的新型研发机构"。2017年《国家技术转移体系建设方案》提出"加快发展新型研发机构,探索共性技术研发和技术转移的新机制"。2018年新型研发机构被写入政府工作报告,社会各界开始进行新的实践探索。针对这个课题,我曾在《"一带一路"视域下我国非政府组织建设路径研究》中提出,我国非营利组织的参与、新型研发机构的建设，不仅是完善全球治理体系、提高我国国际影响力的需要，也是塑造良好形象、提升"一带一路"建设效果的需要。

新型研发机构是顺应科技革命和产业变革的时代产物，犹如一个强大的磁场将最强大脑、核心技术、重点环节、关键要素等资源禀赋源源不断地吸纳进来，让科研院所的科技创新成果逐步走出来，让企业的创新需求不断走进去，进而打通科技成果转移转化的"最后一公里"，让更多的科技"宝贝"从实验室走进"田间地头"、走向"工厂车间"、步入"经济主战场"。这对于重塑创新链条，盘活创新资源，提升创新体系整体效能，都具有非常重要的现实意义。

新型研发机构"新"在哪里？首先体现在"功能新"：它重点关注从"科学到技术、从技术到产业"两大环节，主要发挥"科学研究、人才培育、企业孵化、政府智库、带动产业发展"等五大功能。其次是"组织新"：组织形态多样化，既可以是企业、事业单位，也可以是民非机构，内部机构设置灵活多样。另外是"机制新"：投资主体多元化，既有社会民间资本、财政资助补贴，又有企业自身经费投入；用人机制和运营体系市场化，科技成果生成与转化机制以需求为导向，通过科技开发、技术转移、产业孵化、咨询培训等一体化服务打通创新链条，破解科技与市场的"两张皮"，摆脱"政府是投入主体、领导是基本观众、得奖是主要目的、仓库是最终归宿"的传统思维，价值取向转为"创新是根本、创业是目标、创富是动力"，不再把论文专利等作为创新机构绩效评价的唯一指标，让"催生新兴产业、创造社会财富"成为创新团队的远大追求和最大成就，努力实现科研机构体制机制的全面创新与开放式融合创新。这与我在《从多维度认识共建共治共享社会治理格局的特征》中所提出的"三共"理念有着异曲同工之处。

当前，无论是产品经营者、平台经营者还是机会经营者，都走到了一个发展十字路口。如何站在前人的肩膀上，适应新的生存环境，获得下一轮发展，是面临的生死挑战。可以说，有为的政府、有效的市场与有机的社会，是不可分割的整体，是互为前提、互相依存的。其中，作为有机的社会重要组成部分，非营利组织将发挥着独特的作用，成为弥补政府失灵、市场失灵和志愿失灵的重要利器。在培育新型研发机构的过程中激发非营利组织的活力，用科研支撑产业，产业再反哺科研，助力构建基础研究、应用研发、投资孵化、人才培养"四位一体"的独立微生态，为政府、市场和社会的有机结合提供有效载体，实现多向赋能。

国家制造业创新中心作为推动行业创新发展的一个新型研发机构，是近些年来出现的新生事物，它既不同于科研院所，也不同于高等院校，甚至不同于事业单位，更不同于制造企业，它是由多方参与、公私共建、多元投资，实行市场化运营，将不同来源的资金、人才、技术整合到一起进行"技术＋管理"的创新。这种模式使得创新中心能够凭借领先的技术实力和行业地位，发挥"黑匣子"连接广、成长快、控制力强的优势，一端输入技术，经过"魔变"，最终输出的就是商品，从而推动实验室技术到主打产品、主导产业、主营业务的快速转化，让技术转化的"死亡之谷"不再是不可逾越的天堑。本书的作者通过实践探索，逐步形成了"样品—产品—商品快速转换""产业链协同创新"等商业模式，开创了整合式创新的先河，值得学习与借鉴。

国家先进轨道交通装备创新中心按照"公司＋联盟"的模式组建，本着"多元投入、混合所有、团队参与、风险共担、利益共享"的经营理念，试图构建以创新中心为内核、行业协会为中环、产业联盟为外圈的产业生态，其中行业协会、产业联盟就是典型的非营利组织。国创中心依托株洲国联产业服务中心，先后组建了中国先进轨道交通装备创新联盟，整合了城市轨道交通产业技术创新战略联盟、中国智能无人系统产学研联盟、轨道交通装备工业互联网联盟，形成了"一个主联盟＋三个分联盟"的创新网络，联盟成员超过498家；组建了湖南省轨道交通产业协会，会员单位超170家，涵盖了产业链上下游企业和科研院所。国创中心牵头组建的产业联盟、行业协会作为松散型非营利组织，做到持续运营、不断扩员并有影响力和凝聚力，这无疑是一个成功的范本，值得进一步深入研究。通过将创新中心与非营利组织进行多视角分析，发现其内在规律并推动共商共建共享，这正是本书的价值和意义所在。

国家制造业创新中心的实践与探索，本质就是一个体制机制的创新，不仅要盘活创新要素，激发创新活力，还要打通从技术到产业的通道，形成一个"开放协同、跨界融合"的大平台。但要想落地、生根与成长，离不开阳光、雨露、空气的滋养，需要坚持市场导向，具备找出潜在需求、洞察市场的能力，并将一系列的创新要素集聚起来，激发出连串化学反应，让沉睡的技术快速转化成生产力。

昨天的科学是今天的技术，也是明天的产品，更是后天的商品，这是一个链条关系。希望国创中心不忘初心、牢记使命，不断总结经验，进一步明确自己的功能和定位，站在产业的前端、高端、尖端，研究最新最好的技术，不与科研院所争学术之名，不与制造企业争产品之利，致力于推动科技成果由"纸上谈兵"变为"生活现实"，打造一个覆盖科技创新全周期、全链条、全过程的高水平高能级创新平台，为高质量发展蹚出新路、积蓄源源不断的新动能。

陈晓春

湖南大学 NGO 中心主任
曾任湖南大学法学院副院长、政治与公共管理学院常务副院长

推荐序五

用创新之光点亮万家灯火

这是一本难得的书。在青岛已有国家高速列车技术创新中心的背景下,本书作者李林主任将一个并不在"风口"、不在申报指南内且并不被看好的项目,从无到有地进入国家级创新平台行列,一路历程跌宕起伏、错综复杂、成果倍出且精彩纷呈。有时有点惊讶李林主任的"魔变",很想知道期间发生的故事,很想知道是如何做到的,从这本书上就可以找到一些答案。难能可贵的是,李林主任愿意把这些年的心得体会和管理经验,用形式新颖的文稿写下来并分享出来,让我们快速进入现实的场景,如同身临其境,从而获得真实的感受。可以说,像他创建创新平台那样,写书也别具匠心。

这本书,与其说是他个人的成长史,还不如说是创新平台的发展史,某种层面上讲,更是一部创客时代的企业思想史。在这本书里,我们可以看到,他将阅历不同的员工、瞬息万变的机会、有限的资源禀赋以及可能的价值创造进行有效组合的智慧，将产品与产业、企业与行业和国家命运相融合的精神，把市场和技术、体制与机制、产业与资本、值钱与赚钱进行有机衔接的创造力，最重要的是，让我们看到了鲜活的创意思维、创新精神、创业文化与生动实践。

每一位平台负责人，在经营过程中时常会反复询问自己三个问题：第一是为什么，即我为什么做这个平台？做这个平台的目的和意义是什么？第二是成什么，也就是说，若干年甚至更长一段时间以后，把这个平台带到哪里？未来是个什么样子？第三是信什么，即相信什么事情可以做、什么事情不可以做？什么钱可以挣、什么钱不可以挣？这三个问题的回答，其实就是组织的使命愿景和价值观。阅读这本书，可以让你从实务的视角看到这三个问题的真实内涵，无论是认知层面，还是战略规划、组织架构、制度体系、现场管理等具体实践层面，还是组织文化培育、企业价值观形成等方面的管理实践与具体方法，都有很多心得体会和独到见解。

通读此书初稿后，深受启发，结合以往的工作，谈谈几点体会：

一是在夹缝中形成带头人的战略引领与实践能力。作为创新平台的带头人，不仅要有能力在不确定中确定未来发展战略方向，而且要善于运用战略来引领平台健康发展。正如国创中心实践那样，遵循行业发展客观规律，发挥创新中心平台价值，以发展战略为指引，保持战略定力，实施战略举措，最终达成战略目标，其中战略眼光对于带头人来说是至关重要的。在国创中心的发展实践中，我们真切理解到，没有什么比想清楚目标和解决途径更重要了。这需要掌门人不仅要有清醒的认识，为团队眺望远方，比别人领先一步，不因诱惑而迷失方向，还要能够潜心研究、理解透彻行业与市场的规律，坚定引领行业、布局产业、发展企业的决心，更要有战略远见、扎实肯干和执着追求。

二是勇于参与创客时代的发展机遇和市场竞争。无论"运营公司+产业联盟"还是"技术创新＋管理创新",其核心还是依托一个优势产业或创新要素进行集成式融合创新,这就是开源的思维,也是"＋"的意义。目前我们赶上了兴盛的互联网时代,广泛使用并大力发展了信息技术,完善了配套设施,创新了商业模式,走在了时代前列,这是千载难逢的机会。但是要抓住这个难得的机会,必须要勇于直面残酷的市场竞争,从市场本身寻求独特机会或通过有序竞争赢得合作机会来提升综合能力,或是从技术产品优胜劣汰中快速转换新旧动能,抑或是回归商业本质来拓宽发展空间,正是平台所面临的艰难抉择,需要做出长期的艰苦奋斗。

三是结合实际打造灵活高效的组织运营模式。创新平台的运营管理与治理机制是学术界重要的研究课题,如何通过体制机制创新来构建长期的核心竞争力,不仅仅是社会上的一个重要话题,也是一个需要创新精神与务实行动来共同攻克的难题。怎样划清市场化运营的组织边界,怎样处理治理结构及制度规范的衔接,怎样发挥约束机制与绩效考核之间的双向作用,怎样理解激活个体与激励团队的函数关系,怎样平衡社会责任与企业逐利的深层矛盾……这一系列的问题,都会影响平台能否可持续发展,能否快速将技术转化成生产力,能否实现行业领先领跑。而这些问题的答案,都可以从这本书中找到,这部分正是他的管理智慧之所在。

四是广泛吸纳人才来支撑平台建设和持续发展。我们还注意到一个部分,国创中心非常强调科学家精神和工匠精神,在用人上敢于使用"狂妄者"和"痴迷者",努力构建企业与员工协调发展的"共生、共享"平台。虽然员工的流动性不能一概而论,稳定有稳定的优点,可以长期培养员工的忠诚度,但淘汰也有淘汰的好处,可以让员工适度保持压力和动力,但从书中可以感觉到,国创中心还是倾向于保持员工稳定,建立了人才双向发展通道,帮助员工学习、成长、发展,并使员工在生活上感受到幸福。

五是培育向善、向上、向前的组织文化并付诸行动。组织文化在平台发展中所发挥的重要作用，是有目共睹的。而在实践中，对组织文化的认识往往停留在理念层面，让组织文化从理念到行动，并最终获得组织成长与发展的结果，并不是一件容易的事情，国创中心做到了，这也是本书特别值得仔细阅读的缘由。我们都知道，文化令人敬仰的内涵，就是通过使命愿景表达出明确的价值追求以及远大的理想，并持续推动组织成员为之奋斗。在国创中心发展历程中，始终坚守自己的使命愿景和价值观，正如在书中所看到的，国创中心的理念坚守，不是说在嘴上、贴在墙上，而是扎扎实实地付诸在行动上，体现在团队的言行中，展示在产品和服务里，努力让客户得信赖、员工得成长、社会得美善、经营得持续。因为他深知，文化理念好不好，不是自己认为如何，关键是看客户如何评价、社会公众是否认同。

六是以成熟稳健的心态应对产业孵化过程中的波折。作为创新平台的负责人，李林主任对产业孵化的见解很有启发性。今天的产业孵化面临着众多争论和严重分歧，最根本的是利益再分配问题，深层次的就是价值观问题。到底利益如何分配？规则如何制定？从创业团队来讲，前期的孵化模式并不能有效激励，需要从人性角度进行变革创新。当然，借用李林主任的话，平台在变革创新中不能太冒进，需要保持戒骄戒躁、谦虚谨慎的作风，务实整合和构建产业化的系统性力量，在推动技术产业化、产业规模化的道路上行稳致远。在全球格局巨变的时代背景下，这些观点和探索更具有时代意义。

2016年，为实现"学以致用、实业报国"的情怀，我毅然辞去清华大学的教职，"斩断后路"来到洛阳，筹建清华大学天津高端装备研究院洛阳先进制造产业研发基地，聚焦"科技+产业+金融"，搭建"政产学研军金用"协同发展、"平台+投资孵化+实业"多向赋能的新型研发机构。因为投资合作的机缘，我有幸与李林主任结识，之后我们有多次深度交流与对话。他是一个善于学习、勇于创新、敢于试验的创业者，对于国内外各种创新理论和模式始终抱着开放的心态，同时还是一个善于将西方管理经验与中华传统文化结合起来的"融合者"，他的独特思考、实战经验、闲谈魅力等，都给人留下了深刻印象。他愿意分享经验与知识，喜欢与伙伴共同分析未来趋势、探索未知领域的习惯，令人赞赏；而他全身投入、精益求精、力求完美的激情，也深深地鼓舞着战友们；他身上所具有的敢于变革创新的企业家精神、艰苦卓绝的创业精神、聚焦主责主业的专业精神以及湖湘文化的人本精神，奠定了国创中心持续发展的核心基调。而这本书同样让我感受到，创新精神和创客文化贯穿于经营管理的始终，驱动了李林主任领导的团队成功创建国家级制造业创新中心。毋庸置疑，创新精神、创客文化、创业模式，也是本书最核心的内容之一。

当我接受邀请写序、预先看到此书底稿时，更切身感受到了李林主任所呈现出来的"成人达己、成己达人"的价值选择和职业操守，在每一步实践操作中，在每一个成功案例里，都可以深深地感受到这一点，所以我决定将序言的标题起为"用创新之光点亮万家灯火"。这不仅仅是因为目前创新平台的建设大有星火燎原、遍地开花之势，更重要的是，李林主任是一位真正的实干家，始终认为：顺其自然、与时俱进是大道，见贤思齐、普渡众生是王道，感染和激发更多的人参与创新创业是正道。正如书中所说的那样："正心正念、善为善成"是他的思想精髓，这或许也是他对中国优秀传统文化的深刻理解和现实秉承，让人从不同视角看到了他人生更深层次的一面。

阅读此书，你或许能够从中得到一些启发启示，例如：对微笑曲线和全产业链的看法、对行业改革发展的思考、非确定环境下的经营管理挑战等等。但是，我更由衷地希望这本书可以帮助到更多的初创团队，因为这些宝贵的管理实践、经营经验和系统思考，不仅可以帮助更多的人深刻理解创新平台发展的关键选择和鲜活方案,还可以给新一代年轻人以真实的案例和学习的借鉴。如果我们都能够认真梳理总结经验,持续用知识赋能,让学习分享成为习惯,那么未来的科创平台和创新型企业,必将因为更多创客加盟和健康发展,而更加美好、更具光芒。

未来无限可能,你我携手前行。

清华大学机械工程系原党委副书记
清洛基地执行主任、洛阳龙门实验室副主任
清研先进制造产业研究院(洛阳)有限公司董事长

自 序

怀梦想 致远方

梦想是人生动力之源,科技是国家强盛之基,创新是民族进步之魂,是我们中华民族最深沉的民族禀赋,是一个国家或企业兴旺发达的不竭动力。

习近平总书记指出,"抓创新就是抓发展,谋创新就是谋未来""科技创新、制度创新要协同发挥作用,两个轮子一起转"。为全面落实习近平总书记的重要指示批示精神,2016年工业和信息化部印发的《关于完善制造业创新体系、推进制造业创新中心建设的指导意见》中明确指出,要围绕产业链部署创新链,围绕创新链完善资金链,瞄准制造业发展薄弱环节,打造高水平、有特色的国家制造业创新平台和网络,形成以制造业创新中心为核心节点的制造业创新体系,推动我国制造业向价值高端跃升,为制造强国建设提供有力支撑。

制造业是立国之本、兴国之器、强国之基。轨道交通装备行业作为我国高端制造业装备"走出去"

的"金名片",承载着"大国重器、产业引擎"的历史使命,是经济社会发展的基础性、先导性、战略性和服务性产业,具备行业带动性、国民经济拉动性、国家品牌驱动性等典型特质。目前,我国先进轨道交通装备走过了引进、消化、吸收和再创新的发展历程,实现从"跟跑"到"并跑"、局部"领跑"的跨越,但同时也面临着与发达国家全面竞争的挑战。为聚合行业创新资源、提升产业全球影响力,用创新擦亮轮轨上的"国家名片",2016年开始牵头筹建国家制造业创新中心,历经三年筹备创建,2019年1月15日,经国家制造强国领导小组办公室正式认定为国家先进轨道交通装备创新中心,成为全国第十家、湖南省及非省会城市第一家、行业唯一一家国家级制造业创新中心。

国家先进轨道交通装备创新中心面向国家战略,围绕行业需求,致力于打通技术到产品的创新节点、搭建生产到应用的公共平台、当好企业和政府的产业智库、构建开放协同的创新生态,打破技术与市场的"孤岛",实现创新资源串珠成链,跨越实验室到产业化的"死亡之谷",弥补技术创新与产业发展断层。创建以来,我们始终坚持"开放协同、跨界融合"的发展理念,围绕"科学发现、技术发明、产业发展、人才支撑、生态优化"这个链条,探索"公司+联盟"的生态发展模式,实施"技术创新+管理创新"双轮驱动,健全"基础研究—试验开发—应用研究"互融互促的研发组织方式,打通"科学技术化、技术产品化、产品产业化、产业规模化"的路径,深入开展技术创新、模式创新、组织创新和业态创新,推动科技创新体系化能力跃升,以产业链协同创新、生态圈融合创新,促进科技强、产业优、生态美,努力打造国家制造业创新中心的标杆,成为推动全球轨道交通发展的中国力量!

在创新中心的创建、发展过程中,很多人都在询问:为什么要建设创新中心?怎么建设创新中心?创新中心能发挥什么作用?未来怎么实现自

自 序

我造血与持续经营?……带着时代之问、历史之问、人们之问,开始了新的实践和探索。面对不确定的未来,心中惆怅过、徘徊过,世上路有千万条,但是唯一不能选择的路,就是放弃。于是,带着团队,咬紧牙关,铆足干劲,逐梦前行。在此过程中,人员有进有出,已经物是人非,无论是员工还是外界,时常追问:国创中心从哪里来、现在在哪、未来去哪?希望梳理总结一下发展历程、心得体会与成败得失,写点东西,给些回答。

于是乎,准备写的这些有关创新中心、行业发展、企业改革、创新实践的故事,就像大海里激荡的朵朵浪花,时常抨击着自己的心。正是因为被朵朵浪花所感动,所以坚持以自己的价值导向、历史文脉、经营理念和管理哲学来归纳总结。这本书里的每一个诠释,都来自现场,源自亲历亲见,带着汗水,带着体温;每一件事,都是臻于至善的本色行动,国创人的聪慧与无畏、坚韧与乐观,都演绎在这一行行字句间、一篇篇文落中。可以说,一分一秒,刻着每个国创人的奋斗激情;一时一刻,记载着每个国创人的创业热情;一言一行,续写着株洲轨道交通装备产业新的传奇。这些人与事、这些内容和总结,可能在描述中存在一些不足或者错误,但不管怎样,值得珍藏和拥有。

正心正道,善为善成。写书的过程中,脑海中时常浮现出许多挥之不去、令人感动的"人和事",它是创新创业过程中的动人旋律和美妙音符,都想一一记述下来,但觉得枝叶太繁茂,主干就不突出,虽然前期不太情愿进行内容删减,但最后还是精简了。因为相信,一滴水融入"大海"就能反射太阳的光芒。书中描述的那些人和事,多多少少也是这个"大众创业、万众创新"时代的见证与象征。

党的二十大报告中指出:"继续推进实践基础上的理论创新,首先要把握好新时代中国特色社会主义思想的世界观和方法论,坚持好、运用好贯穿其中的立场观点方法"并总结了"六个坚持",其中之一便是"坚持守正创新"。"守正创新"的"正"即正道,从哲学意义上讲,就是事物的本质和规律;"守正"就是坚守正道,即坚持按照规律想问题和办事情;"创"是指有意识、有目的地进行创造性认识和实践;"新"即新的认识和实践成果;"创新"即充分发挥主观能动性,改变旧事物,创造新事物。概括而言,"守正创新"就是遵循事物发展规律,并根据一定的目的,改变现存事物、创造新的事物。坚持守正创新,这是一个重要的方法论和指导原则,具体到实际工作中,就是在"做好人"的基础上,用"好方法"去"做好事",这就是为什么将此书分为"做人、做事、做法"三个篇章的缘由之一。图1介绍了本书总体逻辑架构。

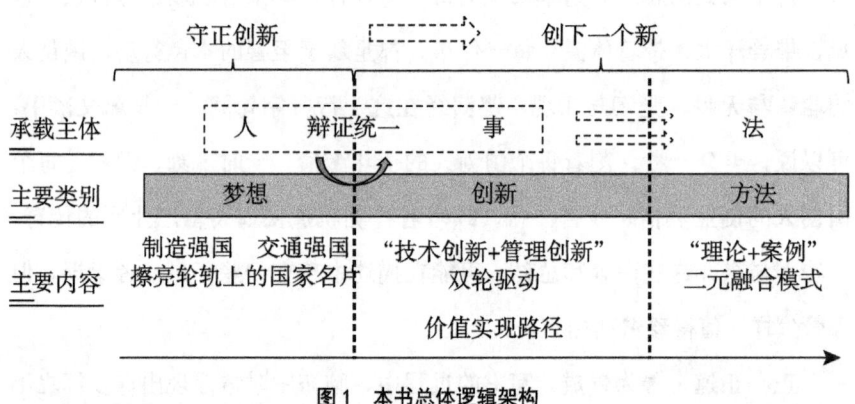

	守正创新		创下一个新	
承载主体	人	辩证统一	事	法
主要类别	梦想		创新	方法
主要内容	制造强国 交通强国 擦亮轮轨上的国家名片		"技术创新+管理创新" 双轮驱动 价值实现路径	"理论+案例" 二元融合模式

图1 本书总体逻辑架构

"创下一个新"大概有两层含义:一是"创下,一个新",主要是用完成时态描述过去做了哪些事情,创造了哪些新理论、新模式、新技术和新产品等,二是"创,下一个新",主要用现在进行时和未来时畅想后续将开展的技术创新、管理创新和模式创新等。人是有梦想的,国创人也是怀揣梦想的,国创的申报、建设与发展,也是一个逐梦、圆梦的过程。所以本书围绕"逐梦前行"的主题,从"人、事、法"三者之间的内在逻辑出发,

自 序

把团队的梦想以及实现梦想过程中的具体做法进行系统谋划和有机衔接，采取"技术创新＋管理创新""理论＋案例"等多元融合异构的方式，分别介绍了国创运营发展的两大目标（实现企业战略、提高效率效益）、两类对象（人、财、物、事；时间、空间、信息）、三大基石（正直公平的环境、目标导向和系统思维、人本主义）、四个方法（工作重心放在人上、管理决策依托数据、提升措施聚焦效率、进度控制在时间线）、七大步骤（定目标、做计划、分任务、抓检查、做考核、搞奖惩、做复盘），探索了新型研发机构创新之路，解密了新型研发机构创新基因，见证了国家创新中心成长历程，以立体的方式，呈现"用创新擦亮轮轨上的国家名片"的实践画面，既有背景，也有实景，还有远景。

图 2 介绍了国创中心运营发展的要素构成。

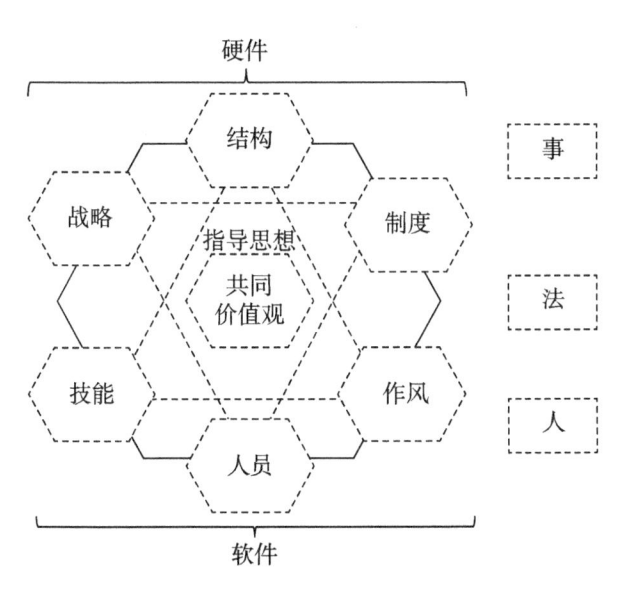

图 2 国创中心运营发展的要素构成

商业模式的本质是能为客户创造独特的价值，且难以模仿但可以快速复制。在新时代，一个企业的核心价值再强大，如果不能和其他企业建立强有力的连接关系，或者被"边缘化"，可能面临生存危机。以自身优势资源为支点，努力建立与其他企业及个人间协作、共生、共赢的关系，是商业模式4.0时代的企业必须面对的关键问题。本书基于商业模式4.0理论，从"做人、做事、做法"三个维度、分三个篇章进行构思撰写。其中，上篇主要从"经营企业即经营人"的角度出发，从新员工入职交流入手，采取书信函件、一问一答、思想感悟等形式，围绕"做人"的三个层次"向善、向上、向前"这个主题，结合企业发展不同阶段的需求，介绍"做好人"和"经营人"的一些初步认知和理念，谈到了团队建设的一些工作思路以及具体实践，探索"头部战略"理论的实践落地：以责任为导向，做"向善"的品牌文化；以创新为导向，做"向上"的技术升级；以市场为导向，做"向前"的结构竞争。"产品如人品"，做企业如同做人，同样需要持续保持"向善向上向前"的奔跑姿态。中篇主要采取回忆录、新年献词、主旨报告等形式，围绕"做事"的三重境界"尽忠、尽心、尽力"这个主题，详细解码中国高铁发展的创新基因，全面描述国创中心的发展背景、前世今生、所作所为、生态构建、集群发展和特色党建等等，用详实材料说明做好每一件事情都不容易，需要重点塑造创新创业精神和企业文化支撑，因为管理的本质就是进行制度和文化建设，为创新创造提供保障，为员工发展提供平台，让创新成为一种企业内部可持续的文化行为，把企业文化培育成为更高层面的竞争力。下篇主要采取期刊论文、调研报告、计划总结等形式，围绕"做法"的三个阶段"完成、完善、完美"这个主题，分析了行业发展大势、技术产业化路径、产学研深度融合、协同创新模式构建、黑海战略的实践、促进机构的探索、企业高效运营系统以及未来发展期许等等。这些思考和总结目前还谈不上经验，因为只有成功验收才能

自 序

算得上好经验,主要目的是把创新中心实践过程中的点点滴滴总结概括出来,以供参考对标。其中,书中部分文稿介绍了怎样从人本角度、战略高度、情怀温度等视角来思考问题和探索实践,用通俗易懂的语言和图表将全书的精华做了简要概括和补充说明,这个对理解全书的论述会有些帮助;部分文稿侧重的是怎样运用书中所提到的思路方法来分析解决现实中所碰到的难点问题,部分文稿则对书中涉及的几个重要概念进行了演绎阐述,原原本本地记录了心路历程,再现事实原貌,给人原汁原味。

但是在出版过程的书名审核过程中,遗憾的是"创下一个新"未获得批准,后面书名也曾想用"与世界同行""与未来同行"等,但感觉又不太合适,最终将书名改成"高能级创新平台实战:守正 创新 笃行",分别对应书中的"做人、做事、做法"三个篇章。

出版本书的价值和意义何在?自己觉得本书的价值在于系统总结了国家先进轨道交通装备创新中心谋划、申报、创建、考核等全过程中的基本思想、基本理论与实践进展,为新型举国体制下构建科技创新体系提供样板与范式,为新时代我国迈向世界科技强国、实现科技自立自强提供理论与实践参考。本书不仅注重人本的理性分析,而且采取"理论+案例"的二元融合模式,总结了一个可推广、可复制的创新模式和管理范式,兼具思想性、前沿性和实践性,是面向海内外大众读者的中国式创新的普及性读本,尤其对于公共政策研究者、实体经济创业者、新型研发机构探索者等群体有较强的参考价值。

此书的出版,除了把自己知道的一些故事告诉人们,以了却自己的一点儿心愿以外,更重要的是本着一种开放的心态,把国创中心的经验教训与大家分享,实现对超越公司利益的社会贡献的追求,这是很重要的一个目的。正如德鲁克所说的那样,是跟世界分享中国企业的管理奥秘,让世界上更多的企业能从中找到可借鉴的地方,这对于个人团队、对于国创中心、对于科创企业，都是非常有意义的。但是，由于对国家制造业创新中心、新型研发机构等新课题的理解与实践尚处于学习研究过程中，对于此类新事物的规律探索也不够充分，因此期待广大读者对本书提出批评与建议。

是为序。

目录
CONTENTS

推荐序一　创新驱动轨道交通求新求变……………………………刘友梅

推荐序二　创新只有进行时没有完成时………………………………陈晓红

推荐序三　让科学家企业家携手奋斗在同一屋檐下…………………陈　劲

推荐序四　创新无"窘"：新型研发机构的创新之道………………陈晓春

推荐序五　用创新之光点亮万家灯火…………………………………马明星

自　　序　怀梦想　致远方……………………………………………李　林

上篇 - 做人：向善 向上 向前

01 做人与做事的方法 /006

02 脚，永远比路长 /015

03 靠己是最清醒的活法 /029

04 工作其实就是一场修行 /043

05 奋力奔向远方的地平线 /058

06 花开，不只是在春天 /071

07 善待一切美好遇见 /079

目 录

中篇 - 做事：尽忠 尽心 尽力

08　找到打开梦想之门的钥匙 /093

09　解码中国高铁发展的创新基因 /106

10　国创中心是怎样炼成的 /125

11　超越梦想一起飞 /143

12　我们不一样 /157

13　向着美好从"新"出发 /162

14　用奋斗点亮 2020/166

15　奋楫者先　奋斗者强 /171

16　总有一种智慧点亮未来 /174

17　创新：永不停止的探索 /179

18　奋楫争先向未来 /182

19　"六个融入"催生党建新动能 /188

20　特色党建品牌引领企业发展 /195

21　"五链"融合与协同共生 /212

22　聆听穿越时空的回声 /220

23　从高地攀登高峰 /226

下篇 - 做法：完成 完善 完美

24 把握大势：轨道交通新动能 /239

25 "企业＋联盟"协同创新生态模式的构建 /250

26 国家级创新中心"黑海战略"的实践与探索 /269

27 "一地四区"新模式的探索与实践 /283

28 先进轨道交通装备产业集群促进机构的探索与实践 /297

29 基于市场需求导向的技术产业化路径思考 /307

30 产学研深度融合的产业生态圈构建 /319

31 "1+3+7"高效运营系统的构建 /330

32 展望：打造枢纽型高能级创新平台 /345

附录 1　创所未创的心路历程 /351

附录 2　国创中心 LOGO 创意来源 /352

致　谢 /353

上篇

做人：向善 向上 向前

创新之道，唯在得人。无可厚非，人才是第一资源，无论是单位还是社会，都需要更多向善、向上、向前努力奔跑的人，更多有梦想、有正念、有能力、能为组织创造价值的人。但是仅仅有人还不行，因为一群人聚在一起只是团伙，只有将一群人的心凝聚在一起才是团队。如何打造有凝聚力和战斗力的团队，美国哈佛大学约翰·肯尼迪政府学院领导力研究中心海菲兹博士曾经说过，"一个优秀团队的能量主要源自'三个凝聚'与'一个相信'，那就是要凝聚梦想、凝聚价值观与凝聚痛苦，并相信带头人可以率领大家成功实现梦想"。梦想、价值观、痛苦和相信都是心态的具体表现形式，也是产生心态正能量的重要源泉，而向善、向上、向前就是一种正能量的状态体现。

"向善"：善良是发自内心的选择，是这世间最好的品质，无关钱财多少，无关身份地位。知行合一，止于至善，这是做人的最高境界，也是各个团队组织应该有的初心与追求。善，为善良、善意、善举，这是爱的基础和前提，所以才有"积善之家，必有余庆"的美好祝福和现实体验。向善，就是用善良的心态去面对一切，包括自然、生态和社会，它是幸福人生的灯塔。古人云："勿以善小而不为"，善良是从小事做起的，积少成多，每天进步一点点，坚持不懈，久久为功，就能积土成山、积水成渊、聚沙成塔，是善也。做一个善良的人，就是在心里修篱种花；和善良的人交往，就是给生活装满阳光；常跟善良的人在一起，行善事，说善言，久而久之，人生自会顺风顺水。

"向上"：向上就是积极进取，它是人生的正确方向。我们从小就知道"好好学习、天天向上"，"向上"就需要"好好"的"学"与"习"。学，就是勤学、苦学，多渠道获取知识、增长见识，让自己不断成长成熟。习，就是练习、实践，没有具体的实践，一切都会暗淡，谋求一步登天，一定高不可攀。向上是一种追求，需要不忘初心、守正创新、步步为营的耐心和定力。因为坚持向上，品位、风格、境界等都在此过程中逐渐改善与提升，距离目标将会越来越近。

"向前"：向前就是既过不恋、当时不杂、未来不弃，积极克服困难，勇于战胜困难，努力向前奔跑，它是动态的量变过程，积沙成丘、集腋成裘，最后就会有质的飞跃。很多人的失败在于不能有效地协调眼前利益和长远利益的矛盾，只知道低头拉车、不懂得抬头看路。过于聚焦并纠缠于当下，就会束手束脚、患得患失，常常是捡了芝麻、丢了西瓜。所以，"向前"需要有透视并穿越未来的战略眼光，是造势而起、借势而进、顺势而为、乘势而上，势如破竹。方向对了，努力才更有意义，积累就是成绩和成功。人生没有白走的路，每一步都算数。在人生途中要始终秉承"向善、向上、向前"的昂扬斗志，始终保持向善的姿态、向上的状态、向前的拼态，一路披荆斩棘、风雨兼程、踔厉奋发、笃行不息，最终登上属于自己的人生珠峰。当然，在攀登的过程中，不能忽视身边人，千万别小看潜移默化和耳濡目染的力量，人就是这样被塑造出来的。与善良的人相处，心中温暖有爱心；与靠谱的人共事，做事踏实能安心；与积极乐观向上的人同行，内心满是正能量；和优秀的人在一起，就能不负韶华不负已，拥有成功顺意的人生。

图1介绍了做企业就是做人的逻辑关系。

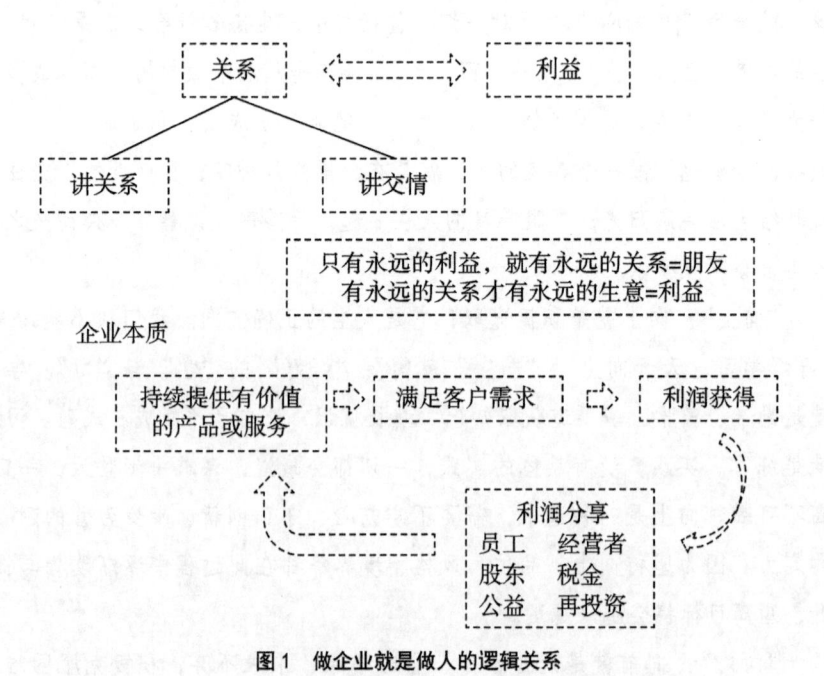

```
         ┌──────┐   <------>   ┌──────┐
         │ 关系 │               │ 利益 │
         └──┬───┘               └──────┘
          ╱   ╲
   ┌──────┐   ┌──────┐
   │讲关系│   │讲交情│
   └──────┘   └──────┘

         ┌─────────────────────────────────┐
         │只有永远的利益，就有永远的关系=朋友│
         │有永远的关系才有永远的生意=利益    │
         └─────────────────────────────────┘

企业本质
   ┌──────────┐     ┌──────────┐     ┌──────┐
   │持续提供有价值│<-->│满足客户需求│<-->│利润获得│
   │的产品或服务 │     └──────────┘     └──────┘
   └──────────┘                         
         ↑              ┌──────────────┐
         │              │   利润分享   │
         └──────────────│员工    经营者│
                        │股东    税金  │
                        │公益    再投资│
                        └──────────────┘
```

图1　做企业就是做人的逻辑关系

企业即人,企业的核心是管理,而管理的核心是管人,那管人的核心是什么呢?就是要洞悉人性、满足人欲。只有抓住了员工的心,才能真正形成干事创业的团队和氛围。所以,经营企业就是经营人,经营人就必须了解人的需求,价值观、招聘、培训、考核、用人、创新、学习等一件都不能少,需要用愿景梦想来解决员工的精神需求,用科学的薪酬机制来解决物质需求,用晋升规划来解决发展前途问题……只有人盘活了,很多事就成了。图2介绍了经营人的七个维度。

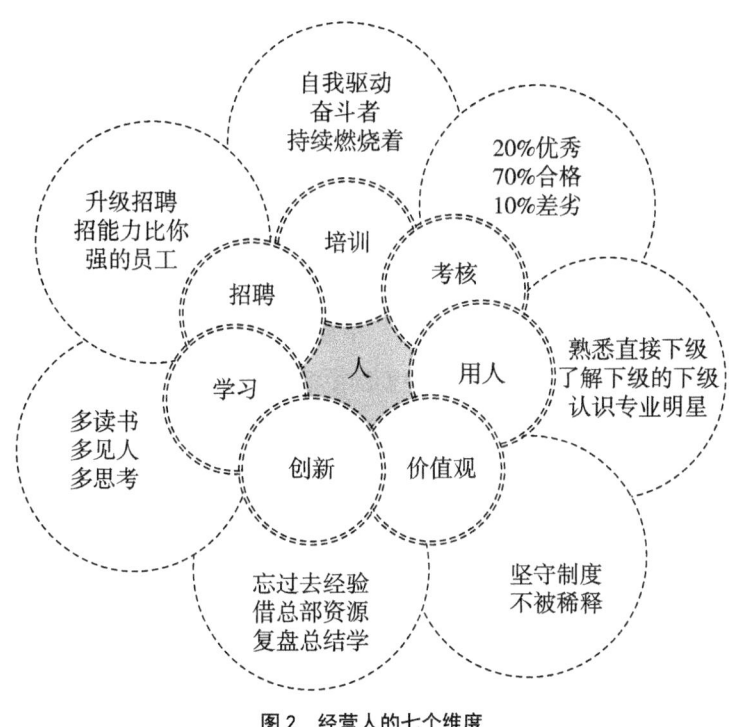

图2 经营人的七个维度

— 01 —

做人与做事的方法

我们从生下来,在成长的过程中,在社会上都会经历待人接物等种种活动。要在这个世上立足与发展,都离不开怎么做人与怎么做事。经营企业也是一样,要上接天气、下接地气、再聚人气,围绕企业发展战略目标,用天时地利人和来共同构筑企业高效运营的金三角。经营企业也是一个做人做事的过程,既是一门艺术,更是一门学问,只有抓住其本质并对现实生活加以提炼总结,才能有章可循,不至于迷然无绪。人生在世,可以缺少某一方面的知识,这不会影响我们的生活,但是如果不懂得做人的智慧,到哪里都会遇到障碍。一个人,不管多么天生丽质、聪明能干,家庭背景和物质条件多么优越,如果不懂得如何做人做事,最终也难言成功。因为,懂得做人的方法,就没有敌人,到处都是善缘,到处都是笑声;懂得正确做事的方法,就能够没有障碍,成就大事业。图1-1介绍了企业高效运营的金三角。

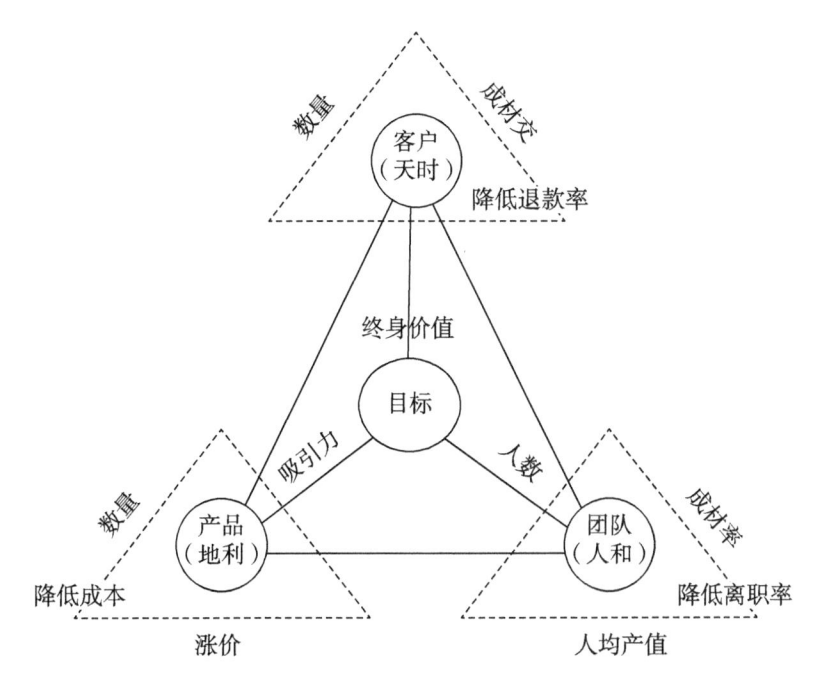

图 1-1　企业高效运营的金三角

1.1 什么是做人与做事?

1.1.1 做人与做事是人生在世要面对的最主要两个问题

一个人的人生态度，就决定了其做人的好坏与做事的成败；一个人的品格德行，就决定了他的人生走势和未来结果。我们常说一个人的"品行"如何，"品"就是品德，就是"做人"问题；"行"就是行为，就是"做事"问题。"会做人"就是指一个人具备良好的思想品德和道德修养，能够按照社会公认的道德标准协调处理好各种社会关系；"能做事"就是指在特定社会关系中能够充分发挥自己的聪明才智，认真做好各项工作并获得认可。所以，"品行好"至少包含了两层含义：道德修养好、"会做人"以及业务能力强、"能做事"。图 1-2 介绍了做人与做事过程中面临的问题。

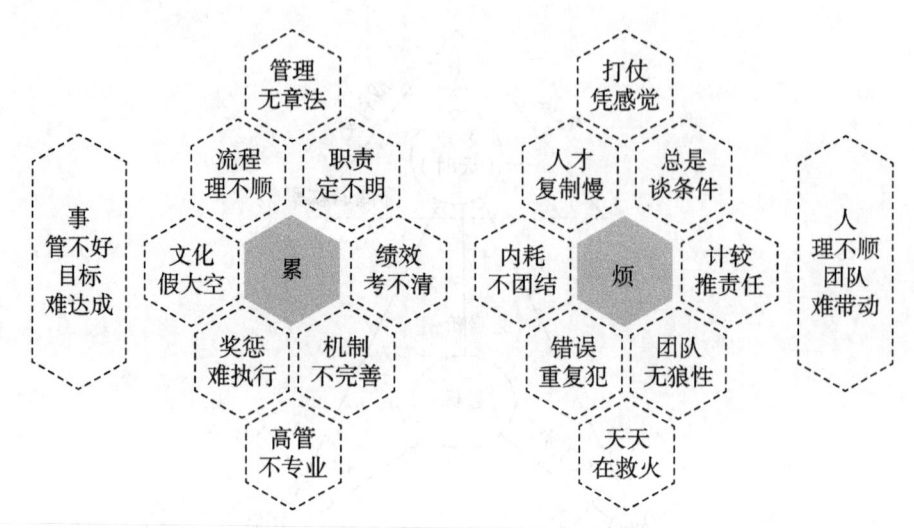

图 1-2 做人与做事过程中面临的问题

1.1.2 做人与做事实际上就是在社会上立身与处世

做人太广义、太宽、太深，有时其实可以理解为隐藏自己的真实而做给人看，是有目的的；而做事就不一样了，是有标准的、凭本事的、讲本领的、靠技巧的，它有目标但不带盲目性。做事聪明的人，善于以"做好人"带动"做好事"，以"做好事"来扩大最终的成果，并将其视为人生牢不可破的发展定律。善做事者，必有能力；善做人者，定有本事；既善做事又善做人者，乃人中豪杰。做人如水，要像水一样能适应任何环境，能包容万物，本身却非常的纯净；做事如山，要像山一样稳重，像山一样给人以信任。做人做事都到位后，就是山水如画，顺风顺水。

1.2 做人做事的内在关系如何？

1.2.1 做人与做事一衣带水，顾此不能失彼

人来一世，无外乎两件事：一件是做人、一件是做事。做人是做事的重要前提与基础条件，做事是做人的价值所在和意义体现。做人与做事，两者密不可分，相辅相成，不可偏废。比较稳妥的关系是做人有度、做事

有理，做人如水，做事如山。当然，由于价值取向的不同，每个人有着不同的见解，但是"做事"和"做人"是辩证统一的关系，把事做好了，就是最大的"做人"；把人做好了，就是最好的"做事"。如果你是一名管理人员，就应该讲政治、守纪律，你的职责就是做好服务，尽职尽责的完成上级交给的各项任务，让领导放心，同事满意，这就是最大的"做人"、最好的"做事"。同时，在工作中，要树立正确的政绩观，发扬奉献奋斗精神，想群众之所想，急群众之所急，视群众为亲人，视单位为家庭，开拓进取，积极主动，为领导分忧，为同事解难，反过来你的"做人"，必然赢得领导、同事和群众对你"做事"的认可与支持。其实，做人与做事，是一个人在社会安身立命的两大基石，貌似每一个人生命中两条互不交叉的平行线，其实却是交流互动、相辅相成的，做事的过程包括了做人，做人其实也是为了更好地做事，缺一不可。图1-3介绍了做人做事的内在关系。

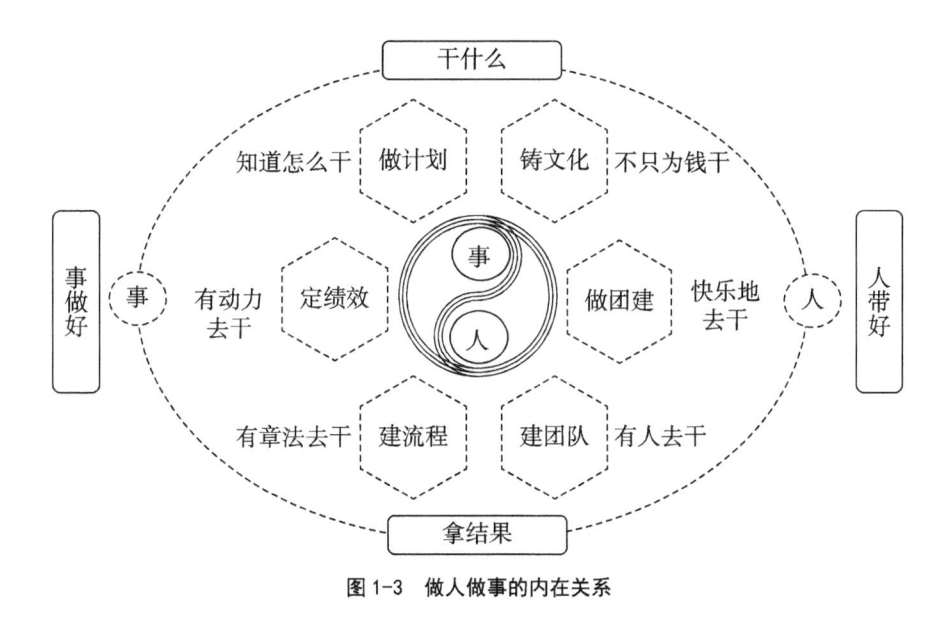

图1-3 做人做事的内在关系

1.2.2 "做事先做人"与"做人先做事"没有先后顺序

以前常说，小成者做事，大成者做人，"做事先做人"这是时常挂在大家嘴边的口头禅。所以很多人一直认为，不论是"做事先做人"也好，还是"做人先做事"也罢，归根结底就是踏踏实实地做个本来属于自己的人，做一个让党和人民群众、让家人和朋友放心的人。做事先做人，这句话从表面上看无可厚非，但是深究其意却与实际有点不符。因为人性总是很复杂的，不能因为只顾做事，而一点都不通情达理，不理人情世故，那样再会做事也没人愿意买账；也不能老想圆滑做人，谁都想讨好，虽然可以讨好一时，但讨好不了一世，就如墙头草，风往哪吹就往哪儿倒，是成不了大事的。事实上，到底是"做事先做人"，还是"做人先做事"，并没有先后顺序：做事就是在做人，做事的过程就是做人的过程；做出怎样的事，显示出你是一个怎样的人；什么样的人，做出什么样的事。但这并不意味着"做人""做事"就能成一种对应的关系："做人"做得好，"做事"的结果不一定就好；反过来，"做事"做得好，"做人"也不一定做得很到位。

1.3 那如何做人呢？

谈到"做人"，有时百思不得其解，常常被其中的深奥道理所困惑。"做人"不是做给别人看，得到别人的肯定，而是为了自己过得实在和活得舒畅，做到问心无愧，做好自己。尽管"做人"的学问，没有固定的法则和标准，但也有一些通则和技巧与规律，如果能够静下心来认真研究、理解悟透，就会醍醐灌顶，和以前大不一样。

平时我们经常听到"做人难、难做人"的感慨，也经常能感受到"先做人、后做事"的领悟。可见，做人这个问题，是每个人一生的必修课，也是一门很有内涵的社交学问，强调竭尽自己所能去满足社会的期许，成为大家心中的理想人物。那如何做人呢？首先要明白一个道理：把快要骂出来的话忍住，是一种本事；把不想做的事做好，是一种能力；把看不顺的人看顺，是一种修为；把咽不下的气咽下，是一种胸怀；把看不起的人看起，是一种修养。其次要有自己的价值观和主心骨，构建以仁为核心、以忠为经、以义为纬、以"智勇诚信"为行为表现的完整人格。人要做得好，很不容易，要圆通而不圆滑、协调而不讨好、看开而不看破。圆通即内方外圆，以不变之规律应对千变万化的世界，既保持原则的坚定性，又有以变应变的灵活性。圆滑即内圆外亦圆，丧失基本原则，背离发展规律，必将受到惩罚。协调是以共生为目的，以共利为预期，以共识为前提，运用一系列方法达成共同目标的人为过程。而讨好也是一种做人的方法，但它背弃原则，为私利而迁就，不是软弱，就是狡猾。看开就是大事清醒、小事糊涂的自我疏导、自我谅解，而看破就是看破红尘、不愤世嫉俗、丧失斗志，大事糊涂，小事难成。

1.4 那如何做事呢？

谈到做事之道，里面是有许多学问的，同一件事情不同的人来做，最终结果也是差别很大的，大多数人都无法达到炉火纯青的程度，常常事倍功半，甚至半途而废。有时在做事时，如果从别人身上找原因，一想就疯；如果从自己身上找问题，一想就通。高度不一样，胸怀和格局就不一样。人若没有高度，看的都是问题；人若没有格局，心中便都是鸡毛蒜皮。从那些成功人士的成长经历中就会发现，他们都有自己的思想理念和独特的为人做事之道，都有一条适合自己发展、成就梦想的方式方法，在不断比选和排除中选择一条最佳路线，集中优势资源实施突破，从而赢得与众不同的幸福人生。

人生在世有大事、小事、琐事，有全局事、局部事、私人事……种类繁多。不管大事、小事，做事都要有个标准，是"创造一流"还是"甘居下流"。"创造一流"则要有正确的思想方法，冯仑在《野蛮生长》中写道，"怎么能创造一流？就是要学先进、傍大款、走正道"。"学先进"就是要对标学习行业里最先进的；"傍大款"就是找做得更好的人合作；"走正道"就是不要歪门邪道。这个基本经验非常通俗易懂，包含着深刻的人生哲理。怎么造就伟大，跟优秀的人一起干事才能创造伟大。当年跟毛泽东一起上井冈山打天下的人，与伟人一起成就了伟大的事业。

"做事"一般有两种境界：一种是道德的境界，无论做什么事，把精神收获看得最重，做事只是灵魂修炼和价值实现的手段之一，真正目的还是"做好人"。这样，做事就会有一种从容不迫的心态和博大精深的气象，做事的结果将随风飘散，做人的收获却能历久弥新。另一种是功利的境界，把利益当成唯一追求和最终目的，在做事过程中充满担忧、焦虑和算计。所以，我们在做事时，一定要立意高远，超越功利的束缚，步入道德的境界。

1.5 什么才叫真正的会做人、会做事？

职场上，或许讨论最多的话题：某某会做人做事，某某不会做人做事……那什么叫会做人做事呢？我们认为，会做人做事是你做人做事的动机、方法的总称，也是别人对你的整体评价。低调做人，高调做事；严以律己，宽以待人；以感恩心态做人，以敬业心态做事；做人做事内圆外方、智圆行方，才能游刃有余，备受欢迎。如何做到呢？个人觉得至少要做到"四不、五要"：

1.5.1 做人做事的"四不"

不占便宜。你有没有这样的感受，当你经历过有人恶意占你的便宜时，你心里都不愿意与他有第二次交集。不管是职场，还是生活，当你占别人一次便宜，就等于你失去一个朋友，这个一点都不夸张。

不问私事。永远不要打听别人的私事，更不要听信别人的小道消息，要学会自己判断。当你学会了自己判断时，才算真正明白了做人和做事是怎么回事。打听别人私事的人，一般都是别有用心的人。

不要倾诉。一些人错误地把别人的聆听当作情绪"垃圾桶"，把家中的不幸福、同事关系紧张等都倾倒给别人，这是对别人的不尊重，而且抱怨会传染，从别处积累的负面情绪也是需要释放的……所以不要轻易把自己的不幸，像倒垃圾一样倾倒给别人。

不图回报。帮助别人后不图回报，把事情忘记后，你才会懂得什么是做人做事，因为大恩必大怨。别人帮助你后，要学会感恩，别人会认为你会做人做事，你才会收到更多人的帮助。帮助别人需要忘记，不要老想着帮助过别人或在等待别人的回报。如果有这种思想，你的帮助就变成非常狭义的人际交往，最后收到的不是别人的回报，而是恩怨的产生。

1.5.2 做人做事的"五要"

要学会赞美。你赞美什么，就会得到什么。不管是职场，还是生活，都不要吝啬你的赞美，你赞美别人越多，收到的掌声也就越多。那些只会打击或嘲讽别人的人，从来没有主动收到过别人的掌声，反而收到的都是嘲笑和讥讽。

要说到做到。很多时候别人不在乎你的一顿饭，也不在乎你的一个小小的礼品，而是在乎你说到是否做到。你不把自己说的话当回事，别人就不会把你当回事。你的许诺有多不靠谱，你给他人的感觉就有多不值得信赖。事实上，只要是答应了别人的事，无关大小，都是一份承诺，都需要被认真对待。说到做到，路才能越走越宽。

要努力坚持。当你做事情时，做一次就放弃了，你一定没有任何结果；当你坚持三次以上，你肯定会有意想不到的好处。有位同事能力也不错，但提拔可能没有他的机会。不过，他不死心，主动找领导沟通五次，结果是领导同意他升职。因为领导也明白，在能力相同的情况下，往往会选择一位能努力坚持的职场人。

要保持距离。俗话说"距离产生美"，人与人相处，唯有保持距离才能最大限度地感受美好的存在。职场上同样要学会与人保持适当的距离。人和人，离得太远，关系就淡了；靠得太近，恩怨就来了，最好的方式就是保持适当的距离，比"若隐若现"再近一点为最佳。

要谦虚谨慎。"夹着尾巴"做人才是真正的大智慧。"夹着尾巴"做人不是唯唯诺诺，而是小心谨慎、不张扬，是低调、学会示弱。《道德经》里有句话：柔弱胜刚强。你越刚，就折得越快，只有柔的人在职场上才能生存得更好。就像牙和舌头一样，总能看到牙齿被蛀空，却不是舌头被蛀空。对于现在的职场和社会，越张扬和高调，越容易被人打击。

图1-4介绍了做人做事做法的"天平秤"。

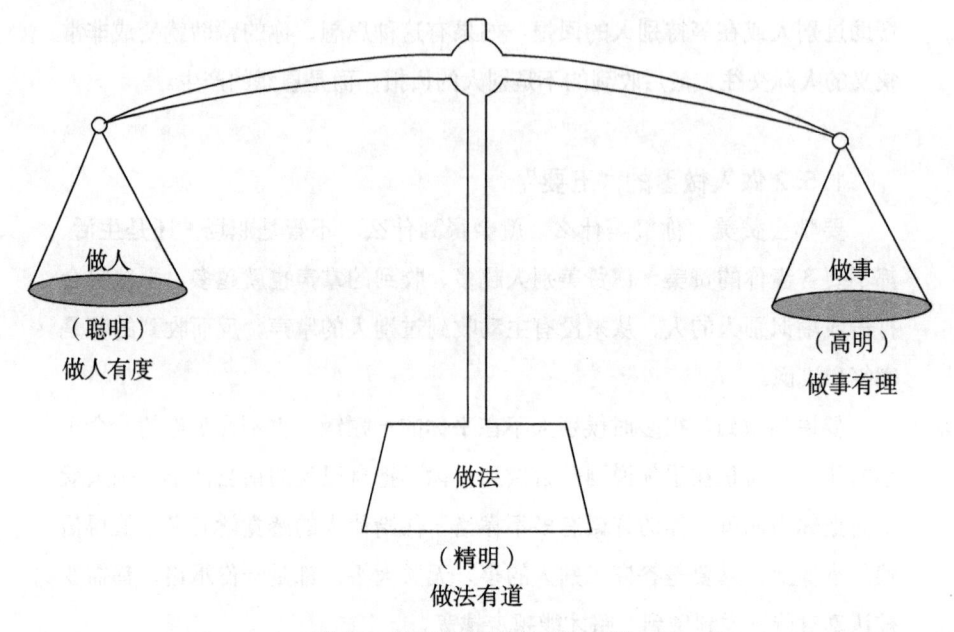

```
         做人                        做事
        （聪明）                     （高明）
        做人有度                     做事有理

              做法
             （精明）
             做法有道
```

图 1-4　做人做事做法的"天平秤"

总而言之，山无定形，水无定势，法无常法。不管做人还是做事，无论是做人过程还是做事结果，都夹杂着做法。请记住：

做人不需要人人都喜欢，只需尽心尽力，心安理得。

做事不需要人人都理解，只需尽职尽责，问心无愧。

02

脚，永远比路长

"没有比脚更长的路，没有比人更高的山"。虽然路途遥远，但应清晰知道"脚比路长"。企业的发展过程中，总会在新员工培养、绩效评价、责任落实、干部管理等方面，遇到这样或那样的问题，企业能否保持持续的健康发展，关键在于管理层的战略思维、管理意识和创新能力，永远坚定信心，带领团队持续走人少的路，做有高度的事，开辟新天地。

2.1 谈新员工入职

各位新面孔的加盟，为我们国创团队注入了新鲜血液。俗话说得好，人生几十年，相遇相见是缘分，相知相识是情谊。大家一定要好好珍惜彼此的缘分和情谊，彼此携手共创佳绩。对于一个初来乍到的新人，在日后的工作生活中一定要记住以下几句话：

2.1.1 老天自有公道 付出总有回报

梦想从来都不那么容易，只有我们自己知道。在这追梦的道路上，忍受着多少冷嘲热讽，不被人看好，被众人阻挠，但要相信所有的委屈苦楚，都会在成功到来之时被释放，在那一刻曾经所有的努力都是那么的值得。人生不是等价交换，凡事不要斤斤计较。即使帆落锁断，即使望不到对岸，仍需继续努力向前，因为梦想不会辜负所有人的努力，老天自有公道，付出定有收获，哪怕收获的不一定是当初所想要的，收获的时间不是当初所希望的，但是最终总是有的：付出时间，收获成长；付出汗水，收获经验；付出真心，收获爱情；付出代价，收获酬劳；付出艰辛，收获知识……上周公司召开了 2019 年度第一次股东会、董事会、监事会，会议充分肯定了我们的劳动成果，并就成功申报国家级创新中心事宜给予团队一次性奖励。这就是以成果论英雄、以贡献论奖赏。所以，我们必须再接再厉，埋头苦干，再创佳绩，向股东和上级交出满意答卷。

2.1.2 成功没有奇迹、只有轨迹

成功没有奇迹，只有轨迹；成功不靠条件，只靠信念！如果选择了安逸舒适，就不必羡慕别人的精彩；如果你不相信努力，那么时光第一个就会辜负你。因为不是有希望才去努力，而是努力了才能看到希望。把握当下，才可得到不可知的未来！不管你相不相信，这世界上最富有的人，是跌倒最多的人；这世界上最勇敢的人，是每次跌倒都能站起来的人。而这世界上最成功的人，是那些每次跌倒，不单单能站起来，还能够坚持走下去的人！如果觉得自己付出足够多了，却依然没有得到回报，或许是因为付出得还不够多，或许是因为"付出"中的含金量还不够高。人之所以成功，就是相信坚持的力量，相信梦想的力量，一步一步地向前，坚持学习，持之以恒，变革创新，永不言败，帮助别人，成己达人！即使自己是只蜗牛，也要背上重重的壳，坚持不懈地往上攀爬，相信总有一天会像雄鹰那样成功问鼎金字塔的顶端。

2.1.3 我们呼唤英雄 但不要个人英雄主义

英雄和个人英雄主义根本不是一回事。英雄可以是一个称谓，也可以是一项荣誉；英雄可以是一个人，也可以是很多人；英雄可以是一种精神，也可以是一种生活。我们喜欢英雄、尊敬英雄、更加向往英雄。社会和团队需要英雄，但我们不倡导个人英雄主义。从本质上来讲，个人英雄主义是一种将个人能力和价值的实际行为凌驾于客观规律之上的思想，正因为有个人英雄的能力和价值，所以英雄和个人英雄主义很容易被混淆，要严加提防。我们团队个个都很优秀，但更需要有团队精神、协作精神，不能有太强的个人

英雄主义。过分注重个人成就感的人，不适合当领导干部，我们团体中必须要淡化个人英雄主义，因为管理不是控制，而是相互成就。

2.1.4 混日子是没有未来的

人与人的差距，究竟是怎么拉开的？无非是这三点：选择、格局及人品。一个人的选择，决定了他走向哪里；一个人的格局决定了他能达到哪里；而一个人的人品，则决定了他在一个位置上能干多久。你们来到国创这个舞台，舞台再大，自己不上台，永远是个观众；平台再好，自己不参与，永远是个局外人。有句话说得好："人生没有四季，只有两季，淡季跟旺季，努力就是旺季，不努力就是淡季，不努力，听到的永远是别人的好消息。"但是人生没有彩排，每天都是直播，一去不复返。时间在走，世界在变，唯一可以延续生命的方式就是成为比昨天更优秀的自己。所以要坚持做行动派，每个微小的改变，或许就会让人生非同凡响；青春有限，一定要做好人生规划、职业规划。

2.2 谈目标绩效

年度经营目标已定，必须咬定青山不放松。只有坚定奋斗目标，才能夯实企业发展的基石，才能发展得更好。如果我们内心不坚定，斗志就会有所松懈，目标就会偏移。对于上级交代的目标任务，一定要对标对表去做，想尽一切办法努力实现。"做完"和"做好"虽然只有一字之差，但二者的本质内涵是截然不同的，人生结果也会千差万别。前者虽然执行了但却不完全到位，只是走过场或者是纯粹地应付了事；而后者不但执行了，而且到位了，它代表着对目标、对上级、对组织的全面认真负责。

绩效是衡量一个单位、部门、个人在整个组织中的作用地位、贡献程度的游标卡尺。就算你干得很辛苦，如果没有结果、没有成果，就是无功，那就是只有苦劳没有功劳。企业发展，一定要坚持绩效导向。所以，我们每一个人都要围绕年度KPI和GS，有重点地推进各项工作。作为领导，自己的导向就决定了下属的动作。绩效管理，不能轮流坐庄、吃大锅饭，要打破"洗碗效应"。图2-1介绍了绩效体系架构。

图 2-1 绩效体系架构

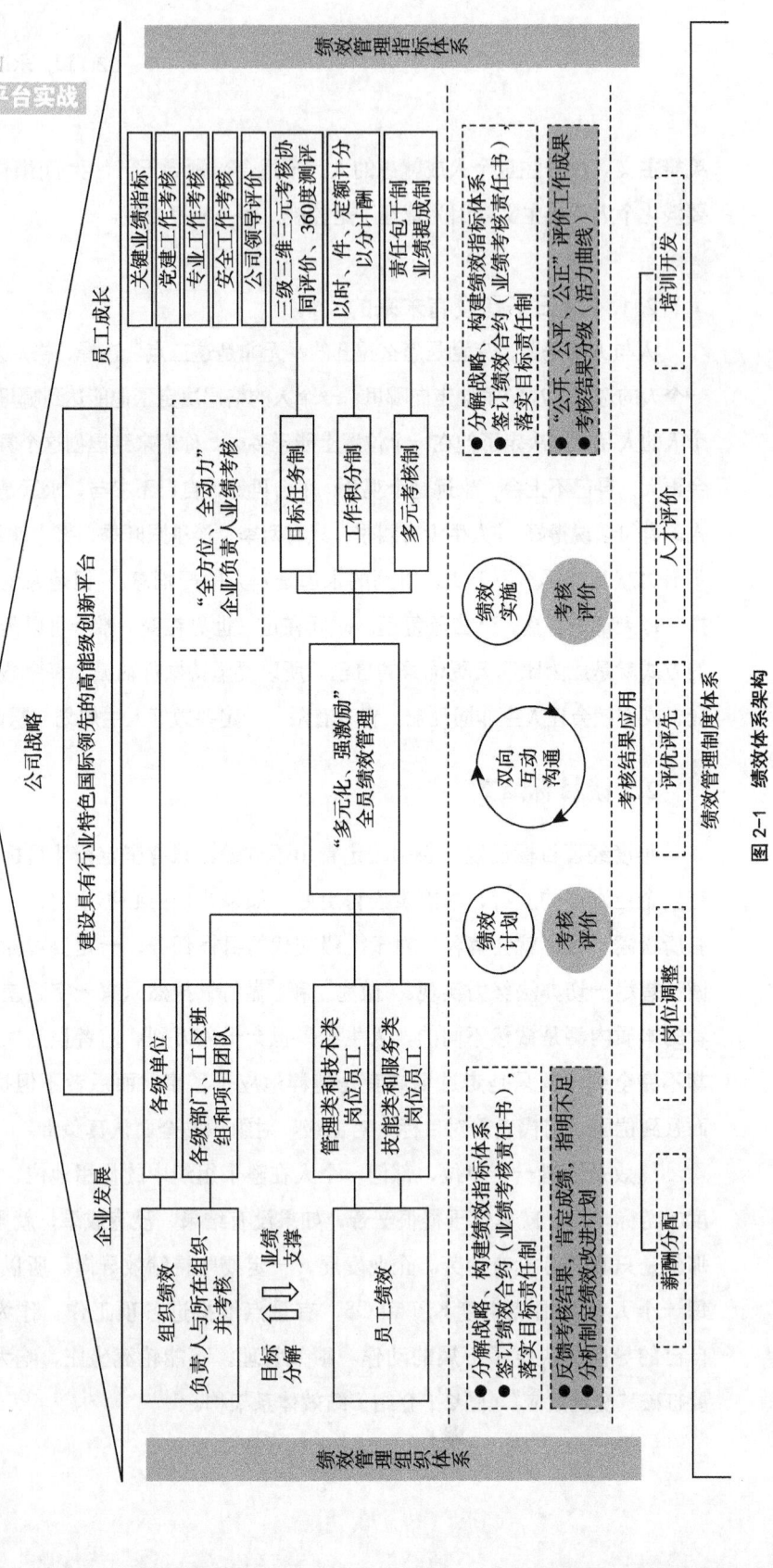

在绩效管理过程中，我们尤其是要注意并避免以下两种现象：

第一类是怨天尤人。人生漫长，你选择与谁同行，将决定你的人生成败。天天和赌徒在一起就会成为赌徒，天天抱怨怀才不遇就会是怀才不遇。所以，人一辈子要多与有能力的人、有正能量的人打交道。正能量的人，是乐观开朗的人，是睿智聪明的人，是光芒万丈的人。和这样的人同行，才能修心正身，走上人生巅峰。尤其是干部要有正能量，这样组织才会有正能量。如果企业大部分人不爱学习、不努力工作，特爱发牢骚，成天唉声叹气，心里不平衡，有点像"怨妇"，都在谈别人的问题，不谈自己的问题，组织就成了负能量场。与消极负能量的人同行，自己也会变得懒散敷衍，自甘堕落。因为负能量的人像是恶臭的苍蝇，即便远离也会让你恶心到无以复加。正因为组织存在或多或少负能量的人，所以必须加强企业文化建设，以形成强大的正能量场，让大家自觉地朝着共同的奋斗目标齐心协力、努力拼搏、积极进取，而不是与组织的目标相互排斥。

第二类是争强好胜。没有平凡的工作，只有平凡的心灵。任何一项工作都不平凡，关键在于能否发现其中的巨大价值。争强好胜并没有错，但一定要有度。每个部门职责不同，如果有妒忌、不平衡的心理，很难形成你追我赶的工作态势。会议室办公桌上有一盆名字叫做"鸿运当头"的盆栽植物，它的花红到一定程度就变成了绿叶。所以，我们在当"红花"的同时，也要思考未来如何当"绿叶"，"绿肥红瘦"就是这个道理。所以，万物都是波浪式前进、螺旋式上升的，坐火箭上升得太快，掉下来也快，螺旋式上升才符合历史进步的一般规律。

2.3 谈干部管理

组织的正确路线确定以后，干部就是真正的决定因素。所以组织最大的财富是干部队伍，干部队伍是企业持续发展的重要保障，但企业最大的危机也来自干部。这里要讲的干部，是个狭义的概念，主要指公司中高层管理者，这是公司的核心骨干力量。无数企业的成长发展史证明，一个企业的最大问题、最大威胁、最大危机，不是来自外部的发展环境和强大的竞争对手，而是来自企业内部。就内部来讲，首先是来自干部，因为干部在企业里控制着大量资源。一旦干部失控，组织就会失调；一旦干部发疯，组织就会疯狂。如果干部没有危机感，就是企业最大的危机；如果干部缺乏责任感，就是企业最大的威胁；如果干部自身能力不足，就是企业最大的问题。往往初创企业积累了一些财富后就非常容易"小富即安"，不想再继续拼搏奋斗，身上有了各种荣誉和名誉后也舍不得放弃，不舍得清空清零，从而成为一种历史包袱。

华为一直强调"企业要以奋斗者为本"，切实抓好干部队伍建设，让高层有使命感、中层有事业感、基层有饥饿感。中层干部是组织的腰，"腰"不行，组织就容易"拉稀"，组织就没有支撑；"腰"不在状态，就像男人得了肾病没阳刚之气一样，组织就软绵绵的。所以，中层干事业的激情绝不能衰竭，必须把方法和目标贯彻到底，正确地做事。而在基层，要更多地倡导"先做好事、再做好人"，努力执行到位，把事情做正确。图 2-2 介绍了不同层级干部的使命任务。怎么理解"狼狈为奸"？我们是这么理解的：作为正职，首当其冲的是要能带领团队，不断地实现新的突破，其次要能准确把握并正确理解公司战略方向，坚持做正确的事情，敢于进攻，富于自我牺牲和无私奉献，并对工作进行周密策划、精密部署、精诚团结、执行有力，这就是"狼"的标准。在评价正职领导时，重点要关注其在关键事件过程中所体现出来的领袖色彩，而不是战利品。作为副职领导，一定要精益管理，撕开口子后，能精耕细作，守得住，具备正确的执行力，大大咧咧的人，不适合做副职，这就是"狈"的行为。领导安排干什么就干什么，看上去很积极主动，实际上是缺乏上进心，在被动应付，这是必须要避免的。组织发展大了，干部队伍中肯定会有人搭着便车、占着位子、拿着票子、混着日子，不仅不作为，没有创造价值，还故意制造麻烦，甚至只图回报，不讲贡献，这将导致企业逐渐失去竞争能力，久而久之就会走向死亡。所以，干部的管理最终得回归使命、责任和能力建设。

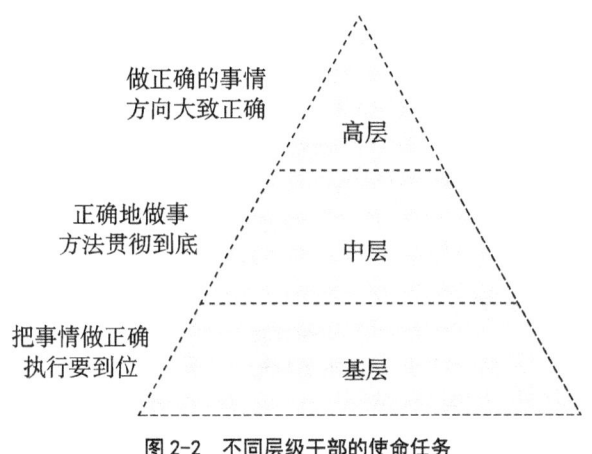

```
做正确的事情              
方向大致正确        高层

正确地做事          
方法贯彻到底        中层

把事情做正确        
执行要到位          基层
```

图 2-2 不同层级干部的使命任务

目前，我们中高层团队还存在以下问题：一是学习精神有所欠缺，部分领导对经营层持股、激光器、科创板等新技术、新模式一问三不知，必须要去主动学习了解，积极进行知识迭代；二是责任担当有所欠缺，主管也好，中高层也罢，一定要干在现场、贴近市场、增强磁场。如果只是做个传话筒，当二传手，对于过程和质量没有把控、没有审核，对目标、行动、变化、人际、个人等方面没有进行有效控制，就失去了自我管理的意义。这是责任感使命感的问题，没有使命感就不会有激情。

对于中高层管理者，重点要围绕提升自身的前瞻力、决断力、感召力、影响力和控制力，如图 2-3 所示。努力做到以下几点：

一是忠诚担当。"天下至德，莫过于忠。"每一个人都要"上不愧天，下不愧地"，用心用情用力去做好每一件事，对党忠诚无愧于自己的良心、岗位的职责（见图 2-4）。只有这样，才不会心猿意马、身在曹营心在汉，才不至于把全心全意变成三心二意，甚至无情无义、绝情绝义。对于领导布置的任务，想尽一切办法认认真真的落实到位，敢于担当、敢于负责，努力把领导交办的事情做好，得到领导的信任和同事的认可。有能力的员工肯定要挽留，但也不会轻易让一个忠心耿耿的人离开，因为他会成为这个铁打的营盘里最能煎熬的战士、最有前景的员工。

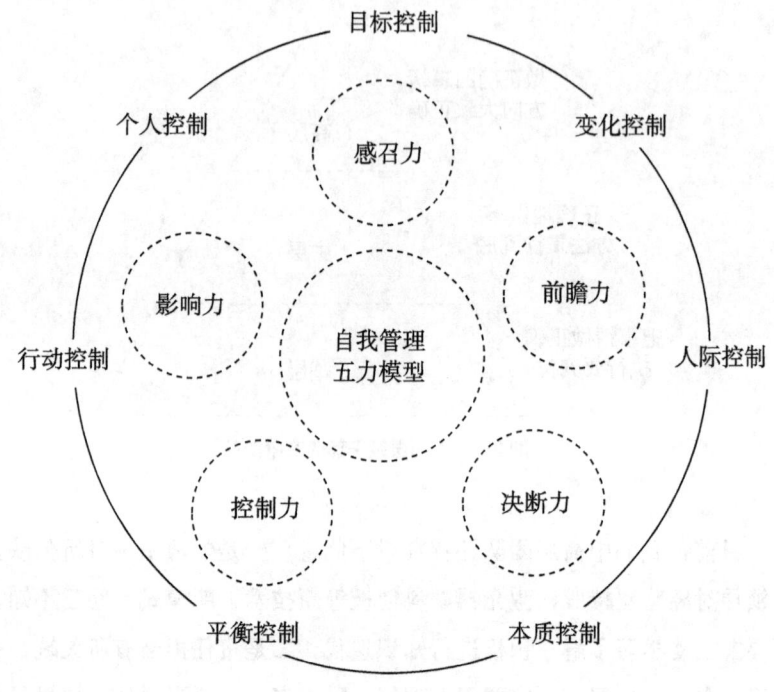

图 2-3　自我管理五力模型

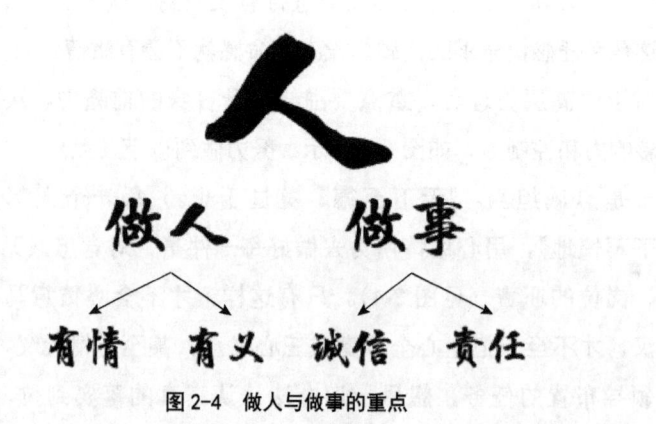

图 2-4　做人与做事的重点

二是奋发有为。不拼不搏，人生白活；不苦不累，人生没味。奋发有为必须真抓实干，邓小平同志曾经说过，"不干，半点马克思主义都没有"。一打纲领，还不如一个行动。只有干出来的精彩，没有等出来的辉煌。奋发有为，就必须攻坚克难、创造性地执行。有风有雨是常态，风雨无阻是心态，风雨兼程是状态，不为模糊不清的未来担忧，只为清清楚楚的现在努力，在攻坚克难中充当先锋，把各项工作提升到一个新的管理水平。出手必出彩、完成必完美，这不是自吹自擂，也不是狂妄自大，这是理想信念、目标定力和希望所在。我们做任何工作，要么不出手，要做就做到最好，让优秀成为一种习惯；做任何一项工作，要么就不做，要做就要永争第一、追求完美。

三是坚持不懈。在追逐梦想的奋斗路上，需要志存高远、坚忍不拔、锲而不舍。当然，这种坚持有时会让人感到未知，因为不知道这条路到底还要走多久，有可能还是一条没有一丝光亮的路，甚至看不见下一个出口，看不到未来的希望。这时就更需要灌输正能量，更加坚定信念，相信出口或许就在下一个拐点。就像渔夫那样，出海打鱼前并不知道鱼群在哪里，但仍坚持出海，因为心怀梦想，相信一定会满载而归。所以说，不是因为有了希望才坚持，而是坚持了才有希望；不是因为有了机会才努力，而是努力了才有机会，只要坚持自己的选择，就一定会有理想的效果。功成不必在我，但成功必须有我。我们作为初创型企业，抓产业、抓项目就要有一股疯劲、一股傻劲去抓。疯劲是不达目标决不罢休，绝不半途而废。傻劲，就是不计较眼前的得失，不计较个人的名利。做营销的也好，做技术的也好，一定要志存高远、坚忍不拔、锲而不舍，第一次吃闭门羹，第二次仍不搭理，第三次还谈不拢，但仍要坚持下去，坚持就是胜利。日本教育家宫泽贤治曾经说过一句话，"不管前方的路有多苦，只要走的方向正确，不管多么崎岖不平，都比站在原地更接近幸福"。就算你在这条赛道上没有成功，毕竟你在这儿奔跑过、经历过、感悟过，这或许也是一种体会吧。所以，无论你正处在人生的哪个阶段，无论你已经走了多远的路，都别忘了告诉自己，再坚持一下。

四是形成合力。船的力量在帆上，人的力量在心上。人心齐，泰山移。团队的力量在于心齐，而不在人多，这个关键就是要构建一个凝心聚力的机制：让制造问题的人让位，让拖延问题的人离开，让抱怨问题的人下马，让发现问题的人监督，让解决问题的人高升。单位是团队，团队要团结。谁团结的人越多，谁的力量就越大，尤其要团结那些反对过自己、对自己有意见的人。经营团队来自不同股东单位，首当其冲的是要班子团结。团结团结，不能"团而不结"。讲团结，但不拉帮结派，不结党营私。班子的团结，在于相互尊重，相互理解。重要的是要做到"议而不争"，有些事情可以讲道理、摆事实，但不发生争执尤其是争吵，努力把"团结"作为职业经理人的生命线认真对待，上半夜想自己，下半夜想别人，善于吃亏，甘于吃苦，吃亏和吃苦像吃饭一样都能让人成长。请记住，你把朋友当成草，你就是草包；你把朋友当成宝，你就是聚宝盆，一定要学会团结同事，搞好统一战线。

五是守住底线。人生的不幸往往来自侥幸心理，时常忽略潜在危险，往往就是最大的危险。林子大了，啥鸟都有，没有危险源、没有风险点是不可能的，必须坚持底线思维，必须坚持问题导向，必须坚持行稳致远，不碰红线，不触高压线，守好安全线。做事要有王牌，做人要有底牌，红线、底线、安全线是碰不得的，必须要妥善处理好这几种关系："安全帽"与"乌纱帽"的关系，只有戴牢安全帽，才能戴稳戴好乌纱帽；"一阵子"和"一辈子"的关系，宁肯得罪一阵子，也不能得罪一辈子；"骂声"和"哭声"的关系，宁可听骂声也不听哭声。在红线、底线和安全线问题上，必须确保万无一失。在质量、安全、廉洁等重要事项中，前面是"1"，后面是若干个"0"。一旦因触犯底线、红线消除了前面这个唯"1"，不管后面还有多少个"0"，一切都归零。所以要做到脑中有弦，时时刻刻绷紧这根弦。只有提高风险防范意识，提升风险识别能力，妥善消除风险源头，抓细抓小抓实，就能够稳中有进、行稳致远。

2.4 谈后备人才培养

公司在健康快速发展，后期必然会选拔培养一批优秀的后备人才。年轻干部在职业道路上，经受点挫折，走一些弯路，是不可避免的。有句话说得好：态度决定高度，思路决定出路，细节决定气节，环境决定心境，境界决定世界，格局决定结局。公司后续将按照"四力一品"的原则（成功的决断力、正确的执行力、准确的理解力、良好的人际能力以及优秀的品德）来重点培养后备人才，用"赛马"机制取代"相马"机制，在关键事项中、在大仗、恶仗、苦仗中去选拔培养一批优秀的后备人才（见图2-5）。

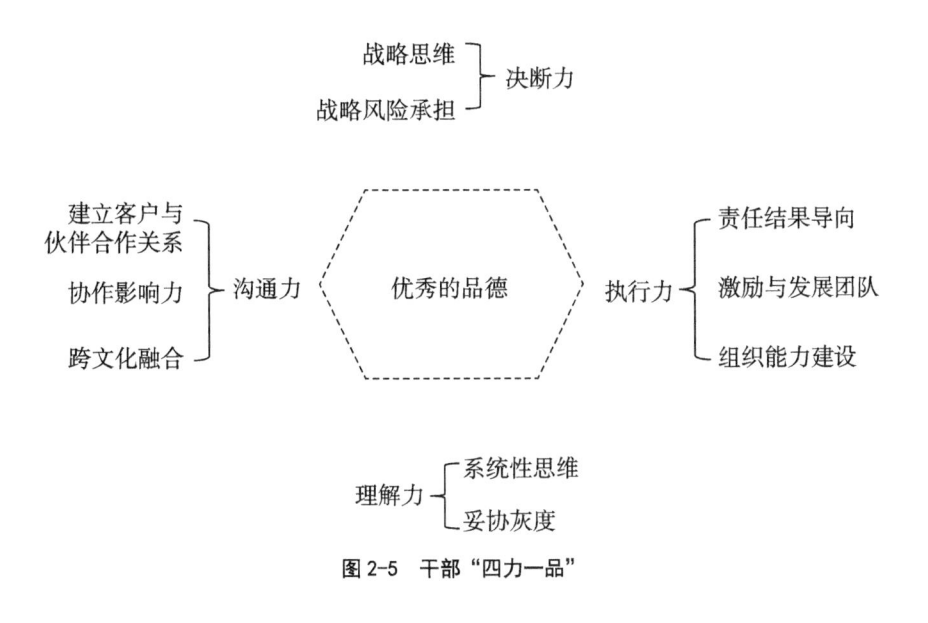

图 2-5 干部"四力一品"

关于后备人才的成长与培养，有几点体会供大家参考（见图2-6）：

一是深思。"深思"就是深入思考，深思熟虑。"凡事预则立，不预则废"，而这个"预"就是事先的计划和提前的准备。谋划得越好，思考得越深，越接近真理，越容易明辨是非、守正创新和破解难题。有句话说得好，比勤奋更重要的是深度思考的能力，任何好的工作思路、决策部署，都是在深度思考中逐步形成的。当然，深思的过程是一个痛苦蝶变的过程，既有萃取，也有纠偏，还有自我否定。俗话说，"求名当求万世名，谋利当谋天下利"，为未来计、为后代谋，必须学会想得长远一点，谋得深邃一些。

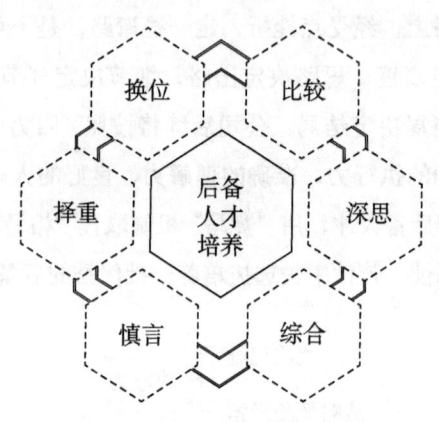

```
       换位      比较

 择重    后备          深思
         人才
         培养

       慎言      综合
```

图 2-6 后备人才能力培养重点

二是综合。"综合"就是把不同种类、不同性质的事物有序组合起来，把所处的对象或现象的各个部分、各个属性有机统一起来，形成一个复合整体，然后按照"具体到抽象、个别到一般"的逻辑进行理性分析……从而找到解决问题的方法。一次新的综合，往往就会得出一个新的结论或认识，甚至带来一次新的超越和创造。比如，一个女孩择偶时，找一个帅气的，好找；找一个人品好的，好找；找一个能力强的，也好找。但是如果要求相貌靓一点、人品好一点、能力强一点、条件殷实一点……综合考虑的因素越多，就越难选择合适的，因为每增加一个条件就增加几倍难度。毕竟是择偶找对象，不是找明星富豪，明白了此理，学会了综合，"洞房花烛"就不再遥远了。择偶是这样，工作亦如是，无论是战略选择还是评价考核，都需要综合权衡、全面评估，不能以点概面，以面概全。

三是比较。现实中，每天都会面临不一样的选择，而选择时就需要全面比较分析与综合权衡利弊，以做出最明智的选项。"比较"是最常用的方法之一。比如，给领导提建议意见，到底采取哪种方式更好呢？是电话，还是写信？又或是微信短信，还是当面交流？不同的方式选择，将会产生不同的效果，也是处理问题的智慧和经验的体现。当然，没有比较，就没有伤害。在干部选拔时就要进行比较，采用"赛马"机制，而不是"相马"机制，能打胜仗，还能打硬仗、打苦仗。对标对表、择优选择需要先有参照物，要想找到比较好的参照物，就必须见世面。只有见了世面，才知道外面的世界更精彩，才清楚自己的狭隘、渺小与不足，才明白自己要改变的地方还太多，才懂得原来还可以这样，才会主动强大自己。

四是择重。"择重"就是要选择重点，突出关键，抓住主要矛盾和矛盾的主要方面，把心思、时间和精力用在最为重要、最有意义、最有价值的事情上面，以达到事半功倍、以一敌百、举重若轻的效果，这是为人处世的大学问和大智慧。公司现在几条战线并排作战，安排一年的任务、一个月的进度和一天的工作都要择重，只有抓住了重点要点，才能做到有亮点。此外，交友也得择重，慎交损友、交好真友，有些领导干部往往就是毁在朋友身上，毁在"最信任的人"身上。鲁迅先生说过，"人生得一知己足矣"，朋友太多了，那就不是朋友，而是熟人。我们站在国家级平台之上，也要择重构建合适的朋友圈。

五是换位。"换位"就是要互换想法、换位思考，互换立场、设身处地，互换处境、推己及人，在立场不同时顾及别人，在彼此需要时伸出援手，在境遇不同时尊重对方，善于站在受众的角度去感知事物的不同，站在他人的立场去体会彼此的难处，站在工作对象的角度去权衡问题。比如，你过马路时，车子横冲直撞，没有安全感，你可能讨厌司机，认为司机没有素质；而你开车时，行人走路来回穿梭，不长眼睛瞎串，你可能非常讨厌突然杀出的"神妖精"。再比如，当你是普通职员时，可能觉得领导不近人情，很强势、太专制；而你成为领导后，可能又觉得部下缺乏责任心、没有行动力，不懂得感恩。当然，有人比较强势，但如果太强势了，听不进意见建议，别人也不敢提，就容易一意孤行、刚愎自用，形成一言堂，失误、遗憾、败笔就在所难免。有的人比较软弱，但太软弱了，畏首畏尾，顾虑太多而行动迟缓，议而不决就会丧失一些工作机遇，在团队里也缺乏威信。太强势不行，太弱势也不行，那怎么办？要顺势，就是顺从大势趋势、顺从真理规律。比如，在制定制度和安排工作时，让大家多组织几轮评审，多交流互动，目的就是要站在企业发展和广大员工角度，设身处地了解员工期盼、体会员工疾苦、听取员工"不同声音"。这样，播种理解，收获体谅；赠人玫瑰，手留余香；懂得珍惜，自会得到感激。

六是慎言。"慎言"就是要说话前三思，修口修心、忍而少言、谨言慎行，切勿信口开河。不口出狂言、不靠"假大空话"宣扬自己的能力水平，也是"慎言"的应有意义。俗话说，"慎言以养其德，节食以养其体""修己以清心为要，涉世以慎言为先""良言一句三冬暖，恶语伤人六月寒""说者无心、听者有意""祸从口出，患从口入"……无不体现"修口慎言"的智慧和"口无遮拦"的后果。常言道，人有两只眼睛，要多看；有两只耳朵，要多听；只有一张嘴巴，要少说。古人云："讲出去的话，泼出去的水。"不管是讲多了，或是讲错了，都有可能影响个人声誉。比如，在不该说的时候说了，就是失言；言语过多，就会有难以兑现之言，从而丧失信用，特别是酒后更要慎言，不能胡言乱语。相由心生，境随心转。要做到慎言，就要修心，而读书是修心的最好方式和最佳途径。因为书中有答案、有方法、有启迪、有诱发动力、令你神往的目标以及有产生力量、给人底气的智慧行囊。读好书，就会成就最好的自己；而多读书就能够管住自己的嘴，或者让自己的表达更精准一些。

有人说，"人生离不开三桌酒席：出生时摆一桌，自己不会吃；结婚时摆一桌，自己忙得没办法吃；去世的时候，摆一桌只能让别人吃"。这告诉我们，要珍惜机遇、珍惜平台、珍惜身体、珍惜这个伟大的时代，珍惜现在拥有的东西，努力拼搏，不负青春，不负年华。

03

靠己是最清醒的活法

只有先改变自己的态度，才能改变人生的高度。俗话说，靠山山会倒、靠水水会流、靠人人会跑，靠人不如靠己。唯有靠己，才是最安全、最可靠的窄门，才是我们最清醒的自觉。正如路遥所说："生活不能等待别人来安排，要自己去争取和奋斗，不论结果是喜是悲，你总不枉在这个世界活了一场。"人生在世，唯有靠自己，才能在精神上站起来，在披荆斩棘中不断精进，在解决问题中不断提升自己的思考力、学习力、行动力、情绪力和深耕力（见图3-1）。

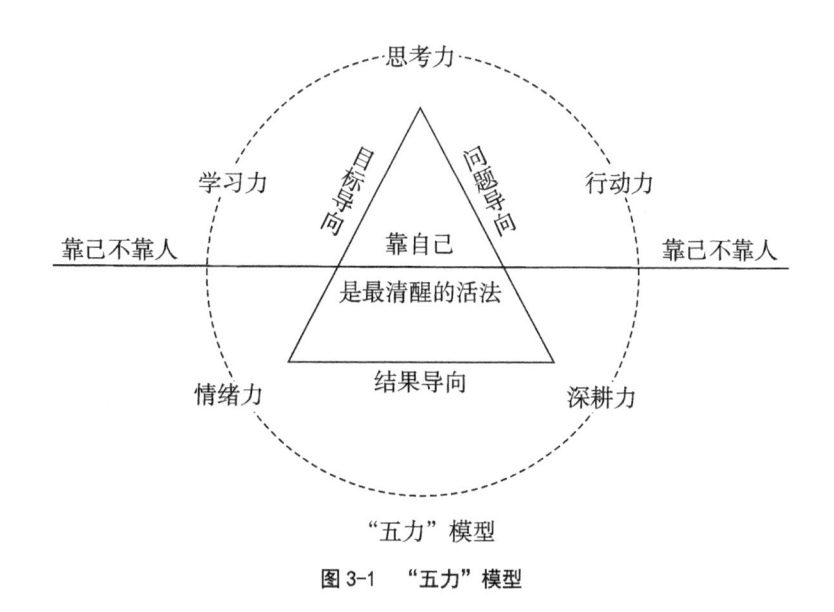

图 3-1 "五力"模型

3.1 靠己不靠人，提升思考力

思考力是一种透过事物表象看问题本质的能力，常自省、勤思考，才能少摔跟头、少走弯路。人与人命运的不同，主要在于思考力的差距。独立思考的能力，是一个人不可替代的核心竞争力。勤于用脑，遇事"三思而后行"，事后及时总结复盘，就能不断提升思考力，为高效行动提供原动力。人与人之间最大的差距，不在于是否犯错，而在于犯错后的不同态度。失败后怨天尤人的人，只会原地踏步，陷入恶性循环；认识到自己的错误后及时总结复盘，避免重蹈覆辙，这才是解决问题的最佳方式。所以，无论处于人生哪个阶段，都要懂得"做人三思"：思危、思退、思变，此为人生最高境界之一。

3.1.1 立足自己看自己，跳出自身看自身

"不识庐山真面目，只缘身在此山中"，一个人很难用自己的眼睛完全看清看透自己，认清自己的最好办法之一就是"跳出自身看自身"。有些人夜郎自大，经常把自己局限在一个狭窄的时空隧道里，自我感觉良好，殊不知"天外有天、人外有人"。当然，金无足赤、人无完人，人生也是一个不断自我认识、自我修正、自我完善的过程，所以要学会登高望远，在"一览众山小"中去放开视野、横向比较，去看到别人看不到的，发觉自己的微不足道，明晰自己的坐标定位；要学会用"第三只眼"看世界，用旁观者的视角与心态来全方位审视自己，找准自己的位置和差距；要学会以人为镜，照出自己的弱项和不足，进而明确奋斗目标和前进方向。同时还要"立足自己看自己"，这是一切工作的原点。要有自我认知，不人云亦云，不能听了几句表扬就骄傲自满、自以为是、妄自尊大，也不能因为挨了几句批评就垂头丧气、自我否定、妄自菲薄；要清楚目前现状，把握未来大势，干一行、爱一行、精一行，把状态调整到最佳，把潜能发挥到最好；要立足此时此地此景，活在当下，做好自己，不纠结过往，不忧心未来，过好眼前生活，做好当下事情。

3.1.2 了然于胸　统筹推进

俗话说,"罗马不是一天建成的""心急吃不了热豆腐""一口吃不成大胖子""饭要一口一口地吃,文章要一篇一篇地写,事情要一桩一桩地做,日子要一天一天地过"……这些大白话、大实话非常富有哲理。很多事情绝不是一朝一夕干成的,不能心浮气躁、急于求成,一蹴而就。明朝吕坤在《续小儿语》中说:"大凡做一件事,就要当一件事;若还苟且粗疏,定不成一件事。"无论做任何事情,要想取得实效、赢得胜利,必须要有战略定力,总体把握、分步实施、统筹推进,不能三心二意,不能东一榔头西一棒槌,不能打一枪换一个地方,不能猴子掰玉米抓一个丢一个,更不能脚踩西瓜皮滑到哪里算哪里,必须发扬钉钉子精神,咬定青山不放松,用足够的耐心和韧劲面对一切,一茬接着一茬干,不折腾不反复,绵绵用力、久久为功、坚持到底,积小胜为大胜。

3.1.3 掌握特点　把握规律

"特点"就是个性,它是事物本身与众不同的特性和特别之处。"规律"就是共性,不管万事万物如何变化复杂,背后依然存在的内在联系和发展趋势,它往往具有客观性、普遍性、重复性和稳定性,不能任意改变和创造,但可以利用它来改造自我、改造自然、改造社会、造福人类。实践证明,善于把握客观规律,就能充分认识事物的成长轨迹和发展趋势,从而快速高效找到分析问题、解决问题的新思路和新举措。倘若没有掌握规律特点,就会容易盲目推进,丢失要领,甚至事与愿违。比如,不同的部门和岗位都有其自身特点和客观规律,要想得心应手、从容应对、做出业绩,一方面要正视每项工作的个性,掌握特点,因材施教,精准施策,有针对性地把每个问题解决好、每项工作落实好。同时要增强认识规律、找准规律、把握规律的能力,提高运用规律的水平,努力探寻其中的共同规律,从而在具体工作中增强主动性和有效性。

3.2 靠己不靠人，提升学习力

"学如逆水行舟，不进则退。"学历只代表过去，学习才能创造未来。唯有不断学习，才能与时俱进。当今社会，终身学习是人生的必修课，只有持续学习，才能保持核心竞争力（见图3-2）。学习不只在于习得新知识，更在于它能帮助我们保持深度思考，从中不断修正对世界的认知、对自我的了解，继而获得真正的成长。学习从来不是一件一劳永逸的事情，它应该是人生任何阶段都不可或缺的一种能力。

01. 练胆识	敢于跟任何人眼神对视，不要躲闪
02. 练脸皮	只有放下面子才会有面子，没有足够能力之时不要讲面子
03. 练稳重	再大事也要表现淡定，再大困难也要从容面对，学会处事不惊
04. 练细心	细节是关键，细节决定成败
05. 练口才	好的管理者口才不能太差，会赞美、会幽默、会拒绝，说话要流利
06. 练自信	自己不自信，谁会信你，自信让你更从容
07. 练气质	走路要抬头挺胸，腰板挺直，眼要看正前方
08. 练阅历	会处事，会办事，会做人，从遇到的事中总结经验
09. 练演讲	成功者大部分都是演讲高手，可以每天看演讲视频，自己对着镜子练，可以录音重复听自己的声音

图 3-2　终身学习的方向

3.2.1 学习工作化　工作学习化

所谓"学习工作化、工作学习化"，就是要在干中学、在学中干，两手抓、两不误、两促进。有人认为，一个人一生中 90% 的学习都是在工作中实现的，这是很有道理的。广大员工尤其是领导干部必须树立"不学习无以立"的意识，学习在先，向书本学、向实践学、向群众学、向领导学，边学边用、边用边学，在学习与工作的良性互动中不断增强本领；要下得苦功夫，把学习当成一种精神追求、一种时代责任、一种工作状态、一种生活方式，坚持学习、善于学习、快速地学习，求得真学问。当然，学习是一件快乐趣事，也是一件苦差事，再加上日常任务繁重，要想长久地保持学习激情，其奥妙就是在学的过程中结合工作，在干的过程中感悟学习，互相启发促进，自然而然就会在心中不断迸发出热情的火花。

3.2.2 注重积累　夯实基础

合抱之木，生于毫末；百丈之台，起于垒土。任何事物都先有量的积累，后才有可能发生质的变化，但并不是积累越多就越好，如果没有调查研究、思考整理，积累也只是把东西堆砌在"储物柜"而已。要想把工作做好，必须能沉下身来、静下心来，置身于事中，广泛了解与工作相关的政策法规和业务知识，领会上级的精神，吃透书本的理论，借鉴别人的经验，不断提升自身的专业素养、专业方法和专业能力，做到底数清、情况明，提出解决问题的点子、办法。有了一定的知识积累，还要结合工作实际，身在事之中，心在事之上，把握大局，深入调查研究，知行合一，用脑子干活，多谋善断，敢于拍板，善于苦干实干、巧干会干。

3.2.3 见贤思齐　忠于职守

岗位就是责任，职务就是责任，处在什么岗位就要履行什么职责，这是做事的前提和方向。方向不对，努力白费。明确了职能职责，就要忠于职守，忠诚地担起岗位责任和职责操守，这是所有职业规范的基本要求，也是对党国、对企业忠诚的现实表现和第一要求。对于职能职责范围内的事情，千万不要事事等安排，要发扬"职业精神""工匠精神"，以强烈的事业心和责任感，积极主动地去履职，尽心尽力地去完成，苦累面前多思得，工作当中多思责，做到在其位、谋其政、负其责、尽其力，"专心致志、以事其业"，干大活、出新彩、干出水平，在当好"循吏"的基础上努力做个"能吏"。

3.3 靠己不靠人，提升行动力

行动是最好的老师，行动力是一个人最高级的自律。美国 ABB 公司原董事长巴尼维克曾说："一个企业的成功，5% 在战略，95% 在执行。"一事当前，想都是问题，做才有答案。唯有行动，才能将想法变成办法，让想照进现实。行动起来，想要的未来才会奔你而来。

3.3.1 长计划短安排　立即做

俗话说得好，"愚者赚今朝，智者赚明天"。"长计划"就是说能胸怀大局，着眼明天、放眼长远、展望未来，而不为一时一地的不利所困。有人说，现在工作天天短平快、年年马拉松。其实，这里也有一个科学合理的"长期计划"问题，切忌贪一时之功、图一时之名，而要脚踏实地、从长计议。但是"不积跬步，无以至千里"，光有"长计划"还不够，还要善于将其阶段化、具体化，这就是"短安排"。只有做到了长计划、短安排，才能真正实现有序、有效。每天制定一个"小目标"，计划好每天要完成的任务，这样不仅可以知道每天要做什么、做了什么，还可有效控制节奏，不知不觉中就如期完成了计划的工作，每一个"小目标"实现就会逐渐累积为成功路上的阶梯和里程碑。当然，有了"长计划"和"短安排"还不行，还要立即行动、马上就办，将工作落到实处，否则都只是一句空话。

3.3.2 有条不紊　日清月结

所谓"有条不紊"，就是说话、做事有条理，这是一个非常重要的习惯，甚至影响一个人的成功和发展。如果缺乏条理性，就会忙中生乱，导致效率不高、效果不好。所谓"日清月结"，原本是一个财务术语，是指在办理现金出纳业务时，必须按日清理、按月结账，但在日常工作生活中指的就是"今日事、今日毕"。有些员工责任心不强，工作没有规划目标，任务稍重一点，就有畏难情绪，找理由拖延，觉得今天做不完的，明天还可以接着做。"明日复明日，明日何其多"。如果今日事、明日做，那工作就永远拎不清、无章法、效果差。殊不知，今天的事情没做完，明天的事情也会做不完，久而久之，就会累积许多压力，严重影响工作状态效率。所以，很有必要过一段时间就及时"回头看"，检查审视一下工作进展与质量，确保任务不拖延、事情不遗漏。做到有条不紊，做好日清月结，不轻视怠慢眼前和当下的工作，把今天该做的做好，把明天要做的计划好、准备好，努力做到事不过夜、案无积卷，就能从容不迫、井然有序地应对复杂工作。

3.3.3 执行有力 反馈及时

对大多数管理人员而言，执行力是第一位的能力。提高执行力，要有强烈的责任感和进取心，从小事做起、从点滴做起的实干精神，及时反馈的"复命意识"和"划句号"的能力，做到及时反馈，做到凡事有交代、件件有着落、事事有回音。事毕不回复，就像任务完成了99%，虽然只有1%没落实，但事情没有做到位。实际工作中，绝不能搞"先斩后奏""边斩边奏"甚至"斩而不奏"，也不能等任务全部完成了才有反馈，应该注意适时反馈、阶段性反馈，一方面让领导同事放心，另一方面及时反馈情况也能为正确决策提供依据，特别是执行中遇到困难、发现问题时，更需要及时反馈，以便重新调整思路和优化办法，从而更好地化解矛盾、解决问题。

3.4 靠己不靠人，提升情绪力

良好的情绪力并不是天生的，而是后天习得的。即使心中有万千沟壑，表面依旧波澜不惊，可谓是："宠辱不惊，看庭前花开花落；去留无意，望天上云卷云舒"。真正的高人不是没有情绪，而是心中有更重要的事、有更重要的人，不舍得浪费自己宝贵的精神资源与烂人、烂事纠缠。因为情绪力高的人，深知彼此了解的重要性，也深知自己的时间和精力都是有限的。生命短暂，专注自己，常与同好争高下，不与傻瓜论短长。

不争，以退为进；不理，沉默是金；不怒，放过自己，才是情绪管理的真谛。

3.4.1 信息交流　善于沟通

沟通是人与人之间思想和信息的交换，是人类集体活动的基础，也是人们必备的基本能力。在信息时代，信息对称、沟通及时显得尤为重要。只有及时有效的沟通，才能达成协调一致的意见、形成步调统一的行动。向上沟通要及时，该请示的请示，该报告的报告，既要提出问题，还要给出意见建议，上级决定了的事项要全力落实；同级沟通要真诚，互相尊重，换位思考，积极配合，不设障碍；对下沟通要体谅，不能蛮横霸道、颐指气使，准确了解下属的优点和长处，有针对性地安排部署工作，关心关爱下属，增强亲和力和凝聚力。信息对称是做好自身工作、提高工作水平的一个重要因素。这需要有及时获取和总结归纳信息的能力，主动了解上面的要求、左右的情况、下面的进展，确保上情准确下达、下情及时上传，着力构建上下贯通、左右衔接、内外一体、立体交叉的信息运转体系，实现各项工作无缝对接，形成"整体一盘棋、同唱一台戏"的良好格局。

3.4.2 相互协作　主动补台

企业是一个整体，团队是一个集体，相互协作、主动补台不只是一种工作方法，更是一种品行操守、一种胸怀胸襟。同心山成玉，协力土变金。刘邦、张良、萧何、韩信相互协作补台才有了大汉天下，廉颇、蔺相如"将相和"才有了赵国的祥和稳定。明争暗斗，两败俱伤；互相帮衬，相得益彰。互相补台，好戏连台；互相拆台，一起垮台。有人主动补台，就有可能避免失误，或是将损失降到最低。若是自扫门前雪，不管他人瓦上霜，站在城楼看风景，结果"城门失火，殃及池鱼"，一荣俱荣，一损俱损。很多工作不是一个部门能够单独完成的，同一项工作也不是哪一个人能独自完成的。没有谁可以包打天下，要分工协作，分工不分家，提高个人单兵作战能力的同时，提高团队的整体作战能力，进而超越个体认知和个体力量的局限，发挥1+1>2的效果。班子之间、部门之间、同事之间，都要重视相互补台，还要善于主动补台。当然，补台也不是说毫无主见的盲从，更重要的是善于发现问题和不足，大胆提出意见建议，适时修正决策部署，不断完善优化改进；补台更不是毫无原则的迁就，对涉及个人利益的小事要讲风格，至于事关全局的原则性问题，则要敢于"拆台"，这样的拆台恰恰是为大局更好地补台。

3.4.3 合情合理　情理兼顾

合情合理就是要合乎情理、合乎原则，两者兼顾。中国自古就是人情社会，"滴恩泉报""投桃报李""千里送鹅毛，礼轻情义重"等传统观念在人们的头脑中根深蒂固。人有人情，物有物理，不近人情的人是缺少情商、缺少魅力和感召力的。领导干部也是人，不可能生活在真空里、没有感情，有时也要讲人情，重视人际关系，但这并不意味着刻意去追求搞好人际关系，既不能太死板机械，更不能太圆滑世故，学会以简单对复杂，别人复杂，自己就简单。但是人情也有其世俗庸俗乃至功利丑恶的一面，只讲人情而不讲原则的人，颠倒人情与原则的关系，丧失自己的原则立场，迟早会"栽跟头"。现实社会中，有时候合情不一定合理，合理不一定合情，所以要自觉严密地设置人情防火墙，尤其是面对重大利益和重要人事安排等方面，约束自己不去突破防线，也严防别人逾越，努力做到情理兼顾，在不好兼顾的情况下，坚持原则就是最好的选择，也是唯一的选择。只有这样才能保全自己，才能做到"自己不打倒自己，别人永远打不倒你"。

3.4.4 不疾不徐　适度紧张

天有日月星，人有精气神，生命需要持续激活，工作必须要"在状态"，干部更要"在线"而不"离线"，远离职业倦怠。鲁迅先生有句名言："生活太安逸了，工作就会被生活所累。"青蛙在温水里待得太久就会跳不出来，人如果太闲适就容易出事。喷泉之所以漂亮，是因为有压力，瀑布之所以壮观，是因为没有退路，人生亦是如此。但是不能过于紧张，要劳逸结合，生动活泼。因为压力过大就会容易崩溃，如果没有一定的压力，不保持适度的紧张感，全身都是负能量，就容易松懈，所以适度的紧张感对于一个团队、一个组织、一个人都是有好处的。有压力不一定是坏事，井无压力不出油，人无压力轻飘飘，需要正确面对工作、生活、人际关系等多重压力，避免心理失衡和精神压抑。现在生活节奏快、工作任务重，要以"一日不为、三日不安"的责任感和"时不我待、只争朝夕"的紧迫感，在抓细抓小抓实上下功夫，做到人在岗上、岗在心上，时刻警醒、积极适应、快速跟进，全心全意谋工作干事业。

3.5 靠己不靠人，提升深耕力

有句话叫："要么出众，要么出局。躬身深耕者，是任何时代的王者。"优秀的人往往会不断精进自己，不断提高自身价值，不断跨越到更高的阶层。最稀缺的能力，就是深耕自己的世界，认准方向后坚持在一个擅长领域深耕下去，不断打磨提升，把事情做到极致，行稳致远，逆袭人生。天下难事必作于易，天下大事必作于细。把一件简单的事做好就是不简单，把一件平凡的事做好就是不平凡。很多时候之所以碌碌无为，不是没有能力，不是情商智商不高，而是没有踏踏实实地深耕下去，导致前期努力付诸东流。找到一个热爱的领域深耕后就会发现，随着知识经验的积累，不可替代性会越来越强，人生道路也越走越宽。在深耕过程中，哪怕前期的付出暂时看不到成功，也不要灰心，不是没有成长，而是在扎根。

3.5.1 杜绝差不多　臻于至境

"差不多"是平时常说的一句口头禅。很多人在工作中只求过得去，不求过得硬，敷衍了事；学习上只求一知半解、浅尝辄止，经常"三天打鱼，两天晒网"；生活中只求马马虎虎，时常粗心大意、随意邋遢……其实这些都是"差不多"心理在使然，其本质是一个态度问题，与一个人的品行、性格、习惯等强相关，与能力基本无关。"差不多"心态看似没有什么大碍，但是若干个小的"差不多"，集中起来就会导致"差很多"。1%的疏漏往往会造成100%的错误，正所谓："差之毫厘，谬以千里""上错一点，下错一片"，长期下去就会对事业发展不利、对自身成长不利、对单位形象也不利。做成大事者，往往做小事也认真；而做小事不认真的人，往往也难以做成大事。鲁迅先生曾专门批评过"马马虎虎"现象，胡适先生还写过一篇寓言故事叫《差不多先生》，这位"差不多先生"十字常常写成千字，千字常常写成十字，最终因为找错医生而一命呜呼。故事虽然滑稽可笑，但其处事方式，至今仍是不少人的真实写照。世界上的事最怕"认真"，也最需要"认真"，而共产党人最讲"认真"。认真的人改变自己，坚持的人改变命运，时刻树立"没有最好、只有更好"的理念，持续强化精品意识、细节意识，养成严肃、严格、严谨对待工作的习惯，绝不忽视任何一个细节，绝不放过任何一个疑点，努力把每件事做到极致，认真把"严细实"要求贯穿办文办会办事全过程，切实做到"文经我手无差错、事交我办请放心"，自觉杜绝"差不多"，追求最完美。

3.5.2 运筹帷幄　脚踏实地

务实是指脚踏实地，从实际出发，说实话、办实事、想实招、求实效；务虚则指仔细分析，深入研究，搞清楚为什么做、做什么、怎么做。孙悟空随唐僧去西天取经，经历九九八十一难，每渡过一难，他都会腾云驾雾到空中，看看妖魔鬼怪在何方，并思考如何应对，这其实就是务虚；如果发现妖怪，那就跳下去打，这就是务实。一般来说，人们比较警惕务虚不务实的毛病，却不太重视只务实而不善或不会务虚的做法。如果过分强调"埋头拉车"，忽视"抬头看路"，就会陷入事无巨细、疲于奔命的困境，工作就很难有所突破和提高。一定要正确理解虚与务实的关系，如果说务实是决胜千里之外的实践，务虚就是运筹帷幄之中的谋划；务虚是为了更好地务实，要务好实必须务好虚。没有务虚，务实就没有方向性，所务之"实"就可能是一种盲动或蛮干；没有务实，目标计划则都停留在想象阶段，一切就都是空想。一定要在务实中生存，在务虚中提升，决不能借口真抓实干否定务虚的重要性,错误地认为务虚就是空谈道理、只说不干;更不能借口务虚,不干实事、不求实效、坐而论道。将二者有机结合,既真抓实干、求真务实,又善于谋划、注重总结提升,相互促进,相辅相成,不断提高日常管理水平。

3.5.3 轻重缓急　善作善成

轻重缓急是指事情有主次之分,有缓急之别。面对纷繁复杂的工作,要学会运用辩证思维,善于"弹钢琴",把最重要、最紧迫的工作放在第一位,次要的、不太紧迫的工作放在第二位,依次类推,分出轻重缓急,抓本质、抓重点、抓关键,切实做到"打鼓打到重心处、工作抓到要害上"。其中,抓本质,就是要善于深挖细查,透过现象看本质,知其然更要知其所以然,客观全面、深刻系统、历史辩证地分析问题,坚持"打破砂锅问到底"。抓重点,就是要抓主要矛盾和矛盾的主要方面,合理布局,分清主次,以点带面,不吃"大锅饭",不"撒胡椒面",不"眉毛胡子一把抓",把好钢用在刀刃上。抓关键,就是要把握关键少数,掌控关键环节,认准关键时机,"射人先射马,擒贼先擒王",打蛇打七寸,牵牛就牵牛鼻子,紧盯大事要事打攻坚战、紧盯急事难事打歼灭战、紧盯薄弱环节打持久战,牢牢把控工作节奏、力度、质量和主动权,集中精力,持续用力,善作善成。

3.5.4 急事缓办　缓事急办

所谓"急事"往往是突发事件、紧急事件及影响全局的要事,时常让人措手不及,别无选择,无法回避。人的一生遇急遇险在所难免,坦然面对,精心筹划,急事缓办、缓事急办才是大智慧。急事急办可能忙中出错,急上加急往往漏洞百出,甚至无法弥补。急中生智也是有的,但可遇而不可求,因为急中生智是超常态,很多事反而急不得。急事缓办体现的是一个人沉着冷静、深思熟虑的智慧、勇气和应急能力。遇到急事,急不得,应当冷静思考、从容应对,不随便答复,不急于表态,考虑周全后再去妥善处理。所谓"缓事"是指日常性、常规性事务或者预先知道需要做的事，类似统计报表、会议纪要、旬报月报等职责内的事。有些人往往认为这些分内事是一个周或者一个月以后的事，现在不用着急，一拖再拖，时间到了就措手不及，最后就把缓事变成了急事，弄得一团糟。缓事急办显示的是一个人的工作态度、工作的计划性和条理性，对缓事要有计划，事先安排，抽空及时做，不要拖延，避免临时抱佛脚、忙中生乱。

通过创新实践，不断提升自己的思考力、学习力、行动力、情绪力和深耕力，就会成就不一样的自己：有高度，契合战略诉求，站在组织高度思考与行动，做事有格局、有视野，胸怀大局；有深度，契合专业诉求，有极强的专业主义和工匠精神，做事专业、规范，工作开展专业与精进；有温度，契合客户情感诉求，关注客户诉求，洞察客户需求，追求客户完美体验，通过增值服务创造客户感动，构建长久的伙伴关系；有亮度，契合品牌诉求，项目不仅完美运营，还能致力于培育品牌，提炼出项目的亮点；有力度，契合绩效目标诉求，积极整合资源，坚持目标导向，推进工作有力度，确保达成目标；有气度，契合逆商诉求，或挨批而不上火，或容人之误解，大度从容处之，坚定不移达成目标。

传统观念的死结就在一个"靠"字上，在家靠父母，出门靠朋友，总之，靠什么都行，就是别靠自己，所以就只能在精神上跪着。现实生活中，靠朋友帮衬，靠亲人扶持，靠贵人指方向、给拐杖……这是绝大多数人眼中的阳光大道。然而，"靠山山会倒、靠水水会流、靠人人会跑"，唯有靠自己，才是最安全、最可靠的窄门，因为引向灭亡的门，路是宽的，去的人也多；引到永生的门，路是窄的，找着的人也少。人生在世，唯有靠自己，才能在精神上站起来；唯有靠自己，找窄门，走人少的路，做有高度的事，按照"自我价值认识冰山模型"进行自我解剖分析，取长补短、奋斗拼搏，才是我们最清醒的自觉和活法（见图3-3）。世界从来繁杂，生活也总问题不断，但只要不惑方向，不惮于行动，做好自己，结局总会精彩万千。

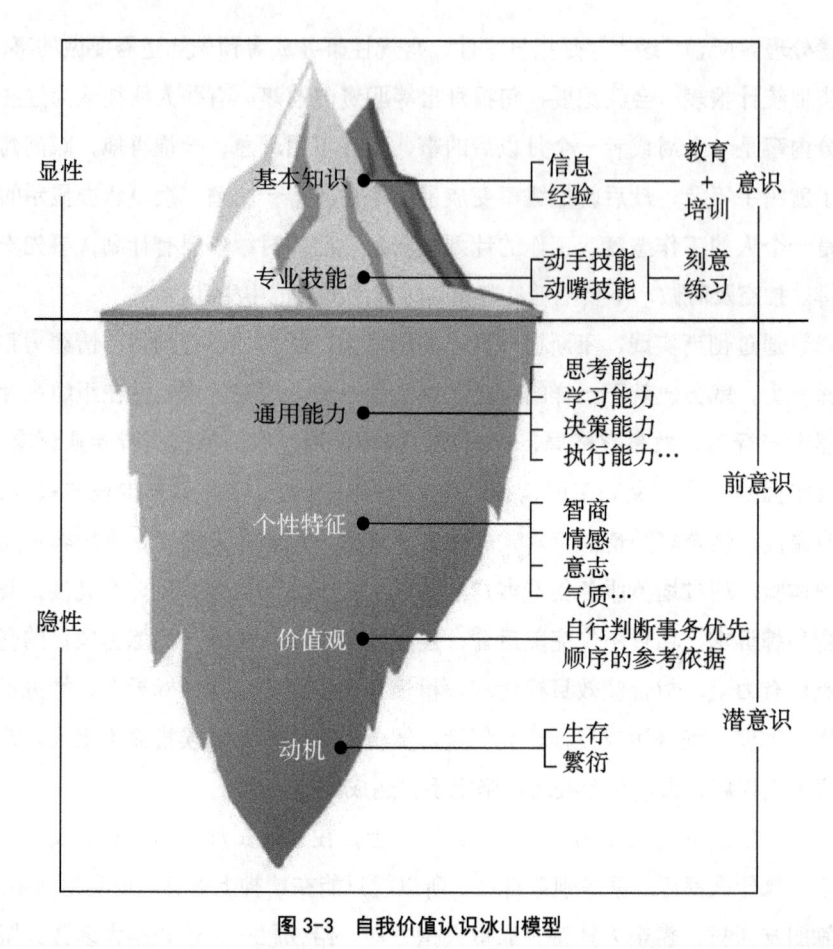

图 3-3　自我价值认识冰山模型

04

工作其实就是一场修行

人生是旅行，工作是修行。人在旅途，要用旅行时的欣赏心态来对待所遇到的每一个人和每一件事；活在职场，就是要从工作心态、工作方式、工作习惯等方面修身养性、磨炼意志、持续完善、提升品质。因为职场中肯定有不公、有挫折、有钩心斗角、有世态炎凉，这是我们必须面对的，也是我们必须适应的。一个职场人的修为，最终决定未来的人生达到怎样的高度。当我们坦然面对和接受这一切，专注提升自己，才算真正读懂职场。

2018年，我们国创中心全体员工自力更生、同舟共济、艰苦奋斗、砥砺奋进，以矢志不渝的恒心和毅力，以挑战自我的决心和勇气，取得了丰硕的成就和宝贵的经验。

2019年，我们开始站上国家级创新平台，在纷繁复杂的形势背景下，有机遇也有挑战，我们还要一起拼搏、一起奋斗、努力奔跑，因为我们都是追梦人！

那么，追梦人应该要有什么样的状态或者姿态？

一是身在兵位，胸为帅谋。一个"帅"也是逐步从"兵"的位置成长起来的，不管位置高低或权威贵贱，都要有大局意识，从集体利益出发，站在全局高度和领导角度，领会意图，把握精神，出谋划策，贡献智慧，处理事情。但是现实中也存在"事不关己高高挂起""唯领导马首是瞻""不敢越雷池半步"等现象，这些人认为事业成败是"帅"的责任，与"兵"无关,往往习惯于当上级领导的"传话筒""收发室",满足于"用会议落实会议,以文件贯彻文件",导致工作上下一般粗、不接"地气",缺乏主动性和创造性,不能有效解决具体问题。这种将"兵位"与"帅谋"割裂甚至对立的思想,对个人成长和事业发展"百害而无一利"。古语云:"不谋全局者,不足谋一域。"只有胸怀全局,才能登高望远。如果"为兵者"处处考虑个人得失,忽略"为帅者"的战略大局,那么发展大局就容易受损,"为兵者"势必受到牵连,败军之将尚且不足言"能",败军之兵就更不言"行"了。当然,提倡"身在兵位,胸为帅谋",绝不是要大家耽于幻想、好高骛远,"种了人家田,荒了自家地",而是要既胸怀大局,又脚踏实地,既善于从大处着眼,又善于从小处着手,把"大"与"小"有机统一起来,把"兵"与"帅"的作用充分发挥出来,"心往一处想、智往一处谋、劲往一处使",汇聚各方面智慧与力量,步调一致、齐心协力开拓新局面,那么事业就不会迷失方向,就会有坚强的基础。

二是仰望星空,脚踏实地。拿到国家级的牌子,才是万里长征的第一步,后面的任务更压头、使命更艰巨,要始终保持谦虚谨慎、艰苦奋斗的作风,"即使站在山顶,头顶还有星空",创新永无止境,未来道路还很漫长。自觉学在前、想在前、干在前,见事于早、谋划于先、行动于快、督促于紧、落实于细,努力做到"脑清、耳聪、目明、心细、手脚勤"。我们的梦想,是缔造一个多元化、科技引领型企业。所以,必须登高望远、继往开来,不管东南西北风,咬定青山不放松,以逢山开路、遇水架桥的信心和智慧,勇攀世界科技高峰,奏响"创,所未创"的时代最强音!秉承创新精神和颠覆思维,持续加大技术、营销、管理、人才"四个创新"力度,打造以"爱国、奉献、创新、博爱"为核心的企业文化,让每个国创人都把企业使命、愿景、目标等内化于心、外化于行,真正成为企业发展的开拓者、搏击者和见证者。

三是空谈误国,实干兴邦。成功缘于实干,祸患始于空谈。做任何事情时,不能阔论空谈,而要真抓实干,纸上谈兵终抵不过脚踏实地,只有脚踏实地一步一步动手实践,才会取得最终胜利。新时代更需要大力弘扬实干精神，努力做到持之以恒的"实干"、与时俱进的"会干"、勇于突破的"巧干"，勇当真抓实干的表率。在初创期之所以能取得比较好的业绩，靠的就是全体员工凝心聚力、真抓实干。"实"是我们国创人生生不息、历久弥新的文化基因。在发展过程中感到最大的困难就是挑战自己，只要有决心，真抓实干就一定能行！未来仍要坚持以实干为基，站位新时代，踏上新征程，肩负新使命，谋求新作为，以更坚定的信心、更超前的理念、更务实的作风、更有力的举措、更完善的服务、更优质的产品、更精良的品质，以永不懈怠的精神状态和一往无前的奋斗姿态，分解落实好国家级创新中心建设方案内容，努力建设成为创新中心的示范者和擎旗者，这才是我们最高的目标和追求！

四是事业为基，人才为本。"众人拾柴火焰高，众人划桨开大船"。企业的兴旺发达离不开每一位员工的勤奋努力，个人的成长进步也离不开企业这个平台的关心培养。企业是船，我在船上，只能同舟共济！请记住：在这船上，每一位员工都是主人，而不是乘客！人才是第一资源，骨干是中流砥柱，企业发展壮大的关键是人才队伍和核心团队建设。要把五湖四海、志同道合、德才兼备、以德为先作为选人用人的根本原则，建立健全选、育、用、留的人才机制，做到公平公正、公开透明、公私分明，努力锻造一支"忠诚、奉献、干净、担当"的高素质精英团队，积极营造活力四射、能力迸发、人才辈出的良好环境。鼓励和提倡把骨干放到风口浪尖上去摔打锤炼，当先锋、打头阵、挑大梁、立新功，培养历练骨干队伍勤于拼搏、乐于奉献、敢于斗争的过硬作风，使更多的"80后""90后"优秀年轻骨干脱颖而出，为百年基业源源不断注入生机和活力。我们的愿景是打造员工与企业之间的命运共同体，在企业发展过程中，对外要坚持以客户为中心，对内要始终坚持以员工为中心，以员工的获得感、幸福感、安全感为目标，为员工提供更好的发展平台，积极与员工共享发展成果。对于每一位国创人而言，要以到企业为家、以建企业为责、以兴企业为荣，把个人成长与企业发展紧密结合，共同构建休戚与共、甘苦共担的利益共同体、责任共同体、命运共同体。

在新的一年里，在前进道路上，要懂得感恩：感恩平台、感恩品牌、感恩团队、感恩从未止步和懈怠的自己，要继续万众一心、扬帆远航，创造更加壮丽的事业和美好的未来！发展战略目标和主要任务已经确定，这就是目标导向，后续就是实干。思路决定出路，思想影响行动。要想抓好落实，首先是要解决思想问题，其中最重要的是要解决：什么是工作、为什么工作、怎么工作等系列问题。

那工作是什么？很多人觉得这个问题很无聊，工作就是工作，就是为了挣钱、养家糊口讨生活，哪有什么深奥的东西。其实不然，同样是上班，有人拿高薪，有人只有基本工资；同样是开门做生意，有人生意红红火火，日进斗金，而有人门可罗雀，冷冷清清……为什么会有这么大的差距？究其深层次原因，这个差距就在于两个字"修行"。其实，工作就是一场修行。

那什么是修行呢？修行就是修身养性、修养德行。工作生活中，接受不了领导的坏脾气，接受不了钩心斗角和世态炎凉，接受不了高压和漂泊的孤独……凡是接受不了的地方，恰恰就是修行之处，就是提升和修行的方向。当你看清、看淡、看透一些人和事后，就读懂了职场，就会专注提升自己，坦然面对遇到的不公和挫折，更有能力化解心结，不让负面情绪影响自己；当内心足够丰盈、精神独立，就不再感到孤独，更不会沮丧、迷茫和绝望。一个人修行的结果就体现在对待工作生活的态度上，而这份态度里就珍藏着自己的未来。

那些能拿高薪，挣到钱的人，大多都有这样的特质：工作起来全力以赴、做事认真、有责任心、内心强大，无论是工作能力，还是情商、逆商都比较高。我们自己扪心自问：离这样的标准有多大的差距？差距越大，说明要修行的地方就越多。当有一天，修行到家了，那些曾梦寐以求的，往往就来了。

一个职场人的修为，最终决定着有怎样的人生、怎样的高度。而想要成为一个高人，一定要坚定"四个信念"，做到"四个努力"，注重"四个细节"：

4.1 坚定"四个信念"

4.1.1 心有多大　舞台就有多大

梦有多远，人生就有多远。心有所想，方能脚下有路。很多的成功往往来自敢想、敢做，但不能违法违规做。每一个领导并不懂所有专业知识，有时碰到一个非专长问题，自己不了解也未曾经历过，根本搞不清楚，但敢去尝试、敢去解决，最后还真解决了。筹划国创公司时，即使没人员、没技术、没资金，其他单位也在积极申报，竞争非常激烈，如果不敢去做、不敢积极推动，畏惧权威甚至盲目崇拜，就不会有今天。当然，不能盲目大胆，"心大"还意味着积极地关注外部环境和竞争对手，以开阔宽容的胸怀接受种种新鲜事物。

4.1.2 大家好　才是真的好

现代化信息时代，由于网络媒体推广应用，无形之中设置了隔阂，过分渲染了人与人之间日益冷漠、诡计多端的复杂关系。但现实中的社会社区可能真的不是这么回事。公司筹备时期，大部分领导和员工都是股东单位派遣，全职员工对公司人事关系开始还有点未知的恐惧，但实际上团队里面的每一个人都能真诚相待，关系融洽和谐。这关键是我们自己能够真诚待人，在互动交流中将心比心。当然，工作中产生冲突也是不可避免的，实际上也没有必要故意去避免。有时一些冲突对组织来讲，是大有益处的，就像夫妻吵架后感情往往更好一样。但在矛盾冲突时，要对事不对人，与人为善，心怀感恩，感谢团队给平台，感谢伙伴给配合，就能把适度的冲突引到对自己、对组织都有利的方向发展。

4.1.3 好好学习　天天向上

用"好好学习、天天向上"来描述对"国创人"的要求，一点也不为过，所以新办公室装修时，无论是过道还是众创空间，都做了书架，摆上书籍。因为成功人士和院士专家都是"最爱学习"的人，对于不懂的知识，就立刻去学。技术研发中心的黄贵励以前也不是搞软件的，也是从外行通过学习成为业内专家的。但是，学习不仅仅是光从书本上学习，更重要的还是要从工作实践中学习、向周边优秀典型学习；不仅仅是从"智商、情商"方面提升，还得提升自己的"健商、逆商、德商、财商"。株洲田心有一个最重要的理念是"要善于利用逆境"：株机、株所、电机等公司在遇到寒冬时，并没有把困难放在嘴上，而是提出"利用冬天的机会积蓄突破能量，发展新产业，开辟新天地，扭转发展态势"并取得成功。比如，2000年左右，原铁道部半年多没有给予订单，中车株机公司另辟蹊径开辟城轨第二产业，株所前期在铁总订单不足情况下"走出两条钢轨"培育两家上市公司，电机公司进入风电市场……一系列突围把几乎是灭顶之灾的境遇转化为未来发展的有利条件。在未来发展道路上，也会遇到不同的情况，走上坡路要昂首阔步，走下坡路要谨小慎微，走阳关道要目视前方，走羊肠路要俯视脚下，携一颗从容淡泊的心，走好脚下的路。

4.1.4 独立思考 不人云亦云

公司大了，人多了，混日子也容易了。人很容易陷入随波逐流、不深入业务的境地，从而看不到隐性问题和潜在危险。专家有一个研究，雪崩发生时，一般受害者都是一批一批的，很少有单个受害者。原因很简单，单个人在雪崩多发地会相当小心，十分警觉。单人怕雪崩，但如果是一个群体，群体越大，胆子就越大，从众心理就越强，每个个体就会有一种虚幻的安全感和人云亦云的错觉判断。但现实是很残酷的，不管群体的力量有多大，雪崩都是不可抵抗的。遇事要有自己的看法和主见，不要别人怎么讲就一味盲从，这就是"人云亦云不云"；大家经常讲的一些套话，经常照着讲，这就是"老生常谈不谈"。因此，在日常工作中，要学会保持独立思考的能力，要敢于、善于发表一些不同的看法，无论是讲话还是写材料都要经过深入思考后再表述。

4.2 做到"四个努力"

4.2.1 不要轻言放弃　努力总有意义

人生路漫漫，光阴最无情。回首那些走过的路，也有一些弯路、险路、小路和暗路。只有目标清晰、意志坚定且永不停步的人，才有希望最终抵达胜利的远方。战略发展中心曹德龙自己开车三天三夜安全抵达老家过年，就是一种坚持、一种努力。当你迷茫、沮丧，甚至是绝望的时候，可以哭，可以大醉一场，但别轻言放弃，希望能再坚持一会，再努力一点。关于坚持和放弃，何炅有番话说得很好，"如果你觉得很难，你坚持不了，那你就放弃，但是你放弃了就不要抱怨，说我为什么没有得到"。人生就是这样，要想有所收获就必须努力付出、努力坚持。每个人都是通过自己的努力奋斗去创造未来生活的样子。凡是人前显贵、风光无限的人，背后都有咬牙努力的岁月。一定要相信：努力总有意义，岁月会给一个交代。

4.2.2 不要满腹抱怨　努力做好自己

请相信，不管在哪里，令你感到不舒服的人、不公平的事，肯定是会有的。但希望在遇到这些人、这些事时，不要再满腹抱怨，充满戾气。一是抱怨没有用，根本无法改变，往往只会令情况更糟；二是很多时候，问题也许在自己身上，而非外界。请努力做好自己，少空谈，多实干，提高自己的能力与眼界，管理好自己的脾气和情绪。有些人曾经是"愤青"，经常陷入抱怨、埋怨之中。但多年的工作经历是否让自己明白了一些道理，抱怨是无济于事的。世界上永远存在不合理、不恰当、不完美的事情，或多或少存在一些麻烦、困难和危机，唯一正确的解决之道就是直面它、解决它，踏踏实实地做事，真心实意改变不满的现状，消除不满的情绪。

4.2.3 不要斤斤计较　努力放大格局

很多时候，人生在于会不会选择，而选择往往又由格局来决定。格局不同，做出的选择也截然不同。清代学者张潮就把人生分成三种境界和格局：第一种是在窗子里面看月亮，第二种是在庭院中望月，第三种是站在高台上玩月。大多数人都属于第一种，有着自己的局限，只能在窗子里看月亮。少数人属于第二种，从屋子里走出来，到庭院中望月，才发现视野更广阔。只有极少数人属于第三种，站在高台上，与月亮嬉戏，体会到真正的人生之趣。格局小的人，目光一般比较短浅，往往更在意小情绪，习惯在小恩小惠、小成绩里沾沾自喜，不敢接受更多、更大挑战，内心通常也不够强大。心中有事，装着若无其事，只是阅历；心中有事，还能若无其事，便是格局。要放大格局，不要在小事上纠缠不清，斤斤计较，否则就会错失很多。人这一辈子，能力的大小，能决定我们拥有什么，而眼界的高低、格局的大小，才能决定我们能走多远。正因为如此，晚清重臣曾国藩就说："谋大事者，首重格局。"格局越大，成就方能越大，人生之路就越平坦宽广。

4.2.4 不要敷衍工作　努力做到极致

有句话："使我痛苦者，使我强大。"对你严格要求的领导，才是能真正帮助你成长的好领导。凡是想方设法给一线员工安全感的企业迟早会毁灭，因为再强大的人，在温顺的环境里都会失去狼性；凡是想方设法倒逼员工成长、开发员工潜力的公司都会蓬勃发展，因为在这种环境下，要么变成狼，要么就被狼吃掉！所以，如果真的关爱自己的下属，就会严肃纪律、严厉要求、严格考核，用高要求、高目标、高标准倒逼员工持续学习、不断成长。如果碍于情面，低目标、低标准、低要求，只会助长他们的任性、嫉妒和懒惰，最后将变成一群毫无战斗力的小绵羊、老油条和小白兔，这是对下属最大的不负责任。在工作中，哪怕有再多不开心、再多不满意，都不要消极应对、敷衍了事。有问题有意见可以向上反映，寻求解决方法。如果无法解决，可以选择转身离开，也可以选择隐忍包容。但不管是哪一种选择，都应积极面对。对工作敷衍，其实是在浪费自己的时间，因为你不可能得到成长，更谈不上向上。对待工作，不管你是什么职业、什么岗位，哪怕再普通，只要能努力将自己的事做好，做到极致，那么结果一般都会是喜人的。

4.3 注重"四个细节"

4.3.1 要有方法有"套路" 系统思考解决问题

在一个纷繁复杂的环境下，许多问题已经不能"就事论事"来研究解决，迫切需要系统方法和战略眼光。对于一个成熟组织的运营来讲，制度流程的设计优化尤其需要注意这一点，不能只发现问题而不找根因，头痛医头、脚痛医脚；更不能热衷于讨论存在的问题，而从不去寻找方法有效快速解决。跨国公司的职业经理人或者技术专家，做任何事情都喜欢套用一些方法论或者"成熟套路"，甚至组织召开一个会议也按照既定的流程执行，用了很多"套路"。作为一个国家级创新平台，一定要见贤思齐，秉承"开放分享"的态度，在成熟经验、系统思维、方式方法等方面进行培训、研讨和执行。

4.3.2 做好时间管理 从小事做起

时间管理是很多人在现实生活工作中面临的主要问题之一，可能也是许多企业的整体性问题，工作缺乏规划计划，经常面临打断；或者是经常打断同事或下属；或者是临时会议讨论占去大部分时间；或者因为兴趣而花费大量时间沉迷一些不着边的事；或者是在一些细枝末节的事情上投入过多时间精力，而无法顾及一些很重要、很艰难的事情，最后拖到不解决不行的地步，才被迫仓促行事。回想一下自己的工作时间，这些时间是不是用在最重要的事情上？有效的、有产出的工作时间究竟有多少？其实是比较少的。时间有限，精力也有限，更重要的还是要从小事做起，学会吃亏。从小事做起，不是一直满足于做"小事"，也不是夸夸其谈、好高骛远,而是脚踏实地做好看似不起眼的"小任务",以小胜积大胜。学会吃亏,不是忍受吃亏,而是不斤斤计较一时的是非得失,有勇气在关键时候放弃。经过这几年的工作实践,越发感受到这些简单道理的深刻含义。

4.3.3 敢于实践探索 善于反思反省

许多事情任务知易行难,最关键是还是要有行动、立即行动、马上就办,不能只做"二传手""传话筒",不做"过滤器"。实践是检验真理的唯一标准,管理学上的一些理论、方法、观念是很重要,但是如果只是空谈、空想、空规划、纸上谈兵,不敢于实践探索,不去不断反思改进,一点作用都没有。没有实践过程的反复演练和不断反思,人人皆知的东西,要做到理想状态,其实非常不容易。比如,领导者要学会倾听,很多人都清楚这一点,但实际做得如何呢?反思一下是不是做到了:细致地问问对方的体会感受?顺其自然地引导对方表达交流?不急于下结论和给定义?不急于提出问题的解决方案?确认团队是否明白对方?……这些问题搞清楚了,复杂的事情简单做,你就成为专家;简单的事情重复做,你就成为行家;重复的事情用心做,你就是赢家。

4.3.4 成功者往往自觉自律、信守承诺、心无旁骛

业绩是要靠自觉、自律、自励的,优秀的人从来都是"马不扬鞭自奋蹄",所有优秀背后都有苦行僧般的自律。成大事者,一定守时、守信、守愚、守静。有句老话儿叫"七不出,八不归"。很多人把这句话理解为,农历初七这一天不出门,初八则不回家。其实不是这样的,实际上说的是:出门前,柴米油盐酱醋茶这七件事没办好,就不要出门;孝悌忠信礼义廉耻这八条做人基本道德准则,违犯了任何一条,对不起祖宗,无脸回家面对家人。所以这些祖训要时刻谨记于心,激励人们更积极地面对生活。什么路都可以走,唯独绝路不能走;什么路都可以选择,唯独歧途不能选择。人生道路虽很曲折,却很美丽。只要你细心观看,就能饱尝沿途美景。在一个单位,肯定会有 KPI 和 GS、绩效考核,会有论功行赏、会有领导指

示、甚至会有一点政治色彩，但如果片面地追求 KPI 指标、考核成绩和权钱利益，片面地对上负责、对别人负责而不对自己负责、对目标负责，只顾指标不顾目标，就会失去使命感、责任心、好奇心和工作激情，必然达不到最佳状态和最好境界。如果企业营造了一个良好的生存发展环境，每一个个体都能尽力发挥聪明才智，企业一定会战无不胜。

日本知名企业家稻盛和夫有这么一句话："人哪里需要远离凡尘，工作场所就是修炼的最佳场所。"工作就是一场自我修行，需要认真面对，好好修炼。但是修行好了，也并不一定能成功。即使在同等条件下，同时代、同境遇的人，"成功率"与"幸福感"也会有较大的差异。无论怎么定义"成功"，都离不开"趋势、机遇、天资禀赋、个人追求"等几个要素，其中趋势是未来的大方向、顺势而为才能事半功倍，机遇是偶然性的、可遇不可求的，天资禀赋是先天的、与生俱来的，个人追求是后天的、付出才有回报。往往大多数人判断不了大势、把握不了趋势，改变不了形势，只在自己小环境中做些局部优化、调整与改善，更多的是关注"个人追求"。

在当前这种大环境中，怎么能在职场中依然走得远、走得好？要注意以下三点：快乐、思考、靠谱。其中，快乐，是工作心态；思考，是工作方式；靠谱，是工作习惯。

4.4 工作心态：快乐

我们提倡"快乐工作、幸福生活"。快乐，听起来和职场品质没什么关系。更多人认为，职场都是郑重行事、苦大仇深、燃烧拼搏之类的。其实认真想想，是不是有些工作伙伴，总是乐呵呵、很精神、很有趣，大家都喜欢他？那到底如何理解"快乐工作"？

4.4.1 "快乐"是"正念满满"

"正心正念、善作善成"。遇事儿，不长吁短叹，努力打起精神来解决问题。比如，客户突然改需求，可能需要临时加班，这时你可能会气呼呼地从头抱怨到尾，做完了还在嘀嘀咕咕，感觉全世界都欠了你的。但聪明的人，只郁闷一会儿，吐槽发泄一下，然后就立即打起精神来：迅速思考怎么做、有谁能帮忙……化繁为简，专心搞定。搞完后再奖励自己吃顿大餐，这个周末继续高高兴兴过完。事后探讨一下，临时改动是什么原因造成的，以后怎样避免。我们是不是喜欢这样的伙伴？要想"正念满满"，关键还是要有一双善于"发现美"的眼睛，更重要的是多些人文修养和审美情趣。因为优异成绩的取得、杰出成就的诞生，都离不开对美的向往和追求。最幸福的工作生活、最伟大的发明创造，往往蕴含着"秩序、简洁和优美"。缺乏审美的追求，凡事凑合、不择手段、一点都不高雅，必然不能长久。

4.4.2 "快乐"是"方法总比问题多"

人，破局而出的第一步，就是相信世界上的方法总比问题多，内心装有"方法总比问题多"的坚定信念和方法思路，积极应对，妥善解决，不慌乱、不回避、不抱怨。只有具备这样的自信，才会主动研究问题、解决问题。面对问题，足智多谋，长袖善舞、另辟蹊径，主动想办法。当遇到一个难题，第一反应不能是"我不行、好难，这不归我管"，而是"来来来，我试试，我想想办法"的积极态度，这在职场上一定广受欢迎。遇到问题并不可怕，可怕的是不能正视问题的存在，甚至陷入悲观，觉得问题解决不了而放弃尝试。

4.4.3 "快乐"是热爱生活

理论上，老板喜欢"工作狂""只爱工作的人"，不需照顾家人、不要养育小孩、没有周末假期、没有兴趣爱好、没有意外……真的吗？你想想，有些人爱旅行、爱滑雪、爱摄影，是麦霸、段子手、资深吃货，是娱乐八卦集散地、超级奶爸、活跃志愿者、健身狂人……有点个性，有点标签，老板、客户、隔壁部门，好像都记得住他们。或者因为有爱好、有乐趣，他们在自己的天地里"进一寸、有进一寸的欢喜"，生活状态也比较精神。但是任何工作都有无趣与无奈，需要与生活和解的方式，让自己在状态不好的时候，觉得世界还是挺不错的，能开心地笑出来。简单概括，大家都喜欢有笑容、有力量、有魅力的人。

4.5 工作方式：思考

有句话说："比勤奋更重要的是深度思考的能力""他不是有10年经验，他只是1年经验用了10年"，说的就是有的人永远用本能做事情，没有反思就没有进步。因为，思考会让你明白所有，包括已有的知识、方法是从哪里来的；会让你掌握更完整的知识体系，找到更好的方法；会让你明了自己应该往哪里去，会整理出前往的方法、策略与路径；会让你产生前往那里的原动力，会时时不忘初心、牢记使命。那么，我们如何思考？思考什么？

4.5.1 永远思考目标——"因为我的目标是……，所以我要做……"

举个例子：投放广告，页面上密密麻麻好几百个字，地铁里用户一扫而过，根本来不及看。得事先想想，这个广告投放给谁看、在哪里放、要别人记住什么，才决定用什么形式表现什么信息。写个简历，任职期间销售金额达到1亿元，那又能说明什么呢？1亿元就算好吗？公司付出了多大成本，自己又做出了什么贡献？简历是为了说明自己的能力、突出自身的优势，堆砌几个数字，不能帮助达成目标。做任何事，需要思考"为谁做、为何做"，否则都是低效的努力。

4.5.2 经常观察别人、复盘自己

经验值的来源，归根结底只有两个：别人与自己。观察别人是思考"咦，他为什么这样做？"哦，有道理啊，自己也试试。复盘自己是思考"哦，这么做不行哎，那怎么优化一下？"经验的另一个宝贵来源，当然就是自己做过的事、犯过的错。并不是在项目结束、月末、年末正经写个报告，才是总结。而是看过一本书、谈了一次话、办了一件事……自己感受

到什么、学到了什么、可以做些什么？时不时随手记点什么，更加有帮助。备忘录、内部总结、跟好朋友分享，练习用语言极其清晰地表达出来，加深印象，都是不错的方式。

4.5.3 事事关注全局——"这个世界是怎样运转的"

有句老话，不谋万世者，不足谋一时；不谋全局者，不足谋一域，就是不要"只见树木、不见森林"的意思。简单说，要想在热带雨林里好好生活，就得弄明白雨林里有些什么树、什么花，何时太阳升起、何时雨水落下，以及他们如何彼此影响，如何关系到自己。有了全局观，就可以去判断：到底想做什么？不能的根本原因到底是什么？怎么做？离开这个环境改变自己还是在现有环境下寻求变通的方式？有没有可能，有没有其他方法，有没有资源？只有"见森林、思全局"，才能懂得规则、找到途径，才能实现目标、推动改变。

4.6 工作习惯：靠谱

靠谱，是一个人最坚实的底牌、最了不起的才华，是人生中最大的财富，也是安身立命的根本。网上有个问题是："对一个人最高的评价是什么？"有个高赞回答说："靠谱，凡事有交代、件件有着落、事事有回音。"不管是在生活还是工作中，对一个人的期许通常会有这样的标准，那就是要"靠谱"：交朋友，希望交一个靠谱的伙伴，能推心置腹、坦诚相待；谈恋爱，希望遇到一个靠谱的人，值得托付终身；工作上，希望遇到靠谱的老板和同事，少走弯路、多干实事。一个真正靠谱的人，一定拥有"让人放心"的能力，一定是信守承诺、有始有终、负责任、有担当的人，也是心地善良、坚守底线、坚持原则的人，从不投机取巧，坑害他人，会以诚信之心，行仁义之事。与这样的人共事，让人如沐春风，格外安心，也最值得托付与深交。人这一辈子，能和靠谱的人同行与共事，是一种福气。

那么，怎么做到"靠谱"？

一是凡事记录。"凡事"意味着记录的事项多样：睡眠时间、是否运动、阅读收获、待办事项等。文字作为实体化的载体，能够拥有超越其存在的价值。灵感可能是一时迸发的，但记录下了，就可以凝固成一直的存在。一次认真的记录，是开启进一步探索之门的钥匙，因为在文字表达的过程中，需要把这些散落分布的想法连成一条链，进而梳理出来，以实现条理有序、逻辑井然。凡事有记录，便于总结、反思、迭代、传承，利于提高工作效率，避免低水平重复劳动。领导、同事、客户，通过邮件、电话、微信跟你交代个事，不仅记录好，还要牢记在心，其实真正做到的人很少。凡事都做一个记录，是一种思维方式，也应是一种生活习惯，事事皆如此。

二是凡事澄清。记下做什么，下一步就是思考具体怎么做，这时"靠谱"意味着：模模糊糊是不好的，不清楚就要及时主动询问。领导说，明天早上部门领导人开会，你通知一下。那么，具体几点？会议多长时间？那谁在外地要不要电话接入？什么议题？要准备什么材料？需要投影仪吗？这比直接跑到微信群里喊一嗓子"领导说明天早上开会"好太多了，一看就是"会办事"的人。如果仅仅是在微信群里喊一嗓子，领导自己不会吗？

三是凡事交代。公司创业初期，请假理由千奇百怪，但只有一个要求，就是一定要提前说（极端情况例外），都会批准。谁还没个"遇到情况"和"今天就是不想上班"的时候呢。但是，千万别小看一句交代：第一，它表示你心里还惦记着这个事儿，即使因为客观和主观原因暂时做不了。第二，它让同伴有时间调整。领导可以调集其他人手、可以撸起袖子自己上，比临期变更导致误事要强得多。

四是凡事检查。假设一个报告初稿，人家提了10个意见，你修改了8条，这是最浪费、最愚蠢的勤奋。因为别人并不知道漏改了"哪2条"，只能把这10条都检查一遍，然后给你贴个标签"会漏改的人"。人不可能不犯错误，但错误率要控制到一定程度内。完成十几项小任务，其中一两次有疏漏和四五次有疏漏，那不是一个概念。如果上级下级、甲方乙方都做到凡事检查，世界是有多美好。其实这个工作习惯的养成，等于"我在乎"这三个字：我在乎我的工作，对它有责任心；我在乎我的伙伴，不想多给人添麻烦；我在乎我的口碑，知道需要长期建设。

— 05 —

奋力奔向远方的地平线

远方，无边无际，虚无而又缥缈，可当有了地平线的装饰，一切却又变得有迹可循，令人神往！地平线，象征着新的目标。人有了目标，就有了追求。从一个新的起跑点出发，不断地努力，奋发向上，人生就充满了无穷无尽的乐趣和难以预测的坎坷。远方的地平线，充满着期待，又预示着美好，既有霞光满天的日出日落，也有令人窒息的黑云压城。线的那边，是每个人孜孜不倦的追求；线的这边，奋斗一直在路上。前方有无数个远方，无论地平线是否变化，远方就在脚下，不要踟蹰，勇敢地走下去，终会到达心中的诗和远方。每个人都有自己的远方，也有属于自己独特的道路，至于地平线的高低远近，因人而异，由自己掌控。对于刚告别校园、初入职场的新员工而言，如何处理好个人与组织的关系，明确自己的定位，全面理解"企业之于青年、青年之于企业、青年之于时代、青年之于环境"的核心要义，走好走稳步入社会的第一步，至关重要。

2019年7月1日是一个特殊的日子，是一个值得纪念的日子，不仅仅是2019届毕业生从"大学生"变成"社会人"的日子，也是中国共产党成立98周年的纪念日。我们党成立之初就有个初心和使命：为中国人民谋幸福、为中华民族谋复兴。我们国创在创建时也有一个初心和愿望：为社会创造价值、为股东创造利润、为员工创造平台、为未来创造机会。每一个新入职的员工毕业选择我们国创，也是抱着一个远大理想和崇高信念而来：于公来说，做一个有利于社会的贡献者；于私来说，做一个幸福生活的创造者。有句话说得好：与凤凰同飞，必是俊鸟；与虎狼同行，必是猛兽！你能走多远，就看你与谁同行！热烈欢迎每一个新员工加入"国创"这个年轻而又充满希望的"国字号"团队，与我们携手同行。

对每位新入职员工而言，正式上岗这天将是人生旅途中一个重要的里程碑。你们经过十多年的寒窗苦读，告别了校园和学生时代，踏入了社会，走上工作岗位，将用自己的青春和才智，书写更加精彩的人生。看着大家充满热情、富有朝气的脸庞，我们由衷地感到欣喜，并充满期待。欣喜的是大家风华正茂、意气风发、满怀豪情，必将成为企业发展的新生力量；期待的是每一个新员工能够早日成才，在未来的日子，能与公司携手同行，用青春与奋斗创造辉煌业绩。

前面大家阅读了公司微信公众号及有关宣传报道资料，也观看了公司的宣传片，后面还会组织专门的培训，向大家全面介绍国创的前世今生、未来蓝图及奋斗目标。办理入职手续的时候，里面有一封公司主要领导写给大家的一封信，这里面记录了近些年在企业治理过程中的一些体会和思考，不一定对，也不完全代表公司企业文化。因为前面说过，企业文化不是老板文化，而是集体的智慧、共同的行动和历史的沉淀。有个词语叫作"同流合污"，个人觉得可以"同流"但不能"合污"，因为同流才能交流、交流才能交心。为了让大家更好地了解国创，更快地融入集体，我们一起从四个维度与大家聊聊："青年与企业"这个话题。

5.1 企业之于青年——搭建好的平台、创造好的机会

有人说，人生有三大幸运：在上学的时候遇到好老师，工作的时候遇到一位好师傅，成家的时候遇到一个好伴侣。我们也希望大家在国创这个平台能找到一个好伴侣，遇到一位好师傅。读万卷书不如行万里路，行万里路不如阅人无数，阅人无数不如名师指路。换句话说，你是谁并不重要，重要的是你和谁在一起。沙子是废物，水泥也是废物，但他们混在一起是混凝土，就是精品；大米是精品，汽油也是精品，但他们混在一起就是废物。所以，如果你是沙子，你可以选择与水泥结合，这样你就变得牢不可

破、坚不可摧；如果你是大米，你就要选择避开汽油，这样会避免很多麻烦。企业之于青年，我们主要为大家做好以下四个方面的服务：

一是营造温馨和谐的工作氛围。何为管理，就是"管事"+"理人"（见图5-1和图5-2）；何为领导？就是"领先"+"指导"，所以我们要求公司不同层级的领导，无论是在技艺还是人品方面，都要率先垂范，当好带头人。僧抬僧，抬出高僧；人抬人，抬出伟人！国创公司虽然成立才一年多，但建有完备的党工团组织和见习生委员会，各组织要发挥好作用，不是为了搞活动而搞活动，也没有硬邦邦地给大家压担子、交任务、搭平台，而是要从思想上、情感上真正去关心员工，尤其是新员工。只有从员工内心走过，才能赢得大家的认可。经营管理层要引导大家正确认识自己、正确评价自己，从公司角度打造一个非常好的业余生活环境，把大家从办公室拉出来，多开展一些户外阳光的活动，塑造一支积极向上、阳光温暖、青春活力的年轻团队。同时，也要宽容和接纳看似是"歪瓜裂枣"的奇思妙想，以前一说"歪瓜裂枣"，就把"裂"写成"劣"，有点曲解。但得有个基本常识，枣是"裂"的甜，瓜是"歪"的香，它们虽然时常不被看好，但要从战略上看好用好这些"歪瓜裂枣"。

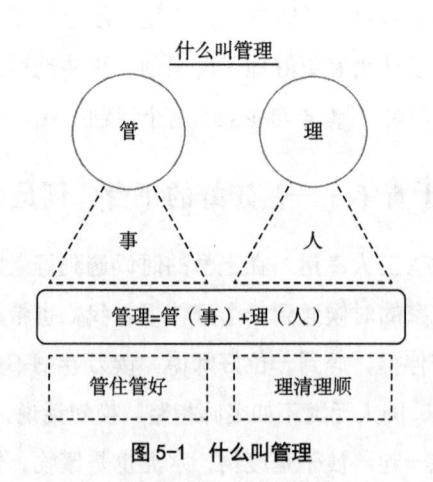

什么叫管理

管 —— 事
理 —— 人

管理=管（事）+理（人）

管住管好　　理清理顺

图5-1　什么叫管理

05 奋力奔向远方的地平线

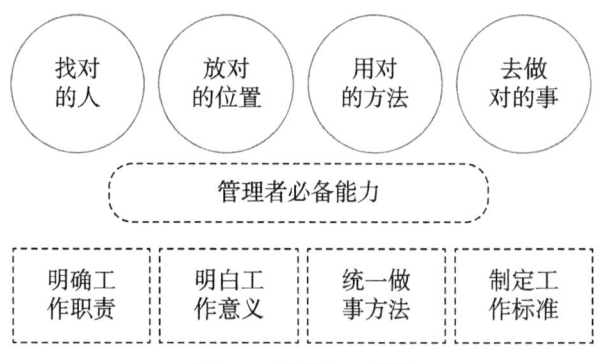

```
┌──────┐  ┌──────┐  ┌──────┐  ┌──────┐
│ 找对 │  │ 放对 │  │ 用对 │  │ 去做 │
│ 的人 │  │的位置│  │的方法│  │对的事│
└──────┘  └──────┘  └──────┘  └──────┘
         ┌──────────────────────┐
         │    管理者必备能力      │
         └──────────────────────┘
┌──────┐  ┌──────┐  ┌──────┐  ┌──────┐
│明确工│  │明白工│  │统一做│  │制定工│
│作职责│  │作意义│  │事方法│  │作标准│
└──────┘  └──────┘  └──────┘  └──────┘
```

图 5-2　管理的 4R 原则

二是创造人才辈出的发展环境。公司请你们来，就是请你们来解决问题的，而不是制造问题的。大家一定要清楚，公平是相对的，但我们有责任、有义务去改进与完善，增加大家的获得感与体面感。一方面不断完善人才通道建设，提升职业发展体系的科学性与公平性，让每一个员工都可以在自己的职业跑道上找到自己的位置。另一方面落实好"师傅带徒"，给新员工发展提供清晰的指引，营造出"业绩出众的人就是最吃香、真抓实干的人就是最看重、善于学习的人就是最看好"的选人用人导向，大力选用有责任心、有使命感、有工作能力的年轻人到干部岗位，打造企业发展的坚强力量。大家都知道田忌赛马的故事，主要讲述了齐国的大将田忌与齐威王进行赛马，在整体马力并不占优势的情况下，通过调整部署而反败为胜的故事。但是在国创，我们认为，一个人的努力是加法，团队的努力才是乘法。在高端人才领域，绝不能搞田忌赛马，一定要靠技术团队的整体优势取胜，而非像田忌赛马那样整体实力不足，仅靠调整部署取得一两次胜利。因此，我们将把握先机，通过优化体制机制，加大前瞻性、战略性人才投入，吸引更多的像刘翎博士后、马明明博士、张月来博士、美国归来的刘凯博士这样优秀的人才加盟，建立一支以优秀博士团队为主的科研队伍，争取在科研能力、科技人才、技术水平等方面超过业界。只有这样，才能避免衰落，不断发展壮大，持续地活下去，并且还能活得很好。

三是打造实现价值的事业平台。如何把国创带到一个更高效更安全的发展平台，是我们经营团队一直努力思考和积极践行的。根据公司的发展战略，未来3—5年，我们将以高质量发展为中心，构建跨领域、跨地域、跨行业、跨专业的创意创新创业"三创"平台，打造高端高质高效的多元化高科技产业生态系统。根据国家创新中心建设方案，要孵化3项关键共性技术、培育3家公司、服务30余家产业链企业，探索核心人才持股等体制机制。同时，还要以"建设全球领先的国家级创新中心、助力世界级产业集群建设"为契机，紧扣效率效益提升、创新活力增强和健康永续发展，力争在改革重点领域和关键环节上率先取得突破，打造一个基础更为牢固、技术更为先进、管理更为高效、前景更为美好的事业平台。

四是构造极具活力的激励机制。有成效的奋斗者，不仅是公司事业的顶梁柱，也是前进路上的火车头和千里马。公司的绩效管理、价值评价和薪酬体系，不是按照管辖面来评价的，而是坚持目标导向和结果导向，主要看业绩贡献、责任结果以及在此基础上的奋斗精神。创先争优、福利待遇等各个方面也是向优秀奋斗者倾斜的，给火车头加满油，让千里马跑起来，让奋斗者分享胜利果实与成功喜悦，让惰怠者感受到末位淘汰的压力。国创激励机制包括三个方面：精神激励、物质激励、宽容激励。不断强化精神激励，让更多人获得省市乃至国家荣誉（比如湖湘人才、杰青、国家技术进步二等奖、用10年培养一名院士），使青年员工不断受到鼓舞和激励，营造比学赶帮超的良好氛围；强化物质激励，坚持以价值创造者为本的理念，持续深化薪酬分配制度改革，建立销售提成、科研奖励、外部资金奖励等办法，大力实施青年科技人才激励，建立起"风险共担、利益共享"的激励机制；与此同时，还要强化宽容激励，请大家记住：在错误面前立刻停止，就是进步。通过建立健全容错纠错机制，鼓励青年员工在守住底线、不踩红线、不碰高压线的前提下，大胆尝试、敢于创新、主动作为，保持顽强拼搏、开拓进取的"精气神"（见图5-3）。

图 5-3 员工激励

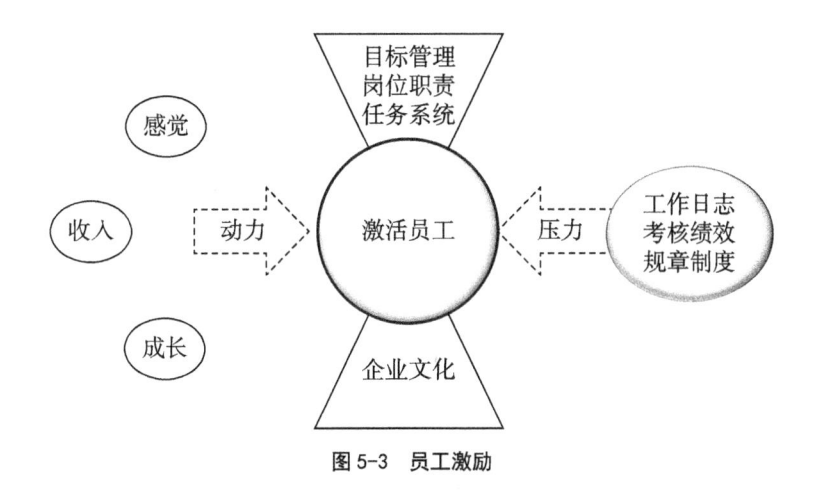

5.2 青年之于企业——无奋斗不青春、越奋斗越青春

有句话说得好，谁赢得青年，谁就赢得企业的未来！新员工是企业的新生力量，其良好的状态与面貌，将使企业充满生机和活力；新员工是企业的中流砥柱，承载着变革创新发展的重担，能为企业赢得持续发展的新机会；新员工是企业发展重要的有形和无形资源，更是企业促进科研攻关和经营管理的一支生力军。可以这样说，员工的气质决定企业的气质，员工的成长决定企业的成长，员工的未来决定企业的未来，往往广大员工的言行举止、状态面貌等，就可以充分体现企业的价值取向及发展态势。一名大学教授在讲解《蒙娜丽莎》这幅名画时曾说过，"蒙娜丽莎的微笑就代表了欧洲新兴资产阶级的自信，蒙娜丽莎的气质就表现出了正处上升时期"佛罗伦萨"这个城市的气质"。可以说，青年的浪漫，使巴黎有了浪漫的美誉；青年的快乐，使长沙有了快乐的名片。所以说，要想成功，首先要学会"变态"——改变心态、状态和态度。

未来，国创应该具有什么样的气质？国创员工团队应该具备什么气质、储备哪些硬核技能，以实现自身成长、适应企业需要。这些问题需要系统思考。作为新员工，至少不应匍匐在权力和金钱之下，否则就会变得猥琐；不应心藏嫉妒和怨恨，否则就会变得狭隘。要实现上述目标，必须明白"六个道理",做好"三点功课"。

5.2.1 明白"六个道理"

第一,青春不会再来一次。如果在单位混日子,实际上是在"耗自己",久而久之就会在时代浪潮中消声匿迹。在一些比较大的企业,也有不少"混混",每天没有目标,得过且过,一切无所谓。十年不好好工作,没什么业绩,也没有为公司创造什么价值,虽然公司每年承担10多万元薪酬,对公司也没有太大的伤害,对自己而言却虚度了十年光阴,荒废了人生的"黄金十年"。如果突然公司倒闭关门了,或者发现"混混"被开除了,怎么办呢?自己还有能力再谋职业吗?自己的人生,应该自己掌舵,不能随波逐流。工作时,尽心尽力做好;创业时,多想想艰辛历程。人生没有重来,青春不会再来一次,靠人不如靠己,自己可以更努力,为未来过得更好!

第二,混日子是没有未来的。很多大学生在还没毕业的时候,总感觉自己有能力,会混得不错。毕业几年后,发现社会跟学校完全是两个不同的世界。不经常思考的人,惰性总会让人得过且过混日子,不思考未来的路怎么走,就等于你安于现状、接受了平庸而卑微的生活,不经意间就失去了年轻人本应该有的那种冲劲和干劲。没有思考,懒懒散散地混日子,消磨以前想过"简单而快乐的生活"的信念,这种变化一直通过细微的事情发生着,不静下心来思考,真的感觉不到自己在堕落、在降低生活品质。时间是最宝贵的资产,是最昂贵的成本,也是最公平的给予,但是很多人总感觉不到它在一点一点地消失。随着年龄的增加,虽然外表年轻,但掩饰不了内心的恐惧。比自己年龄大的人,总说我们还年轻,有的是时间,是真的吗?直到快三十岁,就开始慌乱了。所以说,没伞的孩子才知道努力向前奔跑,一个业务娴熟的创业者比只会空想的人创业成功率高得多!

第三,你是为你自己工作。选择自己非常努力才能做好的工作,逃离麻醉自己的舒适区域,这样肯定非常艰难,但这是最好的选择。做业绩,

05 奋力奔向远方的地平线

要领导盯着才去做的，那请到工厂里去，因为只有流水线才适合；做销售，整天想着领导主动调教，那请到学校去，去交学费而不是领工资；做工作，要让领导哄着做事，那请回妈妈身边去，因为没人有时间无故哄你！业绩是靠自觉、自律、自励的，优秀的人总是积极、努力、向上的，从来都是"马不扬鞭自奋蹄"，从来不需要别人天天盯着做事，总是会主动去多承接几个项目，多绘制几张图纸，多结交几个好友，抓住机会多学一些东西，而这些东西都是别人拿不走的，可以有效增加自己的含金量、附加值和竞争力。尤其在工作中，不要抱怨怀才不遇，怀才和怀孕是一样的，只要有了，早晚会被看出来。有人经常将离职说成换工作，准确地来说，大多数人只是换单位，并不是换工作，因为还是从事现在的专业和行当。所以，无论是在单位工作，还是自己创业，请记住，不是在给别人打工，是在为自己工作！

第四，收获与投入成正比。一件事如果应付一下，很容易，但是做完和做好是完全不一样的。同样一件事情或者一个项目，如果自己多花几倍的时间和精力去完成，最后的结果肯定是千差万别的，自己的收获也是最大的。工作的时候，一定要常常复盘问自己，不只是做一件事情，而是要在做的过程中去学到一些东西，提升一下自己的能力，而这种解决问题的能力是别人得不到的，所学到的东西是别人夺不走的，后续就有可能为未来创造机会、给公司创造价值。虽然实习期工资，也就两三千元/月，可能离大家的目标有点差距。如果想提前达到正式员工的薪酬水平，就加倍努力，每天坚持早起、锻炼半小时、睡前看会儿书、每天静坐冥思5分钟、每天花10分钟总结今日，把第二天计划写在备忘录里，把明天要的东西提前准备好，积极投入，认真付出，争取提前转正。

第五，成功人士从不抱怨。大家步入社会后就会慢慢发现，真正成功快乐的人都是如此，简单、正直、没有私心与坚忍不拔。现在这个社会还是相对公平的，机会很多，也是比较平等的。怨天尤人毫无益处，不仅会让朋友越来越少，也会让机会越来越少，更会让生活越来越差。成功靠的是能力的一点点提升和业绩的一点点积累，而不是怨天尤人。大家都是年轻人，青年不仅仅是一个年龄的概念，当自己变得世故、变得圆滑、变得怀旧，就不再年轻。作为年轻人，不要怕说错话，就怕不说话；不要怕做错事，就怕不做事；不要怕有缺点，就怕没特点。请大家记住：绝不能成为"愤青"，而要成为"奋青"。如果自己是一只展翅高飞的雄鹰，就不要在乎叽叽哇哇的"小麻雀"怎么看自己，因为自己飞行的高度、速度和力度，是"小麻雀"根本看不见也看不懂的。所以，人生的最高境界是认识自己、看清自己，清晰知道自己的奋斗目标、努力方向和能量实力，不要太在意别人的议论。努力，只为看见更优秀的自己，就非常了不起。

第六，不要在职场耍个性。前面组织全员进行应知应会，整体情况不错，这是让大家熟悉规章制度，后面才好依法合规执行。公司有个理念：制度是绝情的，管理是无情的，执行是合情的。如果觉得公司管理太严、规矩太多，或者说不喜欢这个企业，就请赶快辞职，没有必要耗费自己的生命；如果决定在公司上班，就请严格要求自己，遵纪守法，惜缘守序，努力把工作做得更好。有人说，我有个性，不爱干这个。确实，每个人都有个性，世界上有个性的人也很多，对于成功人士而言，个性更是他的专利。如果成功了，当然可以有个性。但是在没有成功之前，个性不能解决任何问题，也不能置换自己想要的东西，就算通过个性获得了一座"房"，但仍然变成不了一个"家"。

5.2.2 做好"三点功课"

第一，要有目标更要有担当、主动担责。工作就是职责，职责就是担当，担当就是价值。珍惜工作，就是珍惜现在的机会、珍惜组织的信任、珍惜人生的舞台。大家选择国创，应该都是带着梦想来的。如何规划好职业生涯，要有一个明确的定位。首先要问自己两个问题：想往哪一个通道发展？能往哪一个通道发展？在职业生涯开始的时候，要多一些思考，多结合个人实际找准定位，规划好发展方向，这样就可以减少一些折腾。其次要对自己的工作有正确的认识，国创要成为国家级创新中心的标杆，是创业者们用青春和汗水铸就的；干好手上的工作，既是捍卫前人的荣誉，也是实现自我的价值，更是推动国创的发展进步。所以要强化责任担当，把个人的小目标、小梦想融入企业的大目标、大梦想中，在实现自我的同时成就公司的发展。只要坚持这么做，公司的平台一定会让自己有美好的发展前途。

第二，要有颜值更要有气质、善于学习。我们公司有个理念——"始于颜值、成于细节、终于品质"。在招聘时，就要求招聘对象既要"颜值"在线，更要"气质"担当、"潜力"使然。气质是什么？气质是眼光、涵养和修养。气质从何来？气质要靠学习、靠修身。一是眼睛向内，学习传承。2019年是国创获批国家级创新中心的元年，不仅是全体员工拼搏进取、奋勇创新的结果，更是我们国创人讲责任、勇担当、求创新、不气馁的结果。回顾创建历程，大家一直抱着"不到黄河不死心、到了黄河心不死"的信念，志存高远、坚忍不拔、锲而不舍、执着追求。干事业其实就是一场赛跑，只有一棒接着一棒，方能跑出好成绩，学习好、传承好创新创业精神，踏实努力埋头干，国创这个事业平台一定会更好，大家的收获肯定超过想象。二是眼睛向外，走出去学。学习是一种社交行为，要多走出去呼吸"新鲜空气"，多向身边同事学、多向国内外标杆学，并将所学的理论知识、专业知识在岗位上探索实践，做到学以致用，练就个人核心竞争的"真功夫"，这就是所谓的"见贤思齐"。只要我们每一位员工身子站直了、胸膛挺起来了，国创就一定能站直、挺起来；你们大气、洋气，国创就决不会小气、俗气。

第三，要能吃苦更要会创新、干成好事。我们始终倡导"成事文化"，不喜欢"言语的巨人、行动的矮子"。许多的不成功，不是因为没有行动前的计划，而是缺少计划前的行动。成功不是天生的，是实干出来的。大家一定要有这种心态，选择吃苦，也就选择了收获；选择奉献，也就选择了高尚。现在多经历一点摔打、挫折和考验，有利于走好一生的路，成为人生的长跑者。同时，不只是要埋头苦干，更要仰望星空、抬头创新。新员工思维活跃、金点子多，创意创新创造是大家的长项与优势。当前技术更迭日新月异，作为国家级创新中心，如何抓住技术发展的风口，需要大家

"创新担当"，一道共同开创事业的新高度。

5.3 青年之于环境——如何拉开人与人的差距

拿破仑说，"人与人之间只有很小的差距，但是这种很小的差距，却造成了巨大的差异"。在现实生活中，我们常常会发现这样一个现象，原本同一个层次的人，不知什么时候，突然变得千差万别。那么，究竟是什么拉开了人与人之间的差距呢？是时间还是空间？是能力还是机会？……可能有很多种答案，但归结起来，无非就这三点：选择、格局和人品。一个人的选择，决定了他走向哪里；一个人的格局，决定了他能达到哪里；而一个人的人品，则决定了他在一个位置上能干多久。

5.3.1 一个人的选择决定了他走向哪里

在《逆流而上的你》中，有这样一个情节，刘艾参加大学同学聚会，因为多年未见，一见面就发现大家变化很大：曾经是班花的晓莲，如今成了家庭主妇，整天围着孩子转，过来参加同学聚会，一身朴素无华。而刘艾毕业之后是个职业女强人，为了追求事业成功，一直不愿结婚生子，努力拼命工作，成为公司金牌销售。这不禁让人感叹，世事变幻，人生如戏，且行且珍惜。在《请回答1994》中，有这样一段话：所谓生活，每个瞬间都充满了选择，此时此刻所经历的一切，正是过去做过无数个选择的结果。曾经同一条起跑线上的人，经过不同的选择，付出不同的努力，最终走上了完全不同的人生路，过上了与众不同的生活。正是每一个岔路口的不同选择，便拉开人与人之间的差距。

5.3.2 一个人的格局决定了他能达到哪里

一个人的格局，决定了他的眼界所能达到的高度，决定了他的心胸所能达到的宽度，决定了他的能力所能达到的深度，最终也决定了他的人生旅途和最终结果。90年代初，有一位老乡和村里兄弟们一起，从乡下到南方城市打工，那时他就暗暗下定决心，将来一定要自己当老板，跳出农门，在城市安家落户。刚在工地做小工不久，他发现做泥匠更挣钱，于是就和兄弟们商量，一起去学做泥匠工。大家都不太愿意去学，觉得泥匠工非常脏、非常累，甚至有时要站在高地砌墙比较危险，只有他一个人去学了泥匠。学成归来后，他发现承包项目更赚钱，于是又拉着兄弟们谋划组建团队做包工头。但是兄弟们觉得做包工头风险大，难收钱，还要处理人情世故，非常麻烦，大家都不乐意。于是他一个人做起了包工头，后来成为承包商，办起了公司、当上老板。而这些兄弟们，因为年纪大了，没有工地要他们，现在成为他公司的门卫和仓库员。原本同一个起点的人，因为格局的不同，一个人成为老板，另一个人成为老板的员工。

5.3.3 一个人的人品决定了他在一个位置上能干多久

前段时间，园区一个企业老板辞掉了他们公司的销售总监，而且这个销售总监还是他的亲侄子，主要负责公司的大客户，但他却利用职务之便玩起手脚，在客户和公司中间赚取差价。后来东窗事发而被开除，那个原本走在很多人前面的销售总监，如今却一下子落在很多人的后面，因此在业界都无法待下去，毕竟一个连自己亲叔叔都敢坑骗的人难以获得别人的信任。日本著名实业家稻盛和夫说过，"选择合作伙伴，主要看人品，人品就是指那人是利己的部分强，还是利他的部分强。一个人可以没有才，但不能没有德，因为没有才，还能在人群中待下去，但是一个人没有德，只会众叛亲离"。很多时候，往往人品就能决定一个人的命运走向。

我们不是以一个领导、一个长者的身份来教导大家，因为前面看到许多想做青年导师的人，最后留下笑柄。我们既不想做人生导师，也做不了人生导师，最大的愿望就是想让每一个新员工懂得青春是多么美好，对国创是多么重要，希望每位新员工身上强烈的青春气息能给国创带来飞扬的活力、蓬勃的朝气、灿烂的明天。成功不会从天而降，奋斗才是最好的"锦鲤"，需要大家不念过往、不忘初心、不畏将来，努力抓住当前发展平台，放手去创造，积极去拼搏，在实现公司共同奋斗大目标的同时，实现个人的小目标，携手创造更加灿烂辉煌的未来！那时，每位员工奋斗的身影，就是国创最美的风景；每位员工深厚的情怀，就是国创最美的感动；每位员工骄人的荣誉，就是国创最美的名片，体现的就是我们国创人的颜值担当、实力担当和智慧担当。

06

花开，不只是在春天

有位哲人曾经说过："一年既然分为四季，是鲜花，不一定非在春天盛开。"的确，春有百花、夏有荷、秋有丛菊、冬有梅，花开不只在春天，这是物性使然。自然如此，人生又何尝不是如此？有人平步青云，有人曲径通幽；有人早慧，有人大器晚成；有人登顶是"华山一条路"，有人中途易辙领略到另一番风景……人生的得意与失意、辉煌与挫败，并非总是出现在最顺乎人意的情况下或者预料之中，这是主观客观的条件使然，是内因外因的影响使然。这就需要有坚韧之志、耐得寂寞之定力，需要有变通之智、化苦水为美酒之诗意情怀。只有摆正自己的心态，明确自己的定位，常怀危机感和责任感，以尊重、理解和信任，砥砺前行，走共同奋斗的路，就会经历不一样的故事和精彩。因为花开不只在春天，成功不只在舞台，而在属于各自的人生道路上。

也许一年前，你还不曾听说过我们的名字；也许半年前，你还不曾收到过我们的消息；也许相遇前，你还不曾了解过我们的过去；也许到今天，你才第一次走近我们，带着一丝忐忑与喜悦，露出你真诚的笑容。"你好，新员工！"这一声问候，饱含着我们对你的赞赏、认可和欢迎，更承载着我们对你的期望、要求和鼓励。

百年修得同船渡。你有幸加入国创，我们有幸获得与你合作共事的机会，这就是一种缘分。有人做过这样的统计：在这大千世界里，两个人相遇的可能性是千万分之一，成为朋友的可能性大约是两亿分之一，而成为终身伴侣的可能性大约是三十亿分之一，所以一定要珍惜单位的缘分。我们将在彼此尊重、相互理解和共同信任的基础上，与大家一起度过在公司工作的峥嵘岁月。这种尊重、理解和信任，是未来彼此愉快地进行共同奋斗的桥梁与纽带。

　　国创的企业价值体系，就是为社会创造价值、为股东创造效益、为员工创造平台、为未来创造机会。实质上，就是要经过长期的艰苦奋斗，建立一个以核心价值观为导向，共同为世界、为国家、为社会、为单位和员工做出优秀业绩和重要贡献的企业文化（见图6-1）。这个文化是开放的、包容的，也是跨界融合的，需要与时俱进、见贤思齐，不断学习借鉴优秀传统文化、世界先进文化、精益管理思想等精髓。如果把自己封闭起来，以狭隘的自尊心和自豪感为主导，排斥外面先进的思想文化，那么公司就成为不了基业长青的百年老店，广大员工也就成为不了人生的长跑者。如果缺乏责任心，没有自我革命和自我批判精神，不善于团结合作，不能艰苦奋斗，就会丧失成长进步的机会，就会空耗自己宝贵的光阴。一旦有了优秀的企业文化，就能黏合全体员工团结协作，走共同奋斗的道路，以组织的力量来推进各项工作。有了这个平台，聪明才智方可得到充分地发挥，并有所成就和获得感，这就是"融才融智融天下，创新创业创未来"的核心要义。

　　大家看看公司的组织架构图可以发现，公司管理是一个矩阵系统，运

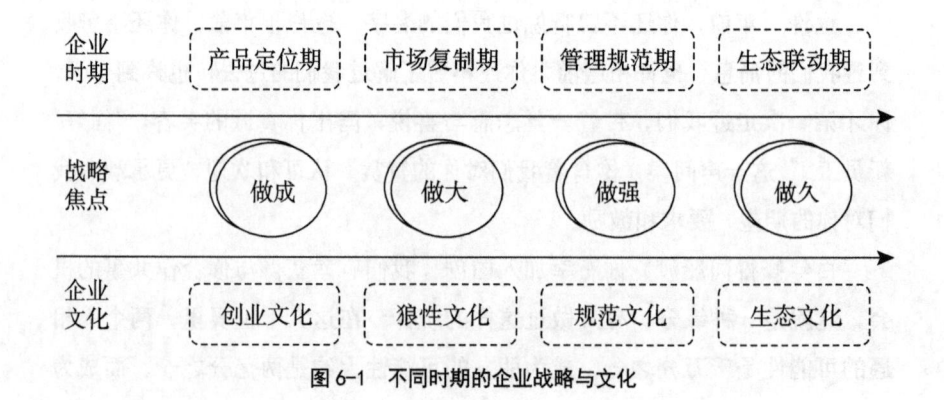

企业时期	产品定位期	市场复制期	管理规范期	生态联动期
战略焦点	做成	做大	做强	做久
企业文化	创业文化	狼性文化	规范文化	生态文化

图6-1　不同时期的企业战略与文化

作起来就是一个互助网，这基于"成人达己、成己为人"的理念。希望大家能够消化这种理念，内化于心，外化于行，主动成为这个大系统中一个开放的子系统，既能够借助他人的力量解决问题，又能在协作中为他人提供更多的助力。如果碰到问题，请大胆向身边的领导、同事求教。求助没有什么不光彩的，做不好事才是不光彩；暴露无知不可怕，逃避无知才是最可怕。国创是一个年轻、有朝气的团队，拥有开放多元包容的文化，相信自己一定会在这里找到志同道合的伙伴，充分地利用公司这个大平台，借助别人提供的基础，吸取别人的经验，站在巨人的肩膀上快速地进入角色并取得进步。但是，绝不能把求助作为懒惰、推托的借口。作为新员工，可以一时不会，但不能永远不会，否则就会被淘汰。企业不是政府和慈善机构，它更多的是追求企业效益，创造不了价值，就会被请出局。下一个倒下的是不是自己？就看自己的奋斗与努力，一定要常怀危机感和责任感。

  实践是能力水平提高的基石，也是自己不断攀升的阶梯。通过实践，就能充分地暴露和检验自己的不足，通过改进后就会有所进步。"实践、再实践"，对我们这种初创型企业的青年朋友们来说，显得尤为重要，应该积极主动地参与到项目历练中去。只有实践后并善于用理论去归纳总结，才会有质的飞跃，才能成为业精于勤、行成于思、真才实干的优秀职业经理人。所以，要摆正自己的位置，不怕做小角色，不积跬步，无以至千里，小角色做好了，才有可能做大角色；要摆正好自己的心态，不能小看人家，一个扫地的阿姨，都要好好对待。

  我们创造让各路英雄脱颖而出的环境和机会，真心呼唤英雄，但绝不会让"雷锋"吃亏。"雷锋精神"与"英雄行为"的核心本质都是一样的，就是艰苦奋斗和无私奉献。但是"雷锋"和"英雄"没有固定的标准，同时标准也是随着时代变化而赋予新内涵的。每代年轻人都有自己的机遇、担当和奋斗。在公司，一丝不苟、尽心尽力地做好每一项工作，就是奋斗奉献，就是英雄行为，就是雷锋精神。所以，为了更好地体现大家的奉献，公司实行绩效工资，而且绩效工资占比很高；制定了外部资金奖励办法、销售提成办法、科研奖励办法等，就是为了更好地调动大家的积极性。

机遇总是偏向脚踏实地的人，总是属于有准备的人。"你想做专家吗？一律从基层做起"，这个要求必须深入人心。文凭学历只是敲门砖，进入公司后，一切得靠真才实干，对于绩效评价、薪酬奖励和评先评优等主要取决于贡献度和附加值。一株小苗，只有把根深深扎进泥土里，才能充分吸收营养，更快地成长为一棵参天大树。所以不要担心从基层做起，就认为是让自己远离中心而被埋没，恰恰相反，基层才是企业发展的最前沿。在那里，将经历一个项目从筹备到建设再到运营的过程；在那里，将学习如何协调多种关系，有效地整合各方资源；在那里，可能会因为多项工作集一身而感到压力山大，但是只要咬紧牙关挺过来，将会在最短的时间内练就出一身好本领；在那里，才能真正读懂我们的企业。公司也将按照循序渐进的原则，指导帮助每一位员工把握好每一个环节，铺垫好每一个台阶。每位员工都是公司的一块砖，在推动企业发展的道路上，都发挥着不同的角色和作用，要主动接受命运的安排和未来的挑战，哪怕碰得头破血流，也要不屈不挠继续向前迈进，不要蹉跎了岁月。不经磨难，何以成才！要想在公司改变命运，除了努力奋斗，就是做出卓越贡献。

家是小小国，国是千万家。企业每位员工每时每刻都要用实际行动热爱自己的祖国，热爱这个走在复兴路上的伟大民族。无论何时何地，都不能做对不起祖国、对不起民族的事，不要做一个对不起家人、对不起同事、对不起一起奋斗事业的人。只有背负民族希望和强国梦想，才能无怨无悔地进行艰苦拼搏。目前正在创建国家级的创新中心，势必要有国家担当，要把握大势才有优势，更要相信"总会有一天在世界舞台上占据一席之地"。前面大家看了纪录片《家风》，因而要求自己模范遵守法律法规和社会公德，严于律己，宽以待人。公司各项规章制度，可能存在一些不合理，需要不断修正完善，但是在正式修改之前，还请大家严格遵守，任何人都不能贪污腐化。不能逾越规章制度和法律法规的红线。

有时在公司可能感到不太公平，有时做好事反倒受委屈。承受得起委屈和挫折，也是干部挑选的重要准则，没有足够的承受力，今后不可能挑起大梁。说句实话，绝对公平是没有的，期望值不要太高，但在奋斗者面前，机会总是均等的，"烧不死的鸟，就是凤凰"。现实评价有时会有误差，但绝不至于黑白颠倒，差之千里。要深信，是金子总会发光，是太阳总会升起，哪怕暂时还在地平线下。其实一个人的命运就掌握在自己手上，有人因一时不理解而选择离开，但公司大门始终是敞开的，随时欢迎回来。当然，不管在哪里，都要有一颗感恩的心，单位给了饭碗、报酬和学习成长的机会；同事给了工作中的支持配合，服务对象给了创造业绩的平台；对手让自己看到差距和发展空间；表扬的人给了鼓励，批评的人给的是警醒……人贵有自知之明，记住他人的好处，忘记他人的坏处，心存感激，**懂得感恩**：感恩父母给予生命、感恩企业给予岗位、感恩同事给予帮助，甚至感恩敌人给予挑战。只有懂得感恩，在成绩面前，才能多一分谦卑，少一分扬扬自得；在挫折面前，才能多一分勇气，少一分抱怨。

行行出状元，要干一行、爱一行。什么都想会、什么都想做，就意味着什么都不精通，只有把精力集中在一个有限的工作面上，才能熟能生巧。做任何事情，都不是多余的，只要努力钻进去，兴趣自然在，其实对自己也是一个学习提高的机会。社会上有许多"欲速则不达"的鲜活案例，新员工也一定要丢掉速成的幻想，学习日本人的精工细作，学习韩国人的脚踏实地，学习德国人的一丝不苟。空谈误国，实干兴邦，绝不能做"言语的巨人，行动的矮子"，因为机遇往往偏爱踏踏实实的人，公司需要培养一批业精于勤、行成于思且有动手能力和管理能力的管理骨干和技术专家，当然不赞成去指点江山，激扬文字，尤其是在全媒体时代，自己的言行往往就代表了公司。

我们公司的优点是年轻，缺点也是年轻。正因为这样，公司必须遵循循序渐进的规律，不会提拔一个缺乏基层经验的人担任管理者。尽管自己年轻有能力甚至能力更强，也要尊重自己的直接领导，否则将来的部下也不会尊重。青出于蓝而胜于蓝，长江后浪推前浪，永远是后面的人更有水平。在问题面前，要在系统分析后才提出建议，草率提议是对自己的不负责任，也浪费别人的时间。特别是初来乍到，不要一下车就叽叽哇哇、哗众取宠，一定要仔细全面地发掘问题，深入透彻地分析问题，耐心细致地解决问题，踏踏实实地一点一点地去做，认认真真地走好职业生涯的每一个台阶。在问题面前，始终铭记"方法总比问题多"，不能一碰到问题就做甩手掌柜，而是要绞尽脑汁去想解决之道，这才是明智之举。

为帮助员工尽快适应新环境，不断超越自我，人事部门拿出了培训计划方案。入职培训非常重要，它不仅是贯彻公司战略意图、推动管理提升和培训人才的重要手段，也是公司面向未来、抢抓机遇、达成共识的成长阶梯，还是广大员工融入集体、谋篇布局、迈向成功的通道路径，所以要积极参与学习培训与互动交流，利用培训的机会学习掌握一些科学技术、管理技能和工作方法。当然，企业培训与学校教育是完全不一样的：在学校，学习是目的，考试是手段，老师会把所有题型和解题思路总结得一清二楚；而企业培训，学习是一种手段，解决问题才是目的，需要自己进行思考、总结与提炼。

物质资源终会枯竭，唯有文化才生生不息。一个初创企业也需要企业文化，只有文化才能支撑起未来的发展。文化的内涵除了时代性，也具有丰富性、开放性和包容性，融合世界的、民族的、行业的……甚至竞争对手的先进合理部分。那国创的企业文化是什么？目前还是很难形象地描述，因为目前还处在初创期，企业文化还未成体系。虽然尚未提炼概括，但国创的企业文化应该是集体的智慧、共同的行动、时代的结晶和历史的沉淀。当前，首要任务就是倡导奋斗文化，将其塑造成团队的精神特质。在三千多年前的《周易》中，古人就以"天行健，君子以自强不息"激励中华民族应像天一样，力求进步，刚毅坚卓，发愤图强。除了倡导奋斗文化，还有培育服务文化，解决"谁为谁服务"的问题。但是服务的含义很广，包括为用户服务、为股东服务、为产业服务……在企业内部，任何时间、任何地点都要时刻牢记"产品如人品，动手即负责"，尤其要强调服务下一道工序，它就是上一道工序的用户，就是"上帝"，必须认真地对待每一道工序和每一个用户。此外，还要培植诚信文化，不能忘记"诚信"。诚信文化不仅是企业的生存之本、发展之源，也是公司最重要的无形资产，还是每位员工最宝贵的财富，必须言必信、行必果。

现实生活中，可能会见到有些人不修边幅、满嘴酒气、言谈粗俗、整天无所事事、一副看破红尘的样子……种种社会不良风气固然存在，生活压力难免重重，但人生路还得自己走，哪怕脚上磨出了水泡，也不能怪路，还要从自身找原因。明代学者李贽曾说，"富莫富于常知足，贵莫贵于能脱俗；贫莫贫于无见识，贱莫贱于无骨力"。作为企业的骨干力量，在家庭、事业等多重压力下，坚持学习，丰富知识，就能够增进"见识"，培养"骨力"，就容易"知足"与"脱俗"，进而变得不凡。学习是人生的保鲜剂，它给人以自信，每多掌握一项技能，就意味着对工作生活多了一份掌控；它给人以自由，当从学习中认清世界和时代，就不难找到自己的定位，将不再为一时得失而斤斤计较，人生就会多几分从容豁达，少几分烦躁焦虑。业余时间还是要抽空多读点书，长期坚持，就能改变心智。曾国藩曾说："人之气质，由于天生，本难改变，唯读书可变化气质。"凡爱读书的人，总能激发"问渠哪得清如许，为有源头活水来"的思想活力，得到"夜来一笑寒灯下，始是金丹换骨时"的智慧启发，滋养"天行健，君子以自强不息"的浩然正气。读书时，需要静坐默思，缄口不言，久而久之，妄言的毛病就会改掉；读书时，需要沉潜品味，投入情感，久而久之，麻木的弊端就会解除；读书时，需要耐心思考，反复记诵，久而久之，焦躁的心境就会消失。所谓"气质"，就是这样升华的。

一个企业要长期保持市场竞争优势，唯一路径就是持续提升核心竞争力。如何提升企业核心竞争力，文章就需要大家一起来做，一起去托起明天的太阳。在这个大家庭里，将会有关爱、有包容、有感动、有泪水……只要敞开心扉，就会有不一样的经历。这个经历里有拼搏、有故事、有精彩、有回忆。在这个过程中，需要做的就是放空自己，什么都不想，唯一的念头就是静下心来，做好手中的事，用千倍的努力、万倍的汗水来证明自己、成就自己。公司为大家准备了鲜花，准备了香槟酒，准备了喝彩和掌声，往前冲吧！伙伴们！荣耀在未来等着大家！

社会上有句话很流行：你在珠穆朗玛峰上，再努力也烧不开一壶水，说明环境很重要；在泥泞路上的汽车，永远也追不上柏油路上的汽车，说明平台很重要；恶虎斗不过群狼，再有能力，也干不过一群狼，说明团队很重要；想要再大再多的水桶，都不如挖一口井，说明渠道很重要。这些说法就告诉我们，方向大于方法，动力大于能力，做人大于做事。所以自己选择的路，没有人会一帆风顺，就算有风雨抵挡了前行的脚步，也不要气馁，一定要坚持撑下去，走过黑夜便是黎明。

  年轻的新员工朋友们，我们了解你是不易的，远离父母，告别家乡，只身打拼，披星戴月，只为不辜负多年寒窗；我们懂得你是乐观的，努力工作，积极生活，眼中有美，心中有爱，只为不忘记善良微光；我们相信你是进取的，翻过山岭，越过丛林，蹚过河流，披荆斩棘，只为不放弃心中希望；我们期待你是坚定的，朔风呼啸，物换星移，砥砺前行，初心恒在，只为不将就最初梦想。我们认为你已经准备好了，我们愿与你约定，乘风破浪，扬帆起航，一起续写下一个精彩的新故事。

07

善待一切美好遇见

从某种意义上说，世间一切的羁绊和缠绵都是因遇见而起：冬遇见春，就有了岁月如歌；冷遇见暖，就有了雨雪辉映；天遇见地，就有了万古永恒；人遇见人，就有了生命传承……遇见是一切美好的开始，所有的遇见都是世间最好的安排。相遇在国创，成长在过程，坚守在未来。作为其中一员，需要集聚向善、向上、向前的力量，以同船共渡、树叶相伴的精神，相知、相融、相助，共同珍惜来之不易的遇见、珍重生命中的机缘，善待自己、善待他人、善待一切美好的事物。

各位新员工前面在学校习惯了"同学"的称呼，第一次听到"同志"，或许有点新奇。正是这种新奇，标志着自己正式步入社会，走进职场，开启新的人生。每一年都有独特的意义，2021年更为不同，恰逢中国共产党建党100周年圆满完成学业，带着对未来美好憧憬，步入社会，加盟国创！每一张意气风发、阳光灿烂的脸庞，每一句娓娓道来、抑扬顿挫的话语……一切都给大家一种亲近、兴奋与活力。过去的几年里，每个新员工已经饱尝读书与科研的苦与乐、破与立、迷茫与希望、沮丧与狂喜，已经用奋斗的青春，为成长写下了最好的答案，让我们为大家的坚持、坚韧、坚强，响亮地鼓掌！

有句话说得好，英雄不问出处，出处不如聚处。既然大家聚在一起，就要有点仪式感，特此举办新员工见面会，欢迎大家的加盟，感谢大家在很多诱惑面前，依然坚定选择充满想象空间并值得努力奋斗的大家庭！

当今世界风云变幻，正处于百年未有之大变局。新技术革命迭代加速，深刻影响改变着世界。在这样的时代背景下，在这个关键时间节点，每位新员工顺利完成学业踏上新征程，老师、家长、校友前面都把肺腑之言、真知灼见毫无保留地贡献给了大家。每位新员工带着好奇与期待加盟国创，在这个过程中，也可能带着一些疑问：国创是什么？怎么在国创立足？怎么在国创发展？在此，结合企业现实情况，系统回答一下"国创是什么？"希望进一步坚定大家的选择；结合企业发展实际，与大家探讨一下"怎么在国创立足？"希望让大家尽快融入这个集体；结合未来发展环境，跟大家交流一下"怎么在国创发展？"希望大家能扎根国创进行发展。

7.1 国创是什么

选择国创，就选择了行稳致远。国创在没有技术、没有资金、没有人员等背景下白手起家，2018年正式注册成立。4年来，创始团队栉风沐雨、艰苦奋斗、无私奉献，用心血和汗水铸就了"见贤思齐、成人达己、和而不同、行稳致远"的企业品质和"正心正念、善为善成、向上向善"的成事文化，经营收入逐步提升，连续四年实现盈利，获得了国家级创新中心、国家工程研究中心、世界级产业集群等多个国家省市平台。加盟国创就意味着，大家将在潜移默化与成长历练中，接受创新创业文化的教育熏陶，获得"不到黄河不死心、到了黄河心不死"的人格滋养，塑造"不破楼兰终不还"的执着坚毅，让自己从平凡走向优秀、由优秀到达卓越。国创也为员工设计了职业发展通道，构建了任职资格体系。如果喜欢专注技术，可以选择技术通道；如果觉得适合管理，可以选择行政通道，而且可以跨通道转换。

选择国创，就选择了全球视野。作为国家级创新中心，上为大国重器，下担产业引擎，肩负着科技强国、交通强国的发展重任，致力于突破国际壁垒和"卡脖子"技术，努力成为推动全球轨道交通发展的中国力量，在行业分工中就处于"灯塔层"。我们的奋斗目标就是"星辰大海"，在"科技全球化、全球化科技"的浪潮中，面向全球，立足国内，服务行业，建设国际交流中心，举办全球轨博会和高峰论坛，实施跨国并购和国际贸易，推进科创版上市，参与全球科技竞争（见图7-1）。

07　善待一切美好遇见

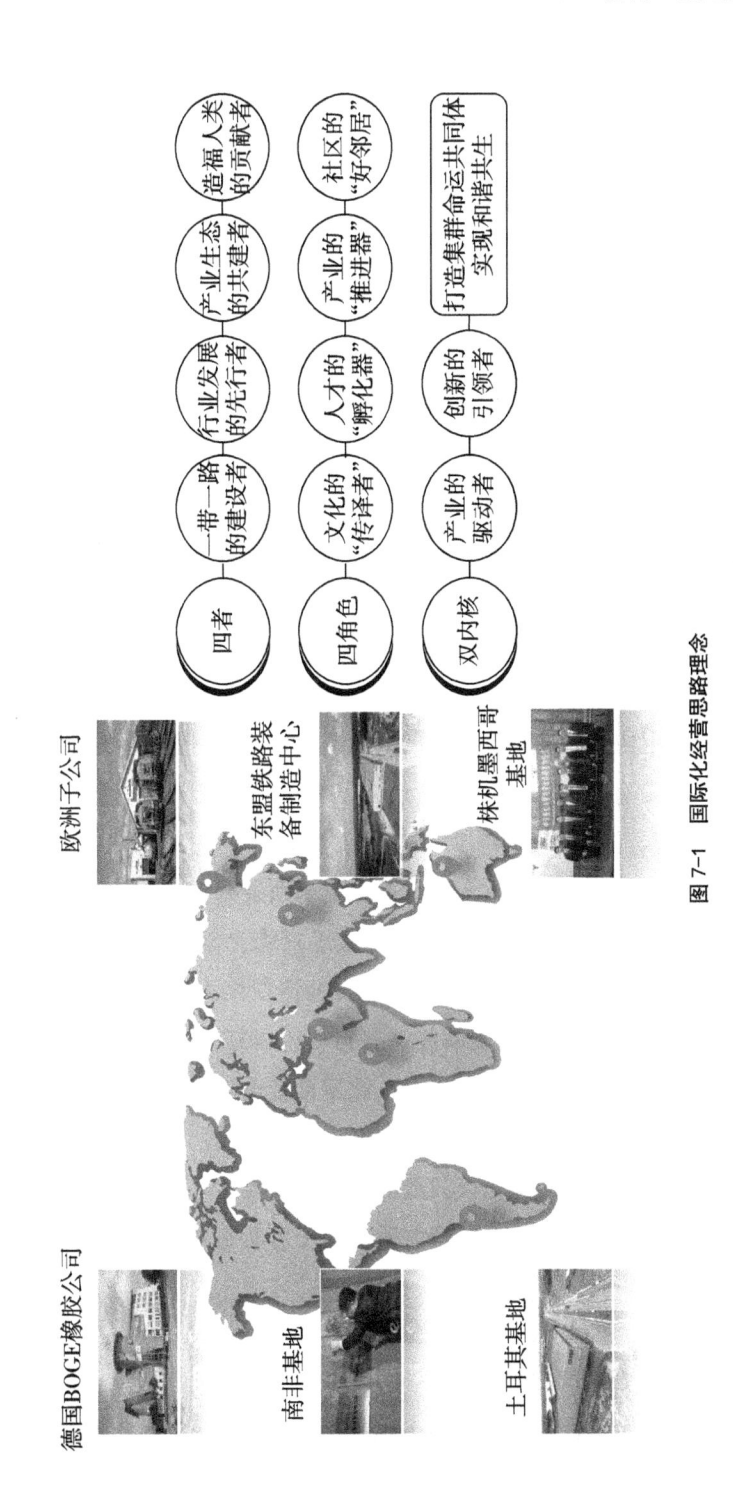

四者	"一带一路"的建设者	行业发展的先行者	产业生态的共建者	造福人类的贡献者
四角色	文化的"传译者"	人才的"孵化器"	产业的"推进器"	社区的"好邻居"
双内核	产业的驱动者	创新的引领者	打造集群命运共同体实现和谐共生	

欧洲子公司

东盟铁路装备制造中心

株机墨西哥基地

德国BOGE橡胶公司

南非基地

土耳其基地

图 7-1　国际化经营思路理念

选择国创，就选择了责任担当。我们积极倡导"始于颜值、成于细节、终于品质"，坚持"与客户共发展、与员工共成长、与社会共和谐"，从客户的根本需求与员工的根本利益出发，谋发展、促发展；我们视"质量似生命、产品如人品"，把每项工作"当作作品、做成精品"，坚持做好做成每一件事，让优秀成为一种习惯。无论是合唱比赛、足球赛还是创新创业大赛、全国工业App大赛，只要参加，就会全身心投入，跳起来摘桃子，都取得不俗业绩。"争名当争国家名，计利当计人民利"，每位新员工既然选择了国创，就要站在国家级平台上，贡献三种力量：用专业所学提交服务国家的青春答卷，成为带动时代向前的力量；继续保持锐意创新的勇气、敢为人先的锐气和蓬勃向上的朝气，提交高水平科技自立自强的答卷，成为引领国家科技事业向上的力量；时刻以辩证的思维看待成长阶段的新变化、新机遇和新挑战，成为促进社会和谐发展向善的力量。

选择国创，就选择了爱与力量。我们深谙"爱出者爱返"的道理，在接受"爱"中成长、在学会"爱"中成熟、在传播"爱"中成功。我们一直秉承"企业存在与发展的价值是为了员工的福祉"的理念，大力实施"聚力、和谐、暖心、健康"四大工程，多给大家"找乐子"，提供亲情慰问、集体生日、三个长假、免费体检、定制西装衬衣棉袄等福利；推行绩效工资、科研奖励、专利标准奖励等激励措施，多给大家"发票子"，不断提升员工满意度和获得感，用规章与亲情积聚力量，用严管与厚爱凝聚人心，用约束与激励汇聚动能。有句话说得好，比勤奋更重要的是选择。但是，比选择更重要的是平台，比平台更重要的是坚守，坚守理想信念、坚守初心使命、坚守忠诚担当、坚守原则底线，必将无往而不胜。大家不要觉得买房买车很遥远，只要在国创脚踏实地、久久为功，其实就在眼前。因为我们一定会让吃苦者吃香，实干者实惠，优秀者优先，有为者有位。

7.2 国创未来将怎样

试想问一下，如果我们每个人都有各自的动车组，那么在车上，我们干什么？其实，非常简单！在人生的动车组上，我们每个人只做两件事情：即做人+做事！做人方面：我们一辈子都在"自己做人+处理人与人的关系"；做事方面：我们一辈子都在"生活、学习和工作"中，一辈子都在学习"怎么与其他人好好相处，怎么才能够好好做事"。正如大家经常说的一句话：要做事，先做人！那么怎么在国创做一个有价值的人？

一是同船共渡，忠诚企业。古人云："人无忠信，不可立于世""不信不立，不诚不行"。"忠诚"乃古今中外做人的至高准则与美德。比尔·盖茨说，"忠诚是员工一切美德之首"。索尼公司的招聘原则是"如果想进入公司，请拿出忠诚来。"纽约最著名的纺织品企业费特曼公司有个"一条即将撞上冰山的轮船"的招贴画，下面写着一行十分醒目的字："只有我们，才能挽救这条船。"在费特曼公司，问题都是我们的，责任是我们的。费特曼公司多年一直经营得特别好，就是因为广大员工坚信"费特曼是我们的船"。忠诚的核心是"人船合一、同舟共济"。如果说，公司是一艘船，当加盟了公司，就是这条船上的一员，船的命运就是我们的命运，船的未来就是我们的未来。美国电影《完美风暴》描绘了船员们在船长的带领下与风暴搏斗、同舟共济、协同作战的磅礴力量；雨果的小说《"诺曼底"号遇难记》展示了"人在船在、船毁人亡"的动人画卷。船到中流，浪更急。国创这艘航船已经快速行进4年了，当前正处于压力叠加、负重前行的关键期，经历着创业史上最深刻的一场变革：技术产业化、产业规模化、规模效益化。在这艘船上，每个人都是船员，而不是乘客，应当忠诚敬业、竭尽所能，无论狂风暴雨，都要同舟共济。只有这样，国创这艘航船才能在波澜壮阔的科技海洋里和市场浪潮中勇立潮头、破浪前行。彼岸花开，希望共渡，人心若至人心齐，花开定能不败。

二是树叶相伴，勇担责任。担当，首先意味着负责。如果说公司是一棵树，那么我们就是这棵树上的一片叶子，我们负责光合与蒸腾，公司负责生长与繁华。鲁迅先生说，"青年所多的是生力，遇见深林，可以辟成平地；遇见旷野，可以栽种树木；遇见沙漠，可以开掘井泉"。前段时间，黄文秀的先进事迹深深感染着社会，她2016年从北京师范大学硕士毕业后，毅然放弃更好的选择，回到家乡广西百色支援建设，成为村部第一书记，不幸的是一场突如其来的山洪将她年仅 30 岁的生命，永远定格在了脱贫攻坚的路上。叶华树一季，树成叶一生。风华正茂的年纪，她选择泥泞，告别繁华；青春正盛的岁月，她扎根基层，反哺家乡。"落红不是无情物，化作春泥更护花"，这是对感恩与责任的最好诠释。落花没有忘记树的哺育之恩，带着无限的眷恋深情告别，化作春泥保护树根，以回报树根的哺育。国创目前正以昂扬的奋斗姿态，迈向"公众公司、上市企业、百年老店"的新征程……每位员工都是国创这棵大树上的一片叶子，需要大家担负起光合、蒸腾的任务，为国创这棵树提供充足的养分与能量，助推国创这棵树一直向阳而生、茁壮成长。如果没有树的扎根大地，哪来叶的繁茂苍翠？如果没有叶的繁茂苍翠，哪来树的生机盎然？负重前行，不是吃苦；无私奉献，不是吃亏；成就他人，也是成就自己，这就是"成人达己"的深刻内涵。青春是这样，人生也是这样，肩负起自己的责任，收获的不仅是他人的褒奖，更是自己内心的充实。这就是"不会因为虚度年华而悔恨，也不会因为碌碌无为而羞耻"的饱满人生。

三是上善若水，干净做事。"上善若水，水善利万物而不争，此乃谦下之德也。"人最为谦虚的美德，应该像水一样，造福万物、滋养万物，而不与万物争高低，这才是最高境界的善行。年轻朋友们一定要正确对待功名，不与上级争名、不与下级争利，时刻保持清醒头脑，谦虚谨慎，戒骄戒躁，努力追求"上善若水"的人格品质。狄更斯在《双城记》中有一句名言："这是最好的时代，也是最坏的时代；这是智慧的年代，也是愚蠢的年代；这是光明的季节，也是黑暗的季节。"化学方程式无法识别"假奶粉"的成分，数学微积分挡不住"地沟油"的泛滥，唐诗宋词遮掩不住"网贷诈骗"的丑恶……一旦把利益当成唯一的价值追求，很多人就会把理想、信仰和道德，当成商业交易的筹码。面对这些，不能因为习以为常、心灰意冷而随波逐流，必须坚持守护曾经的激情和理想。在这个变革的时代，依然需要"信仰和坚守"，依然需要"上善若水"的人格品质。所有江河湖海，都是由一滴滴水聚集而成。一滴水虽然很渺小，单独一滴水也没有什么能力，有时还会汽化消失到空气中，一旦融入江河，就永远不会轻易消失，并伴随江河产生磅礴的力量，孕育地球的生命。公司是一条河，我们就是这条河中的一滴滴水，应当坚守理想信仰，像水一样迎接变化、适应变化、创造变化，干干净净做人，清清白白做事，以自己绵薄之力为江河积蓄磅礴之势。现在年轻人喜欢美颜、喜欢小清新、喜欢"呆萌"、喜欢加特效、喜欢圈粉，可能有点讨厌"鸡汤"。但做人还是要有点精气神，还是要有一点灵魂与思想。

7.3 国创环境如何

我们经常说，思想有多远，就能走多远。人的一辈子，就像一列行驶的动车组；每一个车站，就像我们人生的一个重要的节点。在这个节点站，有人上车，有人下车，上到自己开出的动车组的人，就是自己的"有缘人"。在这里，大家一定要好好珍惜自己动车组上的"有缘人"，包括自己的父母和兄弟姐妹！那么，大家初来乍到，刚刚步入社会，怎么独善其身呢？

远离负能量的人，并做有正能量的人。大家可能面临过这样的体验：有些人一聊天就吐槽抱怨，抱怨诸事不顺。这种负能量的人，总会潜移默化地伤害人，必须远离他们，并不被影响和控制。毕竟每个人都有自己的烦恼，都会遇到烦心事、困难事。而乐观的人就少些抱怨、多些行动。像工业智能所2020届员工王志佳、吴玉松一进入公司就勇挑广州18@22号线项目现场经理的角色，技术成长很快；王志佳、彭俊江一进公司，就安顿好女朋友，在株洲买房安家，充分展示了在国创成家立业的坚定决心。大家踏入职场，路阻且长，行则将至，行而不辍，未来可期；更要向阳而生，努力做一个正能量爆棚的人，让乐观、善良、积极向上等成为自己生命的主旋律，照亮前程，温暖他人。如果说我们每个人是一列动车组的驾驶员，不同人的动车组行进的线路是不同的，有的人就在"京沪线"，有的人在"大秦线"。不要和"别人的动车组"比较，因为"线路"不同；最好和我们"自己比较"，"日事日毕，日清日高"，做一个更加优秀的自己！

无论生活有多么不好，只要对自己好一点，明天一定比今天更好。我们来到世界上只有一次，应该做一件自己喜欢的事。可是，自己到底喜欢什么？我们喜欢的是不是"心中的理想"？我们的理想是什么呢？我们理想的职业又是什么？……这些问题需要结合社会环境进行考量！因为，人与动物最大的区别就是会思考。人的组成就是"有形的身体+无形的思想"，有了思想才会有动力，如果不思考，怎么能够进步呢？莫泊桑在《一生》里写道："人的脆弱和坚强都超乎自己的想象。"有些事情再怎么感伤、抱怨、后悔，哪怕流血就喊痛、怕黑就开灯、想念就联系、脆弱就想家、疲惫就放空、孤立就讨好……都无法改变，最漆黑的那段路终究要自己走完。有些感情再难舍难分，也只能放手；有些结果再难以接受，也必须接受。再苦再难，也要好好吃饭，身体才是革命的本钱；再烦再累，也别随便买醉。越是不顺的时候，越要对自己好一点，擦干眼泪，微笑前行。只有竭尽全力，才有资格说运气不好。我们是怎样，我们的世界就是怎样，我们的明天就是怎样。当我们经历过挫折、熬过苦难，待到春暖花开时，一定要好好感谢当初那个拼尽全力的自己。请相信，老天永远不会辜负每一个努力向上的灵魂。

努力和能让彼此都变得更好的人在一起。朋友可以分为真友和损友，那什么样的人才是真友呢？那就是出世的智者、入世的强者或正常而阳光的达人。"最牛学霸宿舍"的4人全部保研名校，当问及"怎么做到的"时，"我们每天都互相督促，只要有一人起床了，其他人也会跟着起床；如果有人赖床，大家就会监督她"。由此可见，和优秀的人在一起，自己也会情不自禁地向优秀靠近，追随优秀的脚步，慢慢成为一个优秀的人。大家可能非常熟悉"读万卷书不如行万里路"，很少记得"行万里路不如名师指路"。无论在学校当学生还是在社会当学徒，一定要尊师重教，见贤思齐，多向身边优秀的人学习。拜师仪式上，给每位新员工安排一位师傅，一定要珍惜这样的机会，学业务、学做人，迅速进入角色；各位师傅也要持续发扬"传帮带"精神，授业解惑，真心帮助徒弟成长成才，让自己的事业后继有人。

人生有三个境界：看山是山、看山不是山、看山还是山，这需要社会造化和自我提升。其实交流也有三重境界：走神、走心、走红，有时交流可能"圈不了粉""走不了红"，只是希望有一两句话能让"走走心"。上面谈了三点希望：忠诚、担当、干净。做到忠诚、担当、干净，定会不负自己、不负他人、不负企业、不负社会。上面送了三句话：善待生活、善待自己、善待朋友。入职第一天就开启新的人生，只要善待生活、善待自己、善待朋友，人生一定善待我们，事业一定成就我们，未来一定期待我们！

青春如朝日，是一个人最宝贵的年华。何以为青春？就是要在生命力最旺盛的日子里，像爬山虎那样，向着心中梦想不断向上攀爬，把青春的底色铺满征途。感谢大家把第一份正式工作选择在国创，把青春献给国创，愿你我携手同行，为国创增光添彩。未来，无论国创怎样，我们所工作的地方就是国创。我们是什么，国创便是什么；我们怎么样，国创便怎么样；我们有光明，国创定会灿烂。所以我们真诚希望，彼此不仅能够相遇相聚，而且能够相知相融、相伴一生。

中篇

做事：尽忠 尽心 尽力

凡事不求十分，只求尽心；万事不讲圆满，只求尽力。有些事，努力才知道自己的成绩，奋斗一下，才知道自己的潜能。所以，人生在"重要事"上磨炼，心思在"想干事"上映现，胆识在"敢干事"上展现，能力在"会干事"上体现，目标在"干成事"上实现，真正把初心落在行动上，把使命担在肩膀上，在干事成事中不断创新实践，以创新诠释"梦想的力量"。

"尽忠"：就在尽职尽责、竭尽忠诚，就是忠于自己的事业或者岗位，在其位、谋好职。忠诚作为心性修养的人生境界，是达致尽心尽力的根本缘由和动力所在。忠者，是尽己之心，拥有尽忠竭诚的人生信仰。信仰坚定，信念笃信，允忠允诚，就必能有始有卒，即使是赴汤蹈火也在所不辞。心诚而信于外，就是尽忠。动机纯正，价值明确，就能在为人做人上发自内心而"由仁义行"，笃行人性道义，竭诚做一个有价值之人；目标合理，举措科学，就能在干事成事上尽忠尽职，恪尽职守，兢兢业业。一旦尽忠竭诚，就能自强不息、自始至终、一以贯之。

"尽心"，就在殚精竭虑、竭尽才智，为的是心安理得、无愧于心、让人放心。古语说得好"世上无难事，只怕有心人"。尽心，以知性知天，是穷理明性之事。尽心就在尽性，是对自我价值实现的自觉和承担。只有热爱事业，忠诚于事业，方能专心致志、全神贯注，把全部的聪明才智毫无保留地贡献出来，方能想方设法、苦思冥想，用智慧创造性地完成任务。竭尽才智，不仅要前瞻思考、提前谋划、未雨绸缪、制定预案，还要呕心沥血、殚精竭虑、想方设法、科学统筹、加强指导、精准控制；同时，还得善于学习、更新知识，紧跟时代发展的步伐；善于总结、举一反三，推陈出新；刻苦攻关、勤奋钻研，努力取得实质成果。

"尽力"，就在竭尽全力，它是带动工作稳定运转的齿轮，是推动工作快速前进的车轮。尽力，就是刻苦努力，甚至是废寝忘食、夙兴夜寐、夜以继日，做到全力以赴，不遗余力；就是克己奉公，励精图治，风雨无阻，做到鞠躬尽瘁，死而后已；就是勇往直前，一往无前，不怕困难，克服艰难险阻。"志短怕难，视丘如山；迎难攻关，险峰可攀。"现实生活中，竭尽全力可以体现于人生的全部旅程，涵盖人生的各个方面。只有竭尽全力，方可有"唯精唯一"的"主忠信"、博学多识的"极高明"、精益求精的"尽精微"以及善始善终的"致广大"。凡事尽力而为，而后顺其自然，必成大事。

"苦辣酸甜宜尝遍，是非好恶总由人。"做人，达致其极，既要有尽心尽力的修为功夫，更要有尽忠竭诚的人生信仰；做事，达致疯狂，既要有尽心竭力的干事劲头，更要有对事业的热爱志趣。尽忠诚，尽才智，尽全力，目标笃定，信念坚定，爱岗敬业，就能恒毅恒一、一心一意、善始善终。

- 08 -

找到打开梦想之门的钥匙

当步入国创中心11楼展厅时,首先映入眼帘的是"开放协同、跨界融合"八个大字和大型显示屏,《聚变》《未来列车》《轮轨上的国家名片》等视频生动地展示着国创的过去、现在和未来(见图8-1)。这个展厅,本着"让客户产生信任感、让员工产生自豪感、让公众产生亲切感"的理念,按照"逐梦、筑梦、圆梦"三个篇章,设计了"创业舱、创新舱、创造舱"三大展示空间,比较系统全面地回答了"国创从哪里来?国创主要干什么?国创未来走向哪里"等问题,细细讲述着"与世界同行、与速度同行、与未来同行"的发展故事,以创新方法寻求化解矛盾的"钥匙",以创新思路萃取化繁为简的"良方",以创新举措打开实现突破的"锦囊",用实干巧干成就未来的梦想。

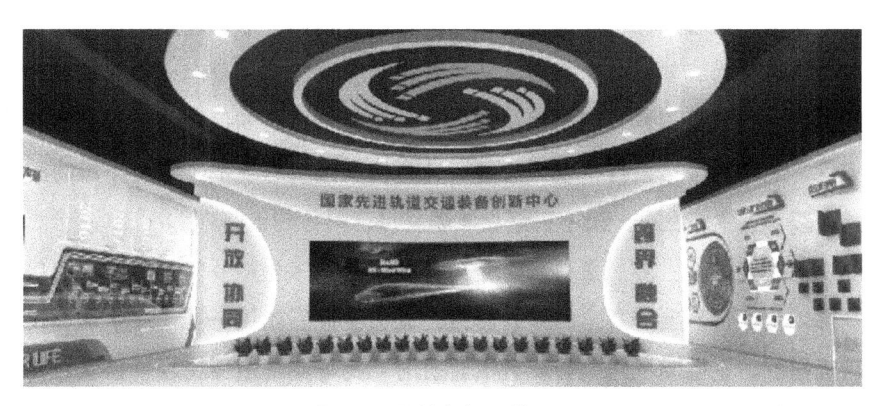

图 8-1 国创中心 11 楼展厅

有人是筑梦者，因勇敢筑梦而不凡；

有人是逐梦者，因坚持逐梦而成功；

有人是圆梦者，因执着圆梦而卓越。

俗话说，哪怕人的一生中什么都可以失去，也不能失去梦想。

1963年，马丁·路德·金在华盛顿林肯纪念堂发表演讲《我有一个梦想》："我梦想有一天，幽谷上升，高山下降，坎坷曲折之路成坦途，圣光披露，满照人间。"这一宣言犹如灯塔的光芒，给千百万在那摧残生命的不义之火中受尽煎熬的黑奴带来了希望。正因为有了梦想，才把许多"不可能"变成了"可能"，由此变得与众不同。

"和所有以梦为马的诗人一样，我借此火得度一生的茫茫黑夜。"海子在《以梦为马》中写道。有时候会觉得"梦想"虚无缥缈，那是因为还没有找到梦想，甚至不明白梦想到底是什么。

梦想是什么？梦想是自己内心深处最强烈的渴望，是自己不屑一顾的竭尽全力，是自己最喜欢做的那件事，它不仅关乎爱好和事业，还关乎爱情、友情、亲情与生活。寻找梦想也是一个艰难的过程，可能会走一些弯路，但这些弯路不会白走，所有的碰壁和挫折都有意义，只有知道自己不喜欢什么，才会意识到自己最喜欢什么。

梦想是什么？梦想是憧憬、是希望、是信念，是催人奋进的动力、勇往直前的源泉、助人成功的基石。记得有一句很喜欢的话：渔夫出海前，并不知道鱼在哪儿，但还是会选择出海，因为相信会满载而归。人生很多时候，是因为有梦想，当相信、选择并决定行动的那一刻起，才有机会看到可能，看到希望，看到未来。所以，梦想就是自己的信念，让自己拥有力量，会时常给自己打一剂强心针，让自己在最灰心迷茫、疲惫不堪的时候，感觉人生路上有一团不灭焰火照耀着自己前行的道路。

梦想是什么？梦想是目标，是前行的灯塔。人生需要梦想，国家需要梦想，企业也需要梦想。回顾来时路，雄关漫道真如铁，古人前辈筑堤民族宏图梦；正视脚下路，长风破浪会有时，英雄儿女追逐民族复兴梦。因为有了伟大的梦想，有了坚持与行动，一直激励着一代又一代的中国人，马不扬鞭自奋蹄地奔向我们坚信的明天,飞天梦、航母梦、强国梦等一个个梦想,逐一照进现实。

伟大时代,际遇梦想。当今时代,是机遇与挑战并存的时代,是科学技术发展迅速和国家实力竞争激烈的时代,更是梦想喷发、充满亮光与希望的时代。作为服务轨道交通装备行业"国家名片"的一员,很多时候总在迁思回虑,面对国家提出的制造强国梦、交通强国梦、创新创业梦,如何敢于筑梦、勇于逐梦、勤于圆梦,以创新擦亮轮轨上的"国家名片",久久不能平静,日夜难以释怀。

所有的伟大源于一个梦想的开始。站在时间深处回想,创新中心的申报、建设、发展,就是创新创业梦想的开始,就是筑梦、逐梦、圆梦的起点,矢志不渝,乘势而为,勇于探索,用行动和结果回答了"建设一个什么样的创新平台、怎样建设创新平台"这一"时代之问"。三个阶段、三重生路,如同王国维词话里的三重境界那样,筑梦是"昨夜西风凋碧树,独上高楼,望尽天涯路",逐梦是"衣带渐宽终不悔,为伊消得人憔悴",圆梦是"众里寻他千百度,蓦然回首,那人却在,灯火阑珊处"。

8.1 怀梦有"心"

在追梦路上,曾经和大家一样有过迷茫、焦虑、孤独、困惑……也是在跌跌撞撞中不停地去努力寻找方向。而所经历的曲折困难,最终也都变成了酝酿梦想的养分和能量,催生自己找到了属于自己的梦想并继续为之努力奋斗。

自从成功申报国家先进轨道交通装备创新中心之后,我们经常在空闲的时候进行思考:我们的梦想是什么?我们该如何做,才能够达到"名副其实",而不至于被人们戏谑为"徒有虚名"或者"皮包公司"。每次想到这个问题,都会有一种诚惶诚恐的紧迫感。思考得多了,也就更明白一些,所谓的荣誉,带给一个人的不仅仅是耀眼的光环和内心的慰藉,还有责任、义务和更多的付出与努力。

有梦的人生,生活才有意义。怀揣梦想,抱着问题,从实践中来,到实践中去，静下心来，潜心研究，努力做点事情、成点事。逐梦路上，再次体会到，梦想是生存的意义，是一种驱动力，它不是夜里梦见什么，更不是白日做梦，是理想的涌动，需要勤学实干。因为实现梦想的机遇，总会留给有准备的人。自己父母亲虽然没有读过多少书，一直生活在农村，日出而作、日落而息，但生活让他们积累了不少"真谛"，感谢他们的教诲，让自己时刻明白不能甘于平庸，要努力坚持优秀。至今还清晰地记得小时候的每一篇作文，父母拿到手里反复摩挲，一脸欣慰和自豪的神情，即便他们不太理解我所表达的内容，但这仍是记忆中最幸福的镜头之一。也正因为如此，才怀揣梦想，努力学习，负重前行。

考上大学前，一直生活在偏僻的乡村，幼时家贫，只有在逢年过节的时候才能吃到"白面馒头"。那时候，最大的梦想就是能多吃几顿"白面馒头"（其实南方白米饭才是主食，物以稀为贵）。母亲看自己每次吃"白面馒头"的馋相，都会忍不住摸着我的头说："好好读书，考上大学就能每天吃到白面馒头了。"心中有梦，脚下有路，这也许就是自己的第一个梦。为了能够实现每天吃上"白面馒头"的梦想，开始发愤读书。大学毕业后，被分配到中车株洲电力机车有限公司，看着同事们开始买房成家，自己只能蜗居在宿舍，憋着个劲儿，努力攒钱买房。过年回到家，陪父母干点农活，谈起将来的打算，自己一脸的茫然。老实巴交的父亲边抽烟边随意地说："我是个庄稼人，希望每年都能够收获一茬好庄稼，就是我的梦想，你一个当技术员的人，咋就没想法呢？"母亲在一旁也插话："我们没钱也没权，你的路得靠你自己，我们是帮不上什么忙的。最起码，你得做个好技术员吧。"现在想起来，做个好技术员，这应该是自己懵懂的第二个梦。自从到国创中心以后，每天与高人为伍，打开了自己的眼界，更加触动并启发了自己：读万卷书不如行万里路，行万里路不如阅人无数，阅人无数不如名师指路，名师指路不如自己开悟！已过四十不惑之年，希望自己在经历过后能够有所开悟，并坚持积累、思考和总结，成为一个布道者，这或许是自己的第三个梦。如何才能开悟，又如何布道？途径很多，成为老师、出版书籍等。但谈何容易，就算出一本书也不知如何下手，想出一本好书就更加不容易，不论是文学作品还是技术论著，多多少少让自己有点惶恐和不安。书能受读者青睐吗？对他们有用吗？能得到推广吗……因此，从书名、选题、调研、实践、写作到最终的校对、出版发行，每一步都在用心斟酌，希望能让大家从这些只言片语中读懂点东西、憧憬些关于自己的一切可能并开启梦想，温暖和鼓励每一个正在为梦想不断努力的人。

心中有梦，脚下有路。人生就是一场长跑，长跑的目标不一定是更快，而是更强。追梦路上，最珍贵的财富不是最后斩获多少名利，而是在这个过程中，通过一点一滴的积累和改变，在时光隧道中逐渐修炼成一个更好的自己。为自己，为家人，也为热爱的事业，甘心做一个逐梦前行的人。

8.2 筑梦有"志"

筑梦，需要志气与勇气，需要志存高远。于高山之巅，方见大河奔涌；于群峰之上，更觉长风浩荡。

人各有志，梦想也不同：灰太狼为了吃羊，抓小羊就是他的梦想；猫为了吃老鼠，抓老鼠就是他的梦想；奥特曼打怪兽，维护世界和平就是他的梦想。梦想虽然有了，但还得勇敢地去追求。在追梦途中，哪怕最终没有实现梦想，同样会获得力量。前行者就是追梦人。

2012年，工业和信息化部、国家质检总局、中国工程院牵头启动国家重大战略咨询项目"制造强国战略研究"；2015年，李克强总理在全国两会上作《政府工作报告》时提出，力争用三个十年的努力，实现制造强国的战略目标，并指出到2025年，我国轨道交通装备制造业要形成完善的、具有持续创新能力的创新体系。为加快完善制造业创新体系，2016年工信部印发的《关于完善制造业创新体系，推进制造业创新中心建设的指导意见》明确要求，汇聚创新资源，建立共享机制，打通技术开发到转移扩散、到首次商业化应用的创新链条，切实提高制造业创新能力，推动我国制造业由大变强。2019年，中共中央、国务院印发《交通强国建设纲要》明确到2035年，要基本建成交通强国，形成三张交通网、两个交通圈……制造业创新中心项目，逐步从总蓝图到路线图，变成了施工图。

历史是奋斗者的坐标系。先进轨道交通装备经历"引进、消化、吸收和再创新"的发展，已经实现了从"跟跑"到"并跑"、局部"领跑"的跨越，成为中国高端装备走出去的"代表作"，但同时也面临发达国家的联合遏制和全球同行业领先地位压力下"不进则退"的发展危机。作为一名深耕轨道交通装备行业、致力推动轨道交通装备行业发展的"机车迷"，在国家提出制造强国梦、交通强国梦、建设制造业创新中心时，如拨开云雾见天日，守得云开见月明，脑海的想法如奔涌的海浪，猛烈的冲击不断刷新自己的认知，一个新的梦想在反复推敲下，逐步构思出来。轨道交通装备行业要突破国际壁垒、突破"卡脖子"技术，解决"大产品受制于小产品"的尴尬局面，迫切需要借助制造业创新中心建设的东风，大力探索技术创新、模式创新、组织创新、业态创新、体制机制创新，打破固定枷锁和既有思维，突破技术孤岛魔咒，打造协同创新生态，推动创新资源串珠成链，进入全球轨道交通产业的第一方阵。

伴随国家的发展战略，我们开始踏上建设创新中心的逐梦之路，几个怀揣相同梦想、充满激情的年轻人聚到了一起。这就是筑梦的开始和筑梦的起点！

图8-2介绍了国创中心的两大目标。

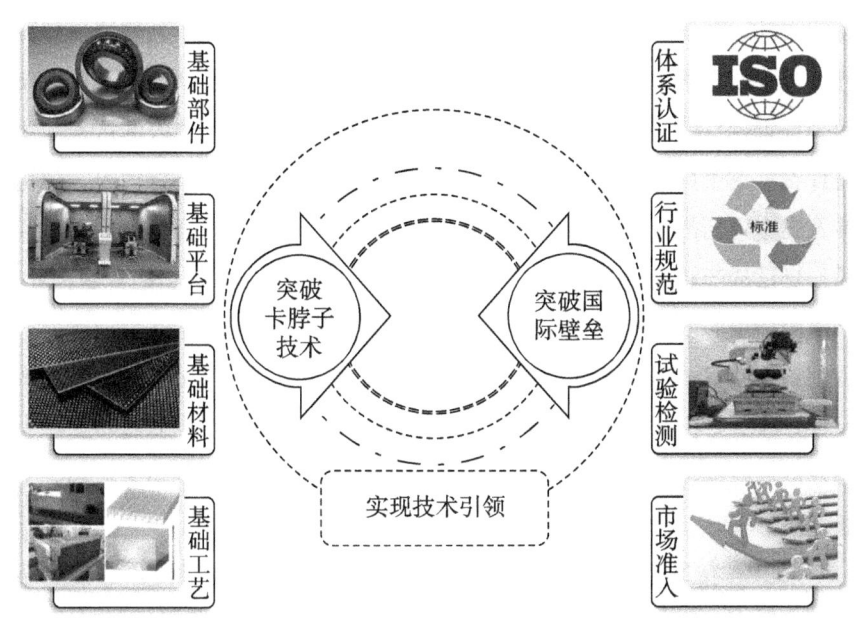

图 8-2　国创中心的两大目标

8.3 逐梦有"行"

梦想是奋斗的起点，逐梦是奋斗者的姿态，需要行动和奋斗，需要真抓与实干。罗曼·罗兰曾经说过，"人生应有两盏灯，一盏是信仰之灯，一盏是理想之灯"。行动是对梦想最好的回应，梦想需要自己去打拼。有了美好的梦想，就需要坚持奔跑在追梦的路上。

梦想易得，始终难守。梦想的开头总是很美好，过程总是需要披荆斩棘，爬坡过坎。在申报创新中心的过程中，充满质疑、坎坷与不确定性，比如，先进轨道交通装备行业未被纳入国家先进制造业创新中心建设指南、没有项目启动资金、首批创始人退出、缺少骨干力量等等，都是追梦路上的阻力与困境。追梦的路难走，却未有心生退意的片刻，因为有梦想、有信念、有力量。为扫清逐梦路上的"拦路虎"，带领为数不多的几个创始团队成员，以钉钉子的精神和韧劲，逐一列清单解除难题：筹划全国人大代表提交议案、拜访院士专家、组织专家论证评审、"三进三出"后最终敲定出资主体、朝出夜归节省差旅费用等，能想象到的及想象不到的坎坷与泥泞、艰难与挫折、心酸与不易，还有很多。有位政府高层领导在一次会议时公开询问：制造业创新中心、技术创新中心和产业创新中心的区别到底是什么？这个问题看似简单，但在特定环境下，确实非常不好回答，毕竟涉及三个不同的国家部委，而且三个部门的相关领导都在现场。经过思索后，自己从产业成熟度角度进行了认真回答，得到了与会人员的普遍认可：技术创新中心解决的是发现问题，制造业创新中心解决的是实现问题，产业创新中心解决的是规模发展问题……可以说，过了一关又一关，关关不一样；爬了一山又一山，山山有风景。"推动中国制造向中国创造转变、中国速度向中国质量转变、中国产品向中国品牌转变"，这样的历史机遇，不管道路有多难，我们都不能也不会错过。

彩虹总在风雨后，不一样的成功需要行走不一样的道路。追梦的路上，有风有雨是常态，风雨兼程是状态，风雨无阻是心态。历经三年筹备，两次全国人大代表提案，2019年1月正式批复成为全国第十家、湖南省及非省会城市第一家、行业唯一一家国家级创新中心。这个平台的获批，是接续奋斗的结果。事实说明，创新发展的道路上具有无比广阔的人生舞台、无比深厚的文化底蕴、无比强大的前进动力。如今我们进行系统总结和全面梳理，不是为了"从成功中寻求慰藉"，而是为了更好地总结历史经验、把握历史规律，进而增强继续开拓前进的勇气，再次凝聚逐梦前行的强大合力，重整行装再出发。

8.4 圆梦有"恒"

志不求易者成，事不避难者进。圆梦，需要恒心和毅力，需要久久为功。

梦想的开始是"0"，"0到1""1到100"是逐步圆梦的过程。对我们而言，"0到1"是成功申报国家级制造业创新中心，"1到100"是对照工信部建设指南，瞄准制造强国、交通强国等战略目标，全面落实轨道交通装备行业的发展规划，努力建好国家级制造业创新中心，把国创中心打造成为创新生态的网络组织、创新服务的公共平台、创新资源的整合枢纽、创新人才的培育基地,成为国家级制造业创新中心的典范标杆。

回答好"建设一个什么样的创新平台"是贯穿我们"圆梦"过程的重大任务。国创中心到底是个什么机构?它与其他单位到底有什么不一样?通过对比分析发现,国创中心是一个"四不像"的新型研发机构:不像企业,国创中心只搞产业孵化,不搞规模化生产;不像事业单位,国创中心需要自我造血,不能光靠财政拨款;不像科研院所,国创中心是白手起家,没有科研院所那样相对稳定的科研团队和雄厚的技术研发基础;不像大学,重点任务是教书育人、培养学生,科研指标主要是论文和专利,而国创中心更多的是要输出产业化技术。在探索与实践的过程中,对制造业创新中心的深刻内涵及其内在关系也有了更加深入的理解,它们之间是个"钝三角"关系:面向国家,国创中心是个平台,需要用平台经济思维来做强平台,打造开放型、协同型、枢纽型高能级创新平台,完成国家使命任务;面向股东,国创公司是个企业,要用实体经济思维来做实企业、做优产业,满足股东单位投资回报要求;面向社会,产业联盟是个虚拟机构,要用虚拟经济思维来扩大朋友圈,建好生态圈,赋能行业的发展(见图 8-3)。新的理解、新的要求、新的使命,需要打破过去共性技术研发组织、产业技

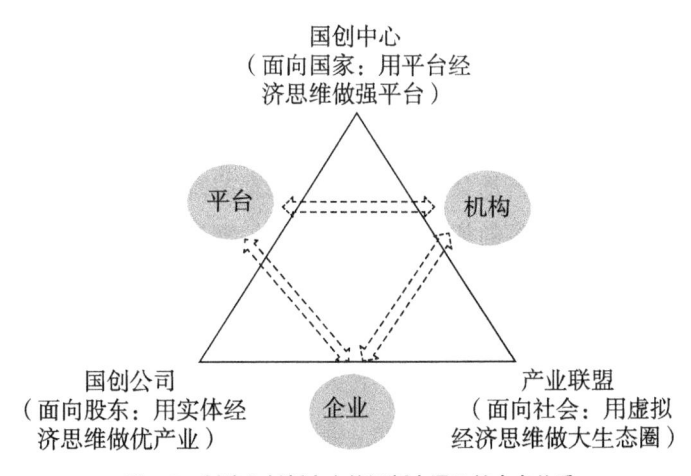

图 8-3 制造业创新中心的深刻内涵及其内在关系

术研究院、产业技术联盟、"政产学研军金用"多位一体的虚拟创新网络的认知，重点聚焦"创新"二字，发力于"平台和创客"，持续激发组织团队和个人活力，开始新的探索与实践。

创新照亮未来，征途未有穷期。我们全面实施"技术创新＋管理创新"双轮驱动的发展战略，不断将先进的技术与科技成果转化为生产力和社会财富。在这个过程中，无论自主创新、集成创新还是模式创新，都需要价值逻辑、商业逻辑和技术逻辑的支撑。

价值逻辑。作为创业者，必须要梳理清楚自身产品或服务，思考能够为客户或者利益相关方提供哪些价值，尤其是新增价值，包括经济效益、社会效益、溢出效益、门槛效益等等。所以，无论是卖技术、卖产品还是卖服务，要始终以客户为中心，为客户解决老的痛点、带去新的体验、衍生好的服务。

商业逻辑。作为创业者，必须要梳理清楚创业项目的商业逻辑，即如何在市场竞争条件下交易与推广，包括客户群体、经营场所、交易媒介、渠道管道等等。比如，我们导入面向市场、制造与服务的IPD精益研发体系，选择工业激光清洗项目为试点，以新模式解决困扰制造成本、实物质量、产品交期的"矛盾三角"问题，从而打开市场。

技术逻辑。国创中心的核心功能是技术创新，创新项目自然而然是以技术创新为主。在此过程中，需要给出项目体现的技术逻辑，甚至是行业的技术逻辑，也就是要表明创新项目的门槛，即该项目的独特技术优势和先进性，全面系统且清楚地说明为什么能够走在行业前列、为什么其他项目难以超越。从来没有愚蠢的问题，只有愚蠢的回答。但是要回答清楚也不容易，收集回答问题的信息并分析清楚更不容易。我们在实践中，先是进行了专利战略地图分析，再是实施了专利标准导航布局，从而产生了比较好的门槛效益和引领效益。

通过对价值逻辑、商业逻辑、技术逻辑的深度探索与具体实践，我们以创新链和产业链融合发展的视角，秉承"融财融智融天下、创新创业创未来"的思路，从模式创新、产品创新、组织创新等多个维度，从战略空间大、核心团队优、商业模式好、股权结构稳、企业文化正等五大核心要素（见图8-4），全面推进战略布局、运营管控、组织激励等方面的创新发展，努力实现"创新创造美好生活"的愿景。经过三年的建设与发展，创新中心基本达到了预想目标，在关键共性技术、前沿引领技术、现代工程技术等方面突破了10余项"卡脖子"技术，补全了行业检测认证、工业设计、出版服务等方面的短板，推动了产业链与价值链"两链"融合、先进制造业与现代服务业"两业"融合、前沿引领技术与轨道交通行业"跨界"融合，实现了自我造血与持续经营。

图8-4 持续经营的五大核心要素

图8-5介绍了不同创新方式的价值实现。

反思过去，任何一家企业的发家与发展都离不开以下两点：一是以竞争力为核心的技术产品创新；二是以市场需求为方向的全员优质营销，这是企业可持续经营的经纬线，也是企业面向未来的能力场。企业只有不断提升产品或者服务的质量和综合竞争力，才能在现有市场中争取最大份额、赚取最大利润；也只有根据市场需求持续对技术产品迭代升级，并通过各种营销手段扩大市场占有率，逐渐延伸到新兴市场，才能真正做到持续经营，成为"百年老店"。图8-6介绍了"百年老店"的利润视角。

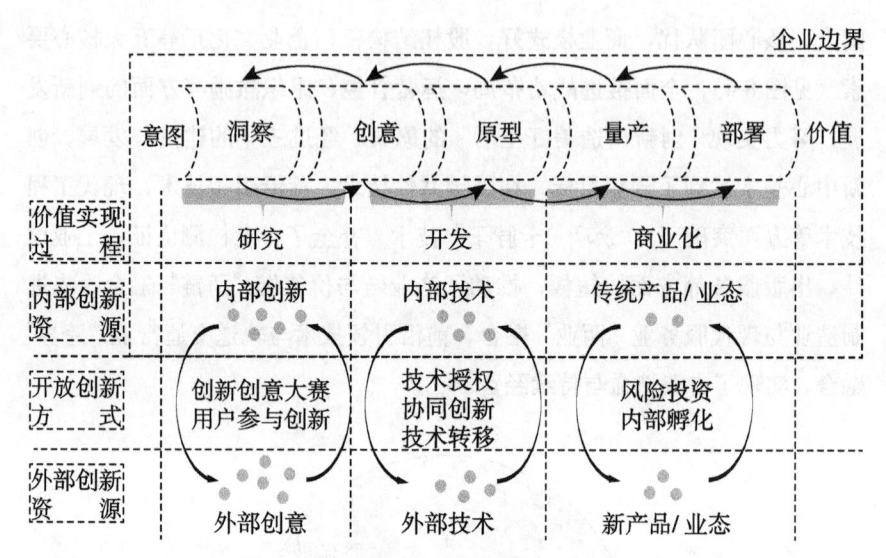

图 8-5 不同创新方式的价值实现

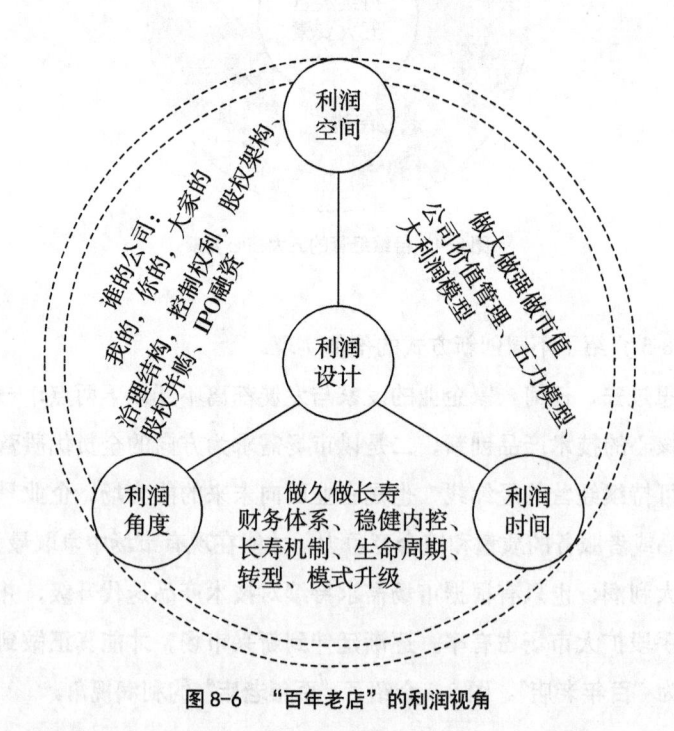

图 8-6 "百年老店"的利润视角

08　找到打开梦想之门的钥匙

作为国家级创新平台，我们时刻面向世界科技前沿、面向国家重大需求、面向经济主战场，面向人民生命健康，持续做好"架桥铺路、攻城略地"的事情：架桥，就是要架好科技到产业的桥梁，加速推进技术转移扩散；铺路，就是要汇集资金、人才、土地等要素资源，铺好通向产业化应用之道路；攻城，就是要突破"卡脖子"技术，攻关关键共性技术，攻破首台套、首批次装车应用之城堡；略地，就是要申报更多国际专利，通过国际认证，突破国际壁垒，进入欧美高端市场，并将技术产品延伸到其他高端装备市场的领地。

翻过一山又一山，快马加鞭未下鞍。现在我们难言成功，既怀揣梦想，也敢于追梦、努力圆梦。打造国家级制造业创新中心标杆的逐梦之旅，是一个漫长的过程，仍需坚定执着、务实求新，不为外界风险干扰，效仿钉钉子精神，时刻保持压力，朝着既定的目标，坚持走在正确的道路上，促使自己继续奋勇向前、奋力开拓。

新长征路上，百年未有之大变局加速演进，疫情防控和国际环境等方面存在诸多不确定性，面临的风险与考验只会增多不会减少，而且会越来越复杂，甚至会遇到难以想象的惊涛骇浪。所以，面临"滚石上山、爬坡过坎"的际遇，只有磨炼"越是艰险越向前"的品格，蓄积"千磨万击还坚劲"的韧性，攻坚克难、善作善成，将个人梦想与时代进步、国家发展结合起来，同频共振，协同共生，才能以行动力坚定自信心，用确定性战胜不确定性，为实现中华民族伟大复兴的中国梦不断凝聚正能量。

梦想有多远，未来发展怎样，也许我们谁也回答不了，但我们每个人都相信，有梦就有远方。只要逐梦而行，没有比脚更长的路，没有比人更高的山，相信行动可以回答我们梦想有多远，追梦的路有多燃。待一切过后，回首来时路，坎坷的经历，艰难地前行，终将化成美丽的蜕变。

站在新的历史起点上，无论走得多远，我们只有始终保持内心的志向、奋进的状态，才能抵达伟大梦想的彼岸、走向更加光明的未来。愿我们与时代同行，筑梦有志、逐梦有行、圆梦有恒，敢于有梦、勇于追梦、勤于圆梦，努力实现个人或团队的"小小梦"，助力实现中华民族伟大复兴的中国梦。

世界在窗外，未来在远方，让我们一起逐梦前行。

09

解码中国高铁发展的创新基因

2021年1月19日,习近平总书记乘坐京张高铁在太子城站考察时强调,我国自主创新的一个成功范例就是高铁,从无到有,从引进、消化、吸收再创新到自主创新,现在已经领跑世界,要总结经验,继续努力,争取在"十四五"期间有更大发展。贯彻落实习近平总书记的重要指示精神,总结好、运用好我国高铁自主创新经验,对于充分发挥新型举国体制优势,推动我国高铁在"十四五"期间实现更大发展,更好地服务全面建设社会主义现代化强国、造福亿万人民群众,具有重要意义。放眼神州大地,铁路密布,高铁飞驰,中国高铁用最直观的方式向全世界彰显了流动中国的魅力、创新中国的活力,集中展示着中国速度、中国创造、中国智慧和中国力量,成为中国人民的骄傲、当代中国科技发展的代名词和大国崛起的最强音。这一切是怎么发生的?高铁为什么能成为国家名片?如何从"萌新"变成"王者"的?世界充满好奇,时代不断追问。作为中国从事高铁行业的一员,试图去寻找历史性成就蕴含的"中国基因",破解历史性变革背后的"中国密码"。

有哪些产品可以代表当今中国高端装备的科技水平?很多人会情不自禁地想到中国高铁,这个被称为中国的一张"亮丽名片"。作为一位高铁从业者,经常被外界询问:中国高铁名气为什么这么大?中国高铁真的这么厉害吗?"不识庐山真面目,只缘身在此山中",需要跳出既定思维来比较思考。陈晓红院士在一次高峰论坛上的讲话侧面回答了这个问题,她说:

09 解码中国高铁发展的创新基因

"我真的不敢相信我们的高铁已经先进到这种程度,不容怀疑,不容否认。几年前我们去北京开会,来回要两天时间,而且还很折腾、很累。现在早上去,下午办完事,晚上就回到家,既快捷又舒适,用毛泽东同志的诗词'坐地日行八万里'来形容就非常形象。"

在唐代诗人李白眼中,"朝辞白帝彩云间,千里江陵一日还"已经是很快捷了。1500年后的今天,在中国高铁的赋能下,千里距离半天就能跑个来回,从瘦马慢车到高铁飞驰,对于人类社会来说是一大进步,对于一个国家来说更是一大进步。

中国高铁成为"国家名片",是不是因为技术水平最高?毫无疑问,中国高铁是高新技术产品,但是航空航天装备的科技含量也不低啊!但与它们相比,中国高铁最显著的特性就是它与普通老百姓的日常生活息息相关,八横八纵布局联通全国大小县市,从东部沿海到西部戈壁,从北方冰城到西南雨林,中国高铁惠及广大老百姓,也让老百姓真实享受到了它所带来的便利与福利。

中国高铁在今日之中国能够鹤立鸡群,仅仅是因为便利性吗?显然也不竟是,这一点其他行业也做到了。比如,中国汽车行业也改善了老百姓的生活;还有阿里巴巴、腾讯等互联网商业带给中国老百姓的生活便利也是显而易见的。中国高铁成为"国家名片",可能与其在全球同行业中的地位密切相关。提起互联网,也有谷歌、亚马逊、苹果、脸书等;提起汽车,有日本的、德国的、美国的等,他们的产品与品牌都比我们更有影响力。但是提起高铁,毫无疑问中国是可以和国际巨头媲美的:从绿皮车到动车组,从普通铁路到高速铁路,从没有一寸高速铁路到世界高铁里程最长,从时速200公里的秦沈客专到时速420公里的会车试验,从走出去学技术的"留学生"到培训外国人的"国际教头",从"追赶时代"到"引领时代"……一次次速度的飞跃,既见证了国家的发展,也见证了科技的进步。

9.1 中国高铁的标志性特点

中国高铁的发展,既是我国改革开放伟大成就的一个缩影,也是我国通过科技创新实现"弯道超车"的成功范例。那么，中国高铁凭什么成为"国家名片"？

行业创新指数第一。产品谱系完整，覆盖160公里、250公里、350公里等不同速度等级，8辆短编、16辆长编、超长编等不同编组形式，动力集中、动力分散、混合动力等不同动力牵引模式，广泛适应高寒、高原、风沙、雨雪等多种运行环境需求，系统技术达到世界领先水平，复兴号动车组更是迈出"从追赶到领跑"的关键一步。专利标准领先，行业每万人有效发明专利拥有量超过20件，在中国标准动车组采用的254项重要标准中，中国标准占到84%，11个系统96项主要设备采用了统一的中国标准和型号；新主持或参加国际标准制修订超过55项，中国成为新的竞赛规则的重要制定者、新的竞赛场地的重要主导者。此外，行业聚集了刘友梅、傅志寰、田红旗、丁荣军等10多名院士领衔的上万人科研团队，依托国家重点实验室、国家工程研究中心、国家制造业创新中心等50多个创新平台，打造了世界上集成能力最强、运行速度最高、系统技术最全、在建规模最大的高铁交通网络系统，并率先掌握了时速400公里及以上高速铁路系统关键技术参数的变化规律，全面实现自主化、系列化和标准化，大大增强了我国高铁的核心竞争力。

市场规模份额第一。市场规模最大，近十年来我国铁路固定资产投资累计超过7万亿元，新增铁路里程超过5.2万公里。截至2021年底，全国铁路营业里程达到15万公里，覆盖全国81%的县，其中高铁4万公里，通达93%的50万人口以上城市，形成了"高速铁路网+普速铁路网+综合交通枢纽"的铁路网络体系。全国铁路动车组拥有量约4153标准组、33221辆，正常条件下每天开动动车组1000多对，年发送旅客量10亿人次，上万套设备不间断运行，穿越多样地质层和多个气候带，奔驰在崇山峻岭、大漠戈壁、草原风沙、松软湿地及高盐临海等复杂自然环境中，经受正负40摄氏度考验，积累了长期高强度、大密度运营维护的丰富经验，积累了中国高铁的运营大数据，这就是一个丰富的宝藏。市场份额最高，中国在全球高铁市场的份额稳坐全球第一的宝座，产品服务遍布全球六大洲、110多个国家和地区，基本覆盖"一带一路"沿线国家，占据全球69%的市场，远超川崎重工（9%）、阿尔斯通（8%）和西门子（3%）等，展示着中国制造、中国装备的良好形象。

商业运营品质第一。中国高铁的年发送旅客最多、舒适度最好、技术标准最高、全球综合竞争力最强，并且已经站在了全球高铁市场的最前沿，通达性、安全性、舒适性、安全性等运行指标，引领着全球高铁产业可持续发展。通达性：世界银行2019年研究报告指出，我国高铁客运密度大约是欧洲的2倍，目前全国日均开行动车组7400多列，占旅客列车开行数量的77%，从大漠戈壁到东海之滨，从林海雪原到江南水乡，我国高铁穿越崇山峻岭、跨越大江大河、通达四面八方。安全性：世界上通用的安全标准是高速动车组每运行百万公里故障不多于2件，中国高铁实现了平均故障率低于每百万公里0.43件。截至2021年6月底，我国高铁已累计安全运行92.8亿公里、相当于绕地球23.2万圈，安全运送旅客141.2亿人次，是世界公认最安全的高铁。舒适性：我国高铁线路基本采用无砟轨道，铺设重型超长无缝钢轨，具有超高的平顺性；车体振动加速度小、振幅低、噪音弱，平稳性指标达到国际优级标准；车体空间大，横断面积达到11.2平方米，比其他国家多14.3%，车厢内空调系统新风达到16立方米/人小时，比其他国家高7%～60%，车厢环境宽敞舒适。经济性：2019年7月8日世界银行发布《中国的高速铁路发展》报告，中国高铁建设成本约为其他国家的2/3，我国高铁平均票价率约为其他国家的1/3～1/4，高铁网络经济回报率为正，经济溢出效益明显。

9.2 中国高铁的历史性贡献

中国高铁作为现代交通建设的重大成果，不仅为广大群众出行提供了安全、舒适、便捷的交通方式，极大增强了人民群众的幸福感、获得感和安全感，而且还深刻影响和带动了人口布局、城乡格局、经济版图的积极变化，促进了中国式现代化的进程。

9.2.1 从"万国牌"到"复兴号",轨道交通提速发展动能

中国高铁的发展,为实现人畅其行、货畅其流提供了可靠运力支撑,加速了人流、物流和信息流。在铁路客运方面,自高铁投入运营以来,日均发送旅客由2008年的35万人次增加至2020年的近1000万人次,年均增长超过30%;在铁路货运方面,高铁的快速发展充分释放了既有铁路货运能力,铁路货运量的全社会占比由2016年的7.6%提高到2020年的9.6%,尤其是"八纵八横"高铁网的建成,使我国繁忙的铁路通道客货争能问题得到明显缓解,有力推动全社会运输结构优化调整,降低社会物流运输成本,深刻改变人民群众的生活方式和出行选择,"高铁经济"应运而生,"流动中国"生机勃勃。

9.2.2 从"产业链"到"生态圈",产业结构实现优化升级

中国高铁涉及多种技术、多类产业,多个领域,产业链条长,建设投资大,对产业结构优化升级具有强大的带动作用。高铁的发展不仅巩固了工程建设、装备制造等产业优势,而且还推动了产业集群的发展,拉动了钢材水泥等基础建材的需求,带动了电力、冶金、建筑、材料、信息等高端产业的发展。特别是复兴号动车组作为现代高新技术的集大成者,零部件数量达10万个以上,独立的技术系统超过260个,设计生产动车组零部件的核心企业超过100家、紧密层企业达500余家,覆盖20多个省市,据不完全测算,我国高铁每1亿元的投资,对产业链上下游关联产业的拉动产值在10亿元以上,创造就业岗位600多个,是典型的具备全产业链国际竞争优势的高端装备产业。

9.2.3 从"高能耗"到"低排放",绿色低碳助力美丽中国

在节能方面,中国高铁每人百公里能耗仅为飞机的18%、客车的50%左右;在节地方面,高铁占地大约只有4车道高速公路的50%,单位运输量占地仅为4车道高速公路的10%;在环保方面,高铁的二氧化碳排放量仅为飞机的6%、汽车的11%,据不完全测算,2012—2022年高铁新增客运

周转量与公路完成同样客运周转量相比,减少二氧化碳排放量超过2320万吨。此外,高铁运营释放出来的既有线路货运能力,也为增加铁路运量、优化运输结构创造了有利条件,促进了交通运输绿色转型发展。尤其是高铁电气化技术的推广,把我国铁路电气化率提升到74.9%,铁路燃油年消耗量从最高峰的1985年583万吨,下降到231万吨,降幅达60%,相当于每年减少二氧化碳排放量1256万吨。

9.2.4 从"一条线"到"一张网",高铁网络改写经济版图

我国幅员辽阔、内陆深广,区域资源分布和经济社会发展存在较大差异。铁路成网后,半径500公里的城市群实现公交化出行,就形成了1—2小时交通圈,"一线城市上班、二线城市居住"已经成为一种新的生活方式,"同城效应"由梦想照进现实;1000公里跨区域城市间4小时左右到达,实现当日往返;2000公里跨区域城市间8小时左右到达,实现朝发夕至。高铁将沿线城市和区域串点成线,促进了沿线各种要素的优化配置和集聚发展,为全面实现脱贫攻坚、实施乡村振兴战略、加快融入国家发展进程奠定了基础。城市和农村的差距在缩小,城市间的空间距离在缩短,人们之间的距离在拉近,有力促进了区域协调发展,为构建新发展格局、实现持续发展注入了新活力。

9.2.5 从"引进来"到"走出去",连接世界造福人类社会

随着"一带一路"建设的推进,越来越多的中国铁路在美洲、非洲、亚洲、中东等地区落地生根。我国高铁的成功实践,促进了我国与有关国家在高铁建设和装备制造领域的合作,推动了我国高铁标准"走出去",丰富了高铁技术体系和国际标准,把高铁发展推上了一个新的水平,在世界范围内产生了积极影响。目前国际标准化组织铁路应用技术委员会开展的40项标准制定工作,我国主持9项、参与31项;国际电工委员会开展的99项标准制定工作,我国主持13项、参与48项;国际铁路联盟UIC开展的606项标准制定,我国主持26项、参与21项,包括UIC高速铁路实施

系列标准、UIC 高速铁路设计系列标准等。同时，我国还与俄罗斯、巴基斯坦等 21 个"一带一路"沿线国家签署了标准化互认合作协议。随着中国高铁"走出去"取得重大突破，我国在世界铁路的地位日益提升，担任了国际铁路联盟亚太区主席、国际电工委员会副主席、国际标准化组织铁路应用技术委员会主席等职务，国际组织中的话语权极大增强，中国高铁走到世界舞台的中央，俨然成为改变世界的一支不可低估的力量。

9.2.6 中国高铁的跨越式发展

中国高铁不仅是交通运输现代化的重要标志，也是一个国家工业化水平的重要体现。毫无疑问，中国高铁对于今日之中国，无疑是一个时代性、标志性的产物。它的成功，让国外非常惊奇和突兀，直到现在，仍有人在质疑它的成功，认为它只不过是技术引进的产物而已。其实，中国高铁的成功并非"忽如一夜春风来"，而是经历了一个自力更生、自主创新的奋斗历程。那么，中国高铁这张"国家名片"是怎么"炼成"的？

时间追溯到 1881 年，中国开始修建第一条官办铁路——唐胥铁路，中车唐山公司的前身唐山胥各庄机修厂正式建立并制造了中国首台蒸汽机车"龙号机车"。从"万国机车"到"国家名片"，在这 140 多年的发展过程中，中国高铁探索出了一条自主创新的发展道路和特色模式，是中国发展成为"交通强国""制造强国"的一个重要缩影。回顾中国高铁从无到有、从小到大、由弱到强、从"跟跑"到"领跑"的过往历程，深感来之不易。不同专家对中国高铁的发展阶段有不同的分法，我们将这个过程大致分为以下五个阶段。

第一个阶段——中国高铁的石器时代（1990—1998 年）。1978 年邓小平访问日本乘坐新干线列车时，有人问他的感受，他回答，"就感觉到快，有催人跑的意思"。这个画面传回国内后，成了"高铁概念"的一次重要普及。但是，中国高铁的真正起点是 1990 年，《京沪高速铁路线路方案构想报告》正式完成。后面围绕"要不要建设高铁、要建设什么标准的高铁、什么时间动工建设高铁"等系列问题，"建设派"与"缓建派"、"轮轨派"

与"磁浮派"进行了旷日持久的大讨论，标志着中国高铁的启蒙。1997年4月中国铁路启动第一次大提速，广深铁路改造成时速160公里的准高速铁路，中国开启了高速动车组自主化研制的序幕。

第二个阶段——中国高铁的青铜时代（1999—2002年）。这个阶段的标志性事件是中国第一条高速铁路"秦沈客专"的开工建设。在此过程中，我国经历了国产动车组的研发高峰，先后诞生了以中华之星、中原之星、先锋号、蓝箭等为代表的一批国产动车组，自主研发的动车组达到67列，其中内燃动车组47列、电力动车组20列；有46列在国内进行试验或交付运营，另外21列则出口到了国外。这为后续高铁技术的引进、消化、吸收、再创新奠定了团队基础、技术基础和制造基础。

第三个阶段——中国高铁的铁器时代（2003—2010年）。这个阶段的标志是"四纵四横"高速铁路网的大规模建设以及高速动车组技术的引进、消化、吸收、再创新，最终形成了中国高速铁路网的主骨架，确定了中国高速铁路网的建设运营标准，奠定了中国高铁发展的基石。2003年秦沈客专投入运营，这是我国高铁建设的"试验田"；2005年京津城际铁路动工，这是我国第一条高标准、设计时速为350公里的高铁；2010年12月3日，和谐号CHR380A和CRH380BL在京沪高铁线上试运行时分别创造了486.1公里时速和487.3公里时速纪录，实验室轮轨试验时速达到605公里，刷新了世界轮轨铁路正常营运编组列车最高试验速度纪录，足以与世界高铁最快纪录的法国TGV日本新干线比肩，均属世界高铁速度的前列。

第四个阶段——中国高铁的白银时代（2011—2013年）。这个阶段，中国高铁虽然经历了甬温线动车事故，进行了降速降标，中国高铁在起伏中匍匐前行。但在这一时段，推行了实名制购票、互联网售票，网络购票在线选座、人脸识别进站秒过、手机预订特色餐食、异地购票全路通等人性化服务，使高铁旅客搭上了移动互联的快车，旅途更舒适，路途更舒畅。更重要的是，2011年京沪高铁开通运营，这是当时世界上一次建成线路里程最长的高铁，一条条"钢铁巨龙"来回驰骋在广袤的祖国大地上。

第五个阶段——中国高铁的黄金时代（2013年至今）。这一阶段，中国高铁重新恢复强劲发展势头，固定资产投资逐年恢复并接近2010年水平，中国干线高速铁路恢复时速350公里建设标准，分步骤、稳妥地恢复到设计时速运营。2016年6月，我国成功自主研发具有完全知识产权的新一代标准高速动车组，并于2017年被正式命名为"复兴号"。2017年6月26日"复兴号"动车组在京沪高铁上首发运行，这标志着中国高铁发展进入"中国标准动车组"时代，实现了中国高速动车组从"跟随者"向"引领者"的转变，开启了引领世界高速铁路客运装备发展的新阶段。同年9月"复兴号"动车组在京沪高铁以时速350公里运营，我国成为当时世界上高铁商业运营速度最高的国家。2019年12月30日"复兴号"智能型高速动车组在京张高铁投入运营，中国高铁进入智能化时代。2020年12月27日开通运营的京雄城际，首创"精品、智能、绿色、人文"工程建设理念，是我国第一条全过程、全专业运用BIM技术设计的智能高铁，融合了物联网、云计算、大数据等前沿科技，智能化设计达70余项，也是我国智能高铁的新标杆。2021年6月25日，备受瞩目的拉萨至林芝铁路正式开通运营，结束了藏东南不通铁路的历史，标志着"复兴号"对31个省区市的全覆盖。从世界首条穿越高寒地区的耐高寒动车组，到穿越戈壁大漠的抗风沙动车组，再到征服世界屋脊的高原内电混合动车组，中国高铁不断赢得声誉。2022年4月21日我国自主研发的世界领先的新型复兴号高速综合检测列车创造了明线相对交会时速870公里世界纪录。2022年8月5日中国高铁全系统、全要素、全生产链走出国门的"第一单"——印尼雅万高铁高速动车组成功下线，引起全球瞩目和广泛赞誉。

历史的脉络，总会在一些地方留下清晰的印记。当中国高铁成为人民群众出行便捷的交通工具并在世界上享有"中国名片"这个极高声誉的时候，我们不要忘记过去艰难的发展历程，也不要忘记那些为研制中国高铁做出贡献的人们。回顾这段历程，我们就会发现，没有2004年那次引进、消化、吸收、再创新，中国高铁很难取得今天的成功。但是，如果没有技术引进前的技术积累，中国高铁同样难以成功。可以说，中国高铁的成功既是经济全球化的产物,一定程度上融合了西门子、阿尔斯通、庞巴迪、日本高铁联合体等多家先进技术;更是中国改革开放、科技自立自强的结晶,实现了"青出于蓝而胜于蓝",成为可以改变国际国内政治经济基本格局的战略性新兴产业。

9.3 中国高铁的内核式基因

在中国高铁这张闪亮的名片背后,潜藏着一个国家、一个民族复兴的成功密码。我国高铁发展取得举世瞩目的成就,充分体现了中国共产党领导的新型举国体制优势、市场规模优势、科技人才优势和产业生态优势等。

9.3.1 举国体制优势

"我们最大的优势是我国社会主义制度能够集中力量办大事。这是我们成就事业的重要法宝。"在党中央的集中统一领导下,我国高铁的发展始终坚持以人民为中心,统筹兼顾经济发达地区和老少边及脱贫地区的需要,使高铁发展成果造福广大人民,满足人民群众对美好生活的向往;坚持全国"一张网"、全路"一盘棋",打破行业与区域的限制,形成与国家重大战略相贯通、与区域发展需求相结合、与相关产业布局相衔接的高铁发展规划,并保持了规划的稳定性与连续性,实现了高铁发展与经济社会发展相互促进、相得益彰。尤其是在高铁建设过程中,从中央到地方,从路内到路外,从科研创新、生产组织到示范应用,从规划设计、工程建设、装备制造到运营管理,整个产业链和创新链汇聚了强大的合力。比如,国家有关部门在规划建设、项目可研、环保论证、产业布局、投融资改革等方面给予强有力支持;地方党委政府在建设用地、市政配套、站城融合等方面,解决了重大项目建设中困难复杂的征地拆迁和移民安置等难题,保证了项目建设科学有序、安全优质地规模化推进;领军企业统筹科技攻关、勘察设计、工程施工、装备制造、建设运营等各方资源,推进协同创新与集成创新,形成推动高铁创新的军团组合优势。

9.3.2 市场规模优势

市场拉动是中国高铁发展的重要因素之一，没有全天候、全系统的广泛示范应用，就没有产品的技术更新与迭代。中国高铁充分发挥国内市场驱动的强大作用，利用丰富的高铁建设运营的技术资源及试验场景，强化对技术创新的导向牵引和服务支撑，推动高铁技术创新成果直接转化应用。我国高铁产业的市场规模优势主要表现在两个方面：一是超大规模的国内市场。截至目前，中国铁路营业里程达到14.75万公里，高铁通车里程增至3.91万公里，中国高铁营业里程达到全球高铁总里程的2/3以上，位居全球第一，中国已经成为全球唯一一个高铁成网运行的国家。巨大的市场能够容纳多种技术路线竞争，多条技术路线在足够大的市场支持下不断演进，形成应对技术创新和应用场景不确定性的韧性。图9-1介绍了2010年至2018年全国铁路固定资产投资额。二是超大规模的出口市场。我国是世界第一大出口国，特别是随着"一带一路"倡议的落实，与"一带一路"沿线国家的合作不断加强，高铁企业"走出去"的步伐逐步加快，在海外建立了完善的分销组织和生产网络，产品获得国际市场的普遍认可。以中国中车为例，其产品和服务已销往110多个国家和地区，在全球26个国家和地区设立83家企业，在美国、澳大利亚、南非、马来西亚、印度、土耳其等国家建立了本土化研制基地，全球83%拥有铁路的国家都运行着中国中车的产品。

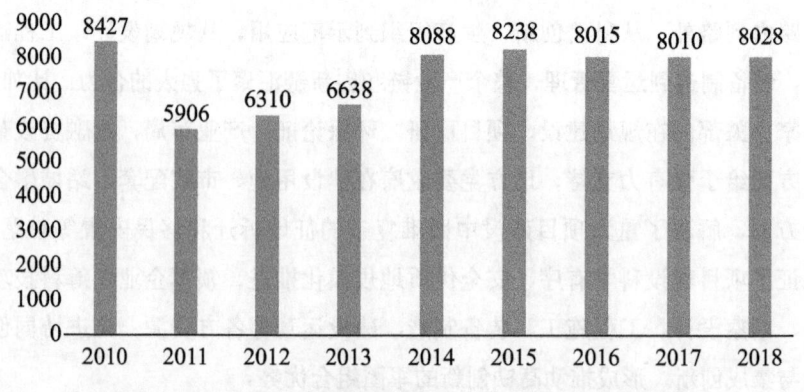

图9-1 2010—2018年全国铁路固定资产投资额（单位：亿元）

年份	2010	2011	2012	2013	2014	2015	2016	2017	2018
投资额	8427	5906	6310	6638	8088	8238	8015	8010	8028

9.3.3 科技人才优势

如果认为中国高铁有今天的辉煌，完全是靠技术引进，那就大错特错了。没有前期的技术积累、充足的人才储备、大量的资金投入以及无数的科研人员、一线员工的辛勤付出，单靠外企的几张图纸，中国"青出于蓝而胜于蓝"的可能性其实微乎其微。中国高铁发展到现在，是几代中国铁路人共同追梦的结果，无数工程技术、管理和技能人员持续发扬"听党话、跟党走"的优良传统和红色基因，把宝贵的青春和精力献给了中国高铁事业，坚持不懈加强关键领域的核心技术攻关，形成了从基础研究、技术开发、产品研制到示范推广乃至标准体系构建的完整创新链条，牢牢将创新主导权、发展主动权掌握在自己手中。中车株机公司的科技文化展示馆里，一帧帧发黄的老照片，一件件机车车辆模型，一个个闪亮的名字，沉甸甸的中国国家科学技术进步奖、詹天佑奖……上万件实物资料、文件和照片，呈现了中国铁路装备从筚路蓝缕到大国重器的成长之路。

图 9-2 是刘友梅院士与年青科技人员在进行技术交流。

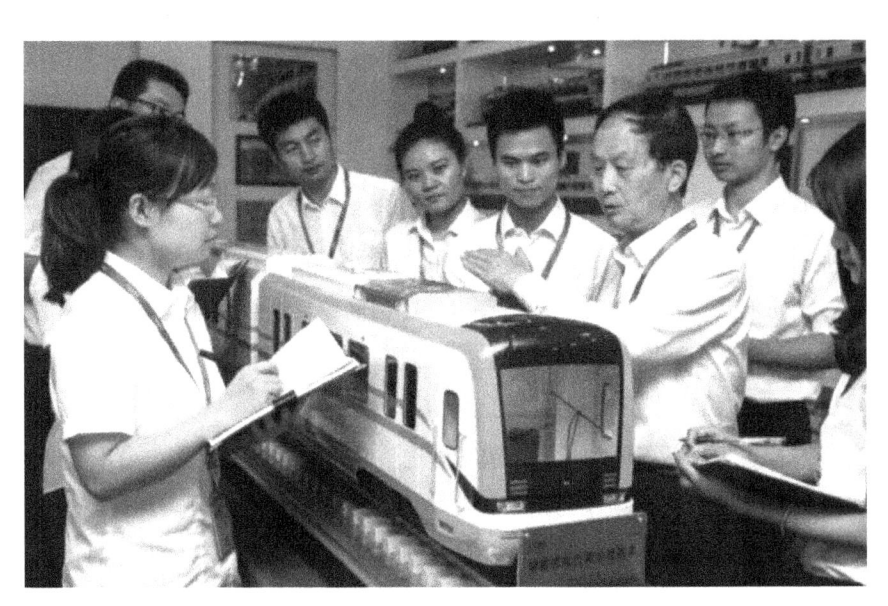

图 9-2 刘友梅院士与年青科技人员

9.3.4 产业生态优势

我国拥有世界上最齐全的产业门类、最完整的产业链条、最完善的配套体系，能够将新产品快速大规模产业化，并在产业规模化的过程中持续改进工艺、降低成本、提高性能，这种"创新型制造"就是我国制造业的显著优势所在。中国高铁不但拥有世界上最完整的技术体系、全系列装备制造平台，而且具有勘察设计、工程施工、装备制造、运营管理、安全防护等的综合优势，在质量、造价、工期等方面具有较好的性价比。高铁是涉及诸多行业的产业，一组复兴号动车组有4万多个零部件，辐射20多个省市、600余家一级配套企业、1500余家二级供应商，产业拉动效应达到1∶5。以中国中车为例，通过产业链带动新材料、新能源、电力电子、元器件等上下游产业的协同发展以及科技与经济的关键耦合，目前已打造出3个千亿级轨道交通产业集群，其中湖南株洲已成为全球最大的轨道交通装备产业集群。在被誉为世界轨道交通"梦工厂"的株洲田心片区，大约5公里范围内，就可以找到生产高铁所需的上万个零部件的配套生产企业；喝一杯咖啡的时间，就能集结行业顶尖专家；1小时内，一台电力机车上万个零部件可从配送走向总装。

9.4 中国高铁的集成式创新

时至今日，中国铁路已经形成了包括动车组、机车、客车、货车、地铁车辆等在内的完整产品谱系，可以满足全球轨道交通不同轨距、不同运量、不同模式、不同环境的运行要求。中国高铁之所以领先世界，关键因素就在于创新。科技创新和产业技术的进步，引领了中国高铁又好又快地发展。图9-3介绍了中国高铁的五大创新方法。

推行理念创新，解决"如何成功引进"的问题。认清大势、需求导向，以市场换技术，把市场作为创新的原动力；以开放的姿态学习国际先进技术，寻求提高中国企业研发能力和生产工艺水平的捷径。中国政府在2004年明确地提出，中国高铁的发展采取"引进先进技术、联合设计生产、打造中国品牌"的战略方针，按照"引进少量原装—国内散件组装—国内规

五大创新方法

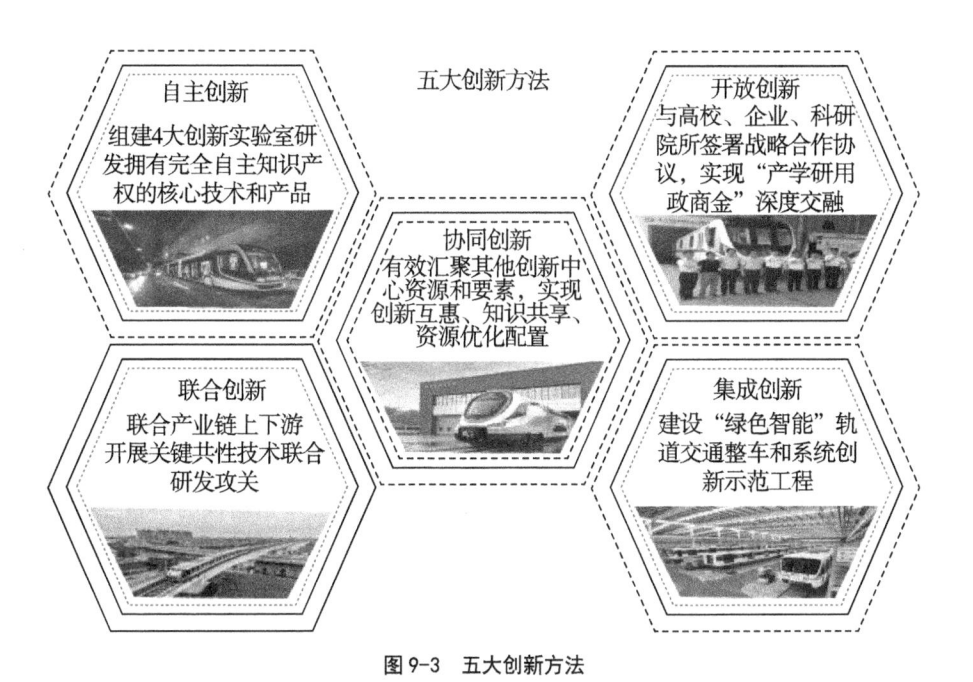

自主创新
组建4大创新实验室研发拥有完全自主知识产权的核心技术和产品

协同创新
有效汇聚其他创新中心资源和要素，实现创新互惠、知识共享、资源优化配置

开放创新
与高校、企业、科研院所签署战略合作协议，实现"产学研用政商金"深度交融

联合创新
联合产业链上下游开展关键共性技术联合研发攻关

集成创新
建设"绿色智能"轨道交通整车和系统创新示范工程

图 9-3　五大创新方法

模生产"三步走的项目运作模式，在引进技术的过程中，坚持"先进、成熟、经济、适用、可靠"的技术标准，由原铁道部统一招标，从加拿大庞巴迪、日本川崎、法国阿尔斯通和德国西门子引进高铁技术，国内主机企业主导进行联合设计生产高速动车组。

推行开放创新，解决"如何集聚资源"的问题。改革开放激发的创新潜能，让我们在创新发展路上，不断刷新中国速度的奇迹。中国高铁之所以快速发展，是因为它有一个强大的创新体系作为后盾。这个创新体系是一个开放的集合体，由参与创新过程的三大主要行动主体构成，它不仅包括企业，也包括政府部门和科研院所。同时，这个创新体系也是界定各行动主体之间相互关系的制度集合，包括各行动主体在创新过程中的战略和策略，以及它们对技术、资金和人力资本等三大要素的投入、组织和使用，共同构建起了同心多元的共商共建共赢机制。

推行协同创新，解决"如何弯道超车"的问题。中国高铁在原铁道部的牵头组织下，以中国标准为主导，按照正向设计理念，以自主化、简统化、互联互通、技术先进为目标，积极地动员全国的资源力量，整合全国众多科研机构、高校、龙头企业组建跨行业的"联合舰队"，形成以企业为主体，"政产学研用"深度融合，开放、协同、一体化的技术创新体系，共同对国外高铁技术进行引进、消化、吸收、再创新。为了避免陷入"市场换技术"导致"引进再引进"的怪圈，原铁道部与科技部2008年联合实施《中国高速列车自主创新联合行动计划》，搭建起"多厂多地"协同创新模式，25所重点高校、11所一流科研院所、51家国家级实验室和工程中心的68名院士、500多名教授和上万名工程技术人员组成了国家超级研发团队，集中力量攻克核心技术难关，由此中国高铁进入全面自主创新的黄金时代。

推行自主创新，解决"如何实现引领"的问题。中国高铁的创新之路，在时间轴上体现了厚积薄发、急剧迸发的特点，在空间面上则呈现出多点开花、以点带面、全方位创新的特点。在原始创新方面，主要体现在基础理论的创新，弓网关系、轮轨关系和流固关系是高铁系统的三大技术理论课题，分别研究车轮和轨道之间、受电弓和车顶电网之间的耦合关系以及列车运行时的空气动力学，中国高铁"沈氏理论"和"翟孙模型"、高速列车耦合大系统动力学理论、铁路空气动力学和列车撞击动力学等理论创新，都是举世公认的原创成果。在集成创新方面，中国高铁融合了交流传动、复合制动、高速转向架、减阻降噪等一系列最新科研成果，实现了众多技术创新与系统优化，掌握了设计制造适应各种运行需求的不同速度等级的高铁列车成套技术，具备极强的系统集成、适应修改、综合解决的自主创新能力，形成了自主技术标准与体系，成为高铁技术创新的集大成者，完成了从"中国制造"向"中国创造"的转变。

回顾中国高铁的创新历程，中国高铁创新之所以成功，归结起来主要有以下三个方面的原因：政府层面，通过产业政策、市场准入政策和竞争政策等政策措施，较好地处理了创新主体之间的竞合关系，既避免了国内企业在引进技术和对外合作时的过度竞争，保持了其在实施市场换技术战略时的主体地位，并利用科研项目资金的分配，大力推动跨行业的产学研合作，同时积极鼓励国内主要生产厂家之间的寡占竞争，刻意避免产业内的垄断形成；企业层面，积极发挥创新主体作用，打造以系统集成和耦合为核心的技术体系，全面发展在正向设计、试验验证和制造工艺等方面的核心能力；科研院所在创新过程中，不仅在观念引领、理论支持、科学研究和工艺提升等方面发挥重大作用，而且为中国高铁创新提供了重要的人力资本支撑。政府、企业和科研院所三方发力，同频共振，实现了产业发展与国家战略的统一、企业创新能力与国家资源优化的统一、自主研发与引进、消化、吸收、再创新的统一。从产业创新体系的角度，而不是从单个企业的角度来分析中国高铁创新成功背后的原因，同样印证了波特关于国家竞争优势菱形的理论。

9.5 中国高铁的深层次启示

如何实现持续领先领跑？这是新时代背景下的"创新之问"。我国虽然拥有诸多优势条件，但是也要清晰看到，我国在基础研究实力和原始创新能力、战略科学家数量、产业技术水平、科技创新活力等方面存在的差距以及面临的困境。随着大国博弈加剧，欧美发达国家加强对先进技术产品出口、市场准入、科技交流等方面的限制，未来发展面临更大的挑战，非常有必要充分利用国内外资源，释放科技创新和产业发展潜力，打造具有核心竞争力的科技创新高地。

创新之魂，唯在潜"心"。2022年的政府工作报告提出"让各类人才潜心钻研、尽展其能"。潜"心"，首先就是要不忘初心。科技创新，只有起点没有终点，中国高铁的创新步伐也从未停止。习近平总书记指出，"关键核心技术是要不来、买不来、讨不来的。""谁牵住了科技创新的牛鼻子，谁走好了科技创新这步先手棋，谁就能占领先机、赢得优势""争取在'十四五'期间有更大发展"，这是习近平总书记对高铁创新的殷切嘱托，需要坚持创新驱动发展战略，坚持面向世界科技前沿、面向经济主战场、面向国家重大需求、面向人民生命健康，聚焦"碳达峰""碳中和"目标，勇争原创技术"策源地"，勇当现代产业链"链长"，持续跑出科技创新"加速度"，统筹抓好关键核心技术攻关，加快推进芯片、轴承、工业软件等"卡脖子"

技术研制，加快提升产业链、供应链综合竞争力，将核心技术牢牢掌握在自己手中，切实扛起大国重器的历史重任。更重要的是要潜心钻研基础研究，虚心学习国外先进技术，在消化的过程中保持耐心，在自主创新方面要有决心，见贤思齐，持续加大科技攻关力度，提升原始创新能力，争取在"卡脖子"技术领域取得新突破，创造出更多"从0到1"的原创成果，抢占科技竞争和未来发展的制高点，这才是最关键的。

创新之道，唯在得"人"。创新驱动实质是人才驱动。搭建平台吸引人才，吸引人才支撑平台。按照中央人才工作会议精神，搭建事业平台，营造温馨积极的成长环境，持续打造人才"洼地"，构建有利于各类人才竞相成长的培养机制、人尽其才的使用机制、脱颖而出的竞争机制、尽展其能的激励机制；健全以创新能力、工作质量、成果贡献为导向的科技人才评价体系，努力形成各类人才"引得来、留得住、用得好"的良性循环；加快建设以战略科学家、科技领军人才和创新团队、青年科技人才队伍、卓越工程师为主体的科技人才力量，弘扬企业家精神、科学家精神和工匠精神，营造鼓励探索、宽容失败的良好氛围，让人才的创新活力竞相迸发。

创新之路，唯在协"同"。当前，颠覆性技术层出不穷，要从根本上改变技术路径、产品形态、产业模式，应充分利用在企业主体、科技创新、体制机制、市场规模、产业配套等方面的优势，进行前瞻性布局，加快研究未来产业技术，走出中国特色的创新发展之路；正确处理好技术推动与市场拉动、有效市场与有为政府、中小企业与大企业、国有企业与非公企业、实体经济与虚拟经济、国内大循环与国际大循环的关系，通过组建战略咨询机构、加大基础研究投入、鼓励科技创新创业、加强市场需求支持、充分利用全球资源等措施，释放未来发展潜力；建好国家创新中心等高质量创新联合体，主动开放企业市场和应用场景，加强首台套、首批次、首版次应用，促进产业链、创新链高效融合，提升科技成果转移转化成效；深化开放合作，鼓励大型企业扩大创新资源开放共享，推动各类所有制企业融通创新，真正形成关键核心技术自主创新的"核心圈"、技术扩散和产业升级的"辐射圈"，共同提升产业价值；深化产业链上下游合作，充分发挥现代产业链头部企业作用，带动产业链上下游、产供销有效衔接、协调运转，打造世界级产业集群。推进国家和区域科技创新共同体建设，提高产业链、供应链稳定性和现代化水平，各地区各产业集群加强分工协作，集中突破一批核心部件、推出一批高端产品、形成一批中国标准，同时全面参与国际大科学计划和大科学装置建设，深入开展全球科技协同创新。

创新，引领发展的第一动力。

从亲自批准"复兴号"中国标准动车组命名，到赞誉"复兴号奔驰在祖国广袤的大地上"；从强调"复兴号高速列车迈出从追赶到领跑的关键一步"，到肯定"高铁动车体现了中国装备制造业水平""是一张亮丽的名片"，再到提出"我国自主创新的一个成功范例就是高铁""现在已经领跑世界"，习近平总书记多次点赞中国高铁，"高铁外交"席卷全球，这是一种莫大的鼓舞与激励，更是一种无形的创造动力，极大增强了科技自立自强的决心与信心。

惟改革者进，惟创新者强，惟改革创新者胜。

中国高铁惊艳全球，大国重器扬我国威。中国高铁的科技创新，实现了一次又一次"从0到1"的突破，为中国高质量发展注入了强劲动能。它不仅仅是中国高端装备"从无到有、从弱到强"沧桑巨变的一个缩影，也是新中国成立以来自力更生、艰苦奋斗、追逐梦想的坚实注脚，迈出了"交通强国、铁路先行"的坚定步伐。

科技赋能发展，创新决胜未来。

根据国家发改委发布的《中长期铁路网规划》，"到2030年中国高铁总里程有望达到4.5万公里"，届时中国高铁将贯穿东西南北中，连接全国80%百万以上人口的城市，CR450科技创新工程纳入国家"十四五"规划纲要并已全面展开，集中力量攻克一系列关键核心技术，巩固扩大我国高铁技术领跑优势。

"丝绸之路经济带"与"21世纪海上丝绸之路"是中国未来重要的国际发展战略，以高铁为代表的交通基础设施将是这个战略的重要支柱。中国企业在国外承担的高铁项目，不仅要求我们对不同的地理、气候和其他自然条件对高铁的特殊限制进行研究,也非常有必要加强高铁对政治经济社会影响的研究。因为高铁对当地的政治经济社会有重大影响,它不仅仅是一个技术工程,也是一个政治工程、社会工程、民心工程。缺少对这点的足够认识,将会使中国高铁产业在国际竞争中遭遇挫折,甚至使国家利益受到损害。

从"跟跑"到"领跑",中国高铁进入无人区,未来会走向何方?相信我们心中早有答案。高铁将不仅仅是运载工具,更是一个移动终端,"能量、能源"将是未来的重要变量,引领高铁朝着"智能、储能"方向发展。

看,新一代更高速度、更加安全、更加节能、更加环保、更加智能、系统更优的"复兴号"中国标准动车组正在加速驶来……

— 10 —

国创中心是怎样炼成的

国创中心是如何一步一步地炼成的？第一批创业员工当初又是怀着一种怎样的精神干事创业的？团队是如何将"不可能"变为"可能"的？让我们透过时光的隧道来回望这段历久弥新的奋斗历程。

10.1 谋划："先知先觉绘蓝图"

2012年9月，由工业和信息化部、国家质检总局、中国工程院牵头的国家重大战略咨询项目"制造强国战略研究"正式启动，项目下设"制造强国的主要指标研究""制造业创新发展战略研究"和"制造质量强国战略研究"3个综合课题组，机械、轨道交通装备、能源、冶金化工、信息电子、轻工纺织、仪器和制造服务业8个领域课题组和总体组，中国工程院院士刘友梅担任轨道交通装备领域课题组组长。

项目启动后，刘友梅院士安排中车株机公司原副总经理、专家委员会秘书长周武成牵头组建轨道交通装备领域课题组。对于课题组执笔人，周武成副总经理向刘友梅院士推荐了时任中车株机公司投资规划部副部长李林及公司的几位博士作为课题组执笔人候选人。

刘友梅院士看了李林的简历后，考虑到李林的初始文凭、科研经历等因素，感觉不太满意。周武成副总经理反复思考后决定力荐负责战略规划、行业发展研究、国际合作等业务的李林担任课题组的总执笔人，并带着李林向刘友梅院士做了当面汇报交流，从整车研发、售后服务等专业技能，办公室文秘写作、战略规划等基础能力，指出了李林承担该课题任务的胜任度，刘友梅院士抱着"试一试"的态度试用了李林一周，让其先行起草课题研究提纲和研究要点。这个材料得到刘友梅院士认可后，李林正式加入课题组并担任总执笔人。

2013年1月，课题组组长刘友梅和总执笔人李林在北京参加完项目启动会（见图10-1），正式开始围绕我国轨道交通装备产业开展战略研究。这是一场拉力赛，在历时两年多的时间里，课题组对轨道交通装备领域做了大量广泛而细致的调查研究，经过六次研讨汇报、易稿几十次后，终于在2015年1月正式出版了《制造强国：战略研究领域卷（一）》。

图10-1 制造强国战略研究项目启动会

2015年4月，"制造强国战略研究"重大咨询项目一期总结在北京会议中心召开，时任工信部副部长毛伟明对"制造强国战略研究"一期取得的成绩给予充分肯定。

科技创新是提高社会生产力和综合国力的战略支撑，谁站在了创新的制高点，谁就掌握了引领未来发展的第一动力，掌握了未来竞争的话语权。

2016年1月，工业和信息化部印发《关于完善制造业创新体系 推进

10 国创中心是怎样炼成的

制造业创新中心建设的指导意见》。2016年2月，湖南省经信委发布《关于开展省级制造业创新中心建设试点的意见》。李林根据建设指导意见和申报指南，全面梳理了国家级创新中心的定位、功能、主要任务及建设意义，并进行了必要性、可行性分析，正式向中车株机公司提出创建国家级创新中心的建议并得到了认可。

通向山顶的路，迈出第一步至关重要。

李林在刚结束Skoda并购任务后，正式被中车株机公司任命为筹备组负责人，开始执着"闯人之所未闯、创人之所未创"的坚定信念，踏上国家级制造业创新中心的申报、组建、建设之路！

10.2 申报："柳暗花明又一村"

随着全球经济不断转型升级，未来经济发展模式，朝着立足优势产业领域，通过建立一个新型创新载体，快速弥补技术创新与产业发展之间的断层，促进实验室技术向实际产品转移转化，进一步抢占未来发展的制高点。目前，美国在制造业创新网络、英国在产业技术创新中心方面发展较快。

习近平总书记指出：真正的大国重器，一定要掌握在自己的手里。核心技术、关键技术，化缘是化不来的，要靠自己拼搏。

株洲轨道交通装备千亿产业体系已形成，长株潭的区域优势明显，该如何把握国家重大政策机遇，率先赢得先发优势？

2016年1月27日，湖南省联合轨道交通装备制造创新中心理事会在长沙召开。2016年4月，工信部、科技部、发改委和财政部等4部委联合印发《制造业创新中心建设工程实施指南（2016—2020年）》，指出将围绕十大重点领域各布局一家国家制造业创新中心，到2020年形成15家左右。同年5月，时任湖南省省长许达哲与时任中国中车集团总裁奚国华会谈，湖南省政府与中国中车集团签署战略合作协议，明确"依托中车在湘企业共同创建轨道交通国家创新中心"。从此，拉开了申报国家级创新中心的序幕（见图10-2）。

图 10-2　2016 年 5 月，时任湖南省省长许达哲与时任中国中车集团总裁奚国华会谈

2016 年 6 月，湖南省联合轨道交通装备制造创新联盟正式批复授牌。2016 年 8 月，工信部印发《关于完善制造业创新体系　推进制造业创新中心建设的指导意见》，支持省级制造业创新中心参与国家级制造业创新中心建设。2016 年 11 月，时任湖南省省长许达哲再次会见参加"2016 中国长沙国际轨道交通博览会暨高铁经济论坛"的中国中车集团总裁奚国华，双方就加快组建轨道交通装备国家级制造业创新中心运营主体达成共识。2016 年 12 月，省市工信部门分管领导一起到株机公司调研座谈，宣贯相关会议精神和文件精神，正式明确由中车株机公司牵头组建先进轨道交通装备国家级制造业创新中心。为加快项目进程，2017 年 1 月，项目筹备组向省市政府呈报了汇报材料，随后创新中心项目被写入株洲市 2017 年政府工作报告，湖南省原副省长张剑飞在汇报材料上批示"拟同意上报先进轨道交通装备和轻合金两个创新中心，力争两个，确保一个"，湖南省原省长许达哲 2 月 7 日批示同意。同月，中车在株企业联合将项目建议书上报中国中车，在青岛获批国家高速列车技术创新中心的背景下，几经汇报才获得中国中车立项批复，开始编制项目可研。

这一年，中车株机公司正式委派李林全职负责筹建国家级创新中心。任命谈话时，时任中车株机公司董事长、党委书记周清和寄语李林："申报国家级创新中心，开弓没有回头箭，要做到：不到黄河不死心，到了黄河心不死！我亲自担任国创公司董事长，就是给你的最大支持，一定要坚定必胜信心，积极攻坚克难，努力达成既定目标。"

负责人有了，但只有"光杆司令"一个，公司还没有工商注册，没有一名正式员工、没有一间办公室、没有一笔资金，合作伙伴也还没有正式对接联系……申报国家级创新中心路途还很遥远。

如何开局？如何破局？中国中车在湘企业、株洲轨道交通产业链企业、市属国有企业、中国中车核心供应商、科研院所及重要客户伙伴，先后被一一登门拜访。

2017年3月，驻株全国人大代表戴碧蓉在2017年全国人大期间，联合有关全国人大代表提交了《关于支持株洲创建国家先进轨道交通制造业创新中心的提案》；同月，项目筹备组协调株洲市人民政府向中国中车集团发函，提议加快审批先进轨道交通装备国家级制造业创新中心项目。2017年4月，项目筹备组协调株洲市向湖南省行文，请求省政府致函工信部，支持并指导株洲市创建先进轨道交通装备国家级制造业创新中心。2017年6月，中国中车集团和株洲市政府在中车总部举行重大项目专题对接会，再次推动创新中心项目在中国中车集团的审批。

2017年9月，创新中心发起人会议在九方大酒店召开（见图10-3）。时任中车株机公司副总经理李铁生从国家政策带动、整车平台对产业链的拉动、客户个性化需求、共性基础性关键技术研究有待提高等方面介绍了组建申报国家级创新中心的缘由、初衷及未来期许。

有人，才有世界。2017年10月，中车株机公司陈皓、张晶福，株洲国投集团莫洪波、株洲高科集团沈强等一批年富力强的优秀人才先后"入伙"（见图10-4）。

图10-3　2017年9月，创新中心发起人会议在九方大酒店召开

图10-4　国创中心创始人团队

万事开头难。有一家企业因上级单位审批问题，无法完成注册资本金投入而提出"退群"。突如其来的变化，让项目团队措手不及。

全国有很多地方在申报创新中心，每个省市都在提炼优势产业，推动优势产业形成更强大的竞争力，希望在政策上得到国家层面更大的支持。

但是真正成功之前，谁最有希望，成功概率有多大，投资方都很谨慎。时任国创科技公司副总经理莫洪波分析说。

到底是申报科技部的技术创新中心，还是申报国家发改委的产业创新中心，还是申报工信部的制造业创新中心？一时间，大家都拿不定主意，只能逐一与相关部门对接。

"刚开始，我心里掂量着、估摸着，到底有没有希望？""有些员工本来想加入，打听后退却了"，公司战略发展中心总监陈皓对当时的困境仍记忆犹新。"李林总经理每天早上六点多起来，针对问题一一想办法、找解决方案，钉钉子，有时下半夜两点还在群里发消息""到北京出差，大家早上五点起床坐早航班出发，坐当天最晚的航班回，到家中，已是下半夜两点"。

无形中，大家明白了一个道理：创业没有后退、没有放弃可言，要争一口气，为了自己，也为了新的事业。

经过努力，金蝶公司增补成为注册股东。

2017年11月10日，株洲国创轨道科技有限公司（筹）第一届股东会、董事会、监事会在株洲召开，明确了组织架构等，并开始工商注册。每个人都很振奋、很开心，庄重地签字，快乐地合影，眼中放光，满怀憧憬。

但是，意外再次发生了，又有一家广东企业在这次会议不久后因领导调整而宣布退出。"这次带来的麻烦更大，这意味着董事会决议得重新编制、重新签署，工商注册又要从头再来"，陈皓说。

感受了失落，也感受了惊喜。陈皓回忆，这家企业退出后，我们连夜奔赴洛阳，拜访清华大学天津高端装备研究院洛阳先进制造产业研发基地（清洛基地）负责人马明星老师（见图10-5），他抱病听了我们的介绍后，北京时间下半夜与在欧洲出差的清华大学雒建斌院士进行了视频会议，雒院士当即表示大力支持，第二天早上就完成了协议签字盖章。

三个股东退出，三个股东加入，历尽艰辛。陈皓感慨，申报之路，才刚刚开始。

图 10-5　国创中心拜访清洛基地执行主任马明星

10.3 诞生:"千呼万唤始出来"

发轫于风雨如晦的 1936 年的株洲轨道交通装备产业,秉承着湖南"敢为人先,经世致用"的文化基因,在 80 多年的产业孵化发展中形成了"责任、领跑"的企业文化。

2017 年小年夜,陈皓接到工作电话,在农历年前召开省级创新中心论证会,并形成提案,争取在 2018 年的全国"两会"上,通过全国人大代表提交给国家相关部委。

"快过年了,有些股东单位都放假了,外地的专家都不好请,车票也不好买",陈皓回忆道。

但是,机不可失,不容片刻耽搁,没有条件就要创造条件!

大家分头行动,连夜与省、市党委和政府及相关单位联系,组织邀请市工信局、省工信厅领导及科研院所专家参与评审(见图 10-6)。

最终,论证会在农历十二月二十六日召开,并在全国"两会"前形成了提案,得到了工信部的书面回复。

图 10-6　省级制造业创新中心验收评审会

"当天晚上跑到网吧写材料，一直写到下半夜三点""事发紧急，论证会的数万元费用，时任公司副总经理、财务总监郑岚二话没说，自己先垫付了"，时任公司行政人事中心总监张晶福回顾道。

2018年2月6日，漫天风雪，寒风袭人，但是大家心里暖意浓浓，就在这天，株洲国创轨道科技有限公司正式注册成立了，作为筹建国家级创新中心的运营载体应运而生。"国家层面对企业名称中带'中''国'字有严格的规定，我们名称中含'国创'二字，实属来之不易；三家股东前后退出，每次重新核名注册，并保持名称不变，前后做了很多工作，也得到了市政府及市工商局领导的大力支持"，负责注册的时任公司企业运营中心总监沈强说。

公司注册了，但是由于种种原因，股东资本金迟迟没有到位。株洲联诚集团给予了大力支持，率先注入了500万元注册资本金，才有了创业的第一桶金。株洲市高新区在办公用房、人才引进等方面也给予了大力支持，先是让我们在动力谷大厦4楼临时过渡，三个月后办公家具添置到位，正式入住动力谷大厦10楼。与此同时，李林带领几个博士着手参加全国创新创业大赛、申报创新示范基地等工作，先后从政府层面争取了500多万元的财政奖补资金。

在湖南省省委省政府、株洲市委市政府及相关部门的大力支持下，形势不断往好的方向发展。2018年1月26日，省人大株洲代表团肖勇民、邓民慧、陈喜萌、彭澎等代表提出建议，恳请省市支持创建轨道交通装备国家级制造业创新中心。2018年2月24日，正式被湖南省经信委认定为"湖南省制造业创新中心（先进轨道交通）"并颁发了牌匾。随后，省经信委将我们作为国家级创新中心的申报单位，向工信部行文推荐。

2018年的两会期间，时任全国人大代表周清和与湖南代表团提交了《支持湖南建设创新型试点省份》《支持湖南申报轨道交通装备国家级制造业创新中心》等建议议案。这次，李克强总理参加了湖南省代表团的座谈，在听取汇报后明确指示工信部、财政部等国家有关部门落实创新中心建设事宜。时任湖南省省长许达哲、时任省经信委主任曹慧泉等领导随后立即就创新中心创建事宜，拜访了工信部辛国斌副部长等，全力争取更大支持。图10-7为国创团队拜访刘友梅院士。

图10-7　国创团队拜访刘友梅院士

趁热打铁。2018年一个凉爽的夏日，李林陪同株洲轨道交通装备产业发展的见证者、参与者、中国工程院院士、中车株机公司专家委员会主任刘友梅，时任株洲市副市长何朝晖，株机公司原副总经理李铁生等到北京，再次拜访工信部领导。

座谈会上，刘友梅掷地有声地提出了两点意见：轨道交通装备是中国一张亮丽的名片，株洲轨道交通产业经过80多年的发展积淀，在创新成果、创新环境、人才队伍、产业发展方面皆为行业翘楚，我们国家要发展成为制造强国、搭建制造业创新中心，不能没有轨道交通装备产业，轨

10 国创中心是怎样炼成的

道交通装备产业中不能没有株洲。刘友梅的话没有拐弯抹角，直截了当，深深地打动了高瞻远瞩、苦心寻觅经济发展新动能产业的工信部领导。

此时，莫洪波、马明明博士、刘翱博士后等先后到上海、西安等地调研增材制造、激光焊接、工业互联网等项目可行性。

企业的安身立命之所放在哪里？天元区、石峰区、长沙市先后伸出橄榄枝，承诺入驻园区后给予一揽子政策优惠。此事也引起了石峰区及株洲市领导的高度关注，力促国创中心留在轨道交通产业主阵地石峰区深耕发展。

留学归来的高端人才周晓彤第一份工作毅然选择了公司，李沛钊、陶偲瑶、刘安定等一批优秀员工先后加入公司，在刚入职场的众多困难面前，没有丝毫退缩。

大家无条件加班至深夜、开着私车办公事、四个月没发工资、办公用品自购、夏天不敢开中央空调……

"整个国创科技公司员工铆足了劲，就是要搞事情、搞成事""大家思想很单纯、凝聚力非常强、精神压力巨大"，莫洪波说。

如何拿到敲门砖？如何聚集论证会的专家们？制造强国战略咨询委员会或许是一个不错的选择。李林立即决定拜访中国工程院原副院长干勇院士。会前约定只安排十分钟的时间会谈，因干勇院士被筹划方案深深吸引，会谈一再延长，并推掉了其他会议，最后会谈交流了一个多小时，并愉快合影（见图10-8）。

图10-8 拜访干勇院士

2018年9月11日,"先进轨道交通装备制造业创新中心建设方案研讨会"在株洲召开,湖南省副省长陈飞等省市区党委和政府相关部门负责人出席。干勇、刘友梅、钟掘、田红旗、翟婉明、陈晓红、沈保根、丁荣军、李卫等9位院士及10余位国内行业顶尖专家学者,轨道交通装备龙头企业负责人、技术专家骨干等共70余位代表汇聚一堂,开展主题为"创,所未创"的国家先进轨道交通装备创新中心建设方案研讨会(见图10-9)。与会领导及院士专家对建设方案给予了充分肯定,并提出了优化建议。

当天晚上,中车株机公司时任董事长周清和、总经理傅成骏、副总经理兼总工程师索建国、副总经理陈志新等陪同工信部领导、院士专家散步湘江边,步行跨越株洲大桥,在沿江风光带的火车头广场畅谈,在工业展示墙前述说着株洲这座"火车拉来的城市"。

图10-9 先进轨道交通装备制造业创新中心建设方案研讨会

会场内,连续工作了三天的员工们仍不知疲倦,高兴地在横幅下合影(见图10-10),大家脸上流露出喜悦、收获的表情。内心中,更多的是对建设国家级创新中心的那份坚毅、那份期待。

"研讨会我们准备得非常认真周全,下半夜两点还开会逐一梳理细节,整理出20条意见,会后立马行动",时至今日,莫洪波对当时的情形仍历历在目。"院士专家报到是9月10日,正是教师节,我们在每位专家房间摆放了一枝鲜花,致以深深的节日祝福"。

10　国创中心是怎样炼成的

图 10-10　研讨会后工作人员愉快地合影

"那几天,没有一个人回家休息,没有一个人说累,大家都睡在库房、会场,果盘大家手工制作,水果自己购置、自己削,友谊在那个时候凝结,累了!值了!""会场布置安排、送给专家的相册被市委、市政府领导赞为标杆"。说起那一刻,张晶福很是自豪。

认真付出总会有回报。2018年10月,工信部在制造业创新中心指南目录里新增了轨道交通装备产业,并提出了具体建设要求。从"榜上无名"到列入指南目录,这个消息极大地鼓舞了这个年轻的团队。

在接下来的近半年时间里,马不停蹄地成立工业智能研究所、激光先进制造研究所等科研机构,先后与武汉理工大学、华东交通大学、中国激光联盟、湖南工业大学、湖南科技大学、中国地质大学等签署战略合作协议整合资源。2018年11月,院士工作站在国创公司设立,周祖德院士进驻(见图 10-11);同年12月,陈晓红院士加盟院士工作站。

图 10-11　周祖德与周清和共同为院士工作站揭牌

2019年1月9日，国家先进轨道交通装备创新中心建设方案论证会在株洲召开，经中国工程院院士卢秉恒、钟掘、李卫，中国科学院院士沈保根、张清杰、丁汉、翟婉明，中国工程院制造业研究室主任屈贤明教授和同济大学铁道与城市轨道交通研究院韩斌教授等9位专家评审，国家先进轨道交通装备创新中心建设方案顺利通过论证。时任工业和信息化部副部长罗文、湖南省副省长陈飞出席会议并讲话。

陈飞强调，要突出先进技术产品研发，加快颠覆性共性技术研究攻关进程，不断激发创新中心的创新活力。

罗文指出，轨道交通装备是中国制造的一张亮丽名片，组建先进轨道交通装备创新中心对于我国轨道交通装备领域进一步增强自主创新能力，摆脱对外技术依赖，增强国际竞争力意义深远、使命艰巨。

2019年1月15日，这是株洲轨道交通装备产业历史性的一天。李林从工信部领导手中接过牌匾后高高举起，那一刻，三年来的太多感慨瞬间涌上心头。他对着视频中株洲的同事激动地说：兄弟姐妹们，我在北京，正式向大家报告：国家先进轨道交通装备创新中心获批啦！这是株洲的骄傲、湖南的骄傲、中车的骄傲、团队的骄傲，感谢大家三年来的坚守与付出！

10.4 启航："千锤百炼始成金"

工信部提出在关系国计民生和国家安全的战略性、基础性、全局性领域，培育一批先进制造业集群，由制造强国领导小组办公室授予"国家先进制造业集群"。

世上无难事，只要肯攀登。经历了创业艰辛的国创人并没有片刻停歇、片刻松懈，而是全力投入到申报先进制造业产业集群项目当中，借助中国先进轨道交通装备创新联盟，进一步扩大朋友圈、构建生态圈，携手攻克行业关键共性技术，进一步扩大创新中心平台的价值。

"PPT改了三十多稿，答辩前，李林总在办公室封闭三天，反复推敲，仔细修改答辩材料"，陈皓说。

2019年9月3日，工业和信息化部组织的2019年先进制造业集群招标评标结果正式公示，株洲国联轨道交通产业服务中心在"轨道交通、航空、船舶及海工装备"领域中，以第一名的成绩脱颖而出，成功中标，并于2022年6月完成集群项目验收。

培育新型研发机构、建好国家级创新中心、助力世界级产业集群，企业的使命与愿景逐步清晰明朗。

对于外界陌生的印象，我们把自身定位为不与高校争学术之名，不与企业争产品之利，旨在站在行业巨头的肩膀上，集合现有技术优势资源，面向世界科技前沿，面向经济主战场，面向国家重大工程，重点发展"四新四基"和"七大关键共性技术"，突破"卡脖子"技术，突破国际壁垒，为轨道交通装备产业发展提供新的智慧与力量。

建设之初，我们就构建了自主创新、协同创新、联合创新、集成创新、开放创新的发展模式，并捋出七大关键共性技术：绿色节能技术、智能化关键技术、运维服务关键技术、体系化安全保障技术、高效能牵引传动技术、互联互通技术、系统匹配技术，设计了技术路线图，按计划有序分步实施。

目前，我们组建了专家委员会，并与高校、企业共建共享实验室，引入24位教授，28位博士，孵化了株洲国联轨道产业孵化中心、湖南国基检测认证有限公司、湖南国研轨道工业设计有限公司、株洲中车轨道交通期刊社有限公司等四家法人实体机构。

国创公司成立以来，先后获得4项国家重点研发计划，10余个省市重点研发项目，1项国家工业互联网创新发展工程，1项长株潭重大标志性创新示范工程，1项湖南省重点工业互联网平台培育计划等，科技创新成果不断涌现，并得到工信部和国家相关部委、各级地方党委和政府的高度认可。

2020年以来，智能运维项目签订1000余万元合同、激光清洗技术项目签订1000余万元合同、增材制造产品开始投放市场、智能感知器件中试线建设稳步推进建设……

2020年5月9日，株洲市先进轨道交通装备产业链推进大会暨产业链企业联合党委成立大会在国创中心召开（见图10-12）。

图 10-12　株洲市先进轨道交通装备产业链推进大会

随后，中共株洲市先进轨道交通装备产业链企业联合委员会、株洲市先进轨道交通装备产业链链长办公室、株洲市轨道交通产业协会三块牌匾悬挂在国创中心大楼门口，推动产业集聚，创新创业的能量正在快速集结。

牌匾的背后，是荣耀，是担当，是新的起点，更是推动先进轨道交通装备产业发展、打造世界级产业集群义不容辞的责任！

感谢国家给予的良好发展政策，感谢国家相关部委、省委省政府、市委市政府、中国中车、各股东单位、合作伙伴、院士专家团队以及第一批创业团队，正是大家的关心支持与辛苦付出，国家先进轨道交通装备创新中心才得以孕育而生、蓬勃发展。国家部委、省市政府和行业专家领导实地考察见图10—13至图10—21。

图 10-13　2021年8月28日，湖南省委副书记、省长毛伟明调研国创中心

10　国创中心是怎样炼成的

图 10-14　中车株机公司主要领导调研国创

图 10-15　时任中车株机公司副总经理李铁生调研国创中心

图 10-16　时任工业和信息化部部长李毅中调研国创中心

图 10-17　时任工业和信息化部副部长罗文调研国创中心

图 10-18　黄庆学院士调研国创中心

图 10-19　财政部、工信部领导调研国创中心

图 10-20　时任工业和信息化部副部长王志军调研国创中心

图 10-21　株洲市委书记曹慧泉调研国创中心

筚路蓝缕，以启山林！一起倾听创业者深深的告白，感念过往，激励来者。

陈皓：不提以前的苦，都过去了！我们向前看！

沈强：当时过年大家都不安心，外界都不看好，但我们只为了争一口气！

张晶福：希望创业中吃苦耐劳的精神、正心正道的氛围，一直延续、传递！

马明明：激光清洗、激光焊接、增材制造在轨道交通领域刚起步，希望能做大做强，形成产业！

刘翔：科研之路很艰辛，请保持梦想和激情！

……

— 11 —

超越梦想一起飞

创新是人类世界得以进步的不竭动力。没有创新，科技就不会进步，社会就不会前进，人类就没有梦想。只有怀揣梦想，伴随智慧前行，创新才会永无止境，才会创造出丰富多彩的世界，才会让自然造化的神奇呈现出它靓丽的身姿。但是创新不是句空话，万事开头难，创业始为艰。历经股东单位的"三进三出"，2017年9月最终确定中车株机、中车株所、中车电机、中车控股、株洲高科、株洲国投、清洛基地、联诚集团、金蝶集团、南高齿、九方装备等12家单位联合组建创新中心运营载体，召开发起人会议，正式踏上申报国家级制造业创新中心之路。

11.1 内涵理解

制造业创新中心建设工程实施指南中明确指出，创新中心是创新生态的网络组织、创新服务的公共平台、创新资源的整合枢纽、创新人才的培育基地。在整个"制造业创新中心"的概念中，所谓"制造业"说的就是以企业为主体、产业为本体、市场为导向，包含所有与制造有关的生产单元；所谓"创新"，不单纯是指高校和科研院所的技术研发或者企业单纯的技术创新，而是经济学意义上的，以企业为主体，通过技术创新、组织创新、模式创新、业态创新、体制机制创新等，把先进的技术、科技成果转化为生产力和社会财富；而所谓"中心"，就是指从创新生态到产业生态的中枢与制高点，推动"样品—产品—商品"的快速转换平台。结合轨道交通装备行业,我们的理解:它既不纯粹是过去的共性技术研发组织、产业技术研究院,也不是单纯的产业技术联盟,更不是"政产学研金介用"多位一体的虚拟创新网络。它的物理概念包括承载其发展的园区,实施主体包括创新中心运营公司及其股东单位和产业联盟,采取"运营公司+产业联盟"的发展模式,相关单位可选择入股成为运营公司股东或加入产业联盟等2种方式参与创新中心建设(见图11-1)。其中,运营公司下设若干个职能平

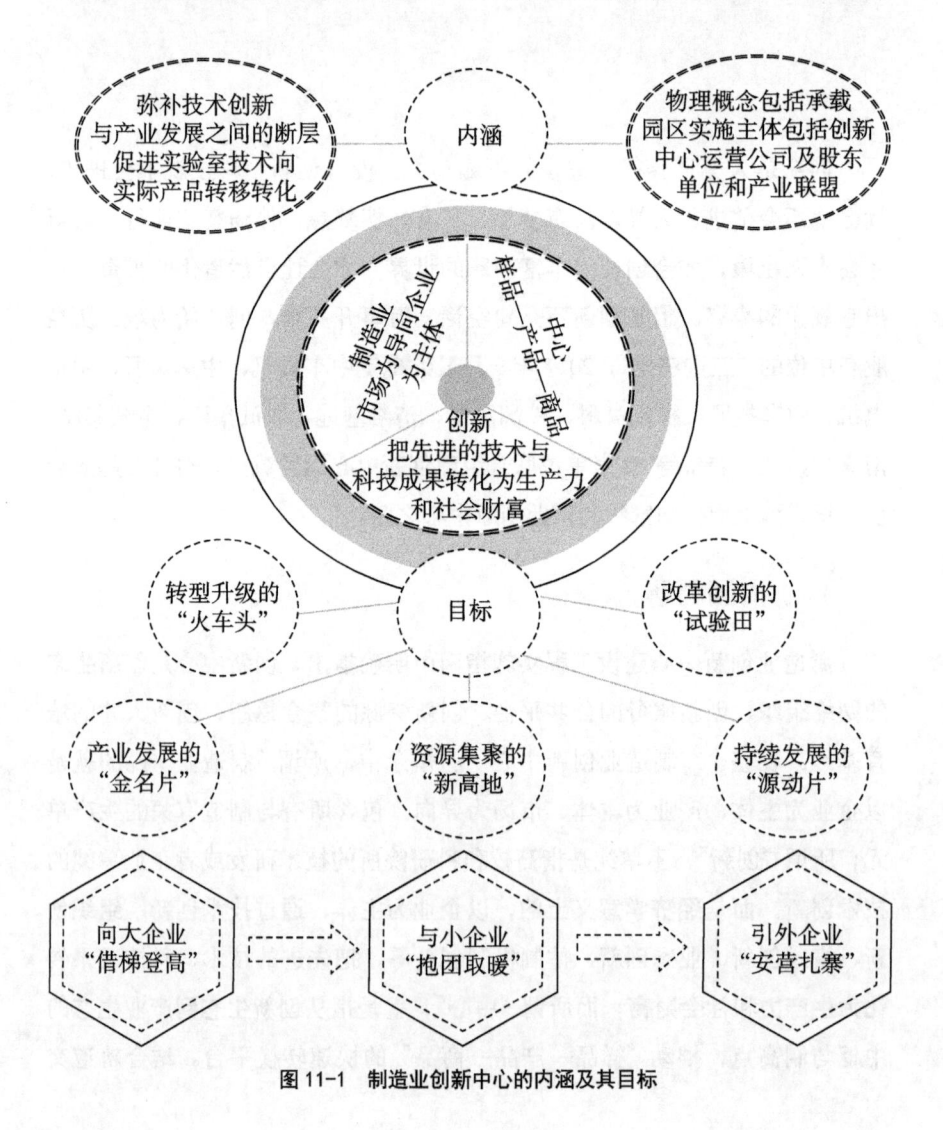

图 11-1 制造业创新中心的内涵及其目标

台及若干个子公司,实行董事会决策、总经理负责、专家委员会咨询的商业治理模式;产业联盟则是在民政厅注册成立具有独立法人性质的非营利性组织或民非机构。图11-2介绍了公司治理结构的权利分配。

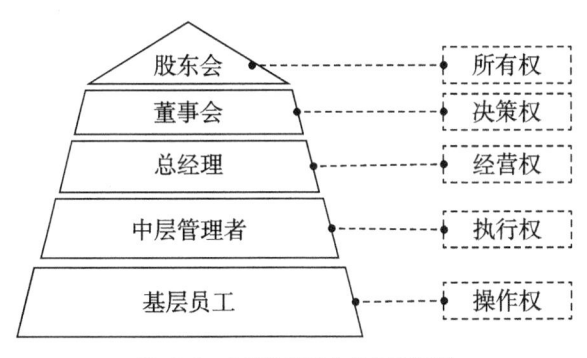

图 11-2　公司治理结构的权利分配

基于上述理解,我们创新中心的建设原则就是"一个明确、四个突出、六个融合"。"一个明确"就是明确定位,围绕国家产业技术创新重大需求,坚持目标导向和问题导向,抓好面向行业的关键共性技术研发,加强核心技术源头供给。"四个突出"就是突出协同化,探索"企业+联盟"的运营模式,抓好产业创新联盟建设;突出产业化,抓好科技成果转移转化及其辐射带动能力建设;突出市场化,抓好以企业为主体、产学研用深度融合的技术创新机制建设;突出可持续,抓好主打产品、主导产业和主营业务的培育,探索基于自我造血、持续发展的商业模式创新。"六个融合"就是"融才、融智、融资、融政、融品、融势",其中,人才决定企业的兴衰,没有人才的支撑,企业难以持续发展,拓展无力;智力决定企业的张力,没有智力的牵引,企业难以打开局面,事半功倍;资金决定企业的生死,没有资金的保障,企业难以稳定存活,无法维系;政府决定企业的空间,没有政府的推动,企业难以自如施展,束缚手脚;品牌决定企业的魅力,没有品牌的影响,企业难以放大价值,能量有限;趋势决定企业的未来,没有趋势的把握,企业难以前瞻思考,首尾兼顾。

11.2 创建优势

通过前期的学习交流与总结思考，以及赛迪研究院专业团队的指导，我们申报先进轨道交通装备国家制造业创新中心具备以下几个得天独厚的优势。

一是行业地位优势。轨道交通是国家重要的基础设施、国民经济大动脉和大众化交通工具，是未来公共交通发展的主要载体，被赋予了交通运输发展"先行官"的历史新定位。轨道交通装备产业是经济社会发展的基础性、先导性、战略性和服务性产业，技术含量高、带动能力强，涵盖了机械工程、电子科学、控制科学等20余个学科，带动了冶金、化工、电力电子、信息技术等30多个相关产业的同步发展，是社会生产、生活组织体系中不可缺少和不可替代的重要组成部分。轨道交通装备产业不仅是《"十三五"国家战略性新兴产业发展规划》中明确重点发展的领域，也是"一带一路""新型城镇化""长江经济带"战略的重要支撑，对经济社会发展具有战略性、全局性、基础性影响（见图11-3）。为满足人民群众对美好生活的追求而带来的更高新要求，铁路运输服务的多样性、选择性、舒适性和便捷性等特点将日益凸显，构建门到门、一体化、网络化、互联互通轨道交通体系迫切需要高端装备的支撑。

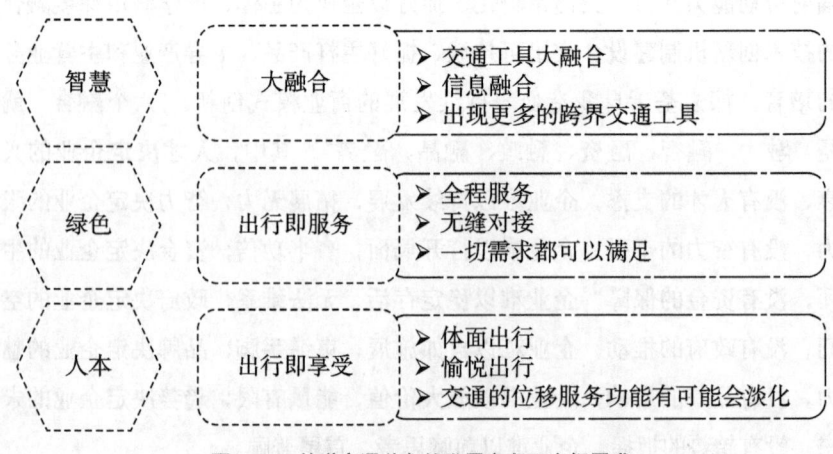

智慧	大融合	➤ 交通工具大融合 ➤ 信息融合 ➤ 出现更多的跨界交通工具
绿色	出行即服务	➤ 全程服务 ➤ 无缝对接 ➤ 一切需求都可以满足
人本	出行即享受	➤ 体面出行 ➤ 愉悦出行 ➤ 交通的位移服务功能有可能会淡化

图 11-3　轨道交通装备的发展方向及出行需求

二是天地人和优势。在国家战略层面，轨道交通装备产业属于战略性新兴产业，是中国高端装备制造领域自主创新程度最高、创新元素最多、国际竞争力最强、产业带动效应最明显的行业之一，也是国家确定的竞争优势产业和制造强国战略研究中唯一提出实现世界领先目标的产业。在地方支持层面，省市党委政府及工信部门对创新中心的创建工作非常重视，在省内点名首推轨道交通行业筹建创新中心，这对创新中心的省级认定起到了直接的推动作用。此外，许达哲省长是原工信部副部长，湖南省制造业创新中心申报工作是他到湖南省任职后的一项重要安排和精心部署；长株潭区域聚集了中国中车、中南大学、铁建重工等300多家产学研机构，汇聚刘友梅、丁荣军、田红旗等院士领衔的上万人科研团队和数十万产业工人……这些都是得天独厚的资源禀赋，将为后期申报创建国家级创新中心推波助澜。

三是产业集聚优势。首先，湖南轨道交通装备产业是湖南制造业最重要的支柱产业之一，以整车制造企业为核心，200多家配套企业，62家规模以上企业集聚在一个片区，形成了集"技术研发—生产制造—物流配送—售后服务—运维检修"于一体的完整成熟的产业链，产值规模超过千亿，这是我们能够申报成功的极大助力，也是创新中心申报成功后，持续健康运营的有力保障。其次，中国中车是中国轨道交通装备产业的巨无霸，在株洲布局了4家核心子公司，是中车在全国布点最多的城市，目前创新中心的申报已经得到中车的立项批复。得到中国中车支持，可以说是获得了最大的行业资源支持。图11-4为时任湖南省副省长张剑飞率队拜访中车集团。此外，田心高科园规划面积约25平方公里，已形成以中车株机、中车株所、中车电机等一批轨道交通制造业重点骨干企业为龙头，联诚集团、九方装备等关键零部件配套企业集聚的国家级轨道交通产业发展集聚区，5公里核心圈内可实现95%以上的产品和技术配套；动力谷自主创新园规划建设了"一圃（创业苗圃）、两器（孵化器、加速器）、三中心（研发中心、公共技术中心、管理服务中心）"，未来将是技术转移孵化的主要承载地。

图 11-4 时任湖南省副省长张剑飞率队拜访中车集团

四是研发资源优势。在轨道交通领域，株洲地区集聚了众多行业创新机构资源，拥有机车与动车牵引与控制国家重点实验室、大功率交流传动电力机车系统集成国家重点实验室、新型功率半导体器件国家重点实验室、轨道交通车辆系统集成国家工程重点实验室、牵引动力国家重点实验室、摩擦学国家重点实验室等 8 个国家重点实验室，变流技术国家工程研究中心、轨道交通运行控制系统国家工程研究中心、国家轨道交通电气化与自动化工程技术研究中心、大型交电装备复合材料国家地方联合工程研究中心等 4 家国家级工程研究中心，近 20 家国家企业技术中心和国家技术创新示范企业，23 家省级研发机构，2 名在岗中国工程院院士，50 余名享受国务院特殊津贴的科技专家领衔的万余名轨道交通装备产业技术人才队伍，累计专利超过 8000 件，主导制定国际标准 13 项，重载货运电力机车系统集成、6500 伏 IGBT 等技术处于国际领先水平，区域整体科研基础雄厚，研发实力强大。

五是合作基础优势。以中车株机公司为首的湖南轨道交通装备企业，在多年的创新实践和产品研发过程中，始终凝聚在一起，形成了良好的合作基础，已经潜移默化的"行了创新中心之实"。无论是机车、城轨，还是新型轨道交通产品的研发，在中车株机公司的整车平台带动下，集聚了产业链上的相关企业，通过联合研发、共享资源等形式，实现了产品和技术的快速发展。湖南磁浮产业就是通过这样的模式发展起来的一个典型。中车株机公司进军磁浮产业之初，技术不成熟，市场不确定，还伴随着外界的各种质疑。中车株机公司利用湖南省轨道交通装备产业聚集度高的特点，联合中车株所、中车电机、联诚集团、国防科大、西南交大等单位，形成了"产学研"的利益共同体，大家在一条船上共进退，实质上是形成了一个"隐形"的联盟。在这个"隐形"的联盟中，大家实现了技术、人才等创新资源的共享，正是这样的机制，使我们在很短的时间内，快速掌握了中低速磁浮列车的整套技术，研制完成中国首列、国际先进的中低速磁浮示范列车并实现商业运营。现在看来，"产学研"合作机制，联合创新的"隐形"联盟，正是创新中心的内核，长沙磁浮快线的成功实践，既证明了联合创新的可行性，也证明了创新中心机制的先进性。

11.3 创建意义

一是更好服务国家重大战略实施。创建国家级制造业创新中心，打造世界级先进轨道交通产业集群，与国家重大发展战略高度契合，与中国中车集团发展规划高度结合。比如，推动实现"碳达峰""碳中和"目标，需要发挥先进轨道交通装备产业在调整交通运输结构、减少交通领域碳排放的支撑作用；国家"一带一路"倡议需要发挥先进轨道交通装备产业的桥梁纽带作用；推进交通强国建设，需要加快干线铁路、城际铁路、市域铁路、城市轨道交通的融合发展与互联互通。

二是更好服务区域育新机开新局。先进轨道交通装备产业作为湖南省的重要支柱产业之一，虽然面临着机遇和挑战并存的形势，但市场前景仍被看好。2014年以来，全球轨道交通市场呈现出强劲增长态势，产业规模年均增长在3.5%以上，2020年突破1.6万亿元。目前，美国、俄罗斯、巴西、南非等国家陆续推出了新的轨道交通建设和设备更新换代计划，"一带一路"沿线国家也力求通过绿色环保、大运量的轨道交通方式实现互联互通。我国多省"十四五"规划中明确提出要打造一小时通勤圈，建设轨道上的城市群、都市圈，未来一段时间轨道交通投资将维持高速增长，市域铁路将爆发式发展。从全球城市群、都市圈的发展历程看，没有哪一个城市群、城市圈、城市带，不是靠轨道交通进行高效、快速、便捷连接的。因此，非常有必要在市场浪潮中培育先机，在行业竞争中抢抓制高点，为湖南株洲在中国地区高质量发展中提供支撑、开拓新局。

三是更好参与全球市场行业竞争。从世界范围来看，目前全球30多个国家、近270家企业参与轨道交通产业竞争，一些国际寡头在全球范围内加速兼并重组、专业联合的步伐，提高进入国际市场的门槛。比如，庞巴迪与阿尔斯通合并联手，显著缩小了与中国中车的规模差距；西门子利用专有技术，在技术壁垒较强的欧美市场有着广泛的市场影响力，通过完善全球布局形成竞争优势。从国内市场来看，全国近20个省市把轨道交通装备作为主导产业，做了相应的发展计划。比如，山东提出了形成轨道交通装备产业等具有全球影响力的产业集群，成都提出打造世界轨道交通之都等等。因此，面对日益增长的市场趋势、日趋竞争的发展态势，要增强敏锐性和紧迫感，加快培育国家创新中心，力争率先实现突破。

四是更好整合资源实现协同发展。在没有创新中心之前，我们通过整车平台的带动作用，通过联合创新的机制，极大地带动了湖南轨道交通产业的发展。同时，通过这种联合创新的机制，不仅中车株机公司获得了发展，产业链上的合作企业，也都实现了跨越式发展。联诚集团起初是中车株机公司下属的劳动服务公司，改制后作为民营企业进行独立运营，成立之初的经营情况并不乐观。但地处田心，和中车株机公司同样处于轨道交通产业集群区域，通过中车株机公司的配套和支持，实现了快速发展，目前联诚集团的产值达到了50亿元规模级别，已成为中国最大的轨道交通装备配套商和供应商之一。类似联诚集团这样成功的案例，在株洲数不胜数，九方装备也曾是株机厂的改制企业，目前在这个产业集群中也发展到了20亿元规模。现在作为中国中车下属一级子公司之一的中车株洲电机，也曾经是由株机公司下属电机制造分厂和株洲所电机开发部门组建而成的，现已发展成为中车下属最大的电机和变压器生产企业。正是这样得天独厚的产业集群优势以及联合创新机制，使我们湖南轨道交通装备产业获得了抱团发展，2015年轨道交通装备产业收入突破1000亿元，成为我国首个突破千亿规模的轨道交通装备产业集群。目前的政策东风已经吹起，国家正在大力推进制造业创新中心的建设工作。制造业创新中心的提出，实际上就是从国家层面将我们已经存在的"隐形"联盟式的联合创新模式，进行结构优化、机制改进、模式创新。因此，要顺应国家形势，积极推动创新中心的建设，将联合创新的模式固化成制造业创新中心的发展模式。

五是更好把握趋势提升产业韧性。当前，轨道交通装备产业正在面临产业结构和商业模式的调整，如果不进行产业模式创新，很难实现进一步的突破性增长。客户的需求在不断变化中，也需要我们不断创新，以更完善的系统解决方案，满足客户的个性化需求。同时，大力推进国际化经营，努力开拓国际市场，已经是中国轨道交通企业的广泛共识。作为中国中车国际化经营发展的践行先锋，要想在国际市场上获得突破，必须坚持不懈地进行产品创新、技术创新、联合创新和抱团出海，只有硬核的产品竞争力和整体优势，才能赢得客户的认可。此外，虽然中国轨道交通装备产业已经成为行业的引领者，但在很多关键共性、基础性技术的研究上，在行业标准、基础工艺、质量基础等方面，仍然落后于国外先进企业，制动系统、轴承等部分核心零部件还依赖进口，存在"大产品受制于小部件"的尴尬局面。要真正实现行业引领，需要搭建协同创新的平台，整合产业链优势资源，通过协同创新的方式，不断进行技术创新，最终实现关键技术突破、产业转型升级、技术引领市场。

总而言之，从产业维度分析，轨道交通产业市场潜力巨大；从创新维度审视，新一轮创新模式发生大变革；从国际维度判断，各国聚焦创新载体平台建设；从企业维度思考，中国中车正在重塑创新体系……上述种种环境的变化，都要求我们必须抓住这次国家政策的东风，积极推进先进轨道交通国家制造业创新中心的组建和申报，这既是对我们产业链上下游企业的机遇，也是我们顺应外部环境的迫切需要，还是带动湖南省轨道交产业突破 2000 亿产值的切实途径，更是中国轨道交通产业实现行业引领和产业升级的必经之路。

11.4 筹建情况

自 2016 年启动创新中心申报工作以来，创新中心的组建得到省市党委政府和相关部门不遗余力的指导和帮助。2016 年 11 月，时任湖南省省长许达哲会见时任中国中车集团总裁奚国华时，双方就共建轨道交通装备国家级制造业创新中心达成共识，并写入湖南省与中国中车的战略合作协议，这为创新中心项目在中国中车集团的审批奠定了基础、提供了保障；2017 年 1 月，张剑飞副省长就湖南省申报制造业创新中心事宜批示"拟同意上报先进轨道交通装备和轻合金两个创新中心，力争两个、确保一个"，2 月 7 日许达哲省长亲自批示同意；2017 年 3 月，驻株全国人大代表戴碧蓉在 2017 年全国两会期间，联合有关人大代表提交了《关于支持株洲创建国家先进轨道交通制造业创新中心的提案》，在国家层面对创新中心进行了推动；2017 年 6 月，株洲市人民政府与中国中车集团在北京召开了项目对接会，协调中国中车加快创新中心立项可研的审批流程。

在省市党委政府和相关部门的大力支持下，中车株机公司也积极推动创新中心建设的各项工作。2017 年 2 月，通过中车株机公司总经理办公会决策，全面启动创新中心申报相关工作；3 月初，开展项目咨询机构的招标，经过招标比选，考虑赛迪研究院作为工信部的智囊机构，是制造业创新中心建设工程实施指南牵头起草单位，行业经验丰富，聘请了赛迪研究院担任技术咨询顾问；4 月下旬，联合赛迪研究院完成了申报材料初稿，并组织与数十家企业单位进行业务洽谈，遴选创新中心发起人单位，最终选择确定 12 家发起人单位；5 月 18 日，中车株机、中车株所、中车电机共同行文向中车上报立项请示，在面临中车内部多家企业竞争的情况下，经与中车相关领导和职能部门不断沟通，多次书面、现场汇报，终于获得中车总部的立项批复。

可以说，创新中心项目能够顺利推进，离不开省市党委政府领导和各相关部门领导的大力支持，离不开各发起人单位的通力合作，也离不开赛迪研究院项目团队的专业指导，我们也将不遗余力推进创新中心组建，扛好湖南轨道交通装备产业"领头羊"这面大旗。

11.5 后续展望

基于前期的分析与思考，我们认为，未来创新中心的功能定位必须面向全球、代表国家、服务行业、支撑产业（见图11-5）。具体而言，就是要发挥协同创新、教育培训、人才交流、技术服务、仪器共享、产业培育等平台作用，代表国家参与国际合作交流与竞争，面向全球优化创新资源整合和配置，服务行业深化产学研用深度合作，支撑产业破解行业短板和弱项，瞄准国家和行业的重大需求，充分利用现有的研发资源和创新载体，突出协同创新，并以前沿引领技术和关键共性技术的研发供给、转移扩散和首次商业化为重点，打通先进制造技术从基础应用研究到首次商业化和规模化生产的创新链条，构建创新资源集聚、组织运行开放、治理结构多元的综合性创新平台。

◆ 代表国家：
  参与国际合作交流与竞争
◆ 面向全球：
  优化创新资源整合与配置
◆ 服务行业：
  深化产学研用深度合作
◆ 支撑产业：
  破解行业的短板与弱项

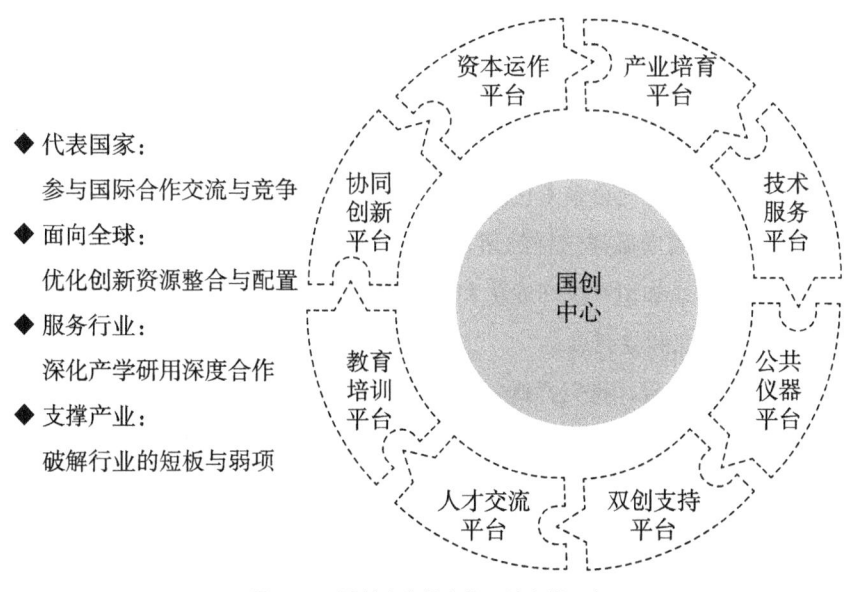

图 11-5 国创中心的定位及其支撑平台

联合创新平台。目前，我们正在进行中速磁浮列车、新一代储能式有轨电车、无人驾驶地铁车辆、跨坐式单轨列车、下一代智慧电力机车等新产品的研制，这其中涉及轻量化材料、弓网轮轨耦合、互联互通、大数据、区块链、智能网络、智能制造等前沿、共性、基础性技术的突破。这非常契合创新中心的发展定位，也需要通过联合研发的形式，持续推进技术攻关与研发进程，这既是创新中心未来的重要支撑点和盈利点，也是产业链上下游企业共同做大"蛋糕"并参与分享"蛋糕"的机会。

同时，我们还可以通过创新中心积极申报国家相关重大专项课题及扶持资金。近年来国家一些重大专项，如智能制造、工业强基等项目，都要求多家企业联合申报，这反映了国家未来重大政策的导向，即发挥国家集中力量办大事的新型举国体制优势，引导鼓励创新中心这样的"产学研用政金"联合体承担国家重大课题或项目。未来创新中心将发挥平台优势，集中精力申报国家重大专项课题、地方政府专项课题、企业委托横向课题、行业发展咨询等项目。作为股东单位，可以积极参与并优先承担相关项目，间接获得国家政策支持。

产业孵化平台。在创新平台的带动下，在大量的项目研发过程中，必将带来众多具备良好投资潜力的项目或技术，这些都是未来创新中心重点孵化的种子项目。创新中心灵活的机制，可以为这些项目的孵化提供更好的条件和保障。同时，创新中心的一大特点，就是汇聚企业家、科学家、金融家、政治家等社会多方优质资源，这里面既有中车株机公司这样的主机企业，也有湖南磁浮这样的用户终端，也有国投集团这样的投资平台，具备完整的打通知识产权产业化和商业化的先决条件，这将是创新中心未来重要的着力点和盈利点。

资源共享平台。我们创新中心的参与股东，都有丰富的国家级研发机构和科技资源，未来通过创新中心平台，可以将这些试验检测资源、工业设计资源、智能制造资源、科技人才资源等进行整合共享，这对于产业链上下游企业而言都是多赢的。未来创新中心还可以通过承办会展论坛、组织人才培训、出版期刊等实现更多创收与盈利。

总之，我们将创新中心定位于行业平台，凸显权威性、公正性、灵活性和国际性（见图11-6），按照"和而不同，三做三不做"（做行业共性技术，不做具体产品技术；做技术转移扩散和首次商业化，不做产品生产；做企业创新服务平台，不做企业竞争者）的原则，旨在打造成为先进轨道交通装备全产业协同创新基地，通过市场调节，推动轨道交通装备行业共性关键技术创新、知识产权转化、首次商业化应用、市场推广、产业服务等，促进各股东单位及行业联盟成员的协同发展，助推中国轨道交通装备产业的高质量发展。图11-7介绍了国创中心的组织架构。

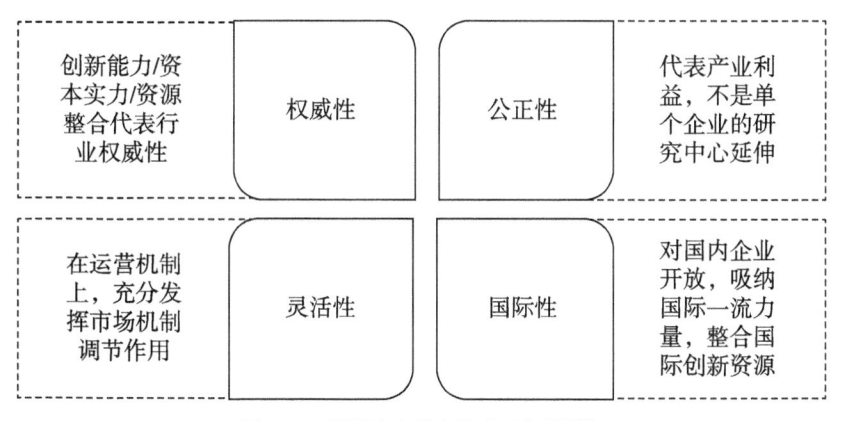

创新能力/资本实力/资源整合代表行业权威性	权威性	公正性	代表产业利益，不是单个企业的研究中心延伸
在运营机制上，充分发挥市场机制调节作用	灵活性	国际性	对国内企业开放，吸纳国际一流力量，整合国际创新资源

图11-6 国创中心平台的"四大特性"

创新中心是一个广阔的天地，拥有无限的可能。虽然我们已经携手迈出了关键一步，但对于整个申报创建工作来说，这仅仅是开始，后续还有公司注册、省级创新中心创建挂牌、国家级创新中心申报验收等一系列工作，仍需再接再厉，紧密的捆绑在一起。虽然12家发起人单位处在不同的发展阶段，可能也有不同的利益诉求，但是我们的目标是一致的，要求同存异、携手同进，共同致力于把创新中心建设成为改革创新的"试验田"、资源集聚的"新高地"、持续发展的"原动力"、转型升级的"火车头"、产业发展的"金名片"。

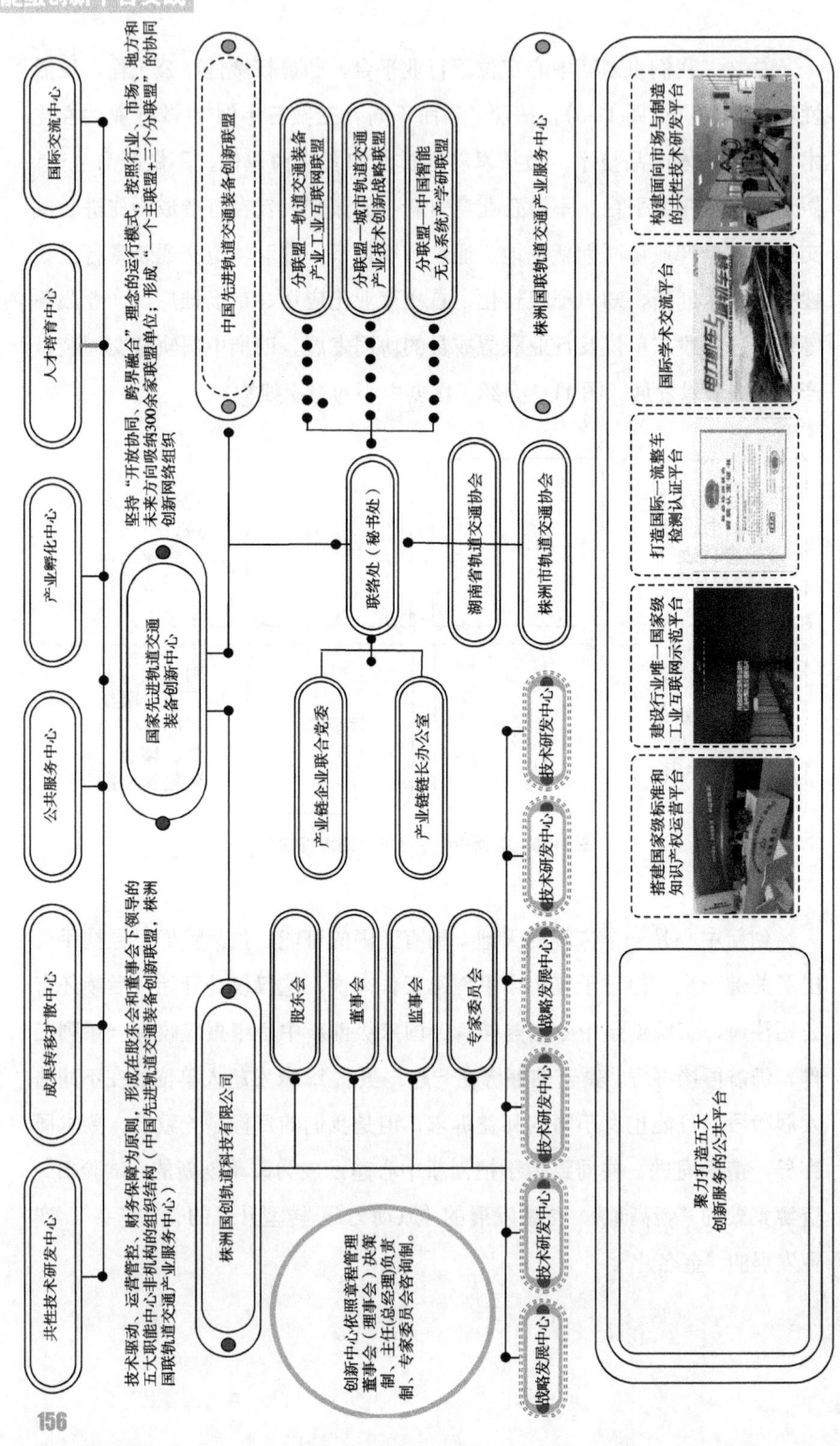

图 11-7　国创中心的组织架构

— 12 —

我们不一样

你相信什么,就能成为什么,因为世界上最可怕的两个词,一个叫执着,一个叫认真。认真的人改变自己,执着的人改变命运,相信自己,即使"作茧自缚",也能"破茧成蝶"。未来已来,创新是迎接未来最好的姿态,也是梦想与现实的桥梁。我们在创新路上,不仅仅是在思考以什么样的模式、机制、生态打造国家级创新中心,致力于发展成为推动全球轨道交通发展的中国力量,成为不一样的"名片",更多的还是一直努力成为自己想要的样子。

无论是美国的制造业创新网络,还是英国的产业技术创新中心,都是本着"强者恒强"的理念,立足优势产业领域,通过建立一个"开放、协同、跨界、融合"的新型创新载体,快速弥补技术创新与产业孵化之间的断层,促进实验室技术向产品商品转移转化,进一步抢占未来发展的制高点。

轨道交通装备产业承载着"大国重器、产业引擎"的历史使命,是我国高端装备"走出去"的"金名片",在《"十三五"国家战略性新兴产业发展规划》中被列为重点发展的支柱型产业。但是,轨道交通装备产业仍然面临关键共性技术薄弱、行业标准建设能力不强、行业协同创新载体缺失等若干迫切需要解决的问题。

如何率先突破共性技术实现技术引领?如何快速高效实现高新技术的产业化?如何创新人才激励体制机制?如何有效突破行业技术壁垒、解决

"卡脖子"工程？如何推动轨道交通装备行业与其他行业的跨界融合……作为最早尝试建设制造业创新中心之一的我们，一直致力于发展成为推动全球轨道交通发展的中国力量，尝试着通过制造业创新中心的建设，集聚行业科学家、企业家、金融家以及具备工匠精神的工程技术人员，逐一破解行业发展难题，实现技术引领。

自从国家启动制造业创新中心建设以来，在全国掀起了一阵热潮，数百家省级制造业创新中心应运而生，7家国家级制造业创新中心先后诞生。经过两年多的创建，我们做得怎么样？有啥不一样？

我们不一样，不一样的心路历程。2015年《制造强国战略研究》课题结题后，为抢抓发展机遇，2016年3月，中车株机公司牵头，联合中南大学、中车株所、铁建重工等75家单位共同发起，在省民政厅注册成立具有独立法人性质的非营利性组织——湖南省联合轨道交通装备制造创新中心联盟，以此为依托启动湖南省先进轨道交通装备制造业创新中心的创建。2016年8月，工信部等四部委下发《制造业创新中心建设工程实施指南（2016—2020年）》。为满足申报要求，中车株机公司再次牵头联合清华大学、金蝶软件、株洲国投、株洲高科等12家企业出资注册成立株洲国创轨道科技有限公司，采取"运营公司＋产业联盟"的形式创建省级制造业创新中心。创建过程历经了两个春夏秋冬，我们不忘初心、砥砺前行，只为那一个梦。

我们不一样，不一样的创新基础。株洲是中国电力机车的摇篮、中国动车组的发祥地，先后获批国家轨道交通装备高新技术产业化基地、国家创新型产业集聚试点、国家战略性新兴产业集聚发展试点，目前拥有国家级技术创新平台24家、省级技术创新平台78家、省级产业技术创新战略联盟6个，汇集了以刘友梅院士、丁荣军院士、田红旗院士等为代表的近万名科学家队伍，以周清和、李东林、肖勇民等为代表的优秀企业家和金融家队伍，形成了产品研发—生产制造—售后服务—物流配送为一体的完整成熟的产业链，产业规模突破1000亿元，成为国内最大的轨道交通装备产业发展集聚区。图12-1是国创中心设立的中国创新模式研究中心和学术交流中心。

12 我们不一样

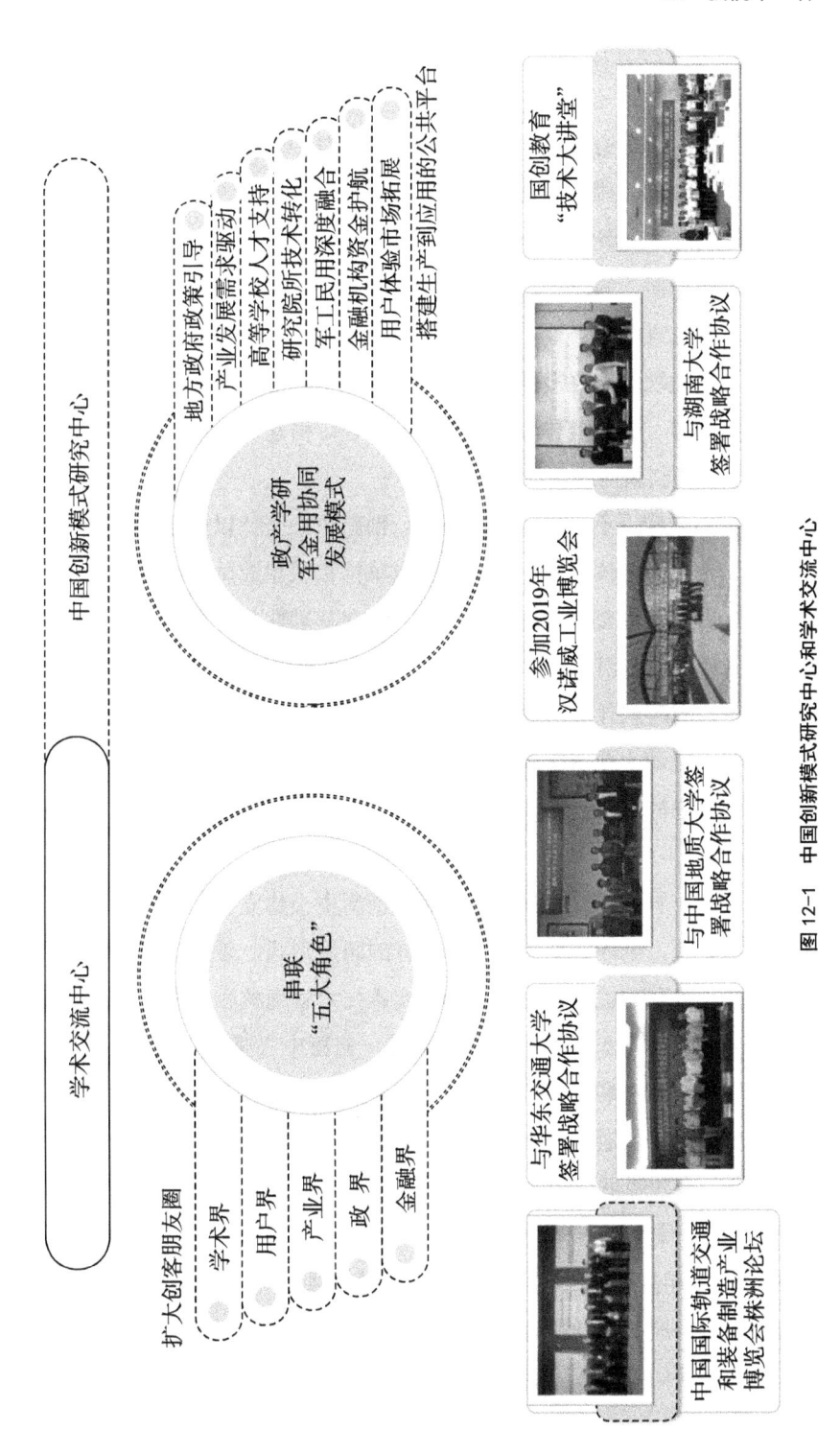

中国创新模式研究中心

政产学研军金用协同发展模式
- 地方政府政策引导
- 产业发展需求驱动
- 高等学校人才支持
- 研究院所技术转化
- 军工民用深度融合
- 金融机构资金护航
- 用户体验市场拓展
- 搭建生产到应用的公共平台

学术交流中心

串联"五大角色"

扩大创客朋友圈
- 学术界
- 用户界
- 产业界
- 政界
- 金融界

国创教育"技术大讲堂"

与湖南大学签署战略合作协议

参加2019年汉诺威工业博览会

与中国地质大学签署战略合作协议

与华东交通大学签署战略合作协议

中国国际轨道交通和装备制造产业博览会株洲论坛

图12-1 中国创新模式研究中心和学术交流中心

我们不一样，不一样的创新生态。在运营公司层面，按照"产学研用政经商"的组建思路，12家股东出资设立"自主经营、自负盈亏"的混合所有制企业，最大股东占比只有15%，没有一股独大，构建了面向市场和制造的开放协作创新体系，打通了技术与市场的节点，快速响应市场需求。在创新联盟层面，构建了面向行业的湖南省联合轨道交通装备制造创新中心联盟、面向地方的中国（株洲）动力产业联盟、面向未来的中国（株洲）智能无人驾驶联盟，并紧紧围绕制造业创新中心的功能定位，深入推进产业链、价值链、资金链与政策链的深入融合，构建从创新生态到产业生态的中枢与协同创新网络。

我们不一样，不一样的创新模式。创新中心坚持以产业为本体、市场为导向、企业为主体，依托园区、股东单位和联盟成员，在抓好技术创新的同时，面向轨道交通装备前瞻性、共性和基础性关键技术需求，积极探索模式创新、业态创新、组织创新、体制机制创新等，通过引入外部智囊、优质资本、战略伙伴等形式，筹建期刊出版公司、检测试验公司、工业互联网平台、磁动力技术研究院等经营实体，构建"平台＋项目公司"运营模式，把先进的技术、科技成果转化为生产力和社会财富，进一步发挥资源放大效应。

我们不一样，不一样的创新机制。创新中心建立了人才引进和激励机制，采取兼职、全职、顾问等灵活多样的聘用形式，兼顾了创新中心的经营负担和人员稳定性。同时，鼓励并实施技术管理核心骨干持股，发挥技术团队和管理团队的主观能动性。此外，创新中心坚持轻资产运作理念，在充分利用股东和联盟单位现有资源的基础上，通过融资租赁等模式解决厂房和办公场所问题，将资源重点投入到用于技术研发和产业孵化的中试试验设备，有效降低创新中心本身的运营风险。

我们不一样，不一样的创新效果。短短一年时间，创新中心成功入选湖南省2018年度"5个100"重大科技创新专项，《160km/h快速磁浮列车研制与示范》成功申报湖南省科技重大专项，《基于状态预测的城轨车辆转向架可视化协同维修方法研究》等4个项目纳入湖南省2018年度重点科研计划；全球首例智轨列车、储能式有轨电车、双层动车组、动力集中型动车组、永磁电机及控制系统等 10 余项原创技术实现产业化，动车组、调车机车等产品获得欧盟认证、打入欧美发达国家市场；"一种三电平双模式空间矢量过调制方法及其系统"摘得湖南省专利奖特别奖，"一种电力机车及其供电系统和供电方法"获得湖南省专利奖一等奖；《轨道交通先进降噪结构产品开发与产业化应用》项目进入第七届中国创新创业大赛（湖南赛区）决赛……实现"当年注册、当年营收、当年盈利、永续发展"之目标。

我们不一样，真的不一样，希望大变样，做出好榜样。

未来已来，我们在路上。

— 13 —

向着美好从"新"出发

莫畏前方行路难,何妨吟啸且徐行。每一个优秀背后,都有一段默默扎根的时光;每一次成长背后,都有一段奋斗拼搏的日子。别怕什么路途遥远,别想什么生活艰难,走一步有一步的风景,进一步有一步的欢喜,幸福一直在路上,只要度过山重水复,岁月自会赠你柳暗花明。

时光呼啸,2019年正迎面而来,我们如约相见,衷心地祝福您:新年快乐!

我们行走在祖国广袤的大地上,在这个伟大的时代,与一个个你不期而遇。英雄不问出处!虽然我们有着不同的家境,或许之前从未谋面,也未曾相识,彼此的年龄、品性、爱好不同,文化程度、社会历练亦有所差异,但为了一个共同的奋斗目标,从四面八方相聚在一起,同在一艘命运的船上,生死相依,荣辱与共。

2018年,面对复杂多变的生存发展环境,我们除了胜利,别无选择。在各级党委政府以及股东单位、联盟单位的关心支持下,历经三年的谋划、筹备与蓄能,攻克一道又一道艰难险阻,我们国创终于在2018年诞生了,实现了从0到1的升华。可以说,即便竞争环境纷繁复杂,但踏遍青山人未老,风景这边独好!

这一年,我们坚持"战略引领、技术驱动、财务管控、运营保障"的发展思路,众志成城签署了首批1200台(套)新型接触器订单,获得国家及省市8个项目支持,累计实现收入3800多万元、利润560万元,实现"财务成本为负",成功兑现"当年注册、当年营收、当年盈利"的庄严承诺。

这一年,我们坚持"开放协同、跨界融合"的发展理念,按照"公司+联盟"的运营模式,吸纳了12家股东单位、298家联盟单位参与创新中心组建,成为湖南省首家、轨道交通装备行业最早被认证的省级制造业创新中心,成功获批国家自然科学基金、湖南省"5个100"、制造强省等重大专项,并在全国创新创业大赛中有所斩获,不负我们的青春。

这一年,我们依托株洲轨道交通创新创业园和中国动力谷自主创新园,着眼于轨道交通装备关键共性技术和前沿引领技术,面向市场和制造系统整合产业链、政策链、创新链和价值链资源,成功设立陈晓红院士工作站、周祖德院士工作站、中国创新模式研究中心等创新载体,签署十余项战略合作协议,举办十余次行业活动,构建了跨界融合的协同创新生态系统。

这一年,我们紧紧围绕"为股东创造效益、为社会创造价值、为员工创造平台、为未来创造机会"的价值理念,通过市场拉动、技术驱动、政府推动和产业互动,组建了9位院士领衔的专家委员会,搭建了学术交流平台、检测认证平台和工业互联网平台,获得了3个发明专利授权,公司新闻登上了今日头条和新华网,品牌影响力日益增强。

这一年,我们积极推进"和而不同、见贤思齐、成人达己、行稳致远"的企业文化建设,制定了《公司组织手册》,搭建了规章制度体系和绩效管理体系,开展了质量体系认证,组建了党支部、团支部、工会及见习生委员会等群团组织,攀登武功山、造访萍乡煤矿,开启思想洗涤之旅,党的建设融入企业生产经营,助推公司实现良好起步。

这一年,我们成功举办"先进轨道交通装备制造业创新中心建设方案研讨会",获得到场20多位院士专家的肯定和支持;各级领导不辞辛劳,多次带队亲赴国家相关部委及上级主管部门,为申报国家级制造业创新中心推波助澜,只差"临门一脚",未来可期。

这一切,都源于真爱,源于希望,源于信心,源于坚持,源于你我每时每刻的行动；这一切，离不开业主客户、合作伙伴和社会各界对我们的信任与关心，离不开员工家属们默默无闻的支持和奉献，尤其是离不开栉风沐雨、爬坡过坎、负重前行的每一位员工的努力奋斗与积极拼搏。

回望跌宕起伏的 2018 年，我们从未停下前进的脚步，也有太多的不容易：人过中年的你，上有老下有小，在工作与家人的平衡中筋疲力尽的时候；当你告别象牙塔走向职场，发现期望与现实之间存在巨大落差的时候；当你为了一个不大不小的订单费尽唇舌，被置之不理的时候；当你双手如梭、代码在指间行云流水、编辑文案的时候；当你披星戴月骑着电瓶车穿行大街小巷，只为早点把"信"送到加西亚的时候……也许，你从事的未必是自己最喜欢的工作；也许，你的付出并未及时得到满意的结果或回报，甚至有点失落。但在这里，我们不分职位高低，不管是指挥若定的高管、现场管理的中层、还是冲锋在前的一线员工，快乐属于奋斗者，成长属于远行者，艰难与困苦，我们共担；成功与收获，我们同庆。无论身在何处，请让我们为自己喝彩，为我们这个创新创业团队喝彩！

2019 年已经到来，我们从国家级创新中心平台再出发，心是笃定的，借用培根的一句话：黄金时代，就在眼前。我们一定要告诉自己：过去不回头，未来不将就。2018 我们不负遇见，2019 我们携手前行，只求对得起公司给予自己的这份工作，对得起自己对未来的期许，对得起家人一餐温热的饭菜。

展望 2019，无论是沿着昨天的路，或是开辟明天的路，作为国家级制造业创新中心的建设者，想做的任何事情都值得全力以赴！我们不能只关注公司内部的建设与运营，更要放眼全球、环顾世界，积极乐观地去迎接变化多端的各种挑战；我们要持之以恒狠抓落实、强化效能，全力聚焦国家级制造业创新中心建设；我们要继续抓好项目、拓展市场，加速高端科研项目开花结果；我们要继续强化基础、补齐短板，完善制度流程体系，全面提升企业综合竞争能力；我们要坚持以目标为导向，倡导以奋斗者为本，组合各种激励方式去匹配组织与个人的责任担当与贡献结果，促进组织和个人主动追求更好的业绩；我们要继续去除成功的惰性与思维的惯性对我们的影响，努力将创新中心打造成为轨道交通装备行业转型升级的"火车头"、改革创新的"试验田"、产业发展的"金名片"、资源聚集的"新高地"、持续发展的"原动力"。

请不要忘记，我们国创是海，有容乃大！我们国创是云，连接万端！我们国创是火，融入每一个客户的生活和每一个创客的生命之中，薪火相传，生生不息。虽然我们无法准确预测未来，仍要大胆拥抱未来；即使公司面临着一些短暂的困难，也要矢志不移地继续推动公司朝着长期价值贡献的方向不懈努力，因为在向目标追逐的过程中，希望是一盏永不熄灭的灯，信心是一把愈烧愈旺的火，热爱是一个永续不断的动力之源，坚持是这个世界上最美好的东西。愿每一位公司员工，在未来的日子里，能够在奋斗中度过，在勤劳中享受，在喜悦中收获，在健康快乐中建功立业，与公司一道，向着美好，从"新"出发，携手迈向幸福的未来！

— 14 —

用奋斗点亮 2020

  创新无畏时间，奋斗永不止步。只要心中有光，何惧人生荒凉，无论经历怎样的时刻，不要怀疑自己的决定，不要抱怨遇见的苦难，不要畏惧前方的黑暗！很多时候，既然一开始就选择了远方，即使前途坎坷，也要义无反顾。因为面对未来，除了坚强，就是继续，别无选择。路，可以回头看，但不能往回走。感谢时间记录了成长的脚步，站在岁末年关再回首，逐梦前行的每一刻，都带着激情和荣耀。

  每当站在历史与未来的时光交汇点上，我们总有一份感恩与感动，感恩你我携手走过，感动你我不负韶光。红日初升，阳光普照，在新年朝霞催醒万物之际，向广大员工及家属、向关心支持企业发展的各级领导和各界朋友，致以诚挚的问候和新年的祝福！

  2019 年的天，布满了幸福美满的温情；2019 年的地，留下了勤劳勇敢的脚印；2019 年的水，融入了艰苦辛酸的泪水；2019 年的火，注入了成功欢喜的热情；2019 年的我们，喜悦与汗水相随，成功与艰辛相伴，迷惑与坚定并存，激情与挑战碰撞，奋进与拼搏同在，既有干劲，也有困惑，还有压力，更有收获……在过去的 365 天里，我们中的每一个"你"都在发生着动人的变化，收获着自己的"锦鲤"，赢得各自的"C 位出道"。

  可以说，时间记录了您的脚步，业绩证明了您的努力；奋斗在新时代，我们在创新，也在创业；众里寻他千百度，我们既有温度，也有速度，更有力度。

这一年，我们立足"创新中心+产业集群"两大平台，发展实现新跨越。按照"战略引领、技术驱动、财务管控、运营保障"的发展思路，成功举办创新中心建设方案论证会，获批国家先进轨道交通装备创新中心，成为全国第十家、湖南省及非省会城市第一家、行业唯一一家国家级创新中心，并中标国家创新中心能力建设项目；联合株洲骨干企业组建产业集群促进机构"株洲国联轨道交通产业服务中心"，以小组第一名的成绩从134个单位中脱颖而出，成功中标国家先进制造业集群项目，正式进入国家队，成为行业唯一。

这一年，我们坚持"管理创新+技术创新"双轮驱动，创新取得新成果。公司先后荣获"中国管理创新先进单位""湖南省双创示范基地""株洲市创业孵化示范基地"等7项国家及省（市区）荣誉；《轨道交通装备产业"企业+联盟"协同创新生态商业模式的构建》荣获中国管理科学大会优秀管理论文一等奖；《轨道交通装备运行质量检验监测科技服务技术研发与应用》跻身国家重点研发计划；工业互联网平台测试床建设项目入选2019年国家工业互联网创新发展工程；《轨道交通无线无源声表面波温度感知芯片及系统》等项目入选省重点研发计划；与上海轨道交通检测技术有限公司合资成立湖南国基检测认证有限公司并获得国家级检验检测资质（CMA）认定，成为轨道交通装备领域国内第三家、省内第一家获得国家级资质的第三方检测认证机构。

这一年，我们坚持"市场化运作+现代化管理"相结合，经营再谱新篇章。我们坚持"开放协同、跨界融合"的发展理念，联合清华大学等科研院所研制的新型开关器件实现1200台套销售，打破国外技术垄断，破解开关器件类"大产品受制于小产品"的"卡脖子"工程；智能运维项目先后斩获上海18号线、南宁地铁5号线等10余个市场订单，较2018年度实现了翻番；形成了"五大职能中心+三个技术研究所+两个产业孵化公司"的组织架构，并通过ISO9001质量体系认证；从组织绩效与员工绩效两个维度搭建起绩效管理体系，积极探索核心骨干人员持股机制，管理机制更显活力；30余位院士专家先后参加"2019中国轨道交通车辆绿色和环保国际论坛"等 10 余次大型峰会论坛；国家和省市媒体频繁报道，粉丝关注突破 2000 人，相关新闻阅读次数峰值近 8000 次。

可以说，一分一秒，刻着 2019 年的奋斗激情；一时一刻，写着 2019 年的创业热情。

这一年，我们创业维艰，奋斗以成。来之不易的成绩是大家埋头苦干、胼手胝足干出来、拼出来的，属于每一个奋进拼搏的你。公司的每一个角落，都能看到您辛勤耕耘的足迹：凝眸办公室，您双手如梭、图纸在指间行云流水；走入中试基地，您聚精会神，蓝图正在您手中变成现实；走进创新园区，您行色匆匆，项目在您身边快速推进；伴着夜色，伏案不休，构起宏伟蓝图；伴着轰鸣，挥汗如雨，托起美好未来……我们中的您，都是这个伟大时代的主角，每一滴汗水，都为梦想注入生机；每一次拼搏，都为国创增添光华。

这一年，我们不忘初心、逐梦前行。坚持党工团建设与公司生产经营深度融合，全力建设"三融三创"活力党团组织，整个团队都在"向上走、向前跨、向远行"：足球场上，您矫健如飞，首次参赛就斩获季军；合唱大赛，您激情飞扬，用金奖圈粉无数；党建评比，您创先争优，收获月季冠军；党政工团共生协同，像石榴籽一样紧紧抱在一起，聚力"聚粉"、聚变赋能。每一个场景都在展示：创新在深化，风气在净化，生活在变化。

这一年，我们心存感激，奋袂而起。这一切，离不开国家部委、各级党委政府以及股东单位、联盟单位、社会各界的大力支持。同时，我们也深深感到，虽然故事有着太多的精彩，但我们还有一些工作做得不够到位，距离上级要求、社会期望、员工目标还有不小的差距。我们将不忘初心、牢记使命，加倍努力工作，拼搏而不拼凑，致力于打造国际一流的新型研发机构、国家级创新中心、世界级产业集群，用创新擦亮轮轨上的"国家名片"，让全体员工过上更加幸福美好的日子。

岁月不居，时节如流，一俯首一抬眉，光阴之箭已经穿越年轮，抵达 2020 年。每一个时间节点，都不仅让人回顾昨天，更让人立足今天、展望明天。此时此刻，正是我们向着梦想再出发的新起点，唯有以时间节点为坐标，我们才能够环环相扣、节节取胜，击鼓催征稳驭舟；唯有以历史方位谋未来，我们才能够登高望远、勇攀高峰，不畏浮云遮望眼。新征程再次起航，奋进的道路上没有舒适区，不能有松口气、歇歇脚的心态，我们得一棒接着一棒奋力跑下去，朝着心中的梦想勇毅前行，因为奋斗是我们拥抱明天的最美姿态。

理想在高处，奋斗在实处。每一个努力的你我，都要相信未来的美好；每一个努力的你我，注定会被写入美好的未来。未来，在我们手中升腾；梦想，在我们心中燃烧。站在高处的你，一定会看到，阳光就在明天，春天已在路上。迎着美丽的日出，走在正确的道路上，用奋斗定义我们的未来时光，还有什么比这更令人振奋？

未来已来，前行先行。百舸争流，奋楫者先。奋斗的征程，只有进行时，没有完成时；正如新年的钟声，永远是再一次出发的号角。迎着2020年的第一缕阳光，我们站在新的起点，眺望未来。

向着目标奋进，我们要有发展的定力。这个定力就是要把"建好国家级创新中心、助力世界级产业集群"贯穿经营管理全过程，坚持"志不改、道不变"的自信，突出解决好发展内生动力的问题，夯实底板、补齐短板、做强长板，把企业调整到最佳状态，在市场开拓上务实理性，在整体结构上实现自我造血，在业务板块上推进聚核裂变，在创新驱动上开放协同，在经济运行上创利增效，在综合管理上提升效能，全面建好三个实验室，按期投产中试基地，力争全年营收5000万元、利润1000万元。

向着目标奋进，我们要有创新的勇气。这个勇气就是要以国际化视野，勇于破除陈旧的观念、繁杂僵化的制度、利益固化的藩篱，当好程序执行者、质量捍卫者、价值创造者；推行核心团队持股、超额利润提成等激励政策，加强企业文化建设，在思想引导上增强认同，在制度建设上科学实效，在考核激励上精准有力，绝不骄傲自满、固步自封，也绝不犹豫不决、徘徊彷徨；大力营造敢为实干的环境，让更多想干事、能干事、干成事的人走向"前台"，推动市场经营在做大的同时做实，企业治理在着眼的同时着力，项目管控在求实的同时求效，让彩色的梦想在"云端"遨游绽放。

向着目标奋进，我们要有务实的作为。这个作为就是要以稳中求进、争先进位的精神，认真践行"始于颜值、成于细节、终于品质"的理念，牢牢把握企业发展方向，时刻保持清醒理性头脑，增强忧患意识和风险意识，强化客户意识和质量意识，狠抓基层、夯实基础、练好基本功，建好主阵地，努力提高产量、保证质量、赋予能量，推进公司"高标准引领、高效率研制、高质量发展、数字化转型"；始终坚持目标导向、问题导向和结果导向，聚焦创新中心建设方案，获得高新技术企业认定，攻克三项"硬核"技术，举办四次联盟活动，扎实推进创新中心能力建设和产业集群聚核裂变，确保中期评估交上满意答卷。

向着目标奋进，我们要有共享的行动。路虽远行则将至，事虽难做则必成。建好国家级创新中心、助力世界级产业集群，需要全员一道给力，发展成果理应在共创的同时共享。带着"企业存在和发展的价值是为了员工福祉"的追求，我们坚持"共创价值、共享成果"，以精准激励推动绩效联动，抛弃"996"，迎接三个长假，建好"职工之家"，开展"双创"竞赛，重奖企业功臣，助力"四力一品"党建金名片，努力让每一个员工既有责任感、使命感，也有成就感、获得感，让为企业发展做出贡献的人受到尊重、得到实惠，让广大员工拥有温暖的家、享有品质的生活、更有幸福感。

新年的钟声已经敲响。回头，我们有一路的故事；低头，我们有坚定的脚步；抬头，我们有清晰的远方。在追逐梦想的路上，愿你我激情永在、境界常新，朝着不一样的未来

奋进，感召时代的呼唤！

奋斗，为了美好的明天！

2020年我们用奋斗点亮！

— 15 —

奋楫者先　奋斗者强

前途当几许，未知止泊处，非常之观，常在险远。对于过去，成绩是最好的证明；对于未来，奋斗是最好的拥抱。试着改变自己吧，要知道，有目标的人睡不着，没目标的人睡不醒，没有躺赢的命，就应该站起来奔跑，奋斗才是人生该有的态度。以马不停蹄的姿态去迎接未来，带着远方的期待前行，不顾艳阳灼烧，不惧风雨癫狂，也许错过了今天的落日，但仍可以早起去追逐下一个黎明。

时间的齿轮，伴随着我们熟悉的《我和我的祖国》，转到2020年。转眼间，我们国创就两岁了。去年这个时候，我们"向着美好、从心出发"。回望来时路，一路风雨、一路花香，很幸运我们走在一起。今天，我们欢聚一堂，总结过去，表彰先进，重整行装，再踏征程。借此机会，感谢全体员工的不离不弃、百舸争流！值此新春佳节来临之际，向大家致以新春的祝福和诚挚的问候！

2019年，我们共同奔跑，一同成长，经历了"从0到1"的艰辛与探索，也共同见证了非常多的"高光"时刻：

这一年，我们传承创新基因，国家级创新中心成功获批，国家先进制造业集群初赛胜出；我们的科研项目先后纳入国家工业互联网创新发展工程、跻身国家和湖南省重点研发计划；接连获得国家级、省级管理创新大奖，30余位院士专家先后参加峰会论坛，技术创新和管理创新"双轮"驱动，跑出了我们的"加速度"，既有"面子"，也有"里子"。

这一年，我们屡次斩获市场大单，收入利润实现了翻番，获评湖南"双创"示范基地和"中国管理创新先进单位"，斩获《理想之歌》合唱艺术节金奖，"三融三创"党建品牌初见成效，生产经营和党建工作齐头并进，交出了令人满意的答卷，赢得了各自的"C位出道"。

这一年，我们与股东单位、联盟单位等生态圈伙伴一道开创了未来的旅程，他们同样是我们国创的家人和亲密战友，他们共同成就了国创今日的勃勃生机，这是我们完成更长远战略目标的坚实基础，我们一定要常怀感恩之心，与家人一样的合作伙伴携手同行、再创佳绩。

这一年，我看到了幸福在大家脸上绽放，收获着各自的"锦鲤"，有人提职加薪邂逅爱情、有人购置新房新车、有人升级当爹当妈，刘翀博士荣获"湖湘青年人才"，创新创业大赛荣获一等奖，这些都是国创的骄傲，既是对我们创新创业的认可，更是国创人努力拼搏的缩影。

正因为全体员工的辛劳付出和坚定陪伴，才收获这么多的惊喜与成果。在这里，再次向各位致以最诚挚的谢意！谢谢兄弟姐妹们！

国创是一个大平台，更是一个广阔的舞台。我们当中绝大多数都是"80后""90后"，一半以上的员工都是新鲜血液；每一位员工都是国创的未来，必将为国创带来温度、带来速度、带来力度，让国创变得"与众不同"。前途当几许，未知止泊处，在创造无数成绩和惊喜之后，我们又迎来了新的征程。非常之观、常在险远；唯有奋斗、方可跨越。站在2020年的门槛，见证在中国发展与世界激荡之中，国创的荣光与梦想，一直在为新征程再出发积蓄充沛的精神力量。

2020年，是国家全面建成小康社会和"十三五"规划收官之年，对国创而言也是非常关键的一年。俗话说，棋至中局，态势为要；奋勇争先，担当为要。在新的一年里，我们必须保持高度的战略聚焦与战略行动力，立鸿鹄志，做奋斗者，不弃微末，不舍寸功，行稳致远，守正出奇，用智慧和汗水去定格奋斗者的姿态，在奋斗中去拥抱更加美好的未来。

新的一年，我们的愿望，就是继续为大家创造更好的工作、学习和成长环境，让每一个员工成为更好的自己。正直的价值取向、可靠的个人品德、积极的精神面貌、饱满的工作热情和良好的综合素质,正是对所有员工的期许与要求。所以,我们将长期坚定奉行:大力培养后备人才、大胆提拔年轻干部、大手笔奖励奋斗者,让创造者先富起来;我们将坚持培育先进文化,强化竞争意识,巩固内部团结,开展创先争优,增设总经理特别奖和突出贡献奖,重奖企业功臣;我们将优化绩效考核体系,让"钱"体现员工价值,让"权"听见前沿炮火,让"南郭先生"不复存在;我们将健全激励机制,破除制度藩篱,增加土地肥力,滋生创新幼苗,让成果不断涌现;我们将继续存思集神、念道至真、问道创新,从技术创新、模式创新等方面着手,努力提升企业核心竞争力。当然,除了奋斗,我们还要生活,因为有了健康,才能去搏风击浪;有了热爱,才能奔赴下一场花海……让我们大手拉小手,一起向前走!让我们老手带新手,更上一层楼!

— 16 —

总有一种智慧点亮未来

智在当下，慧在未来。人生有两条路，一条用心走，那叫梦想；一条用脚走，那叫现实。再回首，时间在悄然间走来，国创走过了三个年头，想说的是，关于它，时间里包含了很多东西，也证明了一些东西。再见，2020，生如逆旅，一苇以航；你好，2021！凡心所向，素履以往。

当我们还来不及停下"疫"路前行的脚步，2021年新年的钟声已悄然而至。在这辞旧迎新、继往开来之际，向所有关心支持国创发展的各级领导、各界朋友表示诚挚的感谢和美好的祝愿！向一年来辛勤耕耘、无私奉献的全体员工及家属致以崇高的敬意和亲切的问候！

"年"是一种提醒，更是一种仪式，也是一个分水岭，它意味着：没有一个寒冬不会过去，没有一个暖春不会到来，没有一个梦想不会绽放。

2020年，从未有人预见，却被我们遇见。我们一直被感动着，经历了多少艰难与险阻，就有多少温暖与感动。重压之下焕发出来的昂扬斗志、砥砺奋进，一直激荡着澎湃活力和奔跑动力。向前，没有灯，我们用智慧点亮前行的光明；没有路，我们逢山开路遇水架桥。因为梦想，所以前行；因为相信，所以坚持。台上的展示，抑或台下的付出，每一个决定，每一次坚持，都在刹那的智慧中踽踽独行，每一刻都值得我们共同记忆，感恩你我一路同行。

2020年，星光不负赶路人。国创人顶住经济下行压力，克服新冠疫情影响，勠力同心、群策群力，全年实现收入同比增长30%，利润实现翻番，分内工作"一枝独秀",全面工作"花团锦簇"。这些成果,无不记录了国创每一个奋斗者的足迹、创新者的勤恳、创业者的艰辛。

一年来,我们在没有先例的领域开疆拓土。公司先后获批国家铁路局"新型能源系统铁路行业工程研究中心"等7项国家及省市级资质;首次申报就一举摘得"国家认定高新技术企业"金字招牌;《城市轨道车辆转向架的可视化协同维修方法》获第十七届中国科学家论坛优秀论文一等奖;在全国工业App和信息消费大赛上斩获工业App创新成果转化二等奖和工业App优秀解决方案奖,是唯一一个获得两项大奖的参赛企业;《吸声装置》荣获中国科技创新发明成果"金翅奖",液磁断路器获得中国轨道交通装备"技术贡献奖",激光清洗系统成为中国高科技产业化推荐项目,激光焊接装备获得"工艺创新奖",智能配电远程监控技术被评为国际先进,公司荣获"中国科技创新先进单位"。一年的奋斗,我们的荣誉墙越挂越满。

一年来,我们在风起云涌的时代勇立潮头。无线无源传感器等一批"卡脖子"技术得到攻克,自主研发的接触器、开关器件、阀缸机构等关键零部件通过装车考核;导向杆、受流器、变频器等一批增材制造产品实现批量化;高隔底板、风机叶轮等激光焊接产品实现定制生产;签订CJ6动车组数据监控系统项目,中标牵引电机激光清洗装备和车体焊前激光清洗装备项目;智能运维系统在上海、南宁、广州等地铁项目中推广应用;获得3个国家重点研发项目、3个省重点科研项目,申报国际专利PCT5项、发明专利50多项,主持或参与国际、团体、企业标准10余项;以名列前茅的成绩在工信部产业集群项目初赛中脱颖而出并完成决赛。一年的奋斗,我们的产品册越来越厚。

一年来,我们在荆棘密布的战场筑城拔寨。始终坚持"以市场为导向、以客户为中心"的理念,不断完善市场化运作机制,实行"管理+技术"维度考核模式,导入360°周边绩效评价,牵引年度经营目标全面达成;6500平方米中试基地和智能感知系统、激光先进制造技术等四大实验室投产使用,搭建了"研发中心+中试基地+实验室"的创新平台,聚合了两院院士领衔、行业专家支撑、核心人才保障的近百人科研团队；实现财务成本为负，顺利通过国家审计署、国务院国资委、股东单位联合审计组、上级党委巡察组的"全面体检"。一年的奋斗，我们的基础桩越夯越实。

一年来，我们在日新月异的时代兼容并蓄。时任中共中央政治局委员、全国人大常委会副委员长王晨，时任湖南省省委书记许达哲，时任湖南省代省长毛伟民等领导先后调研或听取汇报并给予高度肯定，时任工信部副部长王志军和时任湖南省副省长陈飞共同为创新中心揭牌；厂庆、国庆、春节三个长假，广大员工有了更多陪伴家人的时间；远赴刘少奇故居、芷江受降纪念馆等培训基地，接受红色文化洗礼；"六个融入"不断丰富"三融三创"党建品牌内涵，催生新时代新型研发机构党建新动能；"国投杯"足球比赛勇夺桂冠，趣味运动会荣获第一名……"让优秀成为一种习惯"成为国创人的鲜明标签；今年又迎来了10余名年轻俊美的容颜，学士、硕士、博士，团徽、党徽交相辉映；爱心日、共青团日、党员生日、健康疗养、捐赠扶贫、思享会、创新者说……每一次活动国创人都精神饱满，迎风而跑、向阳而生，大家努力的样子真的好看。一年的奋斗，我们的民心桥越连越通。

这一切，离不开在中试基地挥汗洒泪的你、在实验室绞尽脑汁的你、在办公室手忙脚乱的你、在项目工地攻坚克难的你、在招标现场全心投入的你、在政府部门穿针引线的你、在竞技赛场挥斥方遒的你……因为有你，国创才精彩纷呈。谨此，让我们真诚地道一声："你们辛苦了，你们是最棒的，给您点个大大的赞，此时此刻，你们一定不要吝啬，不妨给"满负荷运转"的自己一个"大大的肯定"。

回望，是为了更好地前行。每一次出发，都是一次新的抵达，更是历史的见证。

面对未来，选择是一种智慧；面对选择，坚持是一种智慧。站在新的起点，我们既有"轻舟已过万重山"的快慰，也有"无限风光在险峰"的激动，对于爬坡过坎、滚石上山的国创而言，总有一种智慧点亮未来。国创人在新的一年，将坚定必胜信心，志存高远、坚韧不拔、锲而不舍，向着美好，一路向前。因为时间不会暂停与倒转，创新与发展没有"暂停键"和"休止符"，唯有"快进键"与"催战鼓"。让我们以"踏平坎坷成大道，斗罢艰险又出发"的姿态，张开双臂，微笑着拥抱未来。

2021年，我们将致力于做新发展理念的"探索者"，务求格局制胜。谋篇布局、顶层规划，不碰"红海"，跳出"蓝海"，实施"黑海战略"，参与制定国际标准，研究用好国际准则，发布行业蓝/白皮书，举办全球峰会和田心论坛；整合创新资源，实施"揭榜挂帅"，做实国联中心、做优研发部门、做强工程中心；秉承长期主义，依托"平台+创客"模式，压实责任主体，赋能员工与伙伴，构建全产业链生态圈，实现价值共生；以提升客户竞争力为中心，追求突破与成长，努力实现从平台公司到实体企业、中小企业到规上企业、创业公司到高新技术企业、本地企业到跨域企业的实质性蝶变。

2021年，我们将致力于做新发展格局的"开创者"，争取创新制胜。聚焦"未来车"，实施关键核心技术攻关工程，创造下一代技术，实现前沿引领技术从"0到1"的突破，加速推进关键共性技术的转移扩散；实施产业基础再造工程，攻克智能基础元器件、接触器等"卡脖子"技术，增强产业链、供应链自主可控能力；升级"智轨云"工业互联网平台，发展数字经济，推动企业数字化智能化转型；深入实施质量提升行动，弘扬科学家精神，完善共性技术研发、高新产业孵化、公共平台服务等创新体系，高效建设产业加速器，积极融入全球创新网络。

2021年，我们将致力于做新发展阶段的"攀登者"，做到高效制胜。进一步优化运营管控体系和绩效评价体系，强化风险管理与项目管控，夯实企业管理基础，让大家严格按照"指挥棒"跑、按照"红绿灯"走，进而激活"一池春水"，催生"蝶变效应"；落实"两制一契"及年度目标责任，让全体员工"跳起来摘桃子"，以"小指标"撬动"大发展"；强化企业文化建设，加强领军人才培养，建设模范职工之家，擦亮党建金名片，推进创先争优，既奖"全能冠军"也奖"单项冠军"，既奖"一直领先"也奖"进步最快"，让公司充满活力与韧性，不让国创这个大家庭里的任何一个人被落下或遗忘，始终守望相助、结伴同行。

2021年，或许有无数种可能，每一种可能，都有可能是一个无与伦比的精彩世界，无论如何，都不要停下寻找答案、追求美好的脚步。愿我们依然远方有灯、脚下有路、眼里有光、心中有爱、灵魂有家，令美好生生不息，一路向前，阳光灿烂，在草木间感受生机，在旅途中遍尝风情；愿我们永远铭记"来时路"之艰难，持续强化"脚下路"之责任，永远坚定"未来路"之梦想，始终把新理念、新思想、新战略融入血脉灵魂，化为自觉行动，以坚定的政治信仰、强烈的实干担当，育先机、开新局，努力实现"十四五"开门红，向建党100周年献上厚礼。

前浪不息，后浪奔涌，澎湃向前；

不负青春，不负时代，不负未来。

— 17 —

创新：永不停止的探索

路是我们自己选择的，没有输赢，只有值不值得。任何经历过的事情以及奋斗过的探索，不是得到就是学到，所以不要轻易错过，也不要随意辜负。躬逢伟大时代，我们创新不止，期许共同见证奇迹，见证共同逐梦奋斗的美好时光，见证自己的成长与价值。

我们欢聚一堂，隆重举行自己的"家庭盛会"，回顾不平凡的2020年，表彰先进集体与个人，就是为了表达我们的感恩之心，感恩各级领导的关心支持，感恩每一位员工及家属的携手同行，也是为了抹去浮尘、重新整装再出发，夺取一个又一个胜利。

2020年，可以说开局即决战，起步就冲刺，既有始料未及的惊险，更有超出预期的惊喜。我们一路向前，无问西东，留下了一串串闪光的足迹：

面对突如其来的新冠疫情，我们开源节流、降本增效，抵住了经济下行压力，全年营收同比增长30%，利润实现翻番，财务成本为负，先后获批国家铁路局"新型能源系统工程研究中心"、省级创新战略联盟等7个国家及省市级资质，申报5个国际专利和30多项发明专利，一举通过国家高新技术企业认定，顺利通过国家审计署、联合审计组、巡查组的"全面体检"。

2020年，我们在逆境中求发展，在奋进中明方向。传感器、阀缸机构等基础器件通过装车考核，导向杆、受流器等增材产品实现量产，智能运维在上海、南宁、广州等地接连斩获订单，产业集群项目以名列前茅的成绩脱颖而出，产业链办、联合党委和产业协会相继成立，展厅、激光实验室、省级知识产权服务分中心投入运营，一个个项目在花团锦簇中展露光芒。

2020年，公司荣获"中国科技创新先进单位"、第十七届中国科学家论坛优秀论文一等奖、中国科技创新发明成果"金翅奖"、中国轨道交通装备"技术贡献奖"，斩获全国工业App和信息消费大赛两项大奖，激光清洗系统成为中国高科技产业化推荐项目，收获"国投杯"足球比赛冠军、田心高科园趣味运动会第一名，我们的荣誉墙越挂越满。

2020年，时任中共中央政治局委员、全国人大常委会副委员长王晨，时任湖南省领导杜家毫、许达哲等莅临指导并给予高度赞扬，工信部王志军副部长和陈飞副省长共同为创新中心揭牌，14家国家级创新中心领导共话发展，给了我们巨大鼓舞与鞭策；来访的领导朋友日益增多，技术项目被国家省市媒体争相报道，杨帆、刘淑丽等先进个人和国创事迹广为人知，国创的影响力和朋友圈不断扩大，让我们讲起来自豪，干起来自信！

回顾过去的365个日日夜夜，一组组亮眼数字，一项项技术突破，一个个精彩瞬间，一次次高光时刻，无不证明了我们每一个人都不容易、都了不起！为你们点赞、为你们喝彩！请大家伸出双手，用最热烈的掌声，感谢自己、感谢队友、感谢平台、祝福明天。

2021年不仅是"十四五"开局之年，也是迈向第二个百年奋斗目标的关键之年，恰逢党的100周年华诞。在"两个百年交汇期"，创新驱动成为第一动力，产业集群成为最高业态，我们每一个国创人，一定要把握机会，乘势而上，努力把每一项工作做到最"牛"，让优秀成为一种习惯，让自己变得与众不同。

2021年，让我们一起做"开山牛"，敢闯敢拼，一往无前，挺进"无人区"，既做大"蛋糕"、又分好"蛋糕"，既尽力而为、又量力而行，全面推动企业从平台公司到实体企业、中小企业到规上企业、创业公司到高新企业、本土公司到跨域企业的华丽转变。

2021年，让我们一起做"拓荒牛"，敢为人先，守正创新，争做"排头兵",持续做实国联国基、做优技术研发、做强工程中心，建好中试基地，在前沿引领技术、关键共性技术、现代工程技术以及"卡脖子"技术等领域打通任督二脉，点亮一座座灯塔照亮前行的路人。

2021年，让我们一起做"老黄牛"，敬业奉献，脚踏实地，当好"实干家"，全面整合创新资源，践行"黑海战略"，压实责任主体，激活组织潜能，让年轻人早些担当，让客户感觉最优体验，实现价值共生。

2021年，让我们一起做"孺子牛"，忠诚规矩，苦干实干，甘当"勤务员"，大力优化运营管控体系和绩效评价体系，强化风险管理与项目管控，夯实企业管理基础，共同创造干事创业的浓郁氛围，按月度兑现项目绩效，努力实现员工薪酬福利和企业发展效益同步增长，让广大员工的钱包鼓起来、日子火起来、笑容多起来，幸福感和获得感在国创家门口实现升级。

有句话说得好：和勤奋的人在一起，不会懒惰；和积极的人在一起，不会消沉；与智者同行，就会不同凡响；与高人为伍，就能登上巅峰。站在国创这个高地，去攀登高峰，只要有想法就一定有办法，相信总有一种智慧点亮未来。星光不问赶路人，时光不负有心人，让我们一道向阳而生，砥砺前行，朝着一丝亮光，朝着心中梦想，一路奔跑，奋斗前进！

— 18 —

奋楫争先向未来

未来是什么光景，也许大家都说不清楚，但一定要坚信，所有努力和汗水到最后总会有结果，只要怀着梦想向未来跑去，未来必定以美好姿态向我们走来。永远记住，无论我们做什么，人生从来都没有失败，唯一的失败就是自己放弃。努力的人从不孤独，因为终有一天，都会在耀眼的光芒之处相逢遇见。乾坤未定，你我皆是黑马；乾坤已定，我们扭转乾坤。面向未来，只要努力拼搏，奋楫争先向未来，一定会在自己热爱的世界里闪闪发光。

当新年第一缕阳光照亮苍穹，美好的瞬间定格成永恒的记忆，历史开始落笔新的一页，充满期待的2022年来到面前，我们与您再一次如约相见。在此，向广大员工及家属、向关心支持企业发展的各级领导和各界朋友，致以诚挚的问候和新年的祝福！

时间是最伟大的书写者，总会忠实地记录下奋斗者的足迹。回首我们一起走过的2021年，多少感慨在心里，几多豪迈在胸中！新冠疫情肆虐神州大地、中美贸易战愈演愈烈、经济下行压力越来越大……不管怎样，我们挺过来了，虽然很艰难，但也很温暖。我们牢记嘱托，勇担使命，全力推进创新驱动战略，高效建设国家级创新中心，发展步履铿锵有力，奋进号角激情昂扬，企业经营生机勃勃，一幅幅动人画卷呈现在眼前：

2021，我们有收获。成功获批"国家市场监管技术创新中心（轨道交通装备质量与安全）"，与中南大学共建的轨道交通现代产业学院，被教育部、工信部认定为国家首批也是湖南省唯一一家国家级现代产业学院，国家铁路局新型能源系统铁路行业工程研究中心正式揭牌，公司再添三个"国字"招牌；发起成立湖南国研交通装备工业设计有限公司并成为省级工业设计研究院，获批湖南省首批"新型研发机构""湖南省中小微企业核心服务机构"等平台，先进轨道交通装备产业集群经过初赛复赛进入"国家队"；成功通过ISO9001、ISO14001、ISO45001质量安全环保体系认证，湖南省轨道交通知识产权综合服务分中心通过中期考评，国家级创新中心年度考核为"优秀"，党政工团年度考评为A，荣获先锋单位、先锋班组、模范职工之家、优秀基层团组织等荣誉称号；一个个"大小目标"圆满实现。

2021，我们有成果。获评株洲市"文明标兵"单位，斩获第十八届全国交通企业管理创新成果一等奖、全国国有企业管理创新成果一等奖、中国半导体封测卓越企业奖，献礼党的100周年华诞；激光清洗项目成为第三届中国高科技产业化高峰会议推荐项目，激光焊接项目荣获《金属加工》杂志工艺创新奖，无线无源温度感知芯片及系统获得中车科学技术二等奖和2021感知领航优秀项目奖，"城市轨道交通健康管理系统"在全国工业App和信息消费大赛中荣获工业App优秀解决方案奖；荣获株机足球联赛季军、第十五届《理想之歌》合唱艺术节银奖；创新中心项目被写入省十二次党代会、市十三次党代会报告，纳入湖南省"两区两山三中心"规划，成为长株潭三十大标志示范工程，一个个"高光时刻"尽情绽放。

2021，我们有突破。成功导入IPD集成产品开发体系，申报国家级科研项目3项、省部级9项、中车科技研究计划3项，首次承担国家铁路局新能源重大专项；申请国际PCT专利4项、发明专利19项，参与制定行业标准6项，喜获商标注册证书；智能感知、智能运维等4个实验室投入运营，轨盘检测、基础器件组装线建成投产；面向TSI认证双层动车组和车载信号系统互联互通综合测试平台助推高端产品"走出去"；智能运维系统在南宁地铁、广州地铁、长株潭城际示范应用，低压检测装置、液磁断路器在神华机车、上海地铁装车考核，3D打印、激光清洗跨界进入航空、汽车领域，碳纤维复合材料、智慧能源管理系统等取得突破性进展，一个个"高精尖产品"闪亮登场。

2021，我们有担当。搭建平台吸引人才，吸引人才支撑平台，努力让优秀成为一种习惯。全年引进孙双成博士等24名高端人才，科研人员超过70%；国创首届"十大杰出青年"新鲜出炉，市人大代表、市政协委员、科创中国"创新达人"、中车优秀工程师、株洲市"向上向善好青年"、株洲市"五一劳动奖章"、省市创新创业团队等荣誉纷至沓来，涌现出黄志华、肖黎亚、陈皓等一批青年才俊；当选省机械工业协会副会长单位，国联产业服务中心成为学习标杆，市轨道产业协会升为省级；成立产业链联合党委，推动产业链党建共建；向株机基金会捐款50万元，向十八洞村、泸溪县等地精准扶贫20余万元；与市儿童福利院联谊，关爱留守儿童，一项项"荣誉奖牌"述说着动人故事。

2021，我们有声音。时任中共中央政治局委员、全国人大常委会副委员长王晨，原省委书记许达哲、省长毛伟明、常务副省长李殿勋等领导先后调研公司并给予高度肯定；先后参与《湖南省轨道交通装备产业"十四五"发展规划》、中国工程院《轨道交通装备产业链上下游协同发展战略研究》等5个课题，携手推进知识产权强链护链行动，致力于当好政府和企业的产业智库；与中南大学、香港理工大学、国家轻量化创新中心等10余所科研院所实现战略合作；成功举办中国轨道交通车辆绿色与环保创新材料产业峰会、中国国际商会装备制造产业委员会成立大会等重大活动，核心技术产品亮相"国际轨博会"，引起热烈反响；吸纳联盟成员超400家，朋友圈日益扩大；"露脸"中央电视台、湖南卫视、《中国日报》《科技日报》等权威媒体，微信公众号阅读次数峰值近7000次，一次次"登台亮相"圈粉无数。

2021，我们有味道。这一年，我们与最优者对标，与最强者比拼，与最快者赛跑，"三融三创"特色党建和"莲芯"纪检品牌深入人心，创新者说、思享会、疗休疗养等活动精彩纷呈。我们不仅品尝了全力争取订单的苦涩、努力追赶进度的酸甜、如期交付项目的喜悦，也体验了灯火阑珊的温暖和柴米油盐的充实，还有伴随在运动场上挥洒汗水的趣味盎然。更加难以忘怀的是：开着新车奔驰在"时代大道"的激情，携手爱人披上婚纱在"雪峰公园"拍照时的喜悦,入住省吃俭用积攒购置、精心装修的新房时的欣慰,经过十个月热切期盼等来的"小棉袄""小情人"诞生时的开心,还有青年新秀、青年骨干和业务经理竞聘前后的跌宕起伏,一个个"原汁原味"涌上心头。

每一项成绩的取得都来之不易,每一段奋斗的历程都润泽人心。丰收的时刻,我们不能忘记过去辛勤洒下的汗水;庆功的当下,真诚感恩一路同行,感谢各位领导和各界朋友的关心支持,感谢所有砥砺奋进、共同奋战的兄弟姐妹们,感谢背后默默无闻倾注与奉献的家属朋友们。

过去已去,未来已来。在这个伟大的时代,唯有奋斗方显英雄本色。任正非说,未来的经济形势,将是一个比"熬"的时代,有些事不是看到了希望才去坚持,而是坚持了才看到希望。最慢的步伐不是跬步,而是徘徊;最快的脚步不是冲刺,而是坚持。只有坚守与奋斗,才能把不可能变成无限可能,点燃"不一样的烟火"。对于我们国创而言,2022年将是公司重要的转折点,我们不为模糊不清的未来担忧,只为清清楚楚的现在努力。每一个国创人不仅要能"熬",韧性成长,更要向阳而生,逐梦前行,紧扣"高质量经营、高效率运营"两大主题,全力推进"创新、创业、创效"三创工程,聚焦"七个新突破"工作部署,高水平建设国家级创新中心,加快形成主打产品、主导产业和主营业务,抢占未来发展制高点,努力成为"公众公司、明星企业和典型标杆",让想干事者有舞台,能干事者上平台,干成事者登奖台,让员工增收与企业增效同步实现。

站在2022年的起点上,我们离梦想又更近了一步!干就干好,干就干快,干就干成。2022年我们将高水平建设国家级创新中心,致力于打造高能级产业平台,努力做到"四个一定":

一定弹好"交响乐"、画好"同心圆",为公司发展尽好职、谋好事。始终以顾客为中心,把握大局大势,树立全球眼光和全国视野,放大"坐标系"、找准"参照物",以"功成不必在我"的胸襟和"建功必须有我"的情怀,围绕"一条主线、两个确保、三个手段、四个转变"总体发展思路,形成主打产品、主导产业和主营业务;并将核心员工和外部专家的协同、管理人员向服务人员的转化有机衔接共生，推动基于效率的传统管理模式转换为激发员工创造力的未来管理模式，以自驱动实现自我价值、自裂变实现产业转型、自组织实现资源动态匹配，让设备开口说话，让机器自主工作，让员工更有尊严，让企业更有效率，以优异的成绩顺利通过国创中心三年期验收和国家重点研发项目验收，既为一域争光，又为全局添彩！

一定扛好"创新旗"、叫响"升级号"，为产业生态增底气、强实力。坚持高端产业主航道，采取"技术＋管理"双轮驱动，实施"揭榜挂帅"，继续深入推进"黑海战略"，加速关键共性技术攻关，全力迈向产业链高端，抢占未来发展中的产业、技术、人才和平台"四个制高点"，创造更多"首批、首台、首套、首创"新技术、新工艺、新材料、新装备，实现"1到N"的跨越；坚持用户需求导向，以产品智能化、服务场景化、能力平台化、价值生态化为手段，构建共创、共赢、共生的数字化产业生态系统，持续为用户创造全场景体验、全生命周期的价值；绘制全球专利战略地图，实施核心专利导航，参与国际国内标准制定，持续提升行业话语权；围绕"质量、成本、交期"构建项目管控体系，高质高效完成项目开发与交付，力争营业收入、利润等指标实现翻番；启动科创板上市前期工作，力争进入湖南省上市后备企业库和湖南省股权交易所挂牌，努力实现从"改头换面"到"脱胎换骨"、"物理变化"到"化学反应"的再次跨越。

一定吹响"集结号"、聚起"精气神"，为永续经营夯基础、促提升。深入推进混合所有制改革，用原理剖析"时代必答题"，用规律解答"发展应用题"，让想干事者有舞台，能干事者上平台，干成事者登奖台；推行创客文化，采取创智行动，构建"年度＋任期＋中长期"的绩效考核评价体系和薪酬兑现体系，以业绩论英雄，以结果论成败；奏响民生"共享曲"，搬走"铁交椅"，撤掉"铁饭碗"，促进员工福祉稳健增长，确保"上下同欲、力出一孔"，推动从"物本管理"到"人本管理"再到"能本管理"的演绎进化；坚持"英雄不问出处"，实施才聚未来工程，落实引陪并举措施，阶梯选拔培养菁才、英才、栋才和将才，形成"前方、中坚、后方、外援"四股力量；坚持"四个面向"，强化基础研究，培养若干战略科学家，打造一批科技领军人才和创新团队；聚焦"三融三创"特色党建品牌攀升，强化"四基"建设，塑造学习型组织，以"干部＋课题、先锋＋项目、党员＋人才"为载体，深入推进党建与生产经营深度融合；坚持问题导向，奔着束缚企业发展的环节去，朝着阻碍科技攻关的堵点冲，舒经络、通梗阻，将"问题短板"逐个"击败补齐"，将"思想浮沉"逐一"洗涤净化"，主动挑最重的担子、啃最硬的骨头、接最烫的山芋，不断增强企业发展的平衡稳健性与可持续性，让公司的创造力、竞争力奔涌激荡。

一定念好"安全经"、打好"平安牌"，志不改、道不变，开稳"顶风船"。统筹发展和安全，增强忧患意识，树立底线思维，牢牢把好方向盘、练好硬本领、种好责任田，紧紧依靠、用足、用好自己独特优势，抢抓机遇、应对挑战，保持企业平稳向前态势和韧性成长；持续提升"莲芯"特色纪检品牌，从心向善，自筑"防火墙"，自念"紧箍咒"，自设"高压线"，培育"不想腐、不能腐、不敢腐"的廉洁文化；加强审计巡察和风险管控，守住工作纪律的"前门"，堵住私人感情的"后门"，管住个人家庭的"小门"；按照"忠诚、干净、担当"的要求，着力培养使用立说立行的"干将"、冲关夺隘的"闯将"、敢打敢拼的"猛将"，确保德配其位、才适其岗；坚持"安全第一、预防为主、综合治理、以人为本"的管理理念，实施"党政同责、一岗双责、齐抓共管"的联防联控机制，打好绿色"生态牌"，做到"五个100%、三个杜绝"，使安全落实到每一个项目、每一个环节，贯穿始终，努力创造经得起历史和实践检验的业绩。

道阻且长，行则将至。志不求易者成，事不避难者进。新征程上的很多探索，没有先例可循，追风赶月莫停留，平芜尽处是春山。未来越有希望，就越需要去拼搏战斗。实干是最美的语言，业绩是最大的尊严，让我们以"起跑就冲刺，开局即决战"的奋斗姿态，目视远方，踏过风浪，筑力前行，一起把梦想照进现实，以实干赢得未来。

新的一年，起跑映照全程，开局启示未来。

向未来，我们的征途是星辰大海！

向未来，我们的梦想是标杆典范！

— *19* —

"六个融入"催生党建新动能

基层处于创新实践的第一线，责任大，担子重。对于混合所有制性质的新型研发机构党组织而言，着重解决党建与经营发展"一手软、一手硬"的"两张皮"问题，需要将党建工作融入中心工作和业务工作，充分发挥党组织的先锋模范作用和战斗堡垒作用，进一步强化政治引领，切实保证党的领导贯彻落实到位。在实践过程中，国创中心重点围绕"六个融入"开展党建工作，取得了一定成效（见图19-1）。

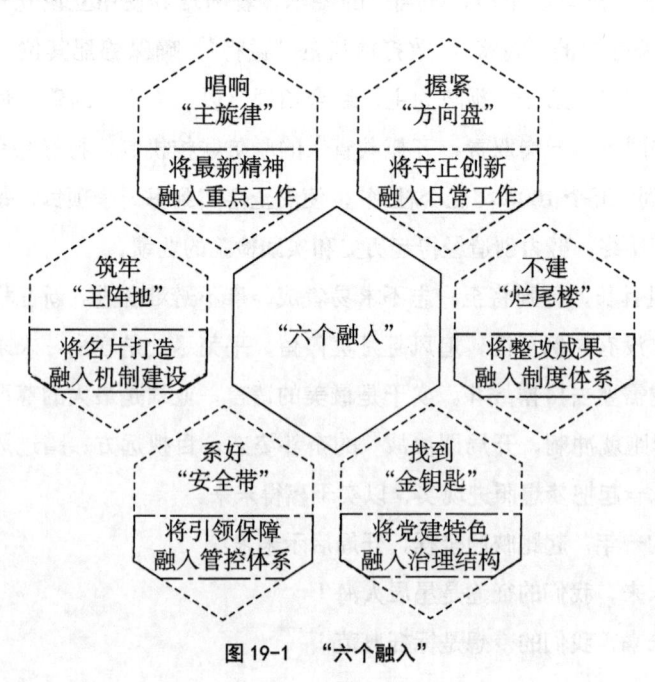

```
        唱响              握紧
       "主旋律"          "方向盘"
      将最新精神         将守正创新
      融入重点工作       融入日常工作

   筑牢                              不建
  "主阵地"         "六个融入"        "烂尾楼"
  将名片打造                         将整改成果
  融入机制建设                       融入制度体系

        系好              找到
       "安全带"          "金钥匙"
      将引领保障         将党建特色
      融入管控体系       融入治理结构
```

图19-1 "六个融入"

19.1 唱响"主旋律" 将最新精神融入重点工作

最新精神是理想信念和政治方向之"舵"。习近平总书记指出，理想信念就是共产党人精神上的"钙"，没有理想信念，理想信念不坚定，精神上就会"缺钙"，就会得"软骨病"。政治方向是第一位的问题，事关党的前途命运和事业兴衰成败，只有牢牢把握政治方向，学习和践行好最新精神，才能在波谲云诡的形势面前廓清迷雾、心明眼亮，才能更好地践行使命与担当。

在建设实践中，国创中心深刻体会到，面临的挑战以及肩负的使命越艰巨，就越要坚定理想信念，始终做到"政治上绝对忠诚、组织上绝对服从、行动上绝对一致"，切实把经营实效作为"落脚点"，努力将最新精神融入重点工作：一是落实到经营目标中，做自主创新的"推动者"，落实"走出去"战略，梳理掌握核心要求，通过《创新中心建设指标分解表》《能力建设项目任务分解表》《年度经营工作计划》等融入落地；深入学习贯彻习近平总书记重要讲话和全国"两会"精神，坚定信心，化危为机，统筹推进常态化疫情防控和复工复产工作，寻求多方措施及多点突破，努力实现年度经营目标达成。二是落实到建设发展规划中，准确把握党和国家针对国有控股混合所有制企业要求以及行业发展最新方针政策，编制形成五年发展规划和三年滚动计划；参与湖南省及株洲市"十四五"轨道交通装备产业发展规划编制，助力株洲轨道交通产业集群冲刺"两千亿"。三是落实到职代会和党代会报告中，对习近平总书记关于企业改革发展和党的建设重要论述、企业党建工作会议精神、最新发布的党内法规和制度性文件等进行"再学习、再认识、再深化"，定期凝练最新精神，定期提炼最新要求，结合生产经营实际编入两大报告中，加强对职工代表及党员代表的宣贯教育。

19.2 握紧"方向盘" 将守正创新融入日常工作

党风正则民心齐，民心齐则干劲足，干劲足则事业兴。习近平总书记指出,"要兴党强党,就必须以勇于自我革命精神打造和锤炼自己。只有努力在守正出新、革故鼎新中实现自身跨越,才能不断给党和人民事业注入生机活力"。

守正创新,就是守正道、创新局。不能守正,创新就没有根本,没有创新,守正就缺乏生命力。无论是党的建设,还是改革发展,都要把守正和创新融入日常工作。创新是提高党建工作水平的关键,而创新的关键是干部,骨干是先锋和党员。一是坚持"干部+课题",注重发挥领导干部在创新发展中的导向作用。围绕制约长期发展的技术瓶颈、内部改革、管理创新等难点与热点问题,勇于担当,主动作为;引领党员干部下沉基层开展调查研究和专题攻关,拿出金点子,啃下硬骨头。二是坚持"先锋+项目",注重发挥先锋骨干在创新发展中的模范作用。开展"一先锋一课题、一小组一项目"攻关活动,做到"急难险重见先锋、创新突破有先锋",把岗位实践变成推动创新中心建设发展的有效载体。三是坚持"党员+人才",注重发挥党员在创新驱动中的先锋作用。加快实施"人才强企"战略,扎实开展"当一盏灯,照亮周边人""当一面旗,引领周边人""当一个火车头,带动周边人"活动,深化建设党员模范岗和党员责任区,使一批党员骨干迅速成长,与企业实现同步发展。

19.3 不建"烂尾楼" 将整改成果融入制度体系

改革无止境,发展无穷期。历史实践反复证明,持续进行自我革命、自我净化、自我完善的中国共产党,始终是中国特色社会主义事业的坚强领导核心。只有不断以党的建设新的伟大工程为引领,持续推进新的伟大事业,才能凝聚起奋勇前行的磅礴力量。

制度建设是企业经营的根本性保障,狠抓整改是健全制度体系的实践性探索,固化成果是持续发展的标准化落实。国创中心成立以来,先后接受了上级党委、审计部门等组织的多次"外审"巡视与检验,同时也按季度定期开展"内审"自查与自纠。无论是内审还是外审所发现的问题,国创中心都坚持高标准、严要求,把态度摆正,把自身摆进去,把工作摆进去，坚持"刀刃向内"，敢于"刮骨疗毒"。一是坚持问题导向，将问题找出来，将症结找出来，既出重拳措施"当下改"，又建制度"长久立"，对普遍性、倾向性和典型性问题，做到"整改一个问题、堵塞一批漏洞、完善一套制度"，不断健全制度体系。二是在"不忘初心、牢记使命"主题教育找差距方面，按照"四个对照""四个找一找"要求，对照党章、调研、群众反映的问题进行梳理，形成问题台账，班子成员结合查摆出的问题进行专题深刻研讨，从思想根源上分析问题原因，深入剖析症结，深刻反思原因，逐条逐项制定整改措施，并全面落实整改。三是把整改成果转化为治企成效，把推进整改的有益探索变成改善管理的制度机制，结合中央企业"总部机关化"问题整治，进一步健全完善落实党建工作责任制，在建章立制、完善"长效机制"上下功夫，把探索形成的好经验好做法及时转化为制度机制，融入日常、抓在经常，"治标"更"治本"，实现标本兼治。

19.4 找到"金钥匙" 将党建特色融入治理结构

把党的建设优势转化为治理效能，关键在于抓住党建的"牛鼻子"，找到特色的"金钥匙"。要坚持"两个一以贯之"，建立中国特色现代企业制度。

建立现代企业制度的一个关键项，就是把党建特色的"金钥匙"融入企业治理结构当中，推动党的领导融入治理的各环节、党组织建设内嵌到治理的各结构当中。国创中心力争将党委、支部、党员的"三大作用"优势系统性地发挥，确保党组织治理主体地位的充分体现，使党组织发挥作用组织化、制度化、具体化。一是将党建工作写入章程，明确党组织的责权利、机构设置、总体工作要求、运行机制等，强化党组织在企业法人治理结构中的法定地位和作用发挥。二是融入依法治企，认真落实党委主体责任，制定《党风廉政建设责任书》《廉洁从业承诺书》《家庭助廉承诺书》，形成"层层承诺、人人践诺"的责任体系。三是加强内部监督，建成纪委与监事会、审计法律监督等统筹协调的各方监督力量，形成多方联动，日常由纪检、审计等部门加大对日常经营决策和经营管理活动的监督检查频次，充分管控风险。四是完善科学决策，修订"三重一大"制度，在重大事项决策、重要干部任免、重要项目安排、大额资金使用等方面，细化明确各决策机构的决策范围及标准化流程。五是把握正确舆论导向，将宣传思想工作与企业文化建设、品牌形象塑造相融合，承担起"举旗帜、聚民心、育新人、兴文化、展形象"的使命任务；加强同主流媒体和新闻界的交流合作，构建全媒体传播渠道，讲好创新故事，传播好创新声音。

19.5 系好"安全带"　将引领保障融入管控体系

"引领"传承红色基因，"保障"做好中心服务。管控体系的落地聚焦于执行的高度及质量，党章赋予国有混合所有制企业党组织的根本职能是重点做好在政治、思想、精神方面的引领以及组织、人才、作风方面的保障。坚持用高质量党建引领和保障企业的高质量发展，是国资委党委在建设世界一流企业伟大征程上赋予的重大使命。

党的十九大以来，国创中心在高质量党建引领、促进和保障高质量发展方面积极探索并推行"三引三保"融入管控体系，高效助力经营管控的高效运行。一是强化政治引领，牢牢把握《关于新形势下党内政治生活的若干准则》要求，将《习近平谈治国理政》第三卷走进基层，加强《党章》《条例》《准则》等重要法规的学习培训，把政治纪律和规矩内化于心、外化于行。二是强化思想引领，制度化、体系化、常态化开展"学习、研究、检视、整改"等工作，扎实开展"三个一"活动，重点解决员工最急最忧最怨问题，切实将"问题表"转化为"成绩单"。三是强化精神引领，将企业的初心使命和核心价值观融入内部管理，始终坚持"企业存在和发展的价值是为了员工的福祉"理念，增强广大员工的自豪感和荣誉感，激发干部员工的敬业精神和奋斗精神。图19-2介绍了企业核心价值观。四是强化组织保障，以正向激励为主，用好政策红利，健全激励约束机制，像家庭一样温暖人，像学校一样培养人，像军队一样要求人，提升组织执行力，努力塑造"想干事、能干事、干成事"的团队，对想干事的"给机会"，能干事的"给舞台"，干成事的"给位子"。五是强化人才保障，建设"首席科学家为龙头、领军人才为核心、骨干人才为主体"的专兼职结合的高水平人才队伍，推行领军人才 PI 制和项目负责制，执行"能者上、庸者下、劣者汰"理念，完善人才激励及考评制度，更加关注结果卓越、系统视野和立刻行动等专注专业能力。六是强化作风保障，培育以"顾客至上、务实敬业、诚实守信"为内核的正直文化，把党风廉政建设渗透到经营管理全过程，优化职能定位，健全考评监督体系，精心打造廉洁"防护网"，保障企业健康有序发展。

```
┌─ 一套理念：什么是企业核心价值观 ─┐
为了事业成功，我们要形成哪些行为习惯？
我们的信仰是什么？
哪些主张是最有价值的，足以指引我们的行为？
```

                                    ┌ 关注结果
                              卓越 ─┤ 系统视野
                                    └ 立刻行动
                                    ┌ 像家庭一样温暖人
                  内圣外王   人本 ─┤ 像学校一样培养人
                                    └ 像军队一样要求人
                                    ┌ 顾客至上
                              正直 ─┤ 务实敬业
                                    └ 诚实守信

```
└─ 专注、专业，一起努力，一切皆有可能！ ─┘
```

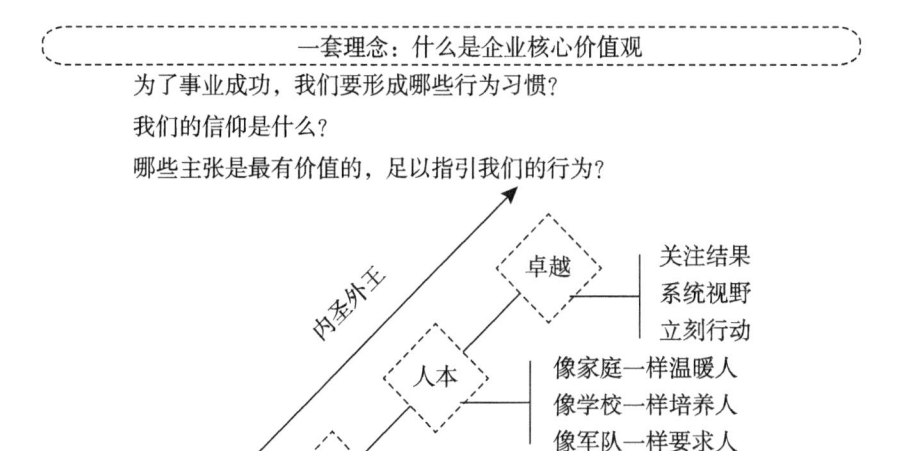

图 19-2　企业核心价值观

19.6 筑牢"主阵地"　将名片打造融入机制建设

打造党建"金名片"，是上级党委在党的建设方面作出的系统性部署，旨在通过党建"金名片"打造，影响和带动各领域工作都成为"金名片"，最后构建出独具特色的"名片夹""名片盒""名片屋"，体现"全名片""全品牌"的理念和思路。

国创中心致力于名片打造，把名片打造的理念植入各自领域的"机制建设"，以进一步筑牢轨道交通装备"国家名片"的"主阵地"。一是融入绩效考核机制，科学合理设置评价指标，突出创新质量和贡献，注重发挥用户评价作用；逐级签订责任状，健全绩效责任落实机制；坚持激励与约束相结合原则，完善考核流程与方法；考核结果与领导干部的选拔任用以及薪酬挂钩，充分发挥考核的导向、推动和激励作用。二是融入文化缔造机制，聚焦"双打造一培育"战略目标，凝练并优化中国高铁工人精神核心内涵，深入开展"思享汇""青年说""党课大讲堂""博士讲堂"等"仪式感"活动，创建凝心聚力的红色文化，创新时代"风味"，迎合青年"口味"。三是融入品牌打造及重塑机制，积极探索品牌培育、管理、创新、国际化新模式及新路径；贯彻执行本地化生产、采购、用工、服务、管理"五本模式"，积极担当文化"传译者"、人才"孵化器"、产业"推进器"、社区"好邻居"等四种角色。四是融入形象建立及再造机制，以"党建带工建""党建带团建"为抓手，大力实施"凝心聚力工程""温暖工程""阳光工程"，完善健身房、安装中央空调等基础设施，持续改善生产作业环境条件；加强群团组织建设，依法保障员工权益，增强员工归属感、获得感和幸福感；常态化开展"公众开放日"等对外交流活动，创新活动形式内容，稳步提升对外交流的质量和效果。

综上所述，国创中心通过践行"六个融入"，精心把党建工作与经营发展进行了有机结合，催生了融合"运营公司＋产业联盟"与"技术创新＋管理创新"的新时代新型研发机构的党建新动能，致力于成为"党建中最红的红旗、创业中最热的热土、发展中最黑的黑马"，助力打造具有全球影响力的国家级创新中心，加速培育世界级产业集群，先后荣获"中国科技创新先进单位""中国高质量发展创新单位""湖南省双创示范基地"等荣誉称号。

— 20 —

特色党建品牌引领企业发展

扬帆起航正当时,逐梦前行谱新篇。三年的时间,从无到有,从有到精、从精到优,不忘来时路,走好当下路,奔赴虔诚路,开拓未来路,每一步都是在坎坷中收获喜悦,恰到好处。企业党建中,始终结合混合所有制企业特点,致力于建成国家级创新中心的标杆,打造"三融三创"特色党建金名片,凝聚最大共识,形成最大合力,引领企业生产经营的健康发展。

20.1 过去三年的工作回顾

自上级党委2018年5月28日批准成立国创党支部以来,始终坚持以习近平新时代中国特色社会主义思想为指引,严格按照上级党委要求,抢抓湖南"三高四新"、国家科技强国等战略机遇,围绕"培育新型研发机构、建好国家级创新中心、助力世界级产业集群、争取科创板上市"的初心使命,坚持党建引领、创新驱动、自立自强,经过全体员工的拼搏奋斗,公司取得长足发展,在工信部组织的年度考核评价中连续两年取得优秀成绩。

20.1.1 深入创建"三融三创"特色党建品牌 党的领导得到全面加强

过去三年,党支部深入贯彻党的历次全会精神和习近平新时代中国特色社会主义思想,严格按照上级党委要求,以打造"三融三创"特色党建品牌为奋斗目标(见图20-1),以催生新型研发机构党建新动能为着力点,以培养忠诚、干净、担当的党员队伍为主阵地,积极实施"政治筑魂、思想强基、组织塑形、作风固本"党建示范工程,突出加强思想政治、作风、制度纪律等六个方面的建设,积极推动"六个融入",凝聚向心力,激发创新力,在以下四个方面取得了新突破。

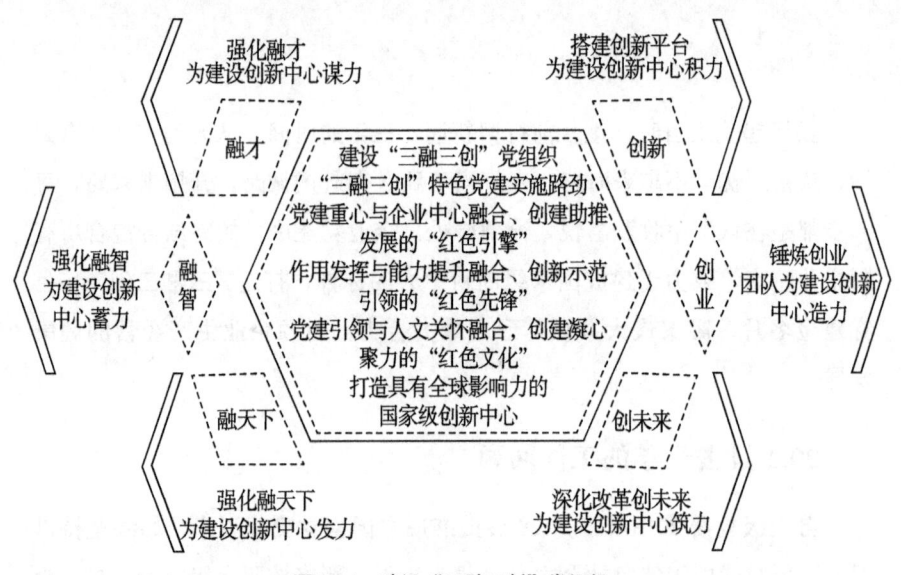

图20-1 建设"三融三创"党组织

思想政治建设取得新成效。坚持把强化理论武装作为重大政治任务来抓,将最新精神、最新要求作为"第一议题",强化政治建设的"根基",深化思想建设的"灵魂"。通过个人自学、集中轮训等方式,定期组织学习习近平总书记系列重要讲话精神和三次视察中国中车重要指示精神,深入开展"思享汇""创新者说"等活动,将其与企业文化建设深度融合,时刻牢记"为股东创造效益、为社会创造价值、为员工创造平台、为未来创造机会"的发展理念,让"产品如人品、动手即责任""始于颜值、成于细节、终于品质""让优秀成为一种习惯""和而不同、见贤思齐、成人达己、行稳致远"等企业文化精髓内化于心、外化于行。充分发挥党支部战斗堡垒和党员先锋模范作用,深入开展创先争优和选树典型活动,涌现了周晓彤、黄贵励等公司劳模,陈皓、杨帆等株机优秀党员或党小组长,黄志华、肖黎亚等中车优秀工程师或优秀青年科技工作者,让大家学有榜样、行有方向。

组织建设展示新作为。坚持把干部队伍建设作为重中之重来抓。严格落实"党管人才"要求,按照"四力一品"干部选拔标准,搭建了"青年新秀、青年骨干、青年英才"的人才选拔培养体系,建立健全领导干部考核评价、监督管理、履职巡察、淘汰退出等管理制度;员工队伍超过100人,科研人员占比超过70%,逐步建立了一支以两院院士领衔、行业专家支撑、核心人才保障的创新团队;积极实施"四基工程",完善基层组织、健全基本制度、狠抓基础工作、锤炼基层队伍,全面夯实企业赖以生存和发展的组织保障和制度基础。

作风建设激发新活力。认真贯彻落实上级党委党风廉政建设要求,积极创建"莲芯"特色纪检品牌,培育"不想腐、不能腐、不敢腐"的廉洁文化;坚持"刀刃向内",敢于"刮骨疗毒",融合"内审"与"外审",先后经历了国家审计署、股东单位联合审计组、上级党委巡视组、第三方评估以及企业内部定期体检,按期全面完成所有问题整改;以领导干部和关键岗位为重点,开展廉洁谈话、廉洁自律宣誓等活动,签署廉洁从业承诺书,形成"层层承诺、人人践诺"的廉洁责任体系,增强廉洁从业意识;认真贯彻落实"中央八项规定",持之以恒反对"四风",集中开展"违规挂靠""靠企吃企"等专项治理,促进了干部作风转变,强化了求实务实、真抓落实的优良作风。

制度建设实现新提升。制度建设是全面从严治党的重要保障,也是企业依法合规经营的重要基础。公司全面构建了"党建+经营"的制度流程体系。在党建方面,制定了"三重一大"决策制度、《关键岗位人员廉洁从业规定》《廉洁风险管理办法》等制度,同时邀请上级党委组织部、宣传部、纪委等领导分析解读规章制度,强化制度的宣贯与执行。在经营方面,深度对标海尔、华为、西门子、GE等优秀企业管理模式,全面平移中国中车管理制度，并通过签署目标责任状，辅以执行督办与专业评审，强化了年度目标的执行与考核，跨越了企业制度制定与实施的鸿沟，提高了制度执行力和保障力。

始终坚持"企业存在与发展的价值是为了员工福祉"的理念，全方位推进"党建带团建"，大力支持工会、团支部开展工作。公司成立之初就实施"聚力、和谐、暖心、健康"四大工程，建设了模范职工之家。公司工会坚持以维护员工合法权益、维护公司和谐发展为主线，深入开展了劳动竞赛、疗养疗休、教育培训等丰富多彩、喜闻乐见的团队活动；团支部联合自管会，开展了妇女节女工活动、新员工入职培训、典型成果交流等特色活动，有效发挥了工会和团支部的桥梁纽带作用。三年来，先后荣获优秀基层团组织、模范职工之家、市文明标兵单位等荣誉称号。

20.1.2 深入推进党建与生产经营的深度融合　党建引领作用充分发挥

过去三年，国创公司白手起家，在夹缝中谋生存、求发展。三年来，面对产业变革的机遇挑战、纷扰复杂的外部环境与发展模式的迭代创新，党支部在上级党委的正确领导下，带领全体党员和广大员工，办实事、开新局，以奋斗者姿态，顶住层层压力，克服重重困难，一次又一次将"不可能"变成"可能"，认真兑现了"不到黄河不死心、到了黄河心不死"的铮铮誓言。

过去三年，最伟大的成就是实现从无到有、从有到优的蝶变。2016年《国家制造业创新中心建设指南》出台以来，第一时间对标建设指南，精心组织筹划，率先组建创新联盟，推动湖南与中车签订战略协议，形成建设国家级创新中心的磅礴之势。为赶在全国人大会议前夕完成公司注册和省级创新中心认定，先后与20余家企业和科研院所对接，日夜频繁奔波广州、北京、上海等地，历经三次发起人会议和三次股东会议，最终在大年三十前组织12家股东单位完成公司注册。随后马不停蹄地邀请干勇、翟婉明等20余位院士专家齐聚株洲，研讨论证创新中心建设方案。通过两次全国人大代表提案，最终将先进轨道交通装备纳入工信部制造业创新中心建设指南，获得了敲门砖。随后经过两年多的坚守和探索，最终在2019年1月15日成功获批国家先进轨道交通装备创新中心，成为湖南省和非省会城市第一家、行业唯一一家国家级创新中心。此外，在竞争对手还没觉醒之时，我们历时一年半的努力，2020年9月获批建设国家市场监管技术创新中心（轨道交通装备质量与安全）。两大"国字号"创新平台，并驾齐驱，如虎添翼，实现了从"0到1"的突破，从"1到N"的发展。

过去三年，最显著的成绩是初创期实现自我造血持续盈利。始终坚持自主经营，聚焦前沿引领技术、关键共性技术和现代工程技术，抓好技术研发和产业孵化，推行项目精细化、标准化管理，增材制造、激光清洗、智能运维、移动加氢、液磁断路器等产品陆续上市，逐步形成"主导产品、主导产业、主营业务"相得益彰的自我造血能力，破除了靠天吃饭、吃政策饭的魔咒。自2018年成立以来，不仅是唯一一个"当年注册、当年盈利"的国家创新中心，也是首个通过国家高新技术企业认定的国家级创新中心。

过去三年，最直接的表现是经营管理能力得到了巩固提升。坚持"目标导向、问题导向和结果导向"，持续优化经营管理体系，探索两制一契、协议工资、专项奖励等激励政策，打破"洗碗"效应；完善项目管理机制，分门别类管控产业化项目、投资类项目和科研类项目，通过"项目调度+日常跟踪"的方式，切实抓好项目执行；按照"平台+创客"思路，构建"职能平台+研究所+项目公司"运作模式，强化协同合作和责任赋能。公司先后荣获全国国企管理创新成果一等奖、第十八届全国交通企业管理现代化示范单位，探索了一套可复制的管理创新模式，并在2019年中国管理科学大会上获评"中国管理创新先进单位"。

过去三年，最鲜明的特征是体制机制改革取得了重大突破。积极探索市场化运营、协同与共享、知识产权运用、共性技术研发攻关、人才培养激励、责任考核落实等机制，提出"技术+管理"双轮驱动创新模式以及"院士+博士""全职+兼职"引才汇智模式，技术创新团队不断增强；

实行董事会决策制、总经理负责制、专家委员会咨询制"三制融合"运营模式，并将党委会决策前置，有效推动党建与生产经营深度融合；率先探索实施大部制，下设战略发展、技术研发、产业孵化、企业运营、财务风控、行政人事等六大中心，有效提升企业运营效率；按照"业财融合、财务成本为负"等理念，强化资金调度和成本管控，完善组织绩效、岗位绩效体系，区别评价管理组与技术组，激发员工争先创优意识、干事创业激情。

过去三年，最可喜的局面是"国创"品牌获得了广泛认可。充分发挥国家级创新平台优势，聚合产业链创新资源，先后承担《轨道交通装备运行质量检验监测科技服务技术研发与应用项目》等4个国家重点研发项目和14个省级重点科研项目，申请国际PCT9项、发明专利80余项、软件著作权30余个；《设备全生命周期智能管理App》获工业App创新成果转化二等奖和优秀解决方案奖；《基于无线无源感知的智能配电远程监控技术研究与应用》获中车科学技术二等奖，《吸声装置》发明专利荣获中国科技创新发明成果金翅奖和司南奖；获批建设"国家铁路局新型能源系统铁路行业工程研究中心""省新型研发机构""省知识产权分中心"等科创平台；公司管理模式、创新成果先后在《人民日报》、新华社、《科技日报》等媒体宣传报道，多次在中央电视台、湖南卫视、株洲电台"露脸"展示，国家部委、省市、中车领导多次考察调研国创，给我们注入了不断前行的新动能。

过去三年，最显著的变化是员工获得感得到了改善提升。积极倡导"快乐工作、健康生活"的理念，认真落实健康体检、教育培训等福利待遇，开展疗养疗休、创先争优、劳动竞赛等活动，安排厂庆、国庆、春节三个长假，静享温馨陪伴时光；从20个方面深入开展"我为群众办实事"活动，免费为员工体检肠胃疾病，茶水间和洗手间增设热水装置，中试基地安装空调，尽力改善工作环境；积极向董事会、股东会和股东单位争取，优化调增工资总额，将员工人均收入10万元提至13万元，进一步提升员工获得感、幸福感与忠诚度。

20.1.3 过去存在的不足及几点反思

成绩属于过去，必须时刻保持戒骄戒躁，用辩证思维和历史发展观，正视企业发展过程中存在的不足与问题。对标先进、剖析反思，以下四个问题需要引起我们高度重视。

一是主导产品尚未形成。三年来，我们聚焦七大关键共性技术和"四新四基"技术（见图20-2），矢志不渝地走不同寻常路，突破了无线无源传感器、液磁断路器等5项"卡脖子"技术，研制了激光清洗、增材制造、智能运维等高端技术产品，但受装车条件、市场推广等因素限制，这些高精尖产品尚未形成批量生产，尚未形成产品家族，市场竞争力和品牌影响力还比较弱。

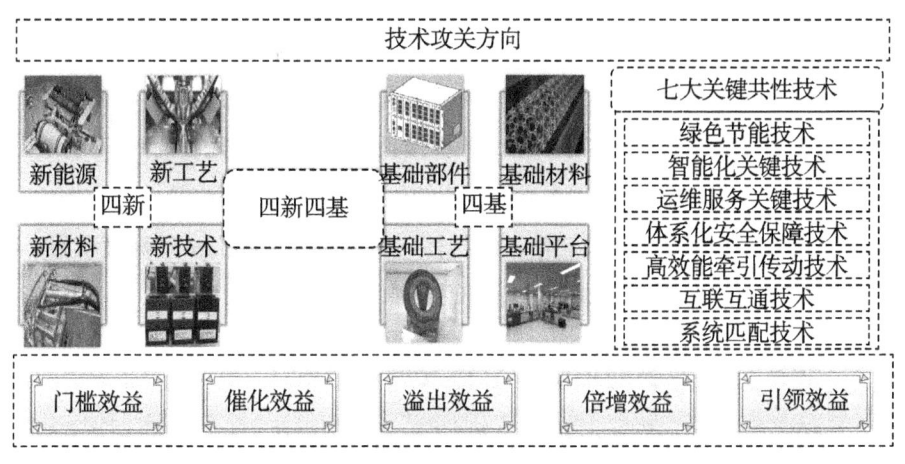

图 20-2 技术攻关方向

二是主营业务正在培育。自2018年成立以来，公司紧密结合市场需求，坚定不移推进产业孵化，先后实施50余项科研攻关项目，成功研制液磁断路器、激光清洗、低压在线监测系统等新技术产品，但项目产业化推进相对缓慢，没有快速将技术硬核实力转化成企业发展能力，主营业务收入等经济指标距离上市还有一定差距。

三是创新机制未成气候。公司虽然在创新驱动发展方面进行了一些探索，推行了 KPI 与 OKR 结合的绩效管理，在某种程度上打破了"洗碗效应"，破除了"吃大锅饭"，但是员工创新创业激情仍未充分调动，部分员工的能力素养与岗位要求还有差距，外派人员与全职人员的耦合还需优化，核心骨干持股、超额利润提成、协议工资、工资单列、科技成果转化激励等措施还没有真正落地，与外部单位联合组建的协同创新团队仍有诸多不可控，技术市场交易机制还未起步，纳入控股子公司管控的"紧箍咒"越戴越紧，制度体系、激励体系、标准体系还需进一步完善，需要系统谋划来进一步激活创新创造这池春水。

四是人才培育亟待提升。与国内外知名创新企业、新型研发机构相比，我们的创新人才队伍"塔尖不高、塔基不实"，高端领军人才区区可数，掌握关键核心技术的创新团队较少，战略型科学家和大师级人才非常紧缺，科技人员的数量、质量、结构等有待优化；"能引能陪"的机制还不健全，员工非正常流动比例较高，人才集聚还未产生规模效益；在团队中还存在一定的私利主义、好人主义和推诿扯皮现象，看着碗里的、盯着锅里的人也不在少数，与国创中心的社会地位和形象不太匹配。

上述这些问题都是长期性、结构性、深层次的，我们必须高度重视，坦然面对，迎难而上，着力解决，打通任督二脉。

20.2 公司面临的形势和总体发展设想

"十四五"期间，是公司实现"培育新型研发机构、建好国家级创新中心、助力世界级产业集群、争取科创板上市"战略目标的关键时期。外部环境的重塑势必会对未来发展产生不可低估的影响。总的来看，公司将面临"三大机遇""两大挑战"。"三大机遇"包括宏观政策稳中向好、行业市场稳中有增和社会支持有增无减，"两大挑战"则是多重目标重构和自身能力不足的挑战。

宏观政策稳中向好。当前，我国经济总体保持平稳健康发展，处在合理运营区间，国民经济发展长期向好的基本面并没有改变。国家围绕实现中华民族伟大复兴中国梦，全面贯彻落实"制造强国、科技强国、质量强国、交通强国、创新驱动"等发展战略,积极推动新型城镇化、互联互通、"走出去"以及"一带一路"建设。

行业市场稳中有增。国家铁路网的完善、新型城镇化的推进、城市群都市圈的建设,必将拓展运输空间,释放市场增量,预计全球轨道交通装备市场保持在3%左右的增长。

社会支持有增无减。国家部委、地方政府、中国中车以及股东单位、联盟单位等社会各界,持续关注国创中心的未来发展,地方配套资金即将逐步落实到位,国创中心发展写入中车"十四五"发展规划,产业集群建设决赛胜出……这一系列重大利好,必将为后续发展提供强有力的支撑。

多重目标重构的挑战。作为国家级创新平台,我们承担着突破"卡脖子"技术和国际壁垒的国家使命,担负着科技攻关、公共服务、人才培养、产业孵化等发展重任;作为运营公司,我们承载着股东投资回报、地方招商引资与招才引智、员工成长成才等诸多期待。多重目标叠加,容易造成混乱、迷失方向、错配资源。

自身能力不足的挑战。目前公司科研实力不足以完全自主支撑行业竞争,市场项目履约、技术转移扩散、质量成本管控等核心能力尚未塑造成型;随着公司员工团队规模扩大,运营成本持续增加,如不尽快形成主导产品和主营业务,一些潜在风险就会加速显现,一旦防控不力,将会加速核心人才流失,导致财务危机,延误发展战机。

万事开头难,创业始为艰。面对新机遇新挑战,我们一定要持续发扬"三坚"精神:越是纷繁,越要坚定;越是困难,越要坚持;越是清苦,越要坚守,坚定自己的信念,坚持自己的选择,坚守自己的初心,在创新创业平台之上,努力实现自我价值,与企业共同成长,续写新的辉煌。

20.2.1 今后三年公司发展的总体思路

根据发展新形势与社会新期待,今后三年公司发展的总体思路是:高举习近平新时代中国特色社会主义思想伟大旗帜,以"产业报国、装备强国"为己任,坚持"四个面向",坚持国家战略与企业发展有机结合,大力实施创新驱动，严格按照建设指南要求，对标先进、瞄准一流，按照"成人达己、成己达人、达人自达"的发展理念，围绕"123管理体系"构建（见图20-3），全面落实"一条主线、两个确保、三个制胜、四个转变"发展思路，全力推进科技创新新突破，打造原创技术策源地，争当现代产业链链长，实现高水平科技自立自强，努力成为"公众公司、明星企业、典型标杆"。

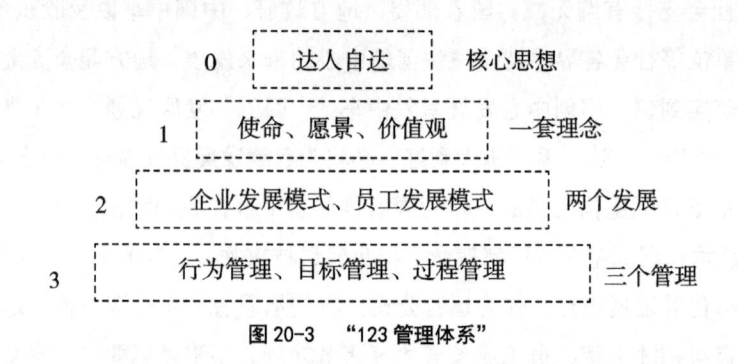

```
0      达人自达              核心思想
1    使命、愿景、价值观          一套理念
2  企业发展模式、员工发展模式      两个发展
3  行为管理、目标管理、过程管理    三个管理
```

图20-3 "123管理体系"

"一条主线"就是紧紧围绕"培育新型研发机构、建好国家级创新中心、助力世界级产业集群"这个使命、愿景和发展主线，时刻瞄准世界科技发展的前端、高端、尖端，加强前瞻性思考、全局性谋划、战略性布局、整体性推进，充分发挥平台优势，打破市场"魔咒"，捅破业务"天花板"，牢牢掌握发展主动权。

"两个确保"就是要持续推进管理创新和技术创新，加速"样品—产品—商品"快速转换，尽快形成主打产品、主导产业和主营业务，做实项目公司、国联中心以及产业孵化中心，努力实现自我造血、永续发展，确保企业增效和员工增收，实现企业和员工同步发展。

"三个制胜"中，一是格局制胜，始终坚持"开放协同、跨界融合"的发展理念，放眼全球走出去，致力成为创新中心标杆，持续提升行业话语权；二是高效制胜，优化组织流程，强化绩效激励，切实提升企业运营能力，不断提高工作效率效能；三是创新制胜，坚持"技术＋管理"双轮驱动战略，用足用好国家政策，激发员工创造力和原动力，推动企业从基地迈向高地、从高地攀登高峰。通过格局引导、高效协同、创新举措等进一步强化企业和员工的行为管理、目标管理和过程管理。

"四个转变"指，围绕国家发展战略，积极承担国家使命，坚持以企业为根、以市场为标、以技术为源、以产品为脉，全面推进发展规划落地，推动企业实现从平台公司到实体企业、中小企业到规上企业、创业公司到高新技术企业、本土公司到跨域公司的蝶变，力争到"十四五"末，实现科创板上市（见图20-4）。

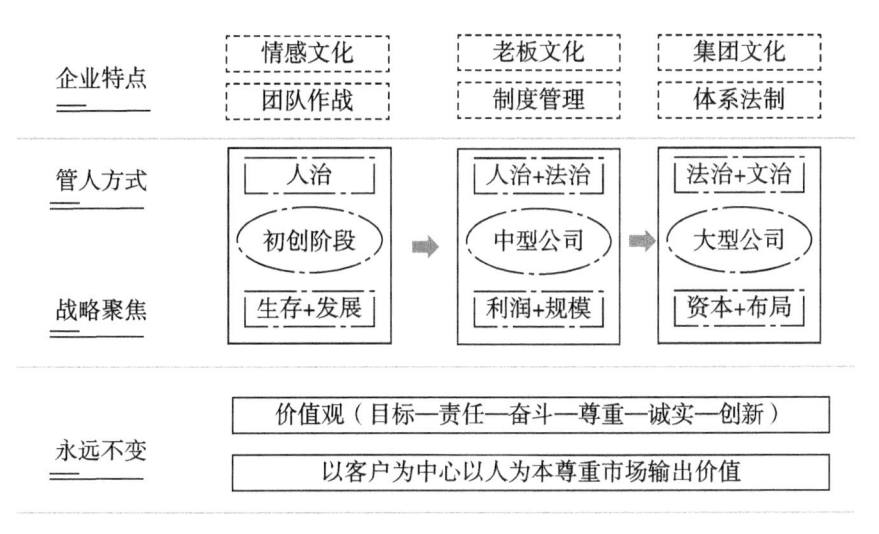

企业特点	情感文化	老板文化	集团文化
	团队作战	制度管理	体系法制
管人方式	人治	人治+法治	法治+文治
	初创阶段 →	中型公司 →	大型公司
战略聚焦	生存+发展	利润+规模	资本+布局
永远不变	价值观（目标—责任—奋斗—尊重—诚实—创新）		
	以客户为中心以人为本尊重市场输出价值		

图20-4　从小公司到大公司—企业管理的变与不变

总的来讲，聚焦"具有全球影响力的国家级创新中心"这一核心目标，"一条主线"是现实路径，"两个确保"是根本目的，"三个制胜"是重要手段，"四个转变"是主要标志，这将是推动公司发展再上新台阶的制胜法宝和不二法门。

20.2.2　今后三年公司发展的规划目标

一是规模效益上台阶。持续提升核心技术转移扩散孵化能力，加速推广智能运维、激光清洗、基础器件、隔音降噪、新能源动力包等高新技术产品，争取市场取得重大突破，实现企业规模与经济效益稳健增长，力争2025年前主营业务收入过亿，利润突破1000万元。

二是管理水平上档次。导入IPD产品集成开发系统和全面质量管理体系，健全产学研用深度融合协同创新机制，推动创新联盟发展；按照上市企业规则运营，进一步规范企业治理、优化组织体系、精细项目管理、强化风险管控，持续提升企业管理水平，争取获评省长质量奖、省部级示范企业、省级文明标兵单位等荣誉。

三是科技创新上先进。重点突破动力、感知、控制等核心零部件全天候检测、智能化运维、自动化预警、无人化养护、快速化处置等技术与装备，推进人机交互、新能源新材料制备加工和性能调控等前沿交叉领域应用基础研究，提升专业软件自主可控能力，促进新一代信息技术、先进制造技术、安全绿色技术与轨道交通装备的跨界融合，攻克一批核心技术、"卡脖子"技术和原创技术，掌握独门绝技，强化高质量科技供给；牵头或参与编制国际或国家标准，做好专利导航和战略地图分析，获批国家企业技术中心、国家级双创示范基地等。

四是队伍素质上层次。持续强化以"首席科学家为龙头、领军人才为核心、骨干人才为主体"的专兼职结合的高水平人才队伍，自主培养一批以"湖湘青年英才""株洲领军人才"为代表的高精尖技术创新人才、战略型科学家和大师级管理人才以及省级创新创业团队，科研人员比例在70%以上，硕士比例超过60%。

五是品牌形象上品级。践行"文化是更高层面的竞争力"理念，打造国创文化IP，有序推进国省媒体宣传，实现文化引领管理、标准规范行为、视觉提升形象、品质展示能力、品牌与市场良性互动，持续提升企业品牌的影响力、知名度、美誉度，形成"四不像"新型研发机构的独特标识。

六是员工收入上水平。认真落实"两个确保"，统筹做好财税筹划，努力实现员工收入与企业经济效益同步增长，员工人均收入达到行业中上游水平，在区域具有一定竞争力；切实解决员工安全生产、社会保障、职业健康等切身利益问题，逐步改善生产生活生态环境，不断满足广大员工对美好生活的向往。

图 20-5 介绍了企业发展历程与关键因素。

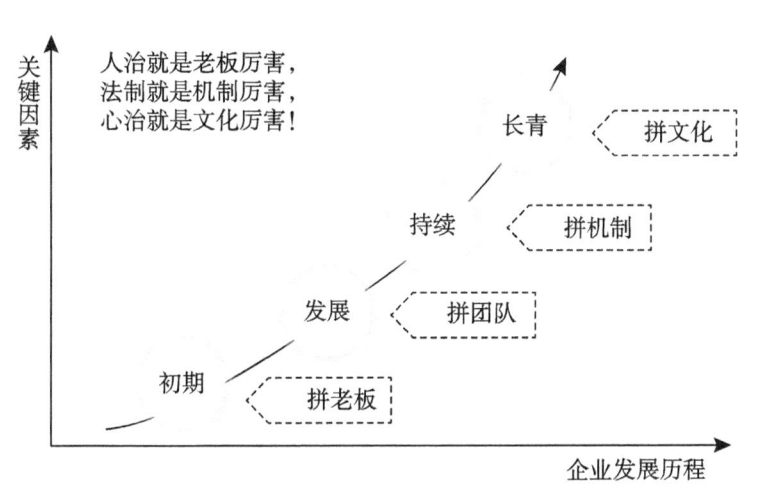

图 20-5 企业发展历程与关键因素

20.2.3 今后三年公司发展的重大举措

更加注重主责主业，实现永续健康发展。坚持"经营大于管理"，瞄准国内外高精尖项目，抓好技术突破，紧盯市场需求，加强营销策划，做实国基检测、国研设计等子公司；持续运营好智能运维、基础器件、激光技术和氢燃料系统等实验室；购置200亩左右土地建设中试基地和产业化基地，让国创拥有一个固定的"家"；通过混合所有制改革和核心人才团队持股等方式，孵化2～3家项目子公司；与中南大学等科研院所合作建设现代产业学院，或在战略要地建设分支机构，争取更多外部优势资源；参与建设极端力能大科学装置、环形铁路试验线和检测认证基地，建好国家市场监管技术创新中心（轨道交通装备质量与安全）；精心组织实施海外并购，争取并购一家欧美工业设计公司或科研企业；发挥产业链整体优势，依托龙头企业构建"技术＋产品＋服务＋资本＋管理"的价值创造模型，逐步扩大产品范围、市场范围、服务范围。

更加注重科技创新，增强核心竞争能力。根据建设指南的核心功能定位，聚焦"双碳"战略，把握产业高端化、数字化、集聚化、绿色化、融合化发展趋势，完善技术研发体系，优化科创资源配置，增强基础研究能力；以突破"卡脖子"技术和国际壁垒为目标，瞄准前端高端尖端，布局未来产业，推进科技自立自强；采取"以我为主、产学研结合"和"以我为主，有效利用国内外资源"两种方式，坚持引进开发并举，组建"联合舰队"，实现协同创新；充分利用新能源国家工程中心、国家市场监管技术创新中心等国家级平台，聚合产业链高端创新资源，开展联合协同攻关，实现创新资源最大化利用，成为新赛赛规则的重要制定者和新竞赛场地的重要主导者。

更加注重人才培养，构建发展四梁八柱。完善创新人才培养、引进、使用和评价机制，健全符合科技创新规律、激发人才创新活力的多样化分配机制，加快构建以创新价值、科研能力、贡献水平为导向的科技人才评价体系，培养一批具有国际视野的战略科技人才、科技领军人才、青年科技人才和创新创业团队，推动科学研究人才、高端智库人才、技能型人才协同发展。实施"三融三创、才聚未来"工程，阶梯选拔培养菁才、英才、栋才和将才，形成"前方、中坚、后方、外援"四股力量：前方力量，攻城拔寨，抢抓机会；中坚力量，攻坚克难，拿下碉堡；后方力量，贴心服务，全力保障；外援力量，整合资源，提升价值。

更加注重管理创新，提升固本强基能力。深入探索"技术+管理"双轮驱动模式以及"院士+博士""全职+兼职"引才汇智模式，用活用足国企改革政策；以"市场项目+科研项目"为载体，探索"成本中心+利润中心"财务管控模式，提升业务单元价值创造能力；通过"平台+创客"的技术孵化模式，加速技术成果产业化；优化绩效评价体系，健全组织架构，推进定岗定编，完善制度流程，强化质量安全，持续提高企业内部管理水平，确保营业收入、净利润等经济指标稳步上升。

更加注重党的建设，加强廉洁风险防范。充分认识"反腐败斗争常抓不懈、不断深入"的新常态，高度重视廉洁风险防范，把纪律规矩挺在

20　特色党建品牌引领企业发展

前面，突出抓好干部监督管理，切实加强党风廉政建设。清醒认识"从严治党、重典反腐"的新形势，改变"不以为然、麻木不仁"的心理，强化"法律红线不能触碰、纪律底线不能逾越、廉洁高压线不能试探"的观念，明德修身律己，守好权力边界，抵住金钱诱惑，跳出人情羁绊，自觉做到清正廉洁从业、依法合规经营。

20.3　今后三年党建工作基本构想

坚持党要管党，进一步加强党的全面领导。加强党的领导，发挥党组织政治核心作用是一个重大原则，任何时候都不能动摇。坚持把加强党的领导与完善公司治理有机统一起来，将党组织的机构设置、职责分工、人员配备、工作任务纳入公司的管理体系，进一步明确党组织的主要职责、保证监督的重点内容和参与重大问题决策的基本要求，把党的政治优势转化为科学决策优势。新当选支委要做到守土有责、守土负责、守土尽责，切实履行"一岗三责"，争取在上级考核评价中持续领先，创建"五好"领导班子。

坚持理论引领，进一步加强思想政治建设。思想政治建设是实现公司发展新目标的重要保证。持续加强思想政治建设，着力打造学习型组织，用中国特色社会主义理论体系武装头脑、指导实践、推动工作。通过举办中心组学习研讨、优秀党员讲党课、"思享汇"等活动，组织党员干部原原本本学习党的最新精神和习近平新时代中国特色社会主义思想，学深悟透主要观点和精神实质，在涉及重大政治原则、政治立场、政治观点等问题上，做到头脑清醒、立场坚定；充分利用"学习强国"平台，加强对党的理论创新成果和国家方针政策、法律法规的学习，着力构建领导班子理论学习和党员教育的长效机制。

坚持选贤任能，进一步加强干部队伍建设。人才是实现公司发展新目标的中坚力量。坚持领导干部选拔任用的原则标准，按照"四力一品"要求，通过定期选拔培养青年新秀、青年骨干、青年英才等后备人才，强化党组织在领导干部教育培养、选拔任用、管理监督中的责任，扩大干部选拔民主渠道，严把选人用人关。动员广大党员干部深入调查研究，谋定后动、谋定快动，创造性推进各项工作，以改革的办法攻坚克难，多做几次热锅上的蚂蚁，多接几次烫手山芋，经风雨、见世面、成大器，让"想干事的"有机会，"能干事的"有舞台，"干成事的"有位子，形成优秀者优先、有为者有位、吃苦者吃香、实干者实惠的正向激励氛围。

坚持固本强基，进一步加强基层组织建设。公司基层组织是实现企业发展新目标的战斗堡垒。注重抓基层、打基础，坚持党组织建设同步谋划、党建工作同步开展，保证党支部和党员作用得到有效发挥；定期选树优秀典型，组织开展"干部+课题""先锋+项目""党员+人才"实践活动，引领党员干部开展课题研究、技术攻关；发挥模范党员传帮带作用，创新开展"当一盏灯，照亮周边人"，"当一面旗帜，引领周边人"，"当一个火车头，带动周边人"活动；认真做好发展党员工作，注重在科研一线和重要岗位发展党员，形成榜样的力量和你追我赶的态势。

坚持从严治党，进一步加强党风廉政建设。从严治党是实现公司发展新目标的根本保障。党支部将进一步贯彻落实"中央八项规定"和廉洁从业的有关要求，坚决反对"形式主义、官僚主义、享乐主义、奢靡之风"；把整改成果转化为治企成效，把推进整改的有益探索变成改善管理的制度机制，把"问题单"转化为"成绩单"；建立党风廉政教育常态化机制，深入开展党纪教育、警示教育，持续推进廉洁文化建设，筑牢"不想腐"的思想防线，构建"不能腐"的制度防线，形成"不敢腐"的高压线；强化党员干部责任之心、兢慎之心、敬畏之心，带头守朴拙、戒机巧、守笃实、戒虚浮，不当甩手掌柜、不能太洒脱，把党的事业和公司的发展放在首位，把广大员工利益摆在前面，把自己交给工作，把成长交给组织。

坚持以人为本，进一步加强群团风貌建设。群团组织是实现企业发展新目标的重要力量。加强群团组织的政治、思想、组织、作风领导，指导群团组织紧密围绕生产经营中心，找准工作结合点和着力点，团结动员广大员工群众，切实发挥"员工主力军、青年生力军、女职工半边天"的作用；主动联系员工，了解员工呼声，反映员工诉求，通过"我为群众办实事"活动，努力为员工排忧解难，切实维护员工权益，提高福利待遇，增强员工幸福感、获得感；不断创新工作方法，丰富活动内容，拓展活动载体，打造特色品牌，争创省市级群团工作先进单位。

征途漫漫，当扬帆破浪；旌鼓催人，须策马扬鞭。让我们铭记"来时路"之艰辛，强化"脚下路"之责任，坚定"未来路"之梦想，集聚向善、向上、向前的力量，携手并肩，逐梦同行，积极适应新常态，敢于迎接新挑战，主动培育新优势，奋力拓展新空间，分享政策红利，抢占产业风口，努力把国创塑造成自带流量的创新载体和创业人才向往的"诗和远方"，用创新擦亮轮轨上的"国家名片"。

— 21 —

"五链"融合与协同共生

新一轮科技革命和产业变革突飞猛进，全球科技创新进入空前活跃期，产业发展呈现技术高端化、创新生态化、功能融合化、治理专业化等新特征，前沿技术、高端人才、标准规则、市场空间成为竞争焦点，应用导向、场景驱动成为科学发现和技术创新的新模式，数字化、智能化、绿色化成为重要趋势，科技创新范式发生深刻变革。面临全球科技创新格局的深度调整，打好"产业基础高级化、产业链现代化"的攻坚战，将是从长远战略角度推动产业发展的重大谋划和部署。2021年8月28日，湖南省省长毛伟民在先进轨道交通装备产业集群发展座谈会上提出，培育具有世界一流生态竞争力的世界级先进轨道交通装备产业集群，要着力推进"五链联动"，实现产业链、创新链、人才链、资金链、价值链的深度融合。而扎实做好"聚焦、裂变、创新、升级、品牌"文章，打造"产业链完整、创新链驱动、人才链支撑、资金链充裕、价值链高端"的现代先进产业生态，是我们践行"三高四新"战略定位和使命任务、打造国家重要先进制造业高地和建设"3+3+2"产业集群的重要举措。

当前，株洲市先进轨道交通装备产业已由高速增长阶段转向高质量发展阶段，要实现高质量发展，不仅要求产业规模的提升，还包括产业创新、产业人才、产业协同、产业价值等诸多方面的共同发展。面对日益增长的市场来势、日趋竞争的态势，为勇者进，为强者变，为先者成。为抢抓全球产业变革的战略机遇和湖南打造国家重要先进制造业高地的历史机遇，

21 "五链"融合与协同共生

有必要主动发挥区域比较优势，巩固传统产业优势，强化战略性新兴产业领先地位，补齐生产性服务业短板，持续推进建链、强链、补链、延链，实现"五链联动"（见图21-1），打造具备市场竞争力、技术创新力、品牌影响力、生态竞争力的世界级产业集群，力争在"十四五"时期实现"一座城、两千亿、三中心"的发展目标。

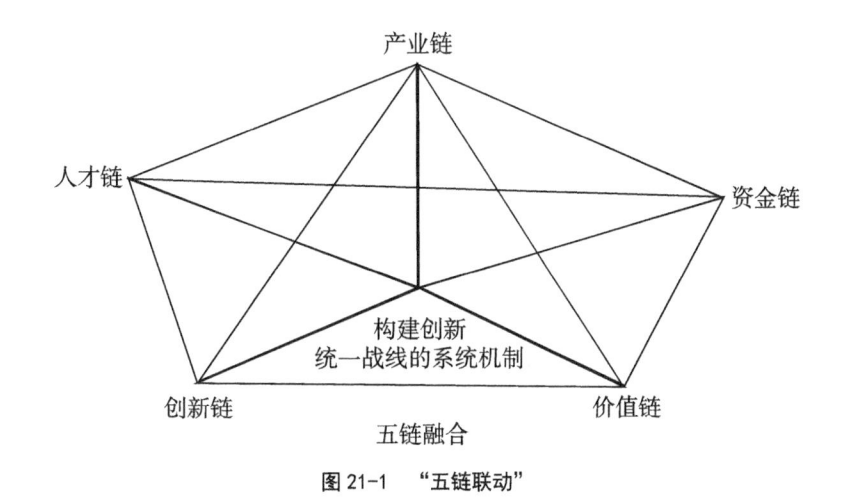

图 21-1 "五链联动"

21.1 突出提质升级，以价值链延伸产业链，培育高端价值高地

推动轨道交通装备产业的高质量发展，要聚集创新资源，加快原创技术、"卡脖子"技术突破，围绕制造业微笑曲线的高价值两端，抓好工业设计、检测认证等制造型服务业，着力推进产业向价值链中高端迈进，以价值链提升，延伸产业链，实现转型升级，彰显产业链的市场竞争力和品牌影响力。

推行"揭榜挂帅"制。围绕重点产业领域和战略性产品的薄弱环节和关键部件，通过企业座谈、问卷调查、专家论证等方式，实时征集技术攻关项目，收集共性需求形成"痛点清单"，聚焦技术需求形成技术"榜单"，按照"技术攻关、产业化示范、前沿探索"等类别，分门别类面向社会广发"英雄帖"，通过线下组织"揭榜挂帅"专场活动和线上"揭榜挂帅"云平台等形式，以市场化手段实现"揭榜"；或者政府组织企业提出技术需求，通过政府平台以"挑战赛"形式发榜或者由龙头企业牵头组织创新联合体负责承接。此外，构建"企业出题、政府立题、人才破题"的市场化和政府投入联动的协同攻关机制，以"榜单"为媒、以"揭榜"为线，推动"揭榜人才"与"张榜企业"由短期项目合作转向长期技术合作；搭建"揭榜挂帅"产研融合平台和"揭榜挂帅"云平台，支持各类创新主体通过"揭榜挂帅""赛马制"等方式，承担或参与国家、省市重大科技项目，集中优势资源和科研精锐力量推动技术攻关。

加快实施重大科技专项。坚持面向世界科技前沿、面向国民经济主战场、面向国家重大需求，聚焦关键共性技术、前沿引领技术、现代工程技术和颠覆性技术创新，以国家级创新平台、新型研发机构为依托，以应用基础研究为重点，联合产业链上下游资源，强化协同攻关，实施重大科技专项，共同突破一批制约产业发展的关键共性核心技术、"卡脖子"技术和前沿引领技术，实现更多新技术"从0到1"的突破，支撑和带动科技创新综合实力和产业竞争能力的持续提升，进而推动关键核心技术研发、国家科技计划等重大成果落地转化，加快实现技术产品化和产品产业化，进一步提升科技成果的附加值，推动产业迈上价值链中高端。

搭建高端交流合作平台。建设轨道交通装备产业国际会展中心，形成"西有柏林，东有株洲"的格局，集聚一批优质创新创业项目落户；通过举办创新创业大赛等活动，整合聚集高等院校、企业、金融、政府、园区等领域的创新技术、人才、市场、资金资源，有效赋能先进制造业创新资源要素库，为提高科技创新和科技成果转化效率、增强行业可持续创新能力打下良好基础；建设海外研发中心、离岸创新中心等，通过"海外研发—国内转化、海外孵化—国内加速"等方式，加强与国际创新产业高地联动发展，整合全球创新资源；依托主导企业、龙头企业、高端平台，发挥头部效应，加强招才引智和科技项目对接，争取国内优势资源集聚，精准打通堵点、连接断点，加强产业链要素保障，实现"链内＋链外"资源的交流共享与优势互补。

21.2 突出创新驱动，以创新链提升价值链，形成区域创新高地

目前，轨道交通装备产业链上下游合作不够紧密、协同研发动力不足，科技创新活动相对分散封闭，"孤岛现象"较为突出，尚未形成协同联动、共赢共生的产业创新生态体系。

强化企业创新主体功能。企业作为产业发展和技术创新的实施主体和集聚科技创新要素的天然载体，担负着科技创新要素集成者、主要需求者、积极推动者和重要管理者等多重角色。发挥企业科技创新主体作用，要以满足市场需求和企业发展为目标，以服务产业和区域发展为原则，坚持目标导向、应用导向和结果导向，聚焦"补短板、锻长板、填空白"，加强科技创新识别评估、协同攻关、科技管理等方面的能力建设，不断提升企业创新决策话语权，瞄准高端化、数字化、集聚化、绿色化、融合化的产业发展大趋势，围绕终端产业、关键元器件、核心零部件、基础材料等产业链条，更好发挥链主企业的领导作用、骨干企业的支撑作用和中小企业的基础作用，促进创新要素向企业集聚，加快形成上中下游衔接、产学研融通、大中小企业协同的创新格局，推进专业化、特色化、精细化的产业化创新和工程化进程，积极为科技自立自强作出应有的贡献。

扩大新型研发机构覆盖范围。按照"政府引导、市场运作、协同创新"的原则，积极对接引进中科院、"双一流"高校等科研院所，与产业链科技型企业合作共建一批行业研究院、新型研发机构、共性技术平台等新型研发机构，组建产业技术创新战略联盟等创新联合体，共同开展基础研究和应用技术研究，联合实施前沿技术和关键核心技术攻关；建好用好以国家创新中心为代表的协同创新平台、以极端力能大科学装置公司为代表的资源集聚平台、以轨道交通创新创业园为代表的重大科技成果转化平台、以国家重点实验室、工程研究中心为代表的自主研发创新平台，实现主导产

业、主要企业研发机构的全覆盖，培育孵化一批产业链"专精特新"优势企业，加速科技成果转化，助力产业转型升级。

健全科技成果转化促进机制。科技成果转化作为科技创新的重要环节，是科学技术转化为第一生产力的重要前提。一方面要完善任务导向型和自由探索型科技项目分类评价制度，建立以创新价值、能力贡献为导向的科技人才评价体系，健全完善科研人员评价考核机制和成果转移转化激励机制；优化整合各类技术创新要素，着力打造从"基础研究、技术研发、工程设计到产业化"的全链条贯通式创新平台，以市场为纽带，联结形成"政府—企业—高校—科研机构—个人"多重力量相互交融、风险共担、收益共享、螺旋前进的创新网络体系，构建成果转移转化供需融合发展机制。另一方面要完善科技成果转化相关政策法规制度文件，建立覆盖人才团队、投融资机构、项目公司的科技成果转移孵化机制，设置科创成果直通车平台，设立专业化技术转移部门和成果转化中心，建设转移转化基地和中试基地，提供新技术应用场景，打通人才招纳、技术研究到成果孵化的任督二脉，形成"众创空间—孵化器—加速器"全链条产业孵化体系。图21-2介绍了国创中心产业孵化逻辑框架。

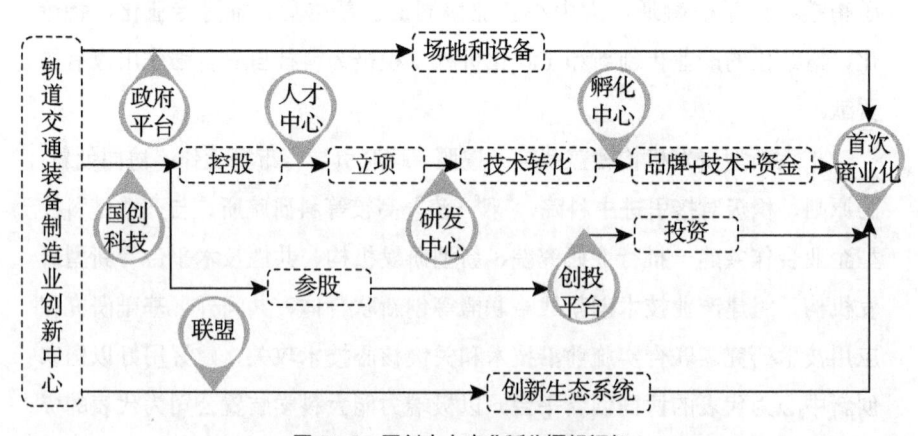

图 21-2 国创中心产业孵化逻辑框架

21.3 突出人才引领，以人才链驱动创新链，打造创新人才高地

人才是创新的根基和核心要件。实现产业的高质量发展，必须把人才摆在战略高度，通过激发人才创新活力驱动技术创新。

构建多层次人才发展体系。依托重大创新平台、重大科技项目，以人才政策20条、芙蓉人才行动计划、湖湘青年英才计划、"三尖"（顶尖、拔尖、荷尖）创新人才工程等为重要抓手，培养和引进一批科技人才和创新团队；实施激励高层次人才、培育高技能人才、选树优秀企业家等专项，设立面向青年科技人才的专项计划，建立更加精准高效、开放灵活的引进、培养、使用、评价和服务机制，健全市场发现、社会认可、专家评价的人才团队引育机制，形成人才与平台、项目互通互认的"双聘""旋转门"机制，构建引培并重、梯次合理的精准化人才培育体系和高层次科技创新人才发展体系。

坚持引育并举和以用为本。以重点产业需求为导向，设立科技领军人才创新驱动中心，实施科技人员服务企业专项行动，探索建立"产业＋项目＋人才团队""人才＋团队＋基金"的协同引才模式和"全职＋柔性"的灵活引才方式；营造引进人才、留住人才、用好人才的良好环境，集聚落地一批产业发展急需的高层次创新创业人才团队；引导骨干企业与高等学校共建共管现代产业学院，深度参与未来技术学院建设，培养国际化人才和高水平工程技术人才；制定对标国际通行规则与标准的科技创新人才发展指标，建立以创新价值、能力、贡献为导向的人才评价体系，探索市场评价人才机制；高效推进人才与平台、项目一体化配置，打造区域性科技创新人才高地，为奋力打造国家重要人才区域中心和创新高地提供坚强智力支撑和人才保障。

持续优化人才发展环境。实行匹配度更高、实效性更强、吸引力更大的人才政策，进一步提升人才政策"含金量"，为人才发展提供必要支持；构建充分体现知识、技术等创新要素价值的收益分配机制，搭建干事创业

的平台；完善服务体系，建立服务创新创业人才"绿色通道"，拓展服务内容，在政策落实、手续办理、信息咨询、项目申报等方面为人才提供优质服务；构建更加开放包容、鼓励创新的城市氛围，建立敢闯敢试、敢为人先、敢于担责的工作机制，把高素质人才的个人理想融入职业发展与城市建设中，共享城市发展红利；加大人文关怀，着力创造有利于人才发展的优良环境，营造重视人才、尊重人才、关爱人才、成就人才的浓厚氛围，让人才进得"顺心"、干得"舒心"、留得"安心"，进一步增强人才归属感。

21.4 突出金融支撑，以资金链对接人才链，构建产品孵化高地

国家"十四五"规划提出，"构建金融有效支持实体经济的体制机制""完善金融支持创新体系"，充分发挥金融在服务实体经济中的支撑功能，实施科技与金融深度融合行动，实现金融、科技和产业良性循环，促进科技与金融深度融合及联动发展。

完善政府资金投入方式。与普通风投不同，政府投融资的目的不应只为了高额回报，而是通过招引优质产业项目，推动地方产业更好发展。为更好地发挥政府引导资金的撬动作用，将有限的政府资金更加聚焦于优势主导产业和战略性新兴产业，要遵循"不谋求控股权、产业做好后及时退出，再投入到新项目"的循环发展路径，全面整合各类政府资金，优化调整政府资金投入方式：一是将之前"撒胡椒面"式的资金投入方式，转为加大对重点产业领域和重点产业项目的投资；二是大幅压减事后奖补等无偿投入，新增产业基金投入、财政金融产品投入、"借转补"投入等市场化有偿投入扶持方式。通过优化政府资金投入方式，更好实现了"拨款变投资、资金变基金"的市场化投融资，更好解决了企业在项目前期和中期更多面临的资金紧张问题。

促进金融支持成果转移转化。建设科技金融创新服务中心，加快集聚各类金融机构，建设科技金融信息服务平台，联合各类机构建立"融资对接—投资路演—上市培训"辅导体系，精准开展科技企业上市融资服务，

分类分层支持重点科技企业在创业板、主板、科创板等上市融资；探索"财政投入为引导、企业投入为主体、金融资本和民间资本竞相跟进"的科技融资机制，允许符合条件的国有创投企业建立跟投机制，引进天使、风投、创投基金以及中介服务机构，支持科技银行、科技证券、科技保险、科技租赁等科技金融机构落户，为高端人才的初创项目、科技成果产业化项目及有融资需求的科技型企业提供更加精准高效的金融支持。

有序开展科技金融试点示范。借鉴上海、成都等先进地区的经验，支持各类金融机构开展知识产权保险、投贷联动、绿色金融、知识产权质押融资、供应链金融等多样化服务，落实首台（套）重大技术装备保险等相关政策；针对产业链上下游、关键环节设立专项政府投资基金或市场化联合投资基金，探索基金+产业、基金+基地、基金+项目等多种"基金+"模式，形成产业上下游各环节链接、企业孵化成长生命周期全覆盖的政府产业投资基金矩阵；支持科技型企业扩大债券融资，健全科技型中小企业信贷风险分担体系，开展科技成果转化贷款风险补偿，探索建立"项目贷""人才贷""成果贷"等新模式，以人才为融资媒介，支持创新项目孵化，打造"科技+金融"共同支撑产业链发展的"双引擎"。

— 22 —

聆听穿越时空的回声

立足国内，株洲轨道交通装备千亿产业体系已形成，株洲轨道交通装备产业该如何把握国家重大政策机遇、掌握先发优势？

面向全球，一些发达国家在产业技术创新中心方面飞速发展，株洲该如何积极抢占科技竞争和未来发展的制高点？

2018年2月6日，由主机企业中车株机牵头，12家股东组成的混合所有制企业——株洲国创轨道科技有限公司应运而生，负责筹建国家先进轨道交通装备创新中心，并作为其运营载体。

为什么要建国家级创新中心？建设国家级创新中心做些什么？现在做得怎么样？下一步朝哪个方向发展？……这些问题，都是工作的出发点和落脚点。

几年来，国创公司时刻牢记初心与使命，始终坚持"技术创新＋模式创新"双轮驱动（见图22-1），不断汇聚行业优势资源，攻克"卡脖子"技术难题，自行孵化的多个产品装车运行；创建两个国家级创新平台——国家先进轨道交通装备创新中心、国家市场监管技术创新中心（轨道交通装备质量与安全），成功申报国家先进制造业产业集群，获批建设新型能源系统铁路行业工程研究中心；公司销售收入、利润和员工收入连续几年增长……

22 聆听穿越时空的回声

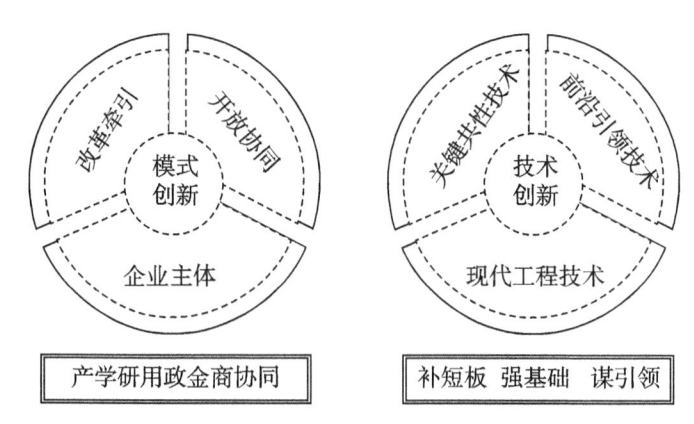

图 22-1 国创中心的"双轮驱动"

22.1 从技术上推动创新

激光犹如最亮的光、最快的刀、最准的尺，被誉为21世纪四大发明之一。但是在国内，激光技术研制的成果转换不是很充分。

"激光焊接工艺的开发确实很难，但是我们能做的东西很多，只要我们完成了初步的试验研究，就可以接手更多、更大的项目"，廖宁宁曾这样鼓励同事。他们通过研发不同需求的激光焊接工艺，突破了多项焊接工艺瓶颈，积累了一套属于自己的激光工艺经验，提高了生产效率和焊接的一致性，焊接效果已达到国际先进。

而在四年前团队成立之初，他甚至无法进行专业知识的交流沟通。现在，他已成为激光焊接领域的专家。焊接组还有很多像廖宁宁一样的员工，已经成为独当一面的技术骨干。

2021年9月28日，"粤港澳大湾区"最快地铁广州地铁18号线首通段正式开通运营，国创公司参与研发的智能运维系统同步上线运行，实时监测车辆运行各部件状态，改善了车辆的可靠性和稳定性，提升了乘坐的舒适度，为大湾区绿色安全出行提供了有效支撑。

广州18&22号线是国创公司第一个独立承接的国家级智能运维项目。为了这个项目，国创公司工业智能所团队驻扎广州有大半年之久，出发前，团队立下了"军令状"。

攻克关键核心技术难点问题,是国创公司的出发点和落脚点。四年来,围绕创新中心建设指南要求的绿色节能技术、智能化关键技术、运维服务关键技术、体系化安全保障技术、高效能牵引传动技术、互联互通技术、系统匹配技术等七大关键共性技术,建设了激光应用技术实验室、智能运维技术实验室、智能感知器件与系统实验室、新能源系统技术实验室,并设立以刘友梅等9位院士领衔的专家委员会和专业技术专家委员会作为咨询机构,负责系统分析研究产业布局、技术创新、基础管理等方面的重点、难点问题,提出解决方案和决策建议。

目前,国创公司已实施4个国家级科研项目,18个省级重点科研项目,在10余项关键共性技术上取得突破,累计申请国际PCT发明专利9项,国内发明专利80余项,牵头或参与标准制定8项。自主研发的国内首台套激光清洗设备可以实现对牵引电机无损伤、清洁环保、高效率和智能化清洗,相比传统技术,激光增材制造技术零件使用寿命提升20%,缩短研发周期30%,节省开模成本60%。

22.2 从管理上推动创新

作为国家级创新平台,国创公司从管理上创新商业模式,努力打造创新中心的发展样板。

2021年5月,湖南国研交通装备工业设计有限公司成立暨合资协议签约仪式在株洲举行,八家单位合伙人签字后兴致勃勃手牵手宣誓信心。这是国创公司发起成立的又一家公司,此外,还先后参与发起成立湖南国基检测认证有限公司、株洲中车轨道交通期刊社有限公司、株洲国联轨道交通产业服务中心,分别聚焦检测认证、学术期刊、产业集群服务等高价值业务领域。

借助这样的平台,国创公司围绕项目、技术、资本做文章,项目在哪里、技术在哪里、资本在哪里,就把优势团队挺进到哪里,把战旗插到项目落地的第一线、资本最活跃的地方、未来发展的制高点。目前正在全力落实创新科技人员激励政策,在投资设立的湖南国基检测认证有限公司、湖南国研交通装备工业设计有限公司等混改企业,均设立了合伙人企业,探索核心技术骨干和经营团队持股、超额利润提成等激励机制,把弹药准备充足,落到实处。

立足轨道交通,面向"四新四基",拥抱"双碳"目标,有广阔的空间可以施展拳脚。在一次研讨会上,一位专家如此表示。在2021年(第二届)轨道交通装备企业绿色与环保创新材料峰会上,院士专家共17位发表专题主旨演讲,开展多场专题研讨,100余家轨道交通装备企业负责人签名承诺"减碳"目标。

请进来,走出去,走进去,走上去,深度参与国内外论坛与峰会。近年来,国创公司陆续主办、承办或参与峰会和论坛10余场。借助其影响力,国创联盟成员不断扩充,聚合了企业家、科学家、工匠家、金融家四方面人才队伍,形成了多位博士带头攻关的科研团队,吸收了超过400家联盟单位,形成了三个分联盟,为打造世界级先进轨道交通装备产业集群提供了重要支撑。

基于管理创新的溢出效应,2021年9月,国创公司主创的《轨道交通装备新型研发机构创新模式的构建》获第十八届全国交通企业管理现代化创新成果一等奖;创新成果《国家级创新中心"黑海战略"的实践与探索》荣获全国国企管理创新一等奖……累计获国家级、省部级管理创新成果一等奖10余项,逐步形成可复制的管理创新模式。

22.3 从平台上推动创新

搭建研发平台,激发创新活力,国创公司不断蓄力、筑力、发力,把研发平台朋友圈做大,把创新活力硬指标做实。

对内,国创公司把培育新型研发机构、建好国家级创新中心、助力世界级产业集群、力争科创板上市作为奋斗目标;对外,积极对接高校院所,加大在人才、技术、成果上的引进,推动企业开展产学研合作,提升核心竞争力。

继国家先进轨道交通装备创新中心之后，2021年9月，又一国家级牌子花落国创，获批建设国家市场监管技术创新中心（轨道交通装备质量与安全），成为轨道交通领域首家国家市场监管技术创新中心。与此同时，国家铁路局新型能源系统铁路行业工程研究中心、国家高新技术企业、湖南省首批新型研发机构等平台资质相继踏来。

牌匾的背后，是寄托，是担当，更是推动先进轨道交通装备产业发展、打造世界级产业集群义不容辞的责任！

依托自主创新、联合创新、协同创新、开放创新、集成创新五大创新方法，国创公司先后与华东交大签订战略合作协议，共建载运工具与装备教育部重点实验室；与株洲国家高新技术开发区管理委员会共建动力谷产业学院；与中南大学联合共建轨道交通现代产业学院获教育部、工信部批复建设首批国家现代产业学院。近年来，已累计与十多个高校签订战略合作协议，并成立了市级院士工作站，吸纳周祖德院士、陈晓红院士入驻进站。

22.4 从党建上推动创新

国创公司在创建之初，就充分发挥党组织"把方向、管大局、保落实"的领导作用，坚持把党建工作与改革发展、生产经营有机结合，全力以赴打造"三融三创"特色党建品牌，助力高铁党建金名片工程，以党建引领创新创业，实现企业高质量发展。

国创公司坚持支委会前置讨论"三重一大"事项，完善党组织参与决策制度；充分发挥党组织的领导核心作用、董事会"定方向、做决策、防风险"作用、监事会的监督作用、经营层的经营管理作用。

"我正式申请加入中国共产党，争取早日成为一名合格党员，在岗位上，创新攻关，争当排头兵，破解'卡脖子'技术难题"，一名技术骨干在入党申请书中写道。国创公司坚持落实党建工作就是落实经营工作的基调，调动党员与党员先进典型发挥攻坚作用，吸收业务骨干积极入党，让党员典型真正达到"点亮一盏灯、照亮一大片"的示范效应。

"我宣誓,在任职岗位上,严格遵守党纪国法……"在参观株洲市廉洁警示教育基地时,全体党员郑重宣誓。国创公司全力打造"莲芯"纪检品牌,倡导风清气正的廉洁文化,营造干事创业的良好氛围,构建"不敢腐、不能腐、不想腐"的思想防线。

国创公司党支部将努力把党组织的政治优势转化为企业的发展优势和竞争优势,不忘创建初心,不忘创新使命,内聚合力,外树形象,以建设科技强国、交通强国为目标,不断引领企业高质量发展。

近年以来,工信部等国家部委以及地方各级党委政府领导先后到国创公司调研,国家玻璃新材料创新中心、国家稀土功能材料创新中心等兄弟单位到国创中心考察,新华社、湖南卫视等媒体相继到国创公司采访报道……

没有社会各界的关心支持,就没有国创公司的今天。感谢国家给予的良好发展政策,感谢国家相关部委、省委省政府、市委市政府、中国中车、各股东单位、合作伙伴、院士专家团队等领导专家,以及第一批入职的创始团队,正是您的关心支持与辛苦付出,国家先进轨道交通装备创新中心才得以孕育而生、发光发热。

不忘来时路之艰难,不惧再出发之艰险!

党旗高高飘扬,红色引擎澎湃!国创公司努力创造经得起历史和实践检验的业绩,以实际行动擦亮轮轨上的"国家名片"。

— 23 —

从高地攀登高峰

党的二十大报告中指出,"加快实施创新驱动发展战略""加快实现高水平科技自立自强。以国家战略需求为导向,聚集力量进行原创性引领性科技攻关,坚决打赢关键核心技术攻坚战。加快实施一批具有战略性全局性前瞻性的国家重大科技项目,增强自主创新能力"。

作为轨道交通装备领域唯一的国家级制造业创新中心,将面向先进轨道交通装备产业重大需求,瞄准前端、高端与尖端,坚持科学技术创新,布局未来技术产业,推进科技自立自强。目前我们聚焦七大关键共性技术,建设了新能源系统技术等四大实验室,组建了以刘友梅、丁荣军等9位院士领衔的专家委员会,形成了由两院院士领衔、行业专家支撑、核心人才保障的创新人才队伍;实施了《轨道交通装备运行质量检验监测科技服务技术研发与应用项目》等20余项国家省市科研项目,实现了激光加工、氢燃料系统、隔音降噪等原创技术从"样品—产品—商品"的快速转换,攻克了无线无源传感器等5项"卡脖子"技术,实现进口替代;先后获批新型能源系统铁路行业工程研究中心、湖南省"双创"示范基地、湖南省首批新型研发机构,通过"国家高新技术企业"认定等,也是首个通过"高新技术企业"认定的国家级创新中心;成功探索市场化运营,自成立以来连续四年实现盈利,是首个"当年注册、当年盈利"的国家级创新中心。

此外,以"企业—产业—产业链—产业生态"转型升级为目标,牵头组建产业集群促进机构，成功申报了国"服务中心＋产业联盟/行业协会＋平台公司"产业产业集群，通过自然试错、政府的前瞻布局、产业组织者的推动、模式，将市场的等功能有机结合起来，聚焦"卡链处"和"断链点"，以奖的产业组织增强"线"上韧性，培育"面"上优势；成功申报湖南知识产权上突破，建了面向产业链公共服务的知识产权综合服务平台，推动先进制造业代服务业的深度融合，构建产业链、技术链、创新链和价值链融通发展的创新生态系统；与中南大学共建国家现代产业学院，聚合创新资源，促进产教融合，注入发展新动能，增强自我造血能力；绘制产业链图谱，让产业链企业依图可知产业发展信息，服务400余家链内企业，推动产业从1.0的产业集聚、2.0的产业集群到3.0的产业生态的转型升级。

　　站在向科技强国进军的重要关口，创新中心如何补齐短板、锻造长板，进而抢占原始创新的制高点，为建设创新型国家提供有力支撑？必须坚持以党的二十大精神为根本遵循，坚持目标导向和问题导向，坚持战略性思维、系统性部署、创造性操作，严格对标对表，以"三高四新"战略为总发力点，严格对照《湖南省奋力打造国家重要先进制造业高地三年行动计划》要求，抢抓湖南省深入推进"两山两区三中心"建设的历史机遇，以"培育国家级新型研发机构、建好国家级创新中心、助力世界级产业集群"为己任，紧盯市场需求，准确把握产业发展高端化、数字化、集聚化、绿色化、融合化趋势，引进培育一批"高精尖缺"科技人才、领军人才和创新团队，推进技术攻关和转移扩散；通过混合所有制改革和经营团队持股等方式，孵化2~3家项目子公司，在建设中试基地的基础上购置200亩左右的土地建设产业化基地；通过与高校、科研院所等机构合作建设现代产业学院或在经济发达地区建设分支机构，实现产教研深度融合，夯实新型研发机构、国家级制造业创新中心平台，争取5年内科创板上市。同时，依托"产业链联合党委＋产业链办公室＋行业协会"产业链联动模式，立足四大公共服务平台，激活产业链创新资源；参与建设环形铁路试验线和检测认证基地，提升产业话语权，发挥门槛效益，实现产业链上下跨国工业设计机构，主导了标准修制、市场准入等游戏规则的制定。国创公司作为发起人单位，联合湖南轨道交通控股集团等行业优势企业，注册成立了湖南国研交通装备工业设计研究院有限公司，完成省级工业设计研究院申报，并获批国家级工业设计研究院培育试点单位。后续在省市地方政府支持下，尽快成功申报国家级工业设计研究院，打造世界一流的轨道交通产业工业设计人才高地和创意高地，推动产业转型升级和国际化经营。

二是聚焦大科学装置，筹建轨道交通检测试验基地，彰显规则制定权。目前国内缺乏国家级行业检验检测服务平台，对行业上下游企业发展支撑不够，难以抢占国内外轨道交通检验检测一体化发展的制高点。前期我们联合上海轨道交通检测技术有限公司合资设立了湖南国基检测认证有限公司，目前已经拥有制动系统等25项检验检测能力和资质。后续还要对标世界一流检测认证机构，统筹推进各个层次重要科研平台的布局和建设，依托极端力能大科学装置和轨道交通检测试验基地，搭建融合试验、检测、评估、认证于一体的覆盖全生命周期的第三方检测平台，夯实产业链生产性服务业基础，打造覆盖技术研发、检验检测、成果推广全流程的生态系统，将科学研究优势转化为地方发展优势。

三是联合设立轨道交通产业发展基金，为产业链发展注入金融活水。目前中车株机公司等龙头企业受限上级主管部门的业务划分等因素影响，在"卡脖子"技术攻关等方面投入资金有限，资金问题已经成为打好关键核心技术攻坚战壁垒。参照国资委"国新基金""国创基金"等基金扶持模式，探索设立轨道交通产业发展基金，支持重点产业项目建设，助力科创平台加速科技项目孵化、产业链企业参与国企混改、壮大"专精特新"配套企业，培育更多"单项冠军"和"配套专家"，增强供应链的韧性，实现裂变式增量发展。同时，引导省内金融机构为科创企业提供全生命周期的金融服务，辅导科创企业争取科创板上市融资。

四是争取政策支持高端人才享受长沙市民待遇，集聚创新人才资源。受限地域因素，教育、医疗等公共资源影响，株洲在引才、留才等方面存在明显短板。为更好地引才、留才，为企业发展和产业升级提供"留得住、有发展"的"高精尖"人才，引导创新人才向株洲流动，建立健全市场导向的人才跨区域交流合作机制，推动株洲长沙互认住房公积金和社保基金，在"人事人才、社会保障"等方面协同联动，实现株洲高端人才同等享受长沙教育、医疗、购房等市民待遇，满足高端人才的综合需求，进而引进培养一批拔尖创新领军人才，并逐步跻身行业一流科学家行列，推动产业裂变，实现品牌升级。

五是整合省内轨道交通行业协会资源，组建湖南省轨道交通产业协会，凝聚行业发展共识。株洲轨道交通产业协会和长沙轨道交通产业学会作为政府实现行业管理的参谋和助手，在相互支持、配合与协调等方面存在职能重叠，不利于引导行业要素合理配置、资源集约利用、企业集聚发展。为进一步发挥行业协会桥梁纽带作用，搭建省内轨道交通行业合作交流平台，适时整合株洲轨道交通产业协会和长沙轨道交通产业学会资源，组建湖南省轨道交通产业协会，凝聚力量，形成合力，提升整体动能，在实施"三高四新"战略和打造"3+3+2"产业集群建设中，协助政府制定实施行业规划和产业政策，更好发挥参谋智囊助手作用。

六是加强知识产权创造运用与保护，培育产品产业区域品牌，增强产业发展原动力。支持创建国家级知识产权强国建设试点示范园区，建设专利导航服务基地、商标品牌指导站，建立健全海外知识产权预警机制，强化海外知识产权纠纷应对指导及服务；支持高等学校、科研院所推行知识产权全过程管理，挖掘存量专利价值，重点培育国家知识产权优势示范企业，引导企业在重点产业领域形成并转化一批技术含量高、市场发展前景好、竞争力强的高价值专利，打造一批知名商标品牌；大力培养知识产权法律服务人才，引进和培育知识产权评估、交易等服务机构，开展知识产权转让、许可等运营服务。

当前，我们比历史上任何时期都更接近实现中华民族伟大复兴的目标，"科技兴则民族兴，科技强则国家强"的重要性更加凸显。原创性、引领性技术成果是科技创新的"源头活水"，有利于加快解决制约产业发展的瓶颈问题,为经济社会发展提供更加坚实的科技基础和更加强劲的原创动力。步入新时代,科技创新必将迎来新的发展机遇,国家制造业创新中心作为开拓创新的中坚力量,要因势而动、应势而谋、顺势而为,为新时代建设科技强国书写更加壮丽的篇章。

下篇

做法：完成 完善 完美

下篇

不论做任何事情，都需要讲方法。比努力更可怕的，是你低估了方法的重要性，而放弃方法。方法总比问题多，不仅仅是个理念问题，更多的还是要创造性地努力寻找解决问题的最佳方案，让创新的"因子"释放强劲发展动能，为梦想插上腾飞的翅膀。无论是企业还是平台，首先是活下来、再是追求活得好、活得久，这也是一个完成、完善、完美的过程。而在这个发展过程中，离不开人和事：活下来，必须干掉不赚钱的人和事；活得久，必须专注能赚钱的人和事，需要经营良心、经营人品、经营团队，让对手敬佩，让同行认可，让客户满意。图1介绍了做事的方法论。

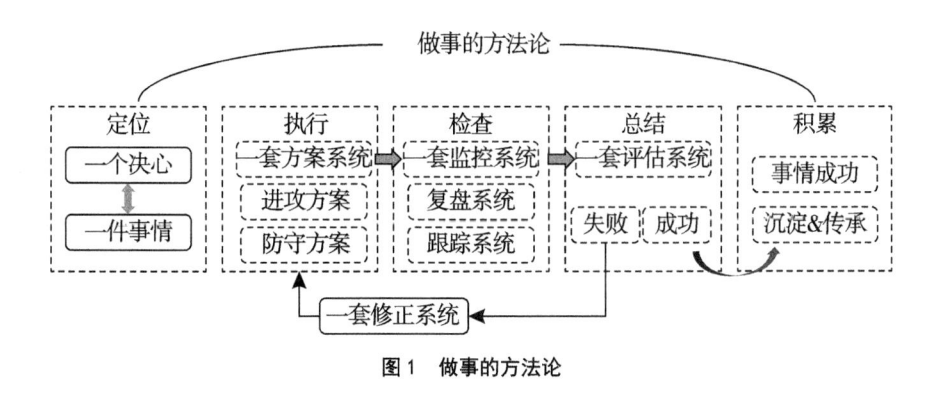

图1 做事的方法论

"完成"，就是做事先马上去做、立即去办，志存高远、坚韧不拔、锲而不舍，想尽一切办法先把事情完成，高效达到阶段目标。它是完善的前奏，是追求完美的基石。先不去过多思考过程怎样、结果怎样，而是守时、积极、正面的从头到尾把事情先完成，这是脚踏实地、夯实基础，以保证有个良好开端。万丈高楼平地起，施工者总是在主体完工后再进行室内外粉刷，而不是盖一层粉刷装修一层，因为这样不利于人力、物力的系统作业，也会因为流程的反复而耽误工期。做任何事情都是同理，只有紧扣每个时段的任务目标，集腋成裘，积少成多，才能不折不扣地实现目标。

"完善"，就是在把事情完成后，再回过头来，看看完成的过程如何、结果如何，想办法修改，想主意完善，让整个过程和结果变得越来越好，达到满意程度,这是个循序渐进、逐步提高、追求精进的过程。完成是完善的前提,没有完成就谈不上完善,而完善是通向完美的追求。例如,员工技能鉴定,首先要通过相关业务知识培训与考试考核,通过了初级后才能再向中、高级攀升,这就是不断完善和提升的过程。就像写一篇工作总结一样,先考虑谋篇布局是否得体,然后一气呵成,再对遣词造句精挑细琢,这样才能整出一篇令人满意的总结报告。

"完美",就是再接再厉、精益求精,追求有个最佳结局。金无足赤,人无完人。世界上没有绝对完美的事物,只有无限趋近于完美的事物。完美只是一种理想状态,完美无瑕、没有缺点的结果是不存在的。完美是完成的升华,是完善的终极追求。比如,就一项规章制度而言,从理论上讲是没有完美的,是需要结合实情进行不断修改完善,而不断健全完善就说明尚有美中不足。如果因为一开始就追求完美,而不去做,那完美的结果就仅存于梦中。只有不断地努力、修炼、完善,或许有可能做出"趋近于完美"的事情。

行动比计划重要,完成优于完美,完美=完成+完善。只有事情开始后,才能在执行过程中逐步发现问题、分析问题和解决问题,有些事情就算是经过多轮的调整,也不一定会有完美的结果,只有通过多次完善后,才能达到心中的完美。所以,必须先行动起来:先升值、再升职,先交流、再交心,先求同、再求异,先记录、再记忆,先仿造、再创造,先成长、再成功,先站稳、再站高……在过程中逐步修正完善,励精图治、终成正果。先完成、再完善,最后追求完美,这个理念、思维和方法会给你一些启发和帮助。

就商业模式创新而言,也是同理。没有成功的商业模式,只有时代的商业模式。商业模式不仅仅是追求赚钱和盈利,从诞生那刻起就和价值紧密联系在一起,商业模式的探索也经历了产销一体的商业模式1.0、厂商合作的商业模式2.0、产业链协同的商业模式3.0逐步演变到生态圈共建的商业模式4.0等四个不同的发展阶段,每一次商业模式的革新,都是企业变革价值创造的过程(见图2)。从商业模式1.0到商业模式3.0的演化,基

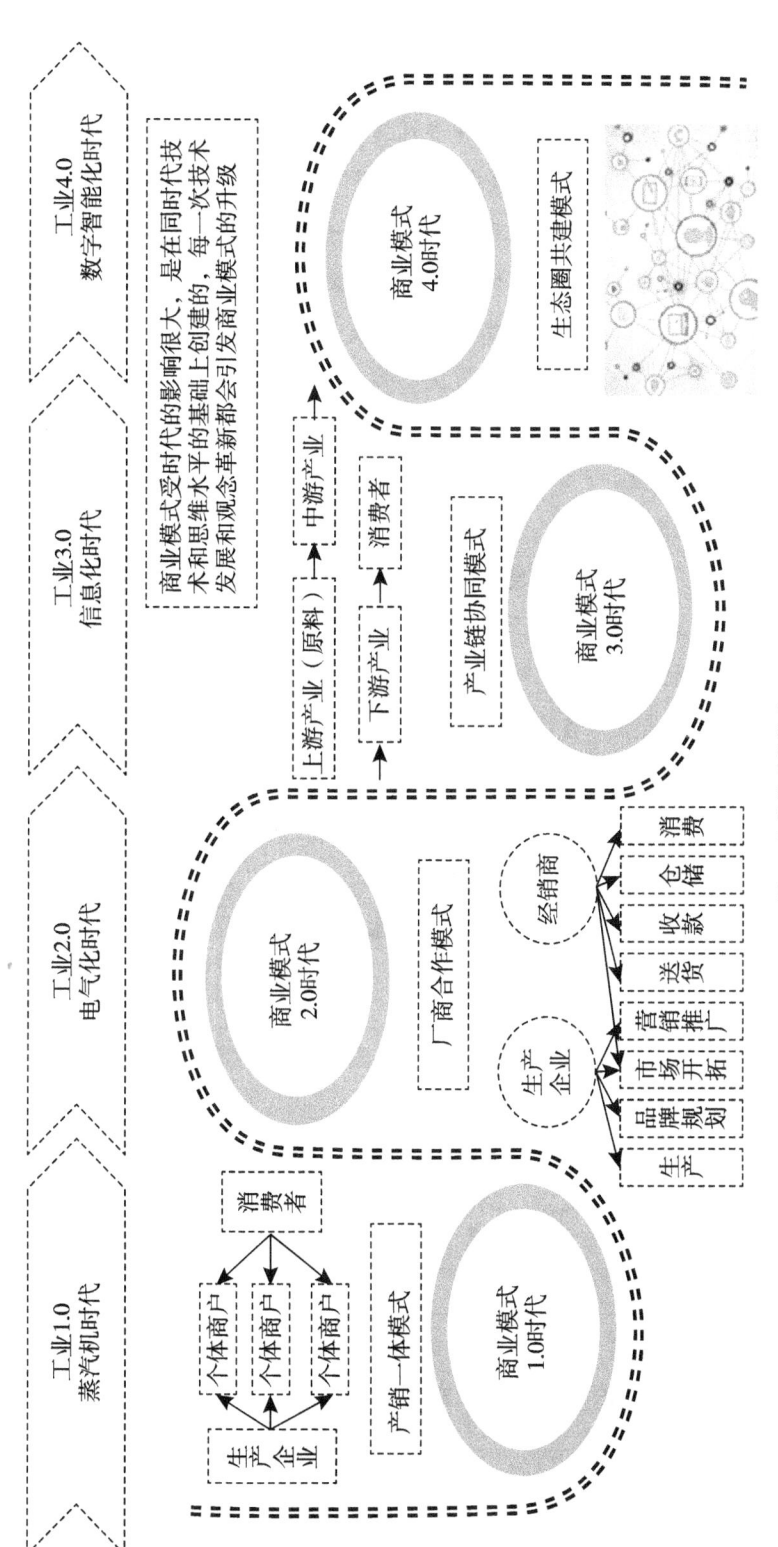

图 2 商业模式的迭代

工业1.0 蒸汽机时代 — 商业模式1.0时代 — 产销一体模式：生产企业 ↔ 个体商户 → 消费者

工业2.0 电气化时代 — 商业模式2.0时代 — 厂商合作模式：生产企业、经销商；生产—品牌规划—市场开拓—营销推广—送货—收款—仓储—消费

工业3.0 信息化时代 — 商业模式3.0时代 — 产业链协同模式：上游产业（原料）→ 中游产业 → 下游产业 → 消费者

工业4.0 数字智能化时代 — 商业模式4.0时代 — 生态圈共建模式

商业模式受时代的影响很大，是在同时代技术和思维水平的基础上创建的，每一次技术发展和观念变革都会引发商业模式的升级

本上都是围绕产业链和价值链的创新进行的，而商业模式 4.0 强调的是一种共生、共赢、共富的精神，不是"唯我独尊"的价值。其更多地强调在企业之间建立一种更加复杂的竞合关系，形成一种全新的竞争格局，打破组织边界和行业边界，将不同组织掌握的不同优势资源进行有机组合和内外部资源的协同合作，实现和其他企业、个人一起价值共创、价值共享和价值再创，也就是常说的"共生、互生、再生"，使得每种资源的价值都可以得到提升，同时实现"1+1＞2"的总价值提升。书中提到的"公司＋联盟"、产业集群建设、产学研融合发展、"一地四区"模式等都是基于商业模式 4.0 进行的探索与实践。

经营企业也不例外，必须遵循"完成、完善、完美"这个事物发展规律，先做成，形成企业的主打产品、主导产业和主营业务，再通过商业模式创新进行扩大做大，在此基础上进行系统梳理和管控整合实现做强，最后通过企业文化塑造和品牌建设努力做得更长久，实现基业长青，成为百年老店。图 3 介绍了企业不同发展阶段的战略目标。

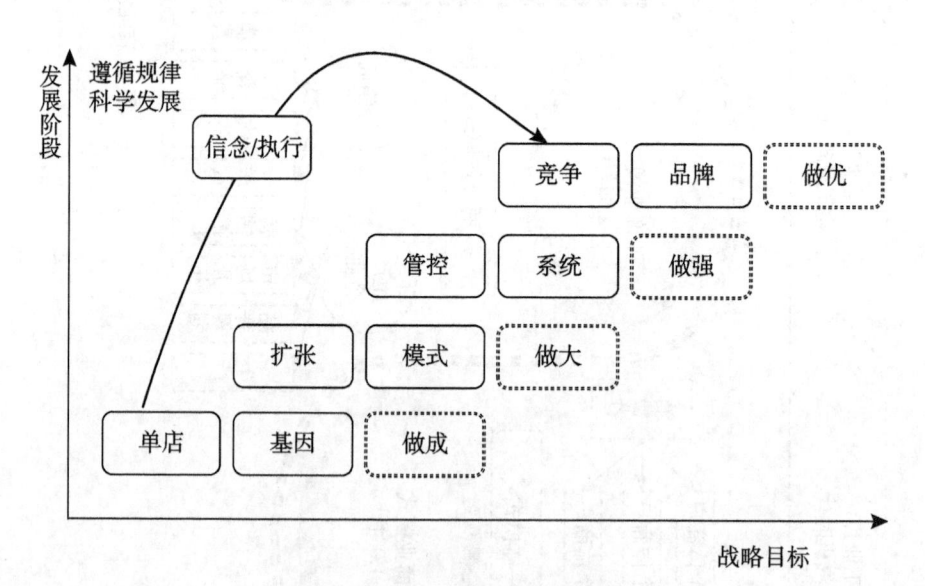

图 3　企业不同发展阶段的战略目标

— 24 —

把握大势：轨道交通新动能

轨道交通作为新老基建中的"重合体"，是带动投资最大、民生最关注的重点领域之一。新冠疫情后轨道交通产业面临的挑战与机遇、发展空间与增量预判、发展方向及其出路，都是新基建逻辑分析的重要话题。

城际铁路和城市轨道交通作为轨道交通的重要组成部分，名列智能交通基础设施范畴，属于"新基建"中的融合基础设施。与传统"铁公机"等老基建相比，新基建不仅在于其自身创造的价值，更在于它是未来新产业形态的基础和平台，最大的价值在于为百业赋能。

轨道交通作为新老基建中的"重合体"，是带动投资最大、民生最关注的重点领域之一，它的景气度与投资额高度相关，需求仍由新增需求主导。图 24-1 介绍了 2009—2019 年中国铁路年完成固定资产投资额。根据《交通强国建设纲要》，为构建"全国 123 出行交通圈"和"全球 123 快货物流圈"，城际与市域铁路将成为未来的发展侧重点，预计 2020 年铁路投产新线将达 1.1 万公里，全国铁路营业里程达到 15 万公里左右。虽然疫情对全年新开通轨道交通里程的影响，将构成轨道交通装备需求端的重要影响因子，但从生产端来看，第一季度是轨道交通装备企业传统淡季，占比不足 20%，对全年订单交付能力影响有限，考虑到轨道交通项目逆周期调节发力，全年需求景气度有望维持在高位。

图 24-1 中国铁路年完成固定资产投资额（亿元）

数据：2009年 7020；2010年 8437；2011年 5916；2012年 6347；2013年 6669；2014年 8089；2015年 8238；2016年 8015；2017年 8010；2018年 8028；2019年 8029。

24.1 疫情后的机遇与挑战

国内外形势面临新局面，压力与动力相伴。当前世界正面临着百年未有的大发展、大变革、大调整的新格局。疫情对全球经济的影响，除了对各国经济的不同冲击，对产业整体发展形成明显压力，更让人担忧的还是它带来的全方位连锁反应，有可能导致生产链、供应链、价值链的错位或断裂，迟滞重大国际性项目的推进，对行业造成长期的、不可逆转的损害。但是，"危"和"机"是同一件事情的两个方面，这次新冠疫情的发生，已经或正在倒逼许多产业规则、市场格局、商业模式、供应链和政府政策发生改变，必将带来经济发展的新风口。我国轨道交通行业长期向好的基本面并没有改变，仍将面临重大战略机遇："一带一路"倡议成为国际多边合作的"中国方案"，全球互联互通已成为不可逆转的大趋势；《交通强国建设纲要》落地实施，智慧交通蓬勃发展，铁路年度投资仍将保持在8000亿元左右；国铁集团"货运三年增量计划"和"客运提质计划""复兴号平台战略"三大举措深入推进，城市群功能优化与城镇化加速发展，国家应对新冠疫情影响、刺激经济社会发展的措施，将进一步释放市场，行业发展势头仍然强劲。

产业发展面临新挑战，困难与希望同在。静观近年来我国轨道交通行业的发展，在蓬勃向前的同时，其在公共交通中承担的比例和责任越来越大，无论是建设运营、维护维修、装备升级、客户体验、应急处理等都面临新的挑战。从国际竞争环境来看，阿尔斯通拟收购庞巴迪运输，新加坡政府投资公司联合加拿大博枫基础设施公司出资84亿元收购美国铁路公司杰纳西及怀俄明，铁路装备行业整合速度明显加快，势必加剧市场竞争压力。与此同时，国铁集团企业化改革加速，我国轨道交通装备市场外资准入限制门槛进一步降低，市场开拓、科技创新、成本质量等方面压力不小。尤其是疫情的暴发，为社会公共安全和全球经济发展敲响了警钟，轨道交通作为人流量大、人员密集的公共交通出行方式，面对诸如疫情此类公共安全事件，如何实现智能化的快速检测和杀菌灭毒、信息的准确采集和即时预警？如何做好精准防控和高效安全运营？都给行业提出了迫切的新要求，更绿色、更安全、更智能是不可阻挡的趋势。

技术发展进入新阶段，传承与探索同行。全球科技创新进入空前密集活跃时期，新一轮科技革命和产业变革正在重构全球创新版图和全球经济结构，系列新技术新产品的快速迭代，让人对行业发展前景产生更多期待，非常有必要打破轨道交通传统创新业态，进一步汇聚行业优势资源，开展全技术链创新、全产业链创新和开放融合创新，形成行业协同创新生态体系。欧美作为轨道交通装备的技术策源地，持续资助铁路技术的发展，美国 Hyperloop One 公司、特斯拉先后提出建设超级高铁；欧洲铁路行业发起了 Shift2Rail 倡议，并由 Horizon 2020 资助 Roll2Rail 灯塔项目，项目参与方包括西门子、阿尔斯通、庞巴迪、CAF、Talgo、STADLER、AnsaldoBreda 整车企业以及 Faiveley、KNORR-BREMSE、THALES 部件公司和 DB、SNCF 等运营商及其他企业共30家，创新内容覆盖牵引传动、电力电子、列车通信、车体内装、制动系统、噪音振动、能源效率等11个领域，开发关键共性技术，解决创新技术推广阻碍。我国轨道交通装备行业持续推进技术创新，充分运用人工智能、大数据、3D打印等技术，陆续推出了无人驾驶列车、超高速磁悬浮列车、氢燃料电池列车、400km/h

高速列车、智轨系统等创新产品，整体已经走在世界前列，成为中国高端制造业的一张"名片"，开始进入技术无人区，在全球竞争中面临"不进则退"的发展处境。

24.2 产业链的痛点与难点

我国轨道交通装备制造业经过几十年的发展，整体研发能力和产品水平大幅提升，核心技术产业化进入加速兑现期。但从总体来看，与西门子、阿尔斯通、庞巴迪、通用电气等国际一流跨国公司相比，仍然存在一定差距和短板，比如，系统解决方案能力不足、关键共性技术研究欠缺、行业引领地位不突出、产业生态集群构建还需加快推进等。

产业共性技术存在短板。同发达国家相比，信号系统、制动系统、防火、可靠性等领域的研究起步晚，缺乏系统深入的理论研究；基础器件、基础材料、基础工艺和基础软件等没有完全实现自主可控，难以满足行业整体发展需求；缺乏能支撑数据共享与协同制造模式的公共服务平台及检测认证平台，第三方认证、工业设计、智能维保等制造型服务业还需加强。

配套企业技术能力跟不上。随着整车龙头企业国际化进程加快，与之搭配的符合国外标准体系的重要部件，比如高端轴承、芯片等，仍然要依赖于国外制造厂家，该产品采购周期长、成本管控难，导致本地化配套率较低，海外项目管控难度增加。

资源要素匹配程度还不足。高等院校、研发机构、设计和建筑公司、标准和知识产权、国际化人才等要素资源匹配不足，协同性不够，较为松散，没有真正形成技术创新联合体，已是制约轨道交通行业持续健康发展的关键因素。

24.3 疫情后的空间与增量

从海外高端市场看欧美区域，根据国际咨询机构 Roland Berger 和 SCI Verkehr 的研究报告，未来几年全球轨道交通装备市场年均增长率约为 3.3%，2020 年市场总容量将达到 1913 亿欧元。2020 年 1 月 15 日，德国政府正式签署 860 亿欧元铁路投资计划,将在未来十年投资 860 亿欧元用于维护和翻新德国铁路网络,该协议规定的投资额较上一个五年规划期间的投资额高出 54%。俄罗斯铁道部提出,从 2017 年到 2025 年,客运铁路增长量达到每年 3.0%,货运达到每年 4.5%。美国政府也积极推动城市交通和高铁示范工程的发展,美国政府计划对全美的城轨系统进行升级,最近拟通过《高铁走廊发展法案》(High-Rail Rail Corridor Development Act) 为联邦指定的高速铁路走廊提供 320 亿美元,旨在为加州的高铁项目以及其他国家项目提供资金。

从国外高产市场看新经济体,据联合国经济和社会事务人口司的报告,当前全球约 55% 的人口居住在城市或城市地区,未来几十年,这一数字将升至 68%,预计到 2050 年城市人口将增加 25 亿,城市居民将占到全球总人口的 2/3,而大部分的城市化发生在新经济体。随着全球城市化的不断发展,轨道交通作为绿色、安全、舒适的公共交通方式,日益成为新经济体的重点发展领域,城市铁路将以每年 1.7% 的速度增长,中国、印度和非洲的城市运输将分别增加 1.7 倍、2.2 倍和 3.7 倍。印度提出,从 2017 年到 2025 年,客运和货运铁路的运输年均增长率达到 7.0%。国家鼓励高端装备"走出去",有望在国际市场上取得更多份额。

从国内新增市场看新型装备,2019 年国家印发了《交通强国建设纲要》,提出到 2035 年要基本建成交通强国,21 世纪中叶建成世界前列的交通强国,预计近几年我国铁路固定资产投资将稳定在 8000 亿元左右。"十三五"规划中提及的城市群数量达到 19 个,已经批复了 10 个国家级城市群,1 小时交通圈将迎来城际铁路投资高峰期。自"新基建"概念提出以来,从 26 个省市公布的 2020 年重点建设项目来看,项目总投资达 48 万亿元,涉及新基建七大领域涵盖 70 个项目总投资万亿元以上,其中轨道交通占比排名第一、5G 和大数据次之。以广东省为例,5.9 万亿元新基建大盘里有 9000 亿元投在轨道交通领域,占比 15%。根据《国家发展改革委关于促进枢纽机场联通轨道交通的意见》,随着轻轨、中低速磁浮、智轨等多制式中小运量城市轨道交通的发展,将更好地填补二、三线城市的增量需求,同时与大运量制式的城际动车、地铁相互补充，促进空铁、公铁等联程运输发展，解决"第一公里"和"最后一公里"的通行需求，市场空间潜力巨大。

行业最大发展空间在后市场。根据德国 SCI Verkehr2019 年研究报告分析，2018 年全球轨道交通运营维保后市场规模近 540 亿欧元（其中城市轨道交通近 60 亿欧元），比新造市场高出 6%，预计至 2023 年将以平均每年 3.2% 的速率持续增长。过去 10 年是我国轨道交通大规模投资建设期，运营维保后市场与运营里程正相关，根据行业经验，城市轨道交通运营维保支出一般占总投资的 2%～3%。以城市轨道交通为例，截至 2019 年底，我国城市轨道交通运营里程 6730.27km，考虑重置成本为每公里平均造价 10 亿元，按照中位数 2.5% 测算，轨道交通运营维保后市场规模约为 1682 亿元，预计至 2029 年，我国城市轨道交通总建设投资将达到 19.5 万亿元（按每公里平均造价 10 亿元进行估算），年运营维保市场规模预计达到 4875 亿元，有望成为轨道交通行业最具发展前景、空间最大的产业环节。

行业协同溢出效应将逐步显现。轨道交通是一项系统工程，涵盖工程建设、装备制造、运营维保等领域，涉及机械工程、电力电子、材料工程、环境工程等 20 余个学科，可以有效拉动冶金、化工、电子、信息等 30 多个相关产业的同步发展。比如，根据 Gartner 的最新统计数据，随着车厢旅客舒适性及沿线减振要求的提升，新型减振降噪材料在轨道交通行业预计将形成 300 亿元左右的市场。中国城市轨道交通协会的专题研究表明，城市轨道交通建设对 GDP 的直接贡献率为 2.6，包括对上中下游产业间接带动作用在内的综合贡献率为 8.2。也就是说，城市轨道交通建设投资 1 元，直接拉动 GDP 2.6 元，最终拉动 GDP 8.2 元。

24.4 疫情后的方向与出路

24.4.1 坚持目标导向，深入推进"三个融合"

首先是以产业生态圈思维培育世界级产业集群，推进产业链与价值链的"两链"融合。制造业的竞争已不再是企业个体之间的竞争，更是整个

24 把握大势：轨道交通新动能

行业、甚至是整个国家制造水平的竞争。面对疫情，我们应该认识到世界不是风平浪静的，有必要以产业生态圈思维，在 50～200 公里半径内（1—3 小时车程）形成整个上中下游 70% 以上的半成品和零部件集群化研制基地，构建全产业链"技术＋产品＋服务"生态体系，形成"产业链集群＋价值链集群"的双重集群。在实现产业链全球化水平分工的基础上，通过产业链集群化，最大程度降低运输成本，最大程度避免各种自然灾害、疫情灾难的冲击，极大地强化产业链的抗风险能力。此外，在产业链集群形成过程中，还要注重产业整体价值链的重塑。价值链不仅包含产业链制造系统上游的研发设计、品牌建设环节，中游的第三方物流、产业互联网等生产性服务业，还包含产业链下游的金融结算、维保服务等环节，是产业链中所有价值增值环节的集成。"产业链＋价值链"的集群模式也会推动整个产业数字化转型，更容易利用数字技术改变生产模式、服务模式和协同模式，从而为整个产业创造新的价值空间。比如株洲轨道交通装备产业聚集区吸引了物联网、大数据、人工智能企业参与，与产业链交互融合，创造了新的商业模式，改变了行业盈利模型。图 24-2 介绍了轨道交通装备产业"链群"发展思路。

其次是在工业化与信息化"两化"融合基础上，加速推进先进制造业与现代服务业的"两业"融合。国家发展改革委等 15 个部门联合印发的《关于推动先进制造业和现代服务业深度融合发展的实施意见》明确提出先进制造业和现代服务业"两业"融合的概念，这将是我国制造业转型升级的重要方向，也为深化"两化"融合找到了正确方向和实施路径。《中国城市轨道交通智慧城轨发展纲要》明确提出：部分城市实现市区城轨、市域快轨、城际铁路"三网融合"，重点发展"智慧乘客服务"，城轨交通产业链后期的重点会随着"以人为本"的服务展开，既要满足城市、城际间不同制式的互联互通，又要满足乘客在场景内对出行服务的各类需求，这既是城市轨道交通运维后市场亟待解决的难点，更蕴藏着广阔的发展空间。根据信息化咨询机构 Gartner 的预测，轨道交通行业信息化建设投入占比将达到 7% 左右，行业云平台及云端应用业务有望在未来突破 1000 亿元规模。

最后是在产业转型升级过程中，深入推进前沿引领技术与轨道交通

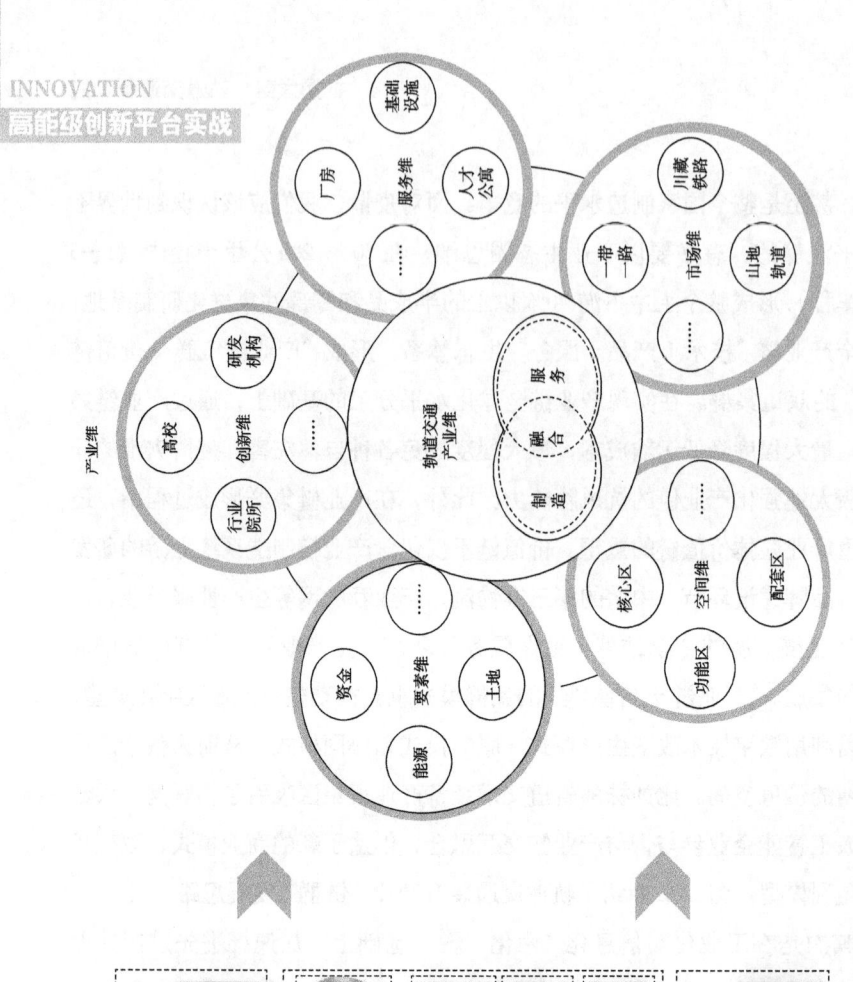

图 24-2 轨道交通装备产业"链群"发展思路

行业的"跨界"融合。随着新能源、轻质高强材料、类脑智能、虚拟现实（VR）等新技术在交通运输领域率先应用并不断迭代优化，不仅支撑着轨道交通基础设施建设、运输装备制造等技术能力及推广应用，也推动着无人驾驶车辆等新业态快速市场化。比如，在燃料电池动力技术领域，德国、英国和法国政府分别提出到2030年、2040年禁售燃油车，中国、美国、印度等国家也提出了禁售纯柴油机车的时间表，其中燃料电池动力技术是优选方案。在人工智能技术领域，株洲智轨交通采用虚拟轨道跟随控制技术，通过车载各类传感器识别路面，让"有形"轨道化为"无形"。法国计划在2023年之前开通无人驾驶高速TGV列车，德国汉堡2028年将投入运营50辆无人驾驶列车——未来城市轨道交通车辆配置自动驾驶系统将是一种"标配"。在3D打印技术领域，国内外轨道交通装备制造和运营维保单位已开始探索金属3D打印技术在轻量化、集成化零件制造和修复中的应用。西门子交通公司2020年3月新采购了两台工业级3D打印机，用于圣彼得堡和莫斯科的车辆维保部件的制造，相比传统制造方法节省95%左右的制造时间。在轻量材料技术领域，车体结构材料经历了钢—铝合金—碳纤维复合材料的代际更迭，每次材料更迭车体自重降低至少30%，速度提升至少30%。碳纤维复合材料具有比铝合金更高的比强度，更优异的耐腐蚀性和耐疲劳性能，通过优化结构设计，减重效果至少50%。

24.4.2 坚持问题导向，积极争取"四项权益"

一是规则制定权。当前，我国正在以中巴、中蒙俄、新亚欧大陆桥等经济走廊为引领，以陆海空通道和信息高速路为骨架，同相关国家共同规划实施雅万高铁、中老铁路、亚吉铁路、匈塞铁路等互联互通项目，在与世界各国在基础设施建设和装备建造方面合作的过程中，迫切需要加强与国际铁路合作组织、国际电工委员会轨道交通电气设备与系统标准化技术委员会（IEC/TC9）等方面的事务合作，积极参与轨道交通领域国际规则和标准制定，提升行业的国际影响力。

二是技术引领权。综观近几年国内轨道交通行业创新发展状况，仍然存在"技术孤岛",创新资源要素在产业链各环节上多头部署和分散投入,现有创新载体在"技术产生、扩散、首次商业化、产业化"的链条上衔接不畅,就像一颗颗散落的珍珠,难以跨域"死亡之谷"。有必要以国家先进轨道交通装备制造业创新中心为牵引,高效整合企业、高校、科研院所等创新资源,形成协同攻关、开放共享的行业创新平台,在轴承、制动系统、通信信号系统、车钩缓冲系统等关键核心零部件上进行技术创新,突破"卡脖子"技术,解决"大产品受制于小产品"的尴尬局面。

三是行业宣示权。随着中国装备越来越多的走出国门,在世界舞台上行业宣示权至关重要,IRIS就是基于欧洲四大巨头制定的质量管理体系,演变而来的铁路行业通用质量管理体系标准。国家铁路局批准发布铁道行业标准《磁浮铁路技术标准(试行)》(TB 10630-2019)自2020年1月1日起实施,这是我国磁浮铁路领域的基础性行业标准,将为规范和引领磁浮铁路建设和装备制造提供重要的技术支撑,起到很好的示范效果。后续,有必要组织国内的相关研究机构和行业协会,共同出版类似德国SCI报告的行业蓝皮书,举办类似轨道交通德国柏林展及轨道交通全球供应链大会及高峰论坛等活动,抢占行业话语权。

四是产业引导权。2010年7月德国联邦教研部(BMBF)推出《思想·创新·增长——德国2020高技术战略》,将发展交通行业关键技术列为五大重点发展领域之一。2013年德国联邦教研部推出《研究基础设施路线图》,计划在十年内提供1500万美元财政资金,支持研究基础设施的建立和运作,并将科研基础设施建设和运行费用的统筹规划提升到了国家战略层面甚至欧盟层面,以提升制造业工业基础发展效率。我们也应见贤思齐,加强产业政策顶层设计,制定行业技术发展规划,强化党建引领、规划引领和市场引领,助推行业创新发展。

24.4.3 坚持效益导向,牢牢把握"四个方向"

一是重点聚焦"话语权"进行建链。围绕检测评估认证,对标国际先进行业标准,整合"政用产学研"标准化技术力量,加强轨道交通装备标准研究和制修订，打造以车辆为核心、覆盖零部件与系统、具备国际一流水平的检测、评估、认证机构，建设面向行业的国家工业设计研究院及国家级创新中心等新型研发机构和创新平台，进一步提升产品的国际竞争力和话语权。

二是重点聚焦"未来车"进行强链。如今全球正迎来新一轮科技革命和产业变革，轨道交通呈现出高速重载、绿色智能、节能环保、安全高效等明显的发展趋势。在高速化方面，中国"复兴号"高铁动车组最高商业运营时速达到350km/h，日本山梨磁悬浮试验线"L0系"列车实现603km/h最高载人运行速度，马斯克提出的"超级高铁"达到1200km/h以上，西南交大建成世界首个真空管道高温超导磁悬浮环形试验线，验证了创造更高速的可行性；在智慧化方面，基于智能系统的集成整合运用，将全面运营无人驾驶、无人检测的智能铁路，智慧机车车辆将实现工作状态自感知、运行故障自诊断和导向安全自决策，运输服务将实现全面电子客票、全程刷脸畅通出行、站车5G覆盖和智能引导。此外，碳纤维地铁车辆、氢能源有轨电车、新能源悬挂式空铁、智轨、磁悬浮、无人驾驶列车等系列"未来车"将相继亮相。

三是重点聚焦"中国芯"进行补链。在新一轮技术变革和产业竞争中，我国轨道交通产业已由"跟跑""追赶"变为了"并跑""领跑"，比拼的已不是"产能"，而是"迭代创新"的速度。我们应把握产业发展大势，围绕大功率IGBT、永磁驱动、电子变压器等"核高基"高新技术产品，着力补齐基础材料、基础工艺、基础软件、基础器件等产业基础能力的短板和差距，攻克一批"卡脖子"技术，不断增强产业的创新发展动能。

四是重点聚焦"数据港"进行延链。物联网、大数据、云计算、3D-GIS、智能决策与AI、全自动驾驶等智能化技术将会在轨道交通领域广泛应用，主动融入互联网+、人工智能、大数据等前沿技术，搭建面向全球的行业工业互联网平台，推动产业链企业上云上平台，全面实现基础设施和载运工具的数字化网络化、运营的信息化智能化以及运输系统整体的智慧化。

— 25 —

"企业+联盟"协同创新生态模式的构建

株洲国创轨道科技有限公司创建于2018年,注册资本4.8亿元,由中车株机牵头,联合中车株洲所、中车株洲电机、中车投资控股4家中车在湘核心企业,株洲国投、株洲高科等市属国有平台公司,清华大学等科研院校,联诚控股、九方装备等民营企业以及深圳麦格米特、南高齿、金蝶软件(中国)等上市公司,共计12家企业联合组建的混合所有制企业。2019年1月,经国家制造强国建设领导小组办公室认定为国家先进轨道交通装备创新中心,成为全国第十家、湖南省及非省会城市第一家、轨道交通装备行业唯一一家国家级制造业创新中心。创新中心采取"公司+联盟"的模式,按照"优势互补、协同创新、开放共享"的原则,集聚科学家、企业家、金融家和工匠家等四支队伍,集合全国先进轨道交通装备领域优势资源,形成一支引领行业发展、代表国家参与全球竞争的创新团队;以核心团队的技术开发与人才培养为基础整合资源,打造创新链,支撑产业链;构建技术协同创新体系,以前沿技术为引领,力争实现关键共性技术的突破;在基础研究及产业孵化之间,搭建从技术创新、转移扩散到首次商业化的桥梁,打造"产学研用政金商"协同创新的生态发展模式。图25-1介绍了国创中心的定位及其辐射范围。

25 "企业＋联盟"协同创新生态模式的构建

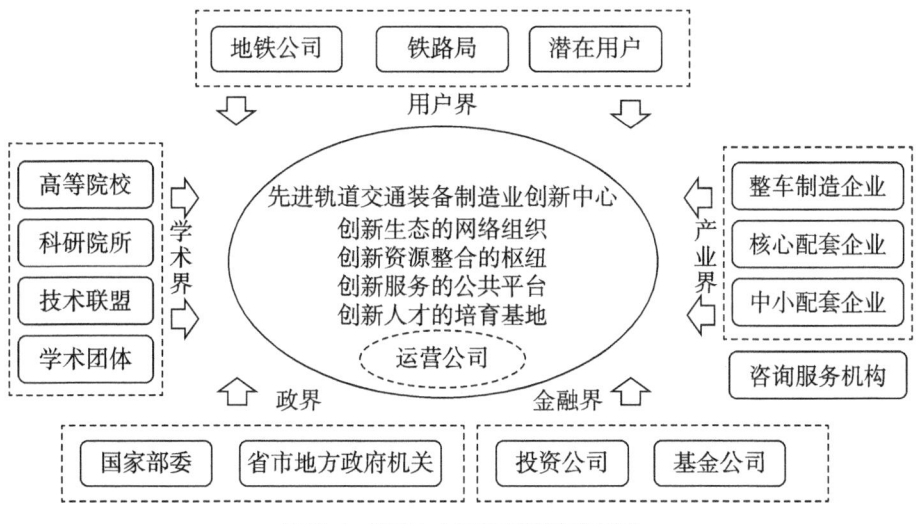

图 25-1 国创中心的定位及其辐射范围

25.1 构建"企业＋联盟"协同创新能力生态模式的背景

落实交通强国战略，实现行业持续创新引领。当前，世界经济格局迎来了重要转折点，贸易保护主义升温，大国博弈日益加剧，经济摩擦政治化逐步抬头，世界经济充满不确定性，各种国际摩擦相继发生，"中兴事件""华为事件"背后引发起社会大众对"卡脖子"技术的深刻思考和重点关注。未来，制造业的竞争，已不单是企业个体之间的单独竞争，更是整个行业乃至是整个国家制造水平的综合竞争。轨道交通装备产业作为国家的"金名片"，在全球同行业竞争领先的压力下，同样面临着"不进则退"的发展危机。

纵览全球竞争格局，德国、法国、日本等传统轨道交通强国都纷纷出台下一代高速列车研发计划，在新制式轨道交通、磁浮交通、超高速管道列车等领域竞相争先；美国、韩国、加拿大等国家也不甘示弱，开始进行大量高速列车的理论研究和试验工作，试图在这场科技竞赛中抢占一席之地。面对轨道交通领域日益激烈的国际竞争，需要持续创新以保持"并跑"、实现"领跑"。单纯依赖传统单一要素创新驱动的方式显然满足不了当前激烈的竞争态势，迫切需要整合重构产业优势资源，实现协同创新。

"企业+联盟"协同创新生态模式正好响应了这一发展趋势,是实现建设交通强国战略、推动轨道交通装备产业持续创新引领的有效途径之一。

打破"技术孤岛",实现创新资源"串珠成链"。中国轨道交通装备企业与西门子、阿尔斯通、庞巴迪、通用电气等同行业国际一流企业相比,仍然存在一定差距和短板,面临"大产品受制于小产品"的尴尬局面。比如,系统解决方案能力不足,关键共性技术仍然薄弱,行业标准建设能力不强,行业协同创新载体缺失等等。同时在"走出去"过程中还面临发达国家遏制、内力支撑不足、知识产权壁垒等诸多挑战。究其缘由,主要还是国内轨道交通行业存在比较严重的"技术孤岛"现象,创新资源要素就像一颗颗散落的珍珠,在产业链各环节上存在多头部署和分散投入,在"技术研发、转移扩散、首次商业化、产业规模化"的链条上衔接不畅。突出体现在:创新资源分散在相关企业、科研单位、高等院校等多个部门,产学研合作效果不明显,未能形成有效的协同创新合力;国内相关企业之间未形成有序、紧密、科学的创新链与产业链,产业链上下游之间协同创新能力不足,上游的材料供应商、中游的设备制造商和下游的行业应用示范之间未形成有效协同;在产品标准、质量体系等相关领域,还缺乏统一的发展规划和研究合作。

"企业+联盟"协同创新生态模式的构建,正是通过整合产业链上下游企业、行业高等院校、科研院所等创新资源,真正实现创新资源"串珠成链",构建"聚智、协同、转移、辐射、合作"的创新能力聚变新模式。

突破实验室到产业化的瓶颈,弥补技术创新与产业发展断层。目前的科研体制机制在前沿引领技术和关键共性技术创新方面存在一些软肋。企业研发机构受限于传统商业模式盈利要求,难以长期对行业发展起支撑作用的前瞻性基础性技术进行研发投入,其结果是导致短期的创新能力不足、长期的原始创新能力缺位;以高等院校为代表的科研院所则受困于其体制机制,对市场需求不太敏感、对应用环境不够了解,深陷相对有限的研发资源与研发成果转化机会缺乏、远离生产实际的矛盾之中。

"企业+联盟"协同创新模式的构建,正是以产业为本体、市场为导向、企业为主体,通过技术创新、模式创新、组织创新、业态创新、体制机制创新等,打造从创新生态到产业生态的中枢与制高点,弥补技术创新与产业发展断层,跨越产业路上的"市场的冰山、融资的高山、转型的火山",打造"样品—产品—商品"的快速转换平台,推动跨越实验室到产业化之间的"死亡之谷"(见图25-2)。

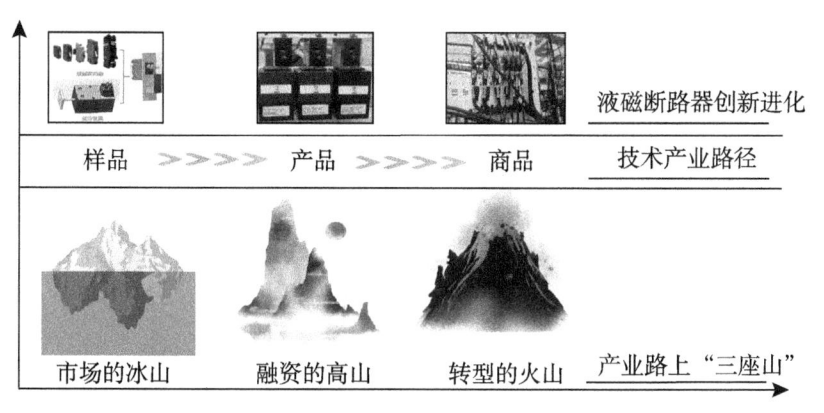

图25-2 产业孵化的"三座大山"及进化路径

25.2 交通装备产业"企业+联盟"协同创新模式的内涵和主要做法

创新中心以创新驱动战略为导向,通过"企业+联盟"的模式构建了顶层架构体系;以资本为纽带,形成行业协同跨界联合的协同创新的有机生态体系;以技术为驱动,通过技术创新发力行业关键共性技术突破;以运营为保障,打造适合协同创新的组织机制;以财务为管控,探索"平台+项目公司"的孵化模式;以人才为根基,建设一支以首席科学家为龙头、以领军人才为核心、以骨干人才为主体的专兼职结合、形式多样的高水平人才队伍,实现高端人才的聚合;在技术服务、技术转让、知识产权运用等方面积极探索,逐步形成自主经营、自负盈亏、自我造血、自我发展、充满活力的持续发展模式。图25-3介绍了公司组织架构图。

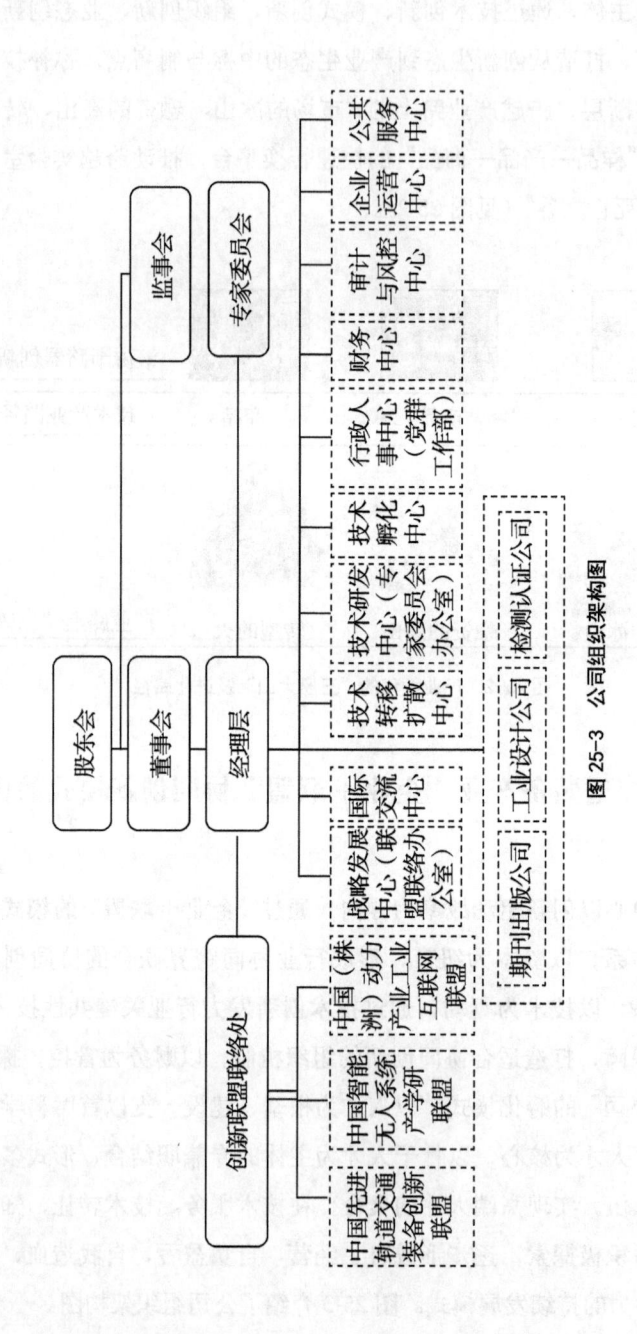

图 25-3 公司组织架构图

25 "企业＋联盟"协同创新生态模式的构建

以战略为引领,构建"企业＋联盟"顶层架构体系。目前国内轨道交通装备创新主体主要以中国中车集团为核心,其占据了行业绝大部分资源,同时还包括以通号集团、铁科院、欧特美、克诺尔、今创集团等为代表的配套企业,以清华大学、中南大学、西南交通大学、北京交通大学等为代表的科研院所,以及数以百计的创新联盟、行业协会等。由于轨道交通装备产业链比较长,上到整车研制,下到运营服务,涉及钢铁冶金、有色金属、电力电子、信息工程等多个领域,资源相对分散。受制于中国中车的绝对主导地位,相关配套企业虽然围绕中国中车,但由于利益分配的差异化和企业发展定位不同,往往组织比较分散,存在"联而不盟"现象。

创新中心依托国创公司这个企业运营主体,通过资本纽带有效整合"产学研用政金商"等方面的创新主体,形成利益共同体:采用混合所有制形式,吸纳国有资本、民营资本、投资基金等,实施核心技术管理人才持股等激励方式,激发企业发展活力;保持股权相对分散,12家股东中没有一股独大,有利于利益的共享和分配(见表25-1);设置决策监督机制,虽然是12家股东但董事会和监事会各设7名,既保障高效决策和有效监督,又顾全中小股东的利益诉求;采取灵活的用人机制,经营层设置5名,股东单位派遣与社会化选聘相结合;采取开放的股权结构,注册资本4.8亿元,股东能进能出,也可适时再吸纳其他战略投资者或财务投资者。

表25-1 创新中心股权结构

序号	股东成员	股比	产业链布局
1	中车株洲电力机车有限公司	15%	主机企业
2	中车株洲电力机车研究所有限公司	12%	研究机构
3	株洲高科集团有限公司	12%	产业投资
4	株洲市国有资产投资控股集团有限公司	10%	产业投资
5	中车株洲电机有限公司	9%	核心配套

续表

序号	股东成员	股比	产业链布局
6	株洲联诚集团控股股份有限公司	9%	核心配套
7	清华大学天津高端装备研究院洛阳基地	8%	高等院校
8	中车株洲投资控股有限公司	5%	孵化平台
9	金蝶软件中国有限公司	5%	软件公司
10	株洲九方装备股份有限公司	5%	核心配套
11	深圳麦格米特电气股份有限公司	5%	上市公司
12	南京高精传动设备制造集团有限公司	5%	上市公司

有序整合行业创新联盟，释放不同实体的创新活力。2016年中车株机、中车株洲所、中车株洲电机、中国铁建重工、株洲联诚集团等单位联合在湖南省民政厅注册成立民办非企业单位——湖南省联合轨道交通装备制造创新中心，以此为依托组建了中国先进轨道交通装备创新联盟。创新中心在相关部门的支持下，设立独立的联络处，专门负责创新联盟日常管理工作，既解决了联盟经费问题，又可通过企业管理解决以往联盟松散、联而不盟的弊端。2018年以来，创新中心根据发展需要以及联盟单位的不同需求，分别整合设立了面向市场的城市轨道交通产业技术创新战略联盟、面向未来技术的中国智能无人系统产学研联盟和面向区域的轨道交通装备产业工业互联网联盟等三个分联盟，汇聚了上海地铁、广州地铁、青岛四方、长客股份、唐山客车、华为公司、清华大学等各类创新主体，目前联盟单位398家，形成了利益共享、权责清晰的由"一个主联盟、三个分联盟"构成的综合性创新联合体。表25-2介绍了创新联盟主要委员及代表。

25 "企业+联盟"协同创新生态模式的构建

表 25-2 创新联盟主要委员及代表

职务	姓名	备注
理事长	周清和	中车株洲电力机车有限公司 株洲国创轨道科技有限公司
副理事长 （排名不分先后）	王 浩	中国中车股份有限公司
	刘 健	北京市地铁运营有限公司
	王大庆	上海申通地铁集团有限公司
	谢维达	广州市地下铁道总公司
	刘和龙	上海轨道交通检测技术有限公司
委员 （排名不分先后）	简 炼	北京京港地铁有限公司
	冯江华	中车株洲电力机车研究所有限公司
	战明辉	天津轨道交通集团有限公司
	李 恒	重庆市轨道交通（集团）有限责任公司
	朱瑶宏	深圳市地铁集团有限公司
	杜运国	长沙市轨道交通集团有限公司
	赵明花	长春轨道客车股份有限公司
委员 （排名不分先后）	陈 凯	唐山轨道客车有限责任公司
	刘可安	株洲中车时代电气股份有限公司
	代津岳	青岛四方机车车辆股份有限公司

以技术为驱动，突破关键共性技术瓶颈。创新中心充分发挥股东资源优势和创新联盟优势，组建由刘友梅、丁荣军、田红旗、陈晓红等院士领衔的专家委员会（见表 25-3）；围绕新能源、新材料、新工艺、新技术平台以及基础零部件、基础材料、基础工艺、产业技术基础等"四新四基"方向，制定了安全可靠、先进成熟、节能环保、互联互通的"绿色智能"谱系化的总体发展规划，确定绿色节能技术、智能化关键技术、运维服务关

键技术、体系化安全保障技术、高效能牵引传动技术、互联互通技术和系统匹配技术等重点突破的七大关键共性技术路线图，并根据技术路线规划要求，按照"总体规划、分布实施"的思路实施重大技术专项，开展技术攻关。

表 25-3　专家委员会名单

职务	院士	组织机构	研究方向
主任	中国工程院院士 刘友梅	中车株机	铁路电力牵引技术装备领域
副主任	中国工程院院士 丁荣军	中车株所	轨道交通牵引控制、牵引变流和网络控制技术
	中国工程院院士 吴 澄	清华大学	自动控制技术
	中国科学院院士 雒建斌	清华大学	薄膜润滑；纳米技术在计算机磁盘系统应用研究；表面与界面纳米技术与理论
	中国工程院院士 田红旗	中南大学	铁路空气动力学和列车撞击动力学
	中国工程院院士 陈晓红	湖南商学院	金属矿产资源开发利用、资源型企业节能减排、重金属污染区域生态环境综合治理
	中国工程院院士 陈湘生	深圳地铁	地下工程、岩土工程、地层冻结和地铁工程
	中国科学院院士 翟婉明	西南交大	轮轨关系、弓网关系、动力牵引、安全防护、计算仿真系统

创新中心聚焦于关键共性技术的研发，根据制定的技术边界与技术路线，整合股东单位和联盟单位的科研资源，有序推进多个重大科研项目，并通过科研项目带动技术孵化。比如，自主可控新型接触器完成研制后就与国内领先的轨道交通电气系统部件供应商签订了首批 1200 台套新型开关

器件销售订单,打破了国外垄断,成功填补我国在该技术领域的空白,解决了"大产品受制于小产品"的"卡脖子"问题。

推行精益研发,构建"研发—工艺—孵化"一体化体系。一是持续优化改进PDM系统。平移股东单位PDM系统项目,实现职能组和产品项目工作组两种管理模式同步开展设计;以产品结构BOM为中心组建产品设计数据库,实现工艺文件与产品零部件关联;统一文档和流程模板,实行电子审核圈阅和文档集中管理;持续优化软件接口,完成PDM与CAD、CApp、ERP软件系统无缝集成,建立适合企业产品开发的工艺与设计并行设计模式,实现相关技术文档电子化自动流转,推动研发、工艺和制造一体化进程。二是加大投入三维工程化建设。研发、工艺、孵化部门统一开展三维工程化建设,开展以NX6为主的三维产品设计和以UG为主的三维工艺工装设计,逐步开展产品、装备、工艺工装以及重要零部件的仿真建模,形成标准件模型数据库,优化技术创新平台。目前基于逻辑控制的智能空调控制系统已经完成全套图纸库,成功构建研发—工艺—孵化的研发体系,设计变更率降低到2‰。

以运营为保障,打造适合协同创新的组织机制。为了适应国家级创新中心建设需要,创新中心按照"平台+业务单元+子公司"的模式合理优化组织结构。一方面按照大部制理念设置相关职能平台。其中,共性技术研发中心主要承担关键共性技术的研发,成果转移扩散中心主要承担科技成果管理、知识产权管理、科技成果转化等,公共服务中心主要承担产业咨询、政府智库、产业集群管理等,产业孵化中心主要承担成熟科研项目的孵化和外部合作项目的孵化等,人才培训中心主要承担教育培训、学术交流、硕博士实训等,国际交流中心主要承担国际人才引进、国际会展、国际学术交流等。另一方面根据业务需要注册成立若干项目子公司。比如,承接股东单位中车株机公司《电力机车与城轨车辆》杂志后管理期刊社公司,作为会议、论坛、展会、咨询等业务的落地实施机构;与上海轨道交通检测技术有限公司联合设立湖南国基检测认证有限公司,致力于轨道交通装备产品的检测认证服务,目前已经通过国家认监委评审,成为国内行业第 4 家具有检测认证资质的企业；整合股东单位中车株机公司等单位的工业设计资源，成立湖南国研轨道装备工业设计公司，独立对外承担工业设计业务。同时，为科学高效管理联盟，解决联盟运营经费等问题，注册成立民非机构，设立联络处常设机构，人员经费等由创新中心承担，实现"运营公司＋创新联盟"的有效衔接。

虽然通过组织机构的设计搭建了协同创新骨架，但要想激活各个组织单元，实现高效运营，必须通过体制机制的创新来形成组织的血液循环系统。创新中心先后因地制宜地构建了市场化运营机制、协同与共享机制、知识产权运用机制、技术研发攻关机制、人才激励机制、责任考核机制等六大运营机制（见图 25-4）。在市场化运营方面，初期以股东出资以及政府财政扶持资金作为启动资金，培育创新中心自我造血和持续经营能力，中期依托创新平台资源提供相关服务，扩大创新中心盈利点，远期通过科技成果转化，孵化高新技术企业，实现可持续发展。在协同与共享机制方面，通过股东内部协同和联盟单位外部协同，科学制定发展战略和技术研发规划，共同组织技术研发，建设协同创新网络平台，按照"统一规划、统一组织、统一管理"的思路，协同开展技术研发、成果转化、行业服务、人才培养和国际合作等。在知识产权运用机制方面，与湖南新诤信知识产权公司共建国家轨道交通装备行业知识产权运营中心，建立创新中心成员单位联合保护、风险分担、开放共享的知识产权协同运用机制。在技术研发攻关机制方面，重点通过研发机构建设、创新团队引进、高技术产业化、科技成果集成应用等方式，加强新技术、新工艺、新产品等研发投入力度，保证年度研发投入比例持续稳定在营收 30% 以上。在人才激励机制方面，建立绩效考核机制以及项目管理、考核奖励等制度，将科技项目专项奖励及配套费用纳入年度预算，保障激励政策落实到位。

以绩效考核为手段，确保建设目标任务分解落实。对标国家级制造业创新中心建设目标，创新中心构建了基于战略的全员绩效管理体系，全面启动"强核"工程。以目标任务为导向，从关键绩效指标（KPI）、重点工作指标（GS）、责任指标以及执规指标等四个维度重构组织绩效体系，层

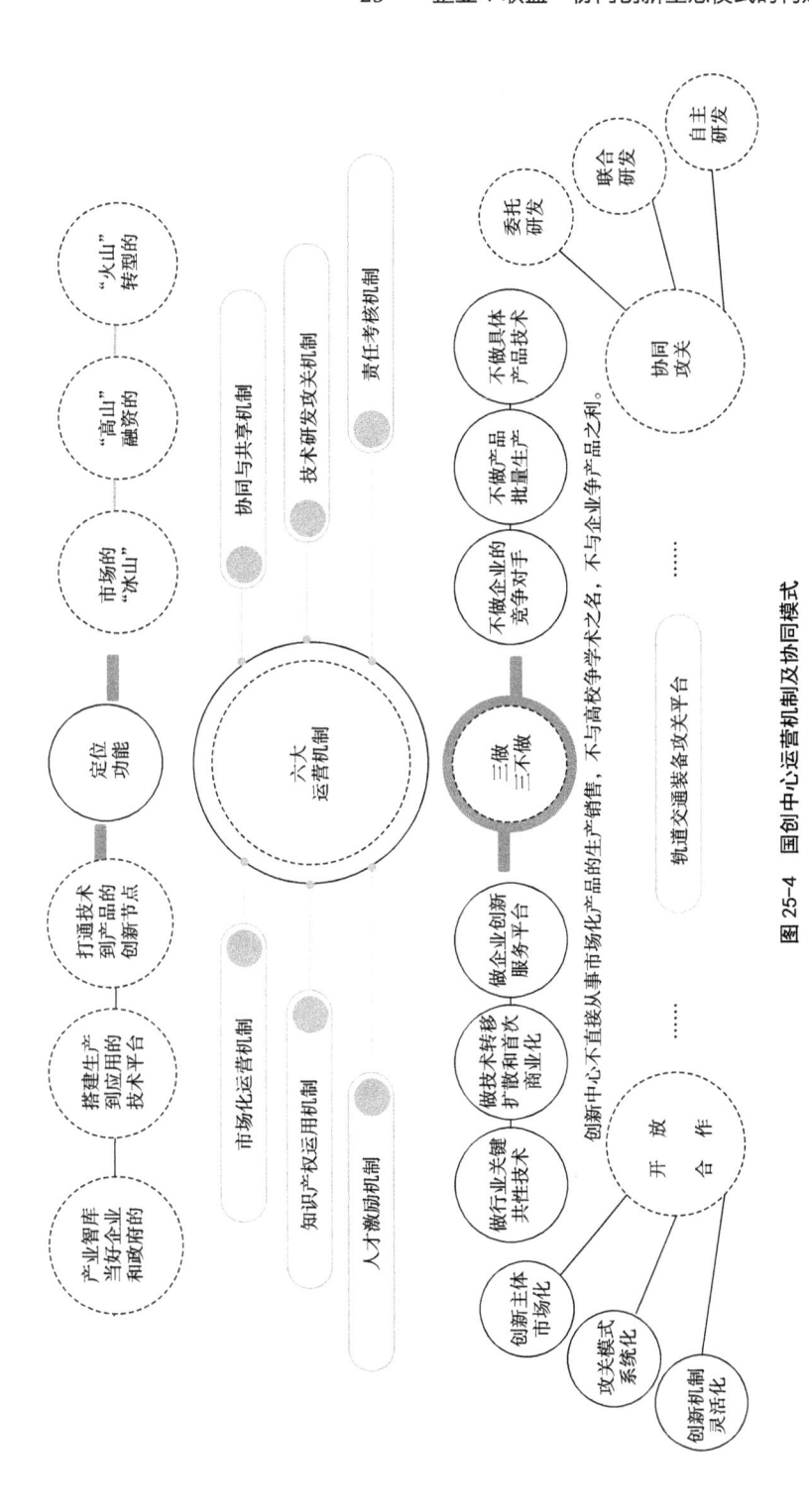

25 "企业＋联盟"协同创新生态模式的构建

图 25-4 国创中心运营机制及协同模式

层分解、量化传递经营目标，建立了KPI指标库、GS标准库以及责任执规考核细则，构建了全方位、立体式的360°绩效评价激励系统，并通过典型案例发布、定期召开绩效发布会等形式，推动各业务单元积极作为，敢于担当，进而激发创新活力，推动工作改善和管理提升。

以财务为管控，探索"平台+公司"资本管控模式。基于现代化大财务管理理念构建财务战略体系（见图25-5），从基础的管钱做账升级到资金管理、现金流管理，再升级到资本运作体系的用钱生钱管理。一是建立健全制度体系，实行财务管理流程的标准化。创新中心在《会计法》《企业会计准则》和混合所有制企业相关规定的基础上，将全面预算管理理念与公司具体财务实践相结合，以实现业财融合为目标，明确财务部门与业务部门的职责分工和业务处理流程，对公司财务制度进行梳理，制定简单明了、操作性强的财务制度体系、为财务管控提供有效依据，实现有法可依、有章可循。二是紧跟业务模式创新步伐，建立科研项目财务管控体系。创新中心承担着国家关键领域共性技术研发的重任，公司科研资金既有外部扶持资金，也有自筹配套资金，这对项目费用的归集以及项目资金管理带来了难度。针对上述问题，以项目为主体厘清项目成员、资金来源之间的关系，建立了一套以项目代号、资金代号、部门代号为主的多维度核算体系，实现了专款专用，有效管控了相关风险。三是强化事前事中管理，建立基于全面预算管理的财务管控模式。财务人员在项目初期，就介入参与项目风险识别、预算编制；在项目执行中，对项目预算实行系统化、规范化管控，利用预算与执行情况的对比控制，建立全程预警管理模式，做到无预算不支出。同时，财务人员编制的《年度计划执行汇总表》《月度计划执行明细表》《月度计划执行情况表》等可全面实时反映预算执行情况，便于各级管理人员实时了解预算执行情况，并为各项管理工作提供决策参考依据；在项目验收阶段，编制《项目决算报告》，对整个项目进行盘点总结，实现PDCA循环。

创新中心定位为平台公司，是自负盈亏的新型研发机构，在自负盈亏的同时，还需要组织开展大量关键共性技术研发项目，这些项目往往

25 "企业+联盟"协同创新生态模式的构建

大财务管理体系
是一个让企业更赚钱、更值钱、更长寿的体系

大财务的线体系要从管钱升级到资金管理,现金流管理,再升级到资本运作体系,保证企业血脉通畅,躲开现金流死局,用钱生钱

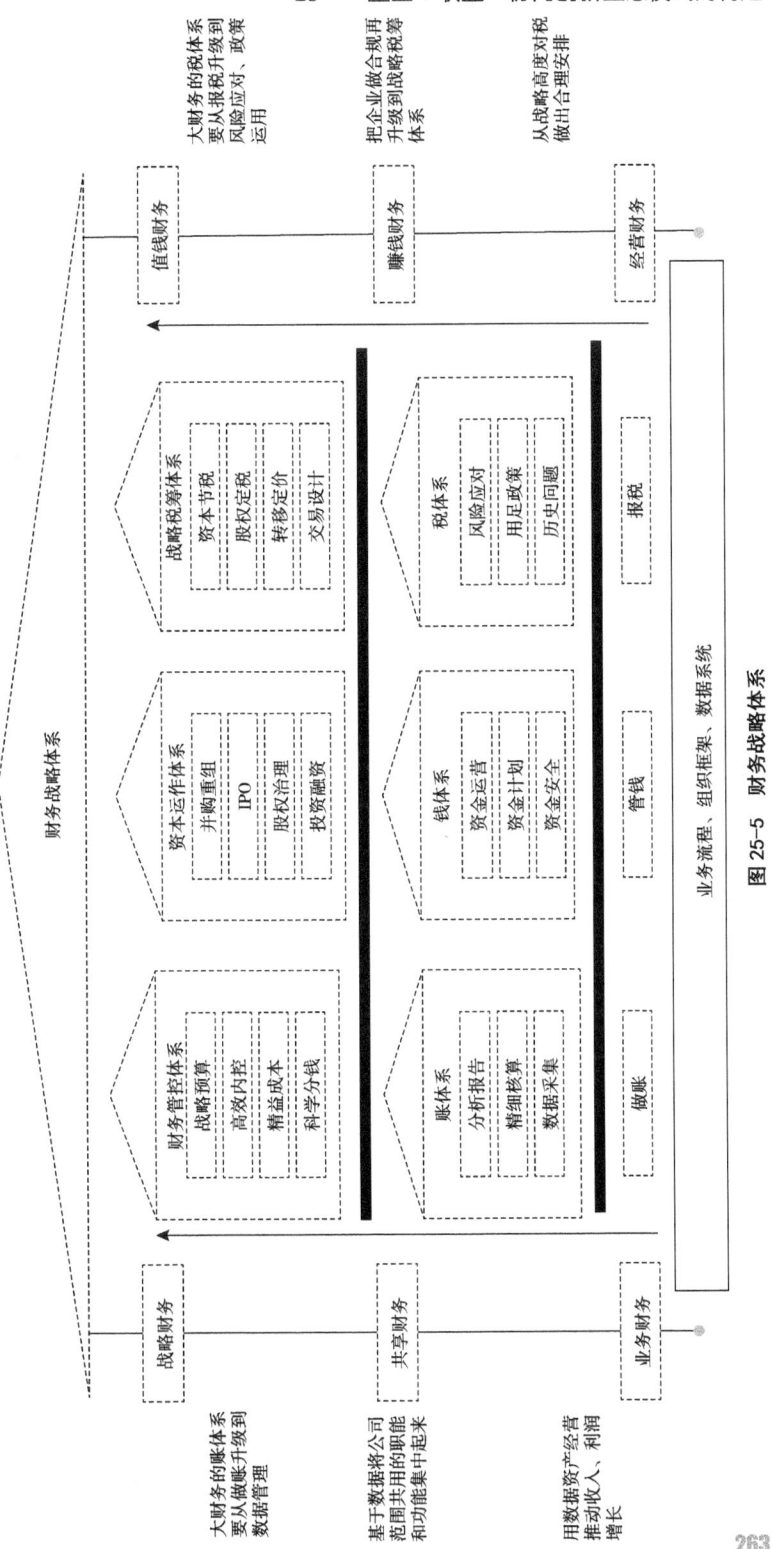

大财务的账体系要从做账升级到数据管理

基于数据共用的职能范围共用做账再升级到集中起来和功能集中起来

用数据资产经营推动收入、利润增长

大财务的税体系要从报税升级到风险应对、政策运用

把企业做合规再升级到战略税筹体系

从战略高度对税做出合理安排

财务战略体系

战略财务	值钱财务		赚钱财务	经营财务
	资本运作体系	**战略税筹体系**		
	并购重组	资本节税		
	IPO	股权定价		
	股权治理	转移定价		
	投资融资	交易设计		
共享财务	**钱体系**	**税体系**		
	资金运营	风险应对		
	资金计划	用足政策		
	资金安全	历史问题		
业务财务	管钱	报税		
	财务管控体系	**账体系**		
	战略预算	分析报告		
	高效内控	精细核算		
	精益成本	数据采集		
	科学分钱			
	做账			

业务流程、组织框架、数据系统

图 25-5 财务战略体系

研发周期长、前期投入大、成果转化慢，前期风险系数较高。为充分发挥资本效益，创新中心按照"平台＋项目公司"的模式，由平台组织实施科研项目，对于研发推进良好的科研项目，就通过"孵化＋创投"的形式，吸纳相关投资方共同注册成立项目公司，实行项目独立运营，切实发挥资金杠杆作用。比如，为搭建轨道交通公共服务平台，打造面向行业的第三方检测认证机构，创新中心依托株机公司检测试验资源，引入上海轨道交通检测技术有限公司，创新中心占股比45%，上海轨道交通检测技术有限公司占股比50%，同时通过社会选聘核心技术人员和经营管理团队，由核心骨干员工组建株洲同创轨道交通检测技术合伙企业并入股5%。通过类似孵化项目公司、种子项目融资等方式，将创新成果快速导入市场，加快创新成果产业化和商业化进程。此外，创新中心与高新区管委会、动力谷创新园本着"平等合作、互利共赢"的原则，合作设立了株洲动力谷产业投资发展集团公司，致力于园区内的中小企业孵化投资，从战略高度、长远角度为创新中心的发展提供金融资金支持。

根据制造业创新中心的建设要求，创新中心只做行业关键共性技术，不做具体产品技术；只做技术转移扩散和首次商业化，不做产品生产，本着"轻资产＋高效益"的原则，致力于打造行业创新网络。一方面，通过租用股东单位、联盟单位厂房设备等固定资产，实现资源共享；另一方面，针对技术路线和市场需求，与外部企业、高校、科研院所等建立战略合作关系，扩大朋友圈，实现资源整合。比如，将互联网等现代技术和轨道交通装备结合，打造工业云平台，依托平台入口优势，打造以创新中心为核心的工业互联网平台；与湖南大学汽车车身先进设计制造国家重点实验室、武汉理工大学光纤传感技术研究中心、华东交通大学轨道交通技术创新中心、湖南科技大学机械设备健康维护湖南省重点实验室等10家科研院所签订仪器设备共享协议，实现主要科研仪器设备共享共用；依托中车株机、中车株洲所、中车株洲电机、中南大学等国家级重点实验室以及近20家国家级企业技术中心等创新平台，构建满足产业内生发展需求的技术供给体系。比如，通过与大功率交流传动电力机车系统集成国家重点实验室签订仪器设备共享协议，按照项目制为国基检测认证公司共享了关键设备21台（套）、通用设备7台（套）。

以人才为根基，发挥创新人才主观能动性。创新中心采用"专职+兼职"的形式，汇聚智力资源。在全职人才方面，一是充分利用当地政府的人才政策，面向海内外招聘高端人才，吸纳行业领军人才和核心技术骨干；二是基于项目需要，面向高校招聘有潜质优秀大学生，实现人才队伍梯度化，扩大人才队伍。在兼职人才方面，采用"不求所有，但求所用"的原则，一方面根据项目需要聘请高校有关人才到创新中心兼职，按照项目合同支付报酬，目前已与5名院士、17名教授进行项目合作；另一方面根据项目需要，由各股东单位外派相关人员到创新中心任职或兼职，全职人员薪酬由原单位代发，年底由创新中心与原单位结算，外派人员在项目结束后既可返回原单位，也可与创新中心签订正式劳动合同，既保障了人员的稳定性，也有助于择优选取人才；最主要的还是面向社会公开招聘全职高层次人才，目前技术人员占比超过70%，30岁左右的技术人员占比超过60%。表25-4介绍了项目团队人员结构示意图。

表25-4 项目团队人员结构示意图

类别		人数	备注
技术团队	工程院院士	3	首席科学家为刘友梅院士、陈晓红院士、周祖德院士，学术带头人包括中车首席科学家杨颖和陈勇、陈智豪。核心研发团队大部分来自湖南大学、华中科大、清华大学和上海交大，具有扎实的理论学识、丰富的技术开发和产业化经验
	博士或学科带头人	15	
	技术骨干成员	89	
技术支撑团队	技术支撑人员	12	
管理团队	高管团队	7	
	职能管理	6	行政、财务、法务、后勤保障人员

任职资格与职位晋升挂钩，构建纵向晋升和横向发展的人才通道。一是将任职资格与职位晋升挂钩。将国家职业资格认证与公司内部资格认证系统相结合，通过建立员工任职资格标准体系、任职资格认证机制、任职资格认证结果规范运用制度等文件，系统构建面向全员的任职资格体系。文件要求，所有职员在1—2年内获取相应职业资格证书，每名管理人员至少要通过所从事业务的资格认证考试并取得证书；从现岗位流动到新产业领域，至少要获得两种以上业务的资格认证；从现职位纵向晋升必须在两种以上业务中获得高级资格认证，以此有效确保人岗适应和人才的综合素质、业务水平不断提升。二是建立员工职业横向发展通道。采用"可进可出"的方法，建立"轮岗交流"机制，通过技术层级、管理层级的评定，满足不同阶段、不同水平的人才流动需求，逐步实现职位、能力和职业发展三位一体的管理，帮助员工实现自我价值。同时，大力倡导"工匠精神"，鼓励员工立足本职工作，向专业顶尖迈进，建立充足的"内脑"资源储备。

创新中心致力于为创客提供"保姆式"服务，打造高端创客宜居宜业家园。一是为创客充分搭建对接外部优质资源的舞台，通过整合清华大学、武汉理工等高校校友会、联盟协会等资源，联合举办轨道交通"三创"大赛，让好的项目找到好的孵化土壤，让行业的创新基金找到好的市场化项目，让创客和创意充分接受市场和资本的审视；二是通过举办"青年说""我是演说家""思享会"等活动，让不同行业的创客和创意走到一起、汇聚起来，让创新人才走出实验室、表达出来，让创新的点子流动起来、交流起来，真正做到行业无限界、技术无边界，实现创新资源的开放协同和跨界融合；三是形成"一中心+N个研究所"的创新生态，为创客搭建产业孵化平台，为优秀创新人才、优质创新项目组建产业孵化团队、提供创业启动资金、组建创新实验室，让创客真正留下来、住下来、做起来。

28.3 "企业+联盟"协同创新模式的实施效果

通过系统整合产业链上下游企业、科研单位、高等院所、行业协会等创新资源，实现科研人才和设备共享共建，形成跨界融合、协同创新的生动局面，解决了目前创新资源要素在产业链各环节的多头部署、分散投入、现有众多创新载体衔接不畅等问题。

打造了创新交流阵地。针对行业企业不同需求，组建了4个创新联盟，联盟单位接近400家，通过联盟辐射汇聚行业资源，形成创新资源集聚效应；加强与全球行业专家对话合作，打造创新交流阵地，扩大创客朋友圈；与国内外10余家知名企业、高等院校、行业组织等单位形成互利共赢的战略合作关系，先后承办10余项行业峰会及论坛活动，组织30余位专家院士为行业创新发展出谋划策；致力于当好政府与企业的智库，编制《湖南省轨道交通装备产业发展研究》等发展规划材料，为行业创新发展引领趋势。

搭建了人才集聚高地。组建了由刘友梅、丁荣军、田红旗等9位院士领衔、20余位行业专家组成的专家委员会，建设了一支以首席科学家为龙头、以领军人才为核心、以骨干人才为主体的专兼职结合、形式多样的高水平人才队伍；成功设立陈晓红院士工作站、周祖德院士工作站、企业博士后流动工作站、清华大学硕博实践基地，形成了由"创新平台＋双创基地＋战略联盟＋院士工作站＋博士后流动站"组成的全链条、多层次科技创新体系。

推动了千亿产业集聚。通过实施产业强链、补链、延链计划，以共商共享共建的方式，整合了产业链24家国家级技术创新平台、78家省级技术创新平台，形成了"产品研发—生产制造—售后服务—物流配送"为一体的完整成熟产业链，依托中国动力谷自主创新园和轨道交通创新创业园，以整车制造企业为核心集聚了200多家相关配套企业，产业规模突破1000亿元，成为国内最大的轨道交通装备产业集聚区。

"企业＋联盟"协同创新生态模式的构建，以产业为本体、市场为导向、企业为主体，通过实施"技术创新＋管理创新"双轮驱动模式，打造从创新生态到产业生态的中枢，搭建"样品—产品—商品"的快速转换平台，成功解决企业研发机构的盈利考核要求以及高等院校市场对接需求。

搭建了国家级标准和知识产权运营平台。联合湖南新诤信知识产权公司，建立了国家轨道交通装备知识产权运营中心、株洲—中国轨道交通专利信息中心等标准和知识产权运营平台，秉承开放协同、跨界融合的理念，面向成员单位开放知识产权基本信息，形成跨地域、跨领域、跨学科、跨专业的知识产权信息共享、储备、利益分享、转移扩散机制，实现轨道交通行业与其他行业的跨界融合和双向赋能。

建设了行业唯一的工业互联网示范平台。深度对接国家互联网＋、人工智能、大数据等政策，与金蝶、华为等单位深度合作，开发国内首个面向轨道交通装备行业的工业互联网平台，推动产业链企业上云，打通产业集群内企业间信息传递链条，助推轨道交通产业集群朝着数字化、智能化、绿色化方向转型升级。目前该平台已入选省级工业互联网平台，正积极申报国家级工业互联网示范平台。

打造了国内一流的整车检测认证平台。整合"政用产学研"技术力量，加强轨道交通装备标准的研究和制修订，联合上海检测认证公司，共建第三方行业检验认证机构，对标国际行业标准体系，打造以车辆为核心、覆盖零部件和系统的、达到国内一流水平的检测评估认证机构，助推轨道交通装备走出去。

构建了面向市场与制造的精益研发体系。围绕关键共性技术，采取委托研发、自主研发、合作开发等不同的技术攻关模式，打造面向市场与制造的技术协同攻关平台。新型开关接触器成功打破国外垄断、填补我国该技术领域空白；全球首例智轨列车、储能式有轨电车、双层动车组等10余项原创技术实现产业化，动车组、调车机车等产品获得欧盟认证，进入欧美发达国家市场。

— 26 —

国家级创新中心"黑海战略"的实践与探索

"黑海战略"是物联网时代推动企业高质量发展的新战略思维，指明了创新发展的突围方向。先进轨道交通装备作为轮轨上的"国家名片"，是参与全球竞争的中国装备"代表作"，是实现制造强国的重要支撑。创新中心基于"黑海战略"和创建设使命任务，积极探索"黑海战略"在国家级创新中心建设过程中的具体落地与实施，搭建"公司＋联盟"的创新创业平台，实行"平台＋创客"的创业模式，组建"院士＋博士"技术攻关团队，实施"技术创新＋管理创新"双轮驱动，构建轨道交通装备产业链协同创新发展的生态圈，实现了自我造血，推动了产业链上下游企业抱团取暖和价值共生，用创新擦亮了轮轨上的"国家名片"。

26.1 "黑海战略"的内涵

当前，我国经济发展环境面临深刻复杂变化，新冠疫情前景未卜，世界经贸环境不稳定、不确定性增大，国内经济循环面临多重堵点，内外形势、发展方向、发展格局等存在多重不确定性因素，迫使国内推动经济转型升级，加大供给侧结构性改革力度，引导企业管理模式体系由"创造性破坏—创造性重组—创造性引领"的深刻变革。以工业互联网为基础的信息化、数字化、智能化、平台化正深刻改变轨道交通装备产业格局及企业研发模式、生产模式、营销模式和管理模式。在经济全球化和竞争激烈化背景下，打破传统线性管理，探索新发展模式，构建轨道交通装备产业创新生态体系,是提升轨道交通装备行业整体竞争实力,在全球竞争中占据有利地位的有效途径。

传统商业模式下的"红海战略"和"蓝海战略",已无法适应新时代发展要求。创新中心基于物联网时代背景,提出了新的战略思维——"黑海战略"。相比传统"红海战略"和"蓝海战略","黑海战略"旨在构建轨道交通装备产业创新生态体系,打造产业链赋能、价值链共享、创新链引领的科创平台,实现产业链企业的协同创新、价值共享和抱团发展。

从图26-1可以看出,"红海战略"主要依托成本优势,聚焦价格竞争,通过在成熟市场实施低成本和差异化战略直接击垮对手,以获取市场竞争主导权;"蓝海战略"主要发挥渠道优势,利用产品的边际效应,着力开拓新市场,超越对手,迅速扩大市场份额,形成相对竞争优势;"黑海战略"则是通过形成平台优势与持续创新,串联产业链上下游企业,聚合行业创新资源,组织攻克行业关键共性技术,实现"样品—产品—商品"的快速转化,实现价值共建共享,搭建"产学研用政经商"协同创新生态体系。

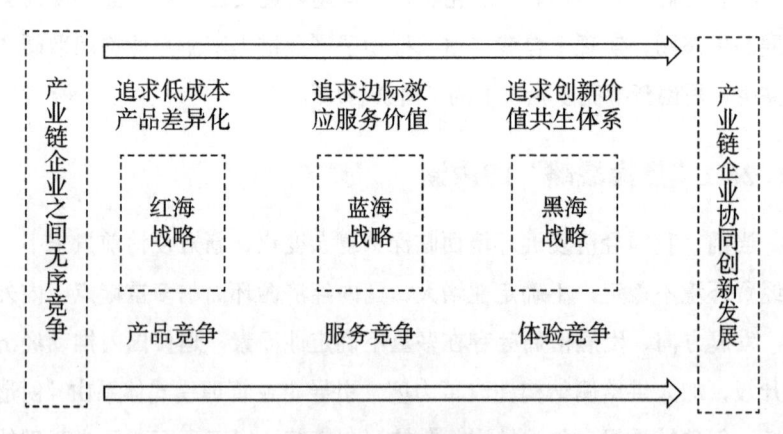

产业链企业之间无序竞争	追求低成本产品差异化	追求边际效应服务价值	追求创新价值共生体系	产业链企业协同创新发展
	红海战略	蓝海战略	黑海战略	
	产品竞争	服务竞争	体验竞争	

图26-1 三大战略思维

"红海战略"—"蓝海战略"—"黑海战略"的演变和发展,反映了用户需求从"产品—服务—创新"的变化,管理模式从"单打独斗"到"协同创新"的转型,价值实现从"价值制造—价值创新—价值共生"的转变,最终构建以产业链协同创新发展为基础、价值共建共享为核心的创新创业生态体系(见图26-2)。

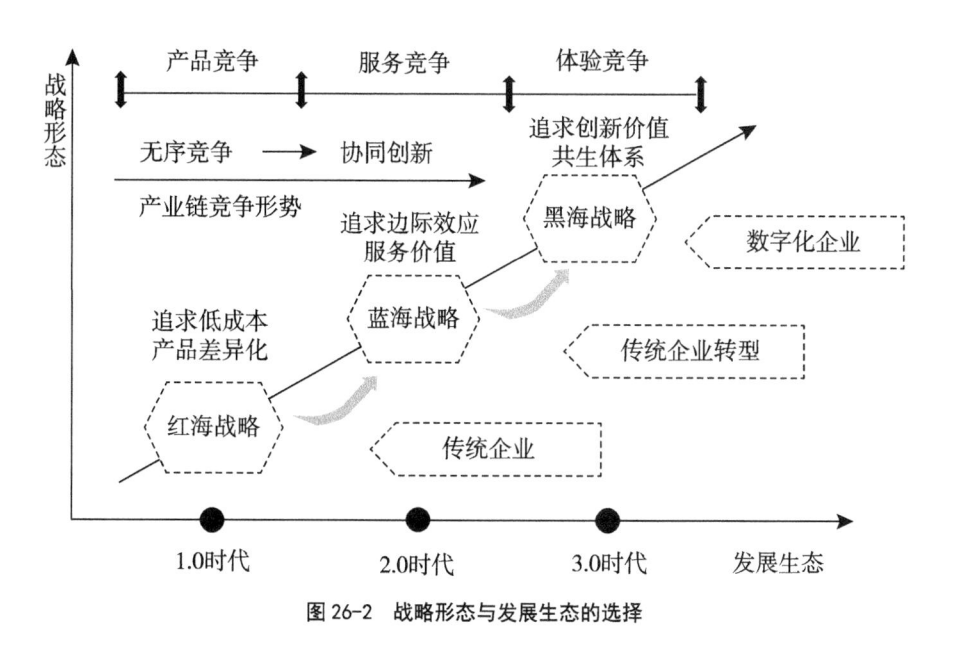

图26-2 战略形态与发展生态的选择

制造业在国家发展中具有重要的地位。在世界经济竞争日趋激烈的今天,我国制造业依然面临"大而不强"问题,在"高精尖"技术上仍然面临着国外"卡脖子"问题,关键核心技术受制于人、产业共性技术供给不足等创新能力不强,严重制约我国制造业从"量"到"质"的跨越。为应对全球产业竞争格局深入调整,落实创新驱动发展战略,打造先进轨道交通装备产业竞争优势,擦亮轮轨上的"国家名片",按照《制造业创新中心建设工程实施指南(2016—2020年)》,2019年1月国家制造强国建设领导小组办公室批准建设国家先进轨道交通装备创新中心。

面向未来,国创中心将重点围绕绿色节能技术、运维服务关键技术等七大关键共性技术,以重点领域关键共性技术的研发供给、转移扩散和首次商业化为目标,实施"技术创新+管理创新"双轮驱动的发展模式,从机制创新、模式创新、管理创新等维度，全面完善创新体系建设，以全面创新为导向，以引领行业发展为目标，按照"自愿选择、自主结合、优势互补"的原则，逐步建设创新生态的网络组织、创新服务的公共平台、创新资源的整合枢纽、创新人才的培育基地，打造融合产业链、创新链、人才链的产业生态系统，支撑解决行业关键共性技术难题，突破国际壁垒，实现"技术研发到首次商业化"的有机融合，打通技术、组织、商业、资本之间的任督二脉，突破"卡脖子"技术，把先进技术与科技成果快速转化为生产力和社会财富。

26.2 国家级创新中心与"黑海战略"的内生联系

国创中心是轨道交通装备行业唯一一家国家级制造业创新中心，上担大国重器，下担产业引擎，是实现"交通强国、制造强国"的重要支撑，是中国轨道交通装备走出去、连接世界、造福人类的先行者。国创中心致力于面向世界科技前沿，面向国家重大需求，面向国民经济主战场，打通技术到产品的创新节点，打造共性技术研发枢纽，搭建生产到应用的公共平台，构建前沿引领技术、关键共性技术、现代工程技术的转移扩散到首次商业化的创新载体（见图 26-3），以产业链部署创新链，系统整合资金链、政策链，构建创新统一战线的系统机制，推动"产学研用政商金"深度融合，构建"跨地域、跨领域、跨学科、跨专业"的协同创新生态系统，围绕生态系统布局技术创新，将产业前沿需求反馈给创新团队，推动科学创新和技术创新有效衔接，解决从"科学—技术—产品—首次商业化"的转化难题。在这个过程中，国创中心始终坚持"三做三不做"的原则：做行业关键共性技术，不做具体产品技术；做技术转移扩散和首次商业化，不做产品生产；做企业创新服务平台，不做企业的竞争对手。

国创中心实施"黑海战略"，采取"企业＋联盟"的运营模式，搭建起轨道交通装备产业创新创业国家级平台，让产业链上下游企业在平台上共享创新资源，实现优势互补；实行"平台＋创客"的创业模式，借助"企业＋联盟"大平台，整合创新资源，搭建针对行业弱项的科技攻关小平台，

26 国家级创新中心"黑海战略"的实践与探索

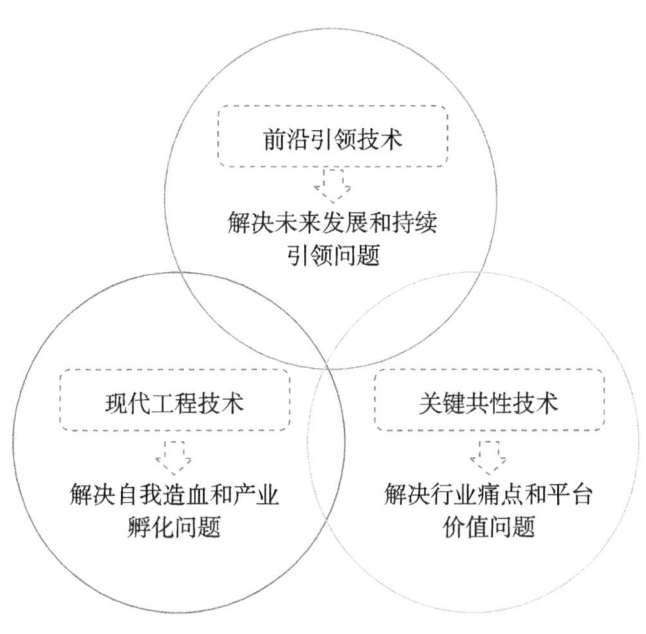

图 26-3 不同技术的侧重点

吸引行业内技术专业人才，以全职或是兼职的创客形式，参与小平台项目攻关，与企业共享科研成果，并依托国创中心辐射整个产业链，实现价值共生；通过"院士＋博士"的团队建设，进一步提升创客团队技术攻关能力，确保关键核心技术能够取得突破性成果，掌握行业话语权，提高行业影响力；通过"技术创新＋管理创新"双轮驱动，建立全新的创新生态体系，实现"技术—产品—商品"的快速转化。

国创中心通过"黑海战略"，有效整合了轨道交通装备行业创新资源，避免行业内部的同质化竞争，建立良性互动创新生态体系，服务于整个产业链上下游企业，为攻克行业关键共性技术并实现价值共生提供了一条有效途径。

26.3 国家级创新中心"黑海战略"的实践和探索

采取"企业＋联盟"运营模式，搭建创新创业平台。国创中心按照"运营公司＋产业联盟"模式进行组建，运营公司为株洲国创轨道科技有限公司，由中车株机、中车株所、中车电机、中车投资控股等四家中车在湘核心企业，株洲国投、株洲高科两家市属国有平台公司，联诚控股、九方装备等民营企业以及深圳麦格米特、南高齿、金蝶软件（中国）、清华大学等12家单位，按照混合所有制方式进行组建，注册资本金4.8亿元，股东单位涵盖了行业产、学、研、用、政、经、商等环节，按照"开放协同、跨界融合"的理念，整合行业上下游企业，搭建起技术创新公共平台。产业联盟由"一个主联盟+三个分联盟"组成，主联盟为"中国先进轨道交通装备创新联盟"，通过联合行业内相关企业，搭建创新交流平台，集聚创新资源，激发创新活力，现有成员单位300余家，涵盖科研院所、大中小企业、行业协会、第三方服务机构等。为进一步发挥联盟作用和影响力，基于主联盟分设三个小联盟：一是面向市场的"城市轨道交通产业技术创新战略联盟"，主要目的是顺应城市轨道交通发展潮流，聚合城市轨道交通领域市场资源，实现产业链内互补；二是面向技术的"中国智能无人系统产学研联盟"，则按照"强者恒强"的思路，在世界领先的领域内进行技术创新，引领技术发展潮流，增强产业链竞争实力；三是面向未来的"轨道交通装备工业互联网联盟"，则是着眼行业发展，整合产业链工业互联网创新资源，实现产业链强链。图26-4介绍了创新中心"5+"模式。

实施"平台+创客"创业模式，激发创新创业活力。依托"企业+联盟"构建的协同创新平台，要实现创新发展，攻克行业关键共性技术并实现研发供给、转移扩散和首次商业化目的，需借鉴区块链技术理念，采用去中心化、分布式的"平台+创客"模式，在"企业+联盟"大平台中建立众多"小平台"，吸引行业创新人才以"创客"形式参与小平台的创新项目。"平台+创客"模式中，突破"创客"与"平台"的固定模式，"创客"可以是个人，也可以是团队，或是外部组织，"创客"与"平台"的关系呈现多样化，如项目合作、兼职、签订合同的雇佣关系等，极大提升"创客"的灵活性，高端人才可不受约束参与关键共性技术攻关项目，有效发挥高端技术人才的技术特长。"平台"与国创中心之间的关系可以是全资或控股、参股或投资以及战略合作，合作方式灵活多样；"创客"加入"平台"

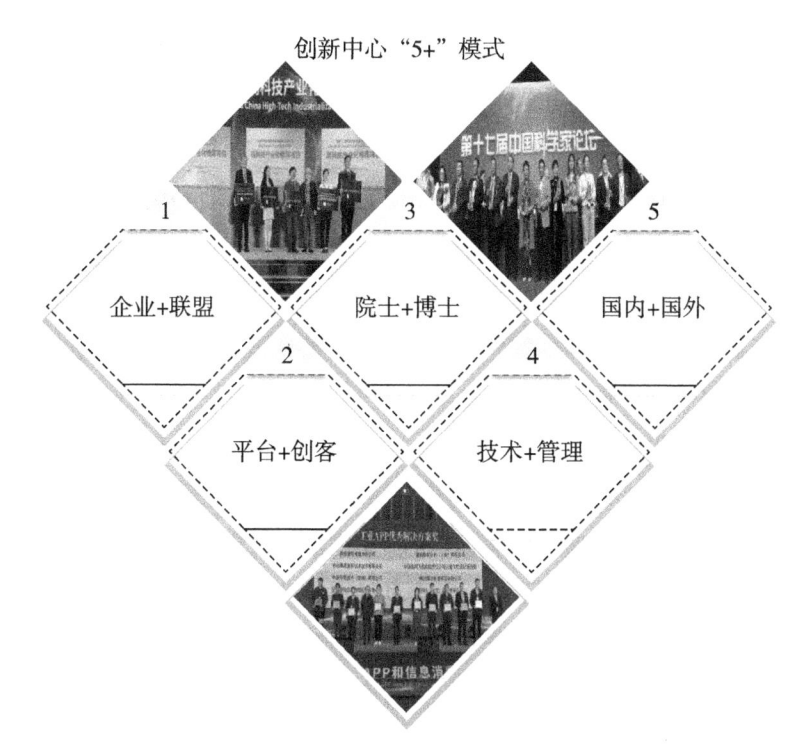

图 26-4　创新中心"5+"模式

后，国创中心优先提供场地和资金支持，随着技术积累和经济效益的渐变式发展，实现"项目团队—研究室—研究所—事业部—项目子公司"的孵化进阶，促使平台最大限度地集聚创新资源，攻克行业关键共性技术和"卡脖子"工程，形成完整的轨道交通装备产业创新生态体系，为整个产业链服务。

搭建"院士+博士"攻关模式，引领行业技术创新发展。在"平台+创客"的孵化模式中，实现创新发展核心在于"创客"这个人才要素。国创中心结合发展环境和行业特点，制定个性化举措，确保创新人才团队稳定、高质、高效：一是以行业内院士牵头，成立专家委员会，通过专家委员会对行业技术难点的分析和判断，整体统筹并规划急需解决的关键共性技术清单，并通过专家委员会制定行业技术标准，规范攻克的关键共性技术，纳入现行标准体系。二是建立院士工作站，由院士工作站直接负责具体的关键共性技术项目攻关，引进相关专业的博士作为主要技术骨干，提升技术攻关的可靠性；三是营造技术攻关的良好氛围，按照"不求所有，但求所用"的原则，通过与科研院校签订校企战略合作协议，组建联合实验室、企业硕博创新实践基地等，针对需要攻克的关键共性技术配置科研设备，搭建一流的科研硬件条件，吸引行业专业领域杰出青年、湖湘青年英才、博士等高端人才加入联合实验室，最大限度发挥高端技术人才创新能力。四是为人才提供"保姆式"的精准服务，坚持"引进一个领军人才、集聚一个创新团队、建设一个产业孵化基地、创办一个高新技术企业"的发展思路，着力构建"院士＋博士"的科研项目攻关机制，院士把好科研创新的"方向盘"，博士作为科研项目"带头人"，再配备相关专业领域硕士作为博士实施具体项目的"贤内助"的联合攻关模式。通过实施"院士＋博士"的攻关模式，院士可精准定位人才的科研方向、科学规划发展路径，向行业前沿性产业发展和"卡脖子"技术攻关方面聚焦；同时也为人才搭建团队、配备助手，进行充分授权，让高端人才从繁琐事务中抽身，深入企业生产经营一线和科研战场的前沿阵地，俯下身、沉下心将主要精力真正投入到科技攻关中去，从而收获人生价值，实现事业梦想。

实行"技术创新＋管理创新"双轮驱动，提升创新创业原动力。国创中心聚焦"未来车"，积极蹚进技术创新"无人区"。以重点领域关键共性技术的研发供给、转移扩散和首次商业化为目标，根据更高速、更高效、更智能、低成本、互联互通、系统安全、绿色环保等市场需求，瞄准关键共性技术、前沿引领技术、现代工程技术发展方向，重点围绕绿色节能技术、运维服务关键技术等七大关键共性技术，灵活配置创新生态体系中的创新资源，全力推进智能感知器件系统、智能运维技术、激光技术应用、新能源系统等四大技术攻关工程，实现前沿引领技术从"0到1"的突破、"1到100"的扩展，推动技术产业化项目逐步落地，增强产业链、供应链自主可控能力，为创新生态体系构建提供技术支撑。

26 国家级创新中心"黑海战略"的实践与探索

国创中心以"开放协同、跨界融合"为发展理念，涉足管理创新"深水区"。按照"优势互补、协同创新、开放共享"的原则，面向先进行业创新发展重大需求，积极打造共性技术研发平台、产业孵化平台、公共服务平台、技术转移与扩散平台、国际交流平台、人才培养平台六大服务平台；实施核心骨干持股、超额利润分红等薪酬激励体制（见图26-5，表26-1），让每一个"创客"都能成为平台的"股东"，将激励层次从"生存权利""利益分享"上升到"事业成就"层次，实现"创客"与"平台"的价值共生，充分激发人才在创新创业中的热情和积极性；坚持党管干部原则，按照"四力一品"原则，通过青年新秀、青年骨干、青年英才三维度梯队化选拔考察人才，为人才搭建发挥更高价值的舞台；通过举办论坛会议，参加工业展、博览会等行业展会，让引进的人才在准确捕捉行业发展趋势的同时，不断提升自身学术影响力；积极倡导"快乐工作、健康生活"的工作理念，通过打造"聚力工程、和谐工程、暖心工程、健康工程"等四大工程，建设好职工之家；积极倡导"见贤思齐、成人达己"的学习型组织文化，用环境吸引人才、用平台培养人才、用项目用好人才、用感情留住人才，让广大员工感受到干事创业的成事氛围。

固定工资 + 绩效工资 + 提成 + 分红 + 超产奖 + 股权 = 薪酬结构

图26-5 企业薪酬结构

表26-1 薪酬的来源和形式

薪酬项	固定工资	绩效工资	提成	分红	超产奖	股权
说明	占总工资50%以上	占总工资30%~50%	与毛利润相关	税前利润分红，由财务计算出核算利润	与四级目标（保底、平衡、冲刺、挑战）相关	分为小组织与总部

续表

薪酬项	固定工资	绩效工资	提成	分红	超产奖	股权
来源	海氏法进行岗位价值评估，价值量×K值系数而得工资分为5级及以上	毛利润测算总比例以毛利润25%为基线	海氏法计算的岗位价值系数×个人资历系数其他资质系数	冲刺目标测算冲刺目标以上部分×系数或定额奖励	岗位价值系数×激励系数×规划股本数
挂钩	出勤	绩效考核	直接发放不可考核	50%直接发放 50%年度考核	达到冲刺超产奖达到挑战对赌实现	严格考核多系数
形式	固定工资保密金	不考核不发放	个人提成管理提成成交手提成孤儿客户提成	总部分红小组织分红	提成比例增高分红比例增高现金奖励额外福利	合伙人股权期权总部架构股份对赌股份

图 26-6 介绍了黑海战略的逻辑构架。

```
                        黑海战略
    ┌──────────┬──────────┬──────────┬──────────┐
    │ 企业+联盟 │ 平台+创客 │ 院士+博士 │ 技术+管理 │
    └──────────┴──────────┴──────────┴──────────┘
```

企业+联盟	平台+创客	院士+博士	技术+管理
战略引领、技术驱动 财务管控、运营保障 自我造血、自我发展 自我经营、自负盈亏 开放协同、跨界融合	平台+业务单元+子公司 公共服务平台 技术孵化平台 五中心+4研究所	专职+兼职多维度创客 专家委员会 院士工作站 联合实验室 引才、用才、育才、留才	七大关键共性技术 智能造、数据湖 未来车、中国芯 核心骨干持股 四力一品、四大工程

将国家先进轨道交通装备创新中心打造成国家级创新中心的标杆

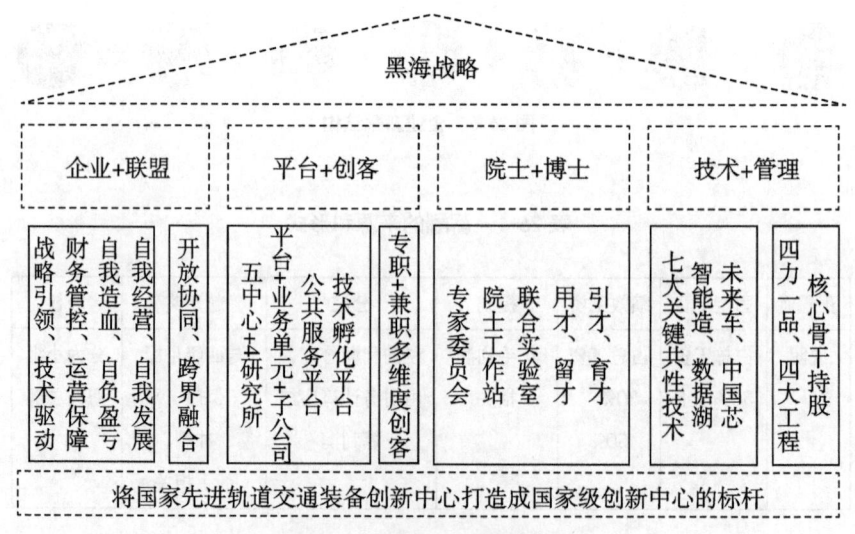

图 26-6 黑海战略的逻辑构架

26.4 国家级创新中心"黑海战略"实施效果

聚合行业"高精尖",搭建人才集聚高地。国创中心组建了以刘友梅、丁荣军等9位院士领衔的专家委员会,市级院士工作站引进了陈晓红、周祖德等两位院士入站;聘请陈高华、王彧弋、邓望红、覃世东等100余位轨道交通行业高端人才作为技术专家或技术顾问;目前全职员工超过100人,其中科研人员占比超过70%,硕士及以上学历占比超过70%,形成了以两院院士领衔、行业专家支撑、核心人才保障的人才队伍。

建设五大研究所,技术孵化基地初具规模。先后组建了工业智能研究所、先进激光制造研究所、新能源系统研究所、基础器件研究所和新材料研究所(见图26-7),完成6500平方米中试基地和3000平方米的研发办公场所改造建设,增材制造设备、激光复合焊接设备、激光清洗设备、工业智能设备、芯片封装设备等100余台(套)设备完成安装并投产运营,氦质谱检漏仪等20余台(套)检测试验设备完成安装调试并投入使用,累计投资超3亿元,产业孵化基地初步成型。2020年被认定为"国家高新技术企业""国家铁路局新型能源系统铁路行业工程研究中心""湖南省知识产权综合服务分中心"……成为首个通过国家高新技术企业认定的国家级制造业创新中心。

开展广泛合作,打造"产学研"交流阵地。先后与国家机器人创新中心、华中科技大学等20余家单位实现技术合作,与中南大学、湖南大学、华东交通大学等10余所高校实现创新资源共享,牵头或参与《轨道交通装备运行质量检验监测科技服务技术研发与应用项目》等4个国家重点科研项目和《轨道交通无线无源声表面波温度感知芯片及系统》等14个省重点科研项目,并以赛代展、以赛代会,在院校、企业、政府、资金间搭建一个人才、技术、成果充分展示交流的平台,促进形成科技成果落地转化的良性微生态环境,进一步提高科技创新能力、科技成果转化能力,持续构建创新、创业、创造的良性生态圈。

构建行业生态体系,培育千亿级世界产业集群。组建了"一个主联盟、

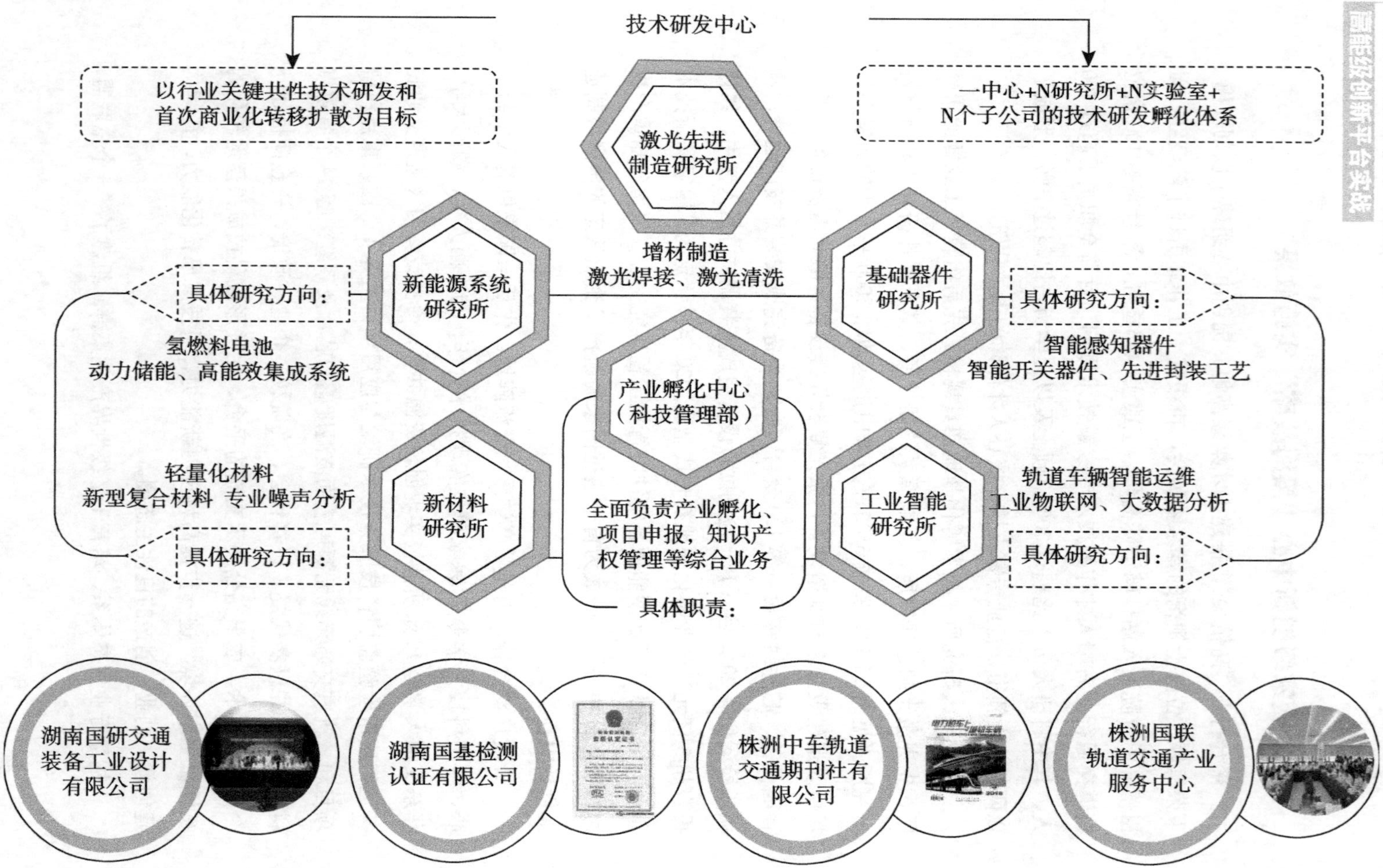

守正创新 笃行
INNOVATION
高能级创新平台实战

技术研发中心

一中心+N研究所+N实验室+N个子公司的技术研发解化体系

以行业关键共性技术研发和首次商业化转移扩散为目标

基础器件研究所
工业智能研究所
激光先进制造研究所
产业孵化中心（科技管理部）
新能源系统研究所
新材料研究所

具体研究方向：
智能感知器件、智能开关器件、先进封装工艺

具体研究方向：
轨道车辆智能运维、工业物联网、大数据分析

增材制造、激光焊接、激光清洗

具体职责：
全面负责产业孵化、项目申报、知识产权管理等综合业务

具体研究方向：
氢燃料电池、动力储能、高能效集成系统

具体研究方向：
轻量化材料、新型复合材料、专业噪声分析

株洲国联轨道交通产业服务中心
株洲中车轨道交通期刊社有限公司
湖南国基检测认证有限公司
湖南国研交通装备工业设计有限公司

图 26-7 国创中心技术研发体系

280

三个分联盟",分别是中国先进轨道交通装备创新联盟、城市轨道交通产业技术创新战略联盟、中国智能无人系统产学研联盟、轨道交通装备工业互联网联盟,设立株洲国联轨道交通产业服务中心,作为产业集群促进机构,服务株洲轨道交通装备产业集群建设,形成了由"一个实体企业＋若干联盟＋一个促进机构＋省市产业协会"组成的综合性创新网络,吸纳398家联盟单位,其中24家国家级技术创新平台、78家省级技术创新平台,集聚以整车制造企业为核心、相关配套企业为重点、产品研发—生产制造—售后服务—物流配送于一体的完整产业链,产业规模突破1600亿元,成为国内最大的轨道交通装备产业发展集聚区。2021年3月22日,工信部公示先进制造业集群决赛优胜者名单,株洲市先进轨道交通装备产业集群名列第一批决赛优胜者名单前茅,正式成为世界级产业集群培育对象。

26.5 建立起创新创业平台,创新能力崭露头角

建设关键共性技术研发平台,科技成果丰硕。率先突破绿色节能、智能控制、运维服务等三大关键共性技术,攻克智能感知无线无源声表面波MEMS传感器封装测试、机车自动驾驶控制核心器件自复位液磁断路器、牵引传动系统自主可控核心开关器件等5项"卡脖子"技术,实现进口替代;系统解决了车轴与牵引电机激光清洗、车体激光复合焊接、激光增材制造、宽禁带先进降噪材料等10余项关键共性技术,累计申请国际PCT发明专利9项、国家发明专利和实用新型专利共80余项、计算机软件著作权30余项,实用新型专利授权20余项、软著登记证书10余项,在行业相关核心期刊发表论文20余篇,参与制定IEC61991:2019《轨道交通机车车辆电气隐患防护的规定》1项国际标准和《声学超构材料名词术语》团体标准。

建设公共服务平台,助力行业创新发展。已形成工业互联网服务、检测认证服务及产业集群服务的能力:建设面向行业的工业互联网平台"智轨云平台",接入湖南省工信厅工业互联网监管平台,为国内5条地铁线提供智能运维和大数据支持,监控的生产线设备超过1万台,入选国家工业互联网创新工程;组建湖南国基检测认证有限公司,拥有轨道车辆整车、

辅助供电系统等 25 项 CMA 检验检测资质；举办"轨道交通装备先进激光制造技术与应用大会"等活动，组织"湖南省质量管理提升专项行动"等线下培训及各类赛事 10 余场、轨道交通装备产业线上直播 20 期，被认定为湖南省中小微企业核心服务机构。

建设技术孵化平台，实现自我造血。先后完成 2 款机车车辆牵引系统用接触器产品的研发并实现产业化，无人驾驶系统液磁断路器及接触器、自复位装置等高新技术产品实现量产，成功研制轨道交通无损伤激光清洗设备，"智慧列车＋智慧检修＋智慧监测"一体化的智慧运维系统正式上线运营，保障公司自 2018 年成立以来，企业营收逐年增长，一直实现盈利。

当前，我国轨道交通装备制造能力已经跻身世界前列，是全球最大的轨道交通装备市场，以高铁为代表的轨道交通装备制造已成为中国制造的一张亮丽名片。相比国外主要竞争对手，我国在轨道交通产业的核心零部件设计制造、共性基础技术研发、服务化转型方面仍存在一些短板，已经到了必须走高质量创新发展的新阶段。国创中心将继续践行"黑海战略"，通过"政府赋权、企业赋能、协会赋势"，聚焦"创新"二字，实施"企业＋联盟""平台＋创客""院士＋博士""技术＋管理"的全方位、全链条、全生态的集合创新，重点围绕绿色节能技术、智能化关键技术、运维服务关键技术、体系化安全保障技术、高效能牵引传动技术、互联互通技术和系统匹配技术等七大关键共性技术，以重点领域关键共性技术的研发供给、转移扩散和首次商业化为目标，通过承担技术委托研发、知识产权入股、技术成果交易、检测认证服务、管理咨询项目、政府资助或企业捐赠等"卖技术、卖产品、卖服务"的形式，实现自我造血，高效服务于集群相关企业和组织，把创新中心建设成为关键技术策源地、创新人才集聚区、产业发展助推器、公共服务示范点，促进产业集群做强、做大、做优，成为推动轨道交通装备领域持续引领的战略科技力量，用创新擦亮轮轨上的"国家名片"。

27

"一地四区"新模式的探索与实践

国家制造业创新中心作为重要的科技创新平台之一，不仅是人才、资金、信息等各类创新要素的汇聚地，也是推动科技攻关、促进科技成果转移转化和培育发展高新技术产业的重要载体。通过国家制造业创新中心的建设，探索构建面向市场和制造业的科技创新平台体系，不仅有利于有效整合产学研用政金商等资源，贯通研发、孵化、转化、投融资服务等关键链条，也可有效提升科技成果转移转化成效，推动科技创新赋能经济高质量发展。

2022年是国家先进轨道交通装备创新中心获批建设三周年。三年来，国创中心锚定目标，聚焦创新，坚定不移实施"技术创新＋管理创新"双轮驱动发展战略，主动融入"交通强国""制造强国"等国家重大战略需求，严格按照国家制造业创新中心建设指南要求，以突破"卡脖子"技术和突破国际壁垒为使命担当，紧扣"高质量经营、高效率运营"两大主题，全力推进"创新、创业、创效"三创工程，着力打造"一地四区"创新体系，全面培育以"创新创造美好生活"为核心的创新创业文化，高水平建设高能级创新平台，奋力打造国家级创新中心标杆，各项建设指标取得突破性进展，在工信部组织的2021年度、2022年度考评中均获"优秀"等级。

27.1 原创技术策源地　实现技术引领

当前，加快打造原创技术策源地，加强原始创新与源头技术供给，是立足新发展阶段、贯彻新发展理念、构建新发展格局、实现高水平科技自立自强的根本途径。而原创技术的形成过程，涵盖了从基础研究、试验研究、产品研究到应用研究的全创新链条，是一个将隐性知识科学化、科学发现技术化、技术发明产品化、科技产品工程化、工程运营产业化的持续过程。其中，科学研究是原创技术的知识源泉，试验发展是原创技术的实验手段，技术工程产业化是原创技术的价值实现路径。在新形势下，如何打造原创技术策源地，既是理论界和学术界面临的重大时代课题，也是产业界面临的现实难题。国创中心始终将需求牵引作为根本出发点，将资源协同作为重要着力点，将能力建设作为关键发力点，将政策落实与产业服务作为基本支撑点，以培育新型研发机构为切入点，努力找准加强基础研究和应用基础研究的最佳实现路径，切实发挥专家委员会智囊参谋作用，推动国创中心加快打造原创技术策源地。

前瞻开展技术预见。始终瞄准行业技术的前端、高端、尖端，强化技术预研体系建设和市场导向型战略研究，推动地方政府联合设立科技创新转化基金，以项目的形式资助开展重大科技战略研究与技术预研，积极参与"中国科技2035"等国家重大战略课题研究，全面分析轨道交通装备领域的技术发展现状、发展趋势、发展规律、演进形态、预期效益效果以及可能面临的风险挑战等问题，科学分析、综合研判，把握科技发展大势，聚焦未来可能取得革命性突破的重大创新领域，策划推出了超导电机、双层动车组、制储用一体化氢能系统等一批新技术和新产品，进一步夯实科技创新的基础。

源头识别创新机会。依托以刘友梅、丁荣军等9位院士领衔的专家委员会，重点围绕创新链、产业链、供应链的卡点、堵点以及薄弱环节，系统梳理"四新四基"技术和"卡脖子"技术，明确高速重载、绿色智能、安全保障等七大关键共性技术创新领域、21个一级方向以及30多个重大科研项目，形成原创技术发展蓝图和体系化规划布局。图27-1介绍了国创中心的"科技树"。

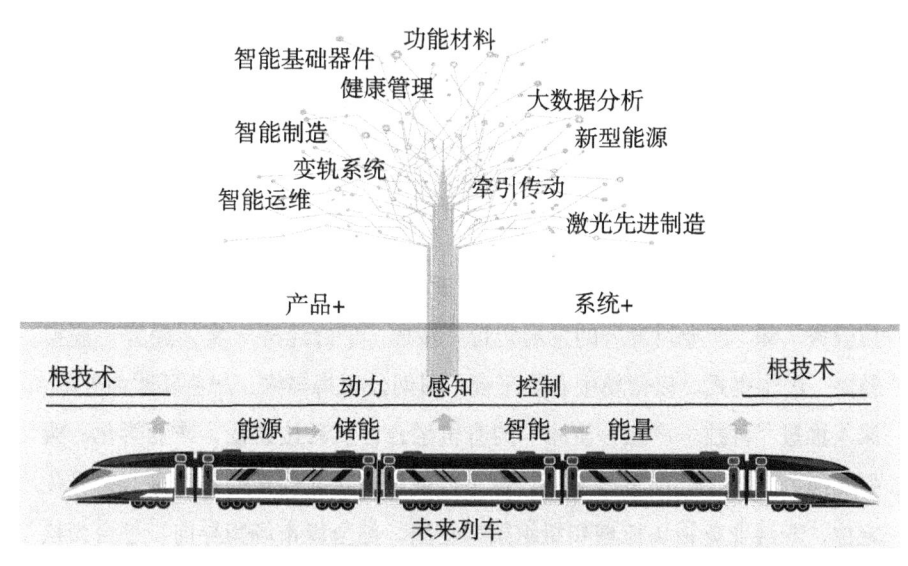

27 "一地四区"新模式的探索与实践

图 27-1　国创中心的"科技树"

凝练提出科学问题。坚持面向世界科技前沿、面向经济主战场、面向国家重大需求，聚焦"卡脖子"技术领域，通过专题研讨、高峰论坛、课题咨询等方式，聚合产业链创新资源，凝练出策源技术背后的源头科学、基础技术问题，形成支撑原创技术突破的基础科学、基础原理、基础技术需求清单，着力探索技术底层原理，掌握源头技术，突破基础工艺。经过三年努力，《设备全生命周期智能管理 App》获全国工业 App 创新成果转化二等奖和优秀解决方案奖；《吸声装置》发明专利荣获中国科技创新发明成果金翅奖；全力攻克液磁断路器、无线无源传感器、自供能装置、板卡式继电器等"卡脖子"技术难题。

绘制技术体系图谱。依托"国家铁路局新型能源系统铁路行业工程研究中心""湖南省新型研发机构""湖南省知识产权分中心"等平台，规划原创技术发展图谱，描绘专利战略地图，确定技术发展路线图和总体施工图，并识别图谱中重点发展和优先发展的技术领域，建立"补短板"和"强长板"技术产品清单，将其转化为技术攻关方向，进一步明确目标、明晰路径，做好安排部署，集中力量推动技术归核化。国创中心先后组织了"甲醇制氢＋固态储氢"系统、复合激光清洗系统、自牵引系统、隔音降噪模块等揭榜任务，实现了由"技术—产品"的重大突破，在更高起点上推动原创技术策源地建设。

27.2 创新驱动先行区 跨越"死亡之谷"

国创中心坚持管理创新与技术创新"双轮驱动"方略，明确聚焦"科技服务"和"产业培育"的发展定位，按照"平台经济＋实体经济＋虚拟经济"运作模式，以创新中心为平台、国创公司为实体，产业联盟为外圈，深入推进"科技—产业—资本"的有机融合，从科技研发、产业孵化、服务支撑、资源优化配置等方面，对平台创新和企业创新的功能进行差异化定位，开展业务板块梳理和组织架构重塑，健全以市场为导向、平台为核心、市场与技术联动的技术创新体系，形成面向近中远期、层次合理、衔接有序的体系化技术创新格局，加快技术孵化和产业化进程，打造创新驱动先行区。

引导要素集聚优化。切实做强技术研发中心，重点解决技术市场供给问题。聚焦国家战略需求，围绕人工智能、先进制造、大数据等前沿领域，采用"1+X"的技术创新架构，在技术研发中心下设人工智能所、激光技术所、基础器件所等专业研发机构，围绕产业化过程中核心技术瓶颈，开展自主或联合技术攻关，构建高效强大的共性技术供给体系。全力做实产业孵化中心，重点解决技术与市场脱节问题。面向市场需求，开展技术定制、测试检验、中试熟化、产业化开发等活动，从源头上推动科技创新成果从实验室走向市场；建立信息渠道畅通、服务功能齐全、交易活动有序的技术交易平台，以高等院校、科研院所为依托，通过转让、并购、合作研发、产权买断等方式，推动创新链对接产业链；构建以创业苗圃、孵化器、加速器等科技成果孵化转化基地，进而为科技成果产业化逐步构筑多边、开放、富有活力的创新生态；按照"平台＋创客"思路构建"职能平台＋研究所＋项目公司"的技术转化模式，先后孵化成立国基检测认证公司、国研工业设计公司等项目公司，加速科研成果对外直接转移扩散，服务企业和科研团体数量超过 400 多家／年。

推动开放协同创新。采取"以我为主、产学研结合"和"以我为主，有效利用国内外资源"两种方式组织协同攻关，先后与湖南大学、华南理工等"双一流"高校建立战略合作关系，与中南大学共建国家现代产业学院，构建"利益共享、责任共负、风险共担、成果共有、信息共通、平台共建"的利益共同体，形成分工合理、梯次接续、协同有序的创新格局，实现国内外、产学研、上中下游联动创新，形成自有的知识体系、技术体系和成果体系，加速推进技术"从 0 到 1"的突破、"从 1 到 100"的扩展。通过央企央地合作、创新联合体、混合所有制等多种合作方式组建联合舰队，发挥"梧桐树""千里马"政府引导基金作用，撬动天使投资基金、创业投资基金等社会资本，构建多渠道、多层次的科技金融投资体系以及"端到端"的全链条需求对接，深化科技成果转化能力；牵头组建产业链联合党委，持续组织开展"央企带民企、大手牵小手"、院士专家行等活动，聚合产业链高端创新资源，拓展科技资源获得渠道，强化产业链协同创新。

强化科技服务支撑。搭建科技资源共享平台，重点解决科技创新资源效率问题。与中南大学、大功率电力机车国家重点实验室、牵引变流国家重点实验室等单位联合发起设立轨道交通创新联盟（见图27-2），依托联盟搭建科技资源共享平台，开放实验室及大型科研仪器设备，推动科技资源共建共享，推进产学研深入合作，提高资源利用效率。搭建科技信息服务平台，重点解决科技创新资源"孤岛"问题。与湖南省知识产权局、园区管委会等单位联合建设省知识产权服务分中心，完善科技数据库、科研仪器库等科技资源数据库，打造信息支撑、专业服务、良性合作的科技资源共享平台，为各类创新活动提供成果信息、文献查询、仪器共享等多种公共服务，同时带动市场策划、知识产权运营、风险投资等高端服务快速发展，为创新创业提供有力服务支撑。

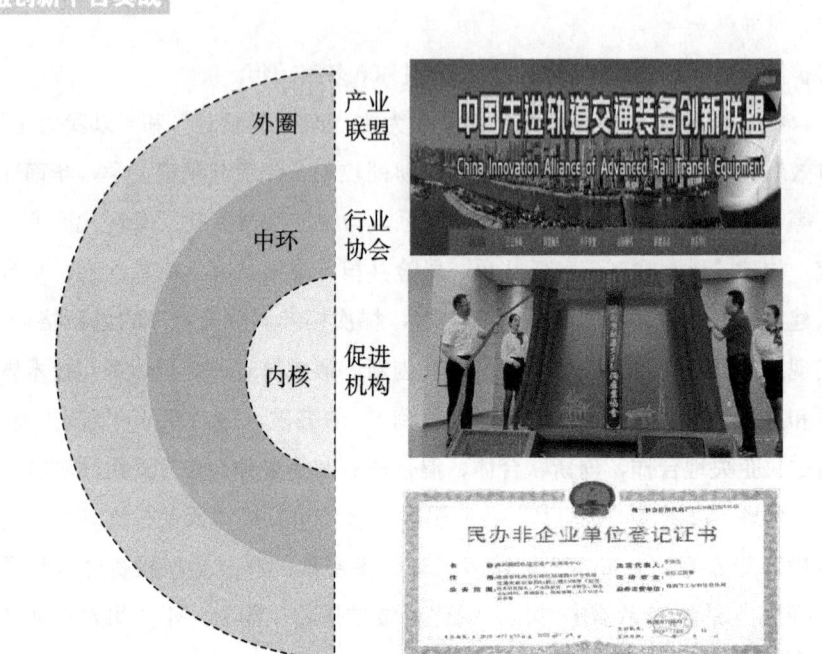

图 27-2　三方联动同频共振

27.3 创新体制示范区　筑牢制度篱笆

体制机制是创新发展的基础保障。国创中心始终坚持"管理松绑、制度减压、创新赋能、成果赋权"的理念，从科技规划、创新激励、项目管理、经费投入、人才培养等维度，凸显创新驱动的体制保障，持续创新组织模式，改革科技管理制度，营造创新生态环境，构建源头型创新管控模式，真正解决创新动力和创新能力问题，以更有力度的制度策源，驱动更有深度的技术策源，使广大科研人员甘坐"冷板凳"、敢啃"硬骨头"、勇闯"无人区"，真正潜心研究、实现源头创新。

完善企业法人治理结构。落实党的领导。国创中心积极推进党建工作总体要求纳入公司章程，将党的领导融入公司治理各环节，将党组织研究讨论作为董事会、经理层决策重大问题的前置程序，实行董事会决策制、总经理负责制、专家委员会咨询制"三制融合"运营模式，落实"双向进

27 "一地四区"新模式的探索与实践

入、交叉任职"的领导体制,董事长或总经理亲自担任党组织负责人,全方位推动党建与生产经营深度融合。规范董事会建设。推动外部董事占多数,董事结构来源更加多元化、专业化,董事会及董事评价指标体系进一步优化。强化经营团队。加快构建基于数字化、网络化、智能化的快速研发组织模式,改革重大科技项目立项管理方式,全面推广"揭榜挂帅""柔性团队"等新型研发组织模式,制定《经理层成员选聘和管理基本规范(试行)》,推行职业经理人制度,试点探索经理层任期制和契约化管理,通过绩效目标、业绩合同、聘任协议等刚性约束,加强对经理层的管理监督。

健全市场化经营机制。从战略规划、项目管理、科研经费、科技人才等方面,积极探索市场化运营、协同与共享、知识产权运用、共性技术研发攻关、人才培养激励、责任考核落实等方面的机制,持续完善"激发创新意识、优化创新环境、鼓励创新行为"的制度体系。比如,按照"业财融合、现金为王、财务成本为负"等理念,从战略财务、业务财务、共享财务三个维度强化资金调度和成本管控(见图27-3);率先探索实施大部制,下设战略发展、技术研发、产业孵化、企业运营、财务风控、行政人

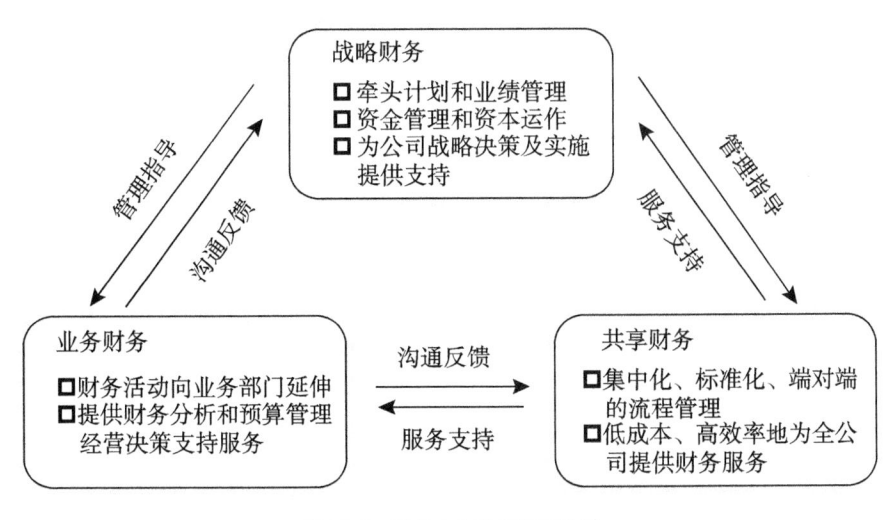

图27-3 国创中心财务管控体系

事等六大中心，有效提升企业运营效率；制定人才选拔任用管理办法，明确以综合考核评价为基础的人才选用和退出机制；编制用工总量规划和计划，合理控制用工总量，制定市场化用工管理制度，构建员工正常流动机制；建立健全工资与效益联动以及全员绩效考核机制，把工资总额与企业效益紧密挂钩，将员工个人薪酬与企业效益、个人绩效紧密挂钩，真正落实"按劳分配与按生产要素分配相结合"的分配制度；探索两制一契、协议工资、超额利润提成、核心员工持股等激励政策，打破"洗碗"效应；实行完善工资总额备案制管理、企业特殊人才工资总额单列等相关政策，进一步激发员工争先创优意识、干事创业激情。

27.4 创新人才聚集区 支撑平台裂变

创新之道，唯在得人。人才强则科技强。国创中心始终将人才队伍建设作为创新驱动高质量发展的"第一工程"，大力实施"人才强企战略"，深入开展"双创"示范基地建设，构建人力资源管理体系，建立健全干部管理制度，强化薪酬分配和中长期激励，不断优化科技创新人才发现、培养、激励生态链条，形成"引进急需、激发关键、用活存量、培养未来"的全过程人才管理生态系统，聚集一批"战略科学家、科技领军人才、优秀经营人才和杰出复合人才"，搭建成就事业、逐梦圆梦的舞台。图27-4介绍了国创中心的人力资源4P管理系统。

扩大人才引进"朋友圈"。始终坚持"引培育留"并举，重点围绕前沿引领技术、关键共性技术、现代工程技术和未来产业技术等科技创新和重点产业发展方向，编制人才需求目录，制订年度人才需求计划，注重团队引进，突出靶向引才，采取"院士+博士""全职+兼职"引才汇智模式以及"候鸟式"聘任、"离岸式"研发等方式，通过以才引才、重大项目引才、机构推荐等方式，面向市场引进一批高精尖人才，形成"引进一个、集聚一批、带动一片"的乘数效应，实现"搭建平台吸引人才，吸引人才支撑平台"的良性互动。比如，针对急需紧缺的特殊人才，采取协议工资制，落实日常生活、科研条件、薪酬待遇等保障措施，通过差异化薪酬福

27 "一地四区"新模式的探索与实践

人力资源4P管理系统

图 27-4 人力资源 4P 管理系统

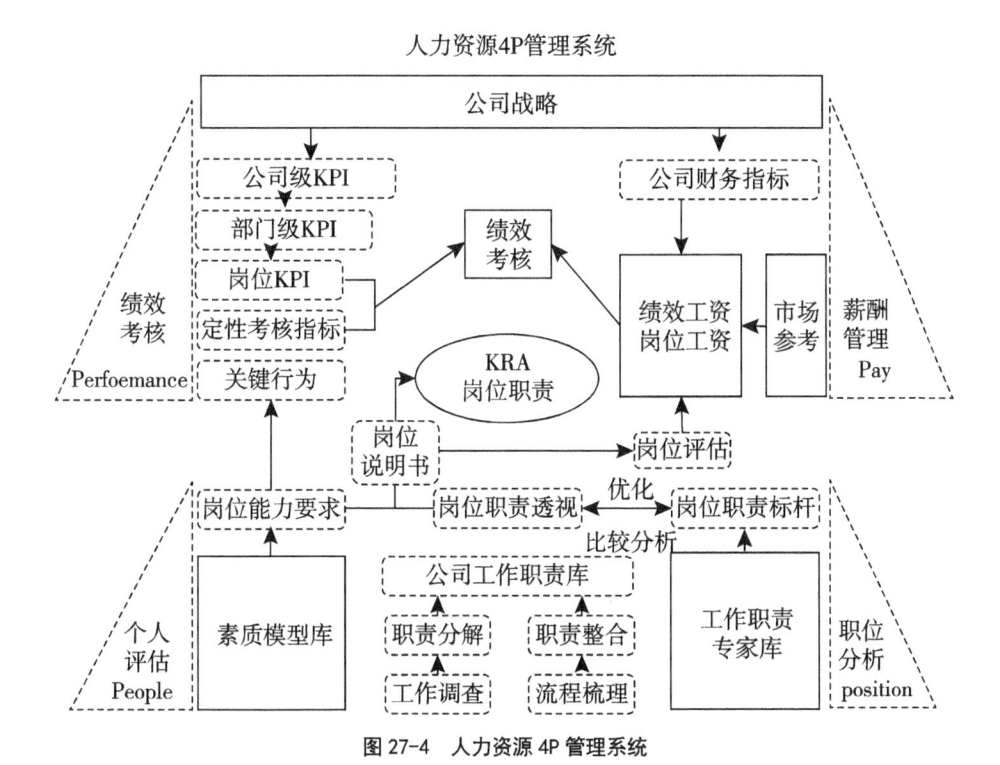

利,提高人才吸引力;依托院士工作站、博士流动站等国家级平台和重大课题,内部培养硕士、博士等高层次人才。

实施人才管理"大体系"。借用军事管理中的"特种兵、突击队、后备军和兵工团"等作战理念,实施"三融三创、才聚未来"工程,阶梯选拔培养菁才、英才、栋才和将才,形成"前方、中坚、后方、外援"四股力量:组建突击队,形成前方力量,攻城拔寨,抢抓机会;组建特种兵,形成中坚力量,攻坚克难,拿下碉堡;成立后备军,形成后方力量,贴心服务,全力保障;成立小兵团,形成外援力量,整合资源,提升价值。比如,针对重大科技任务,采取大军团作战模式,与主机企业、产业链企业、科研院所等联合组建协同创新团队,把基础研究、技术开发、产品制造、工程实践等各方面的科技人才汇聚在一起,集中力量攻关,缩短研发周期;针对"杀手锏"技术攻关,主要采取"特种兵"模式,通过设立科学家工作室，推进资源管理权与作战指挥权适当分离，赋予团队负责人充分行使人财物自主权，重点支持具有发展潜力的科技创新领军人才，组织优势兵力攻坚克难；在基础理论研究与前沿技术开发等领域，破除论资排辈，多渠道、宽口径遴选一批具有发展潜能的青年拔尖"后备军"，组建以青年科技人才为主体的创新团队，定向提供活动经费和人才专项津贴，重视解决工作生活实际问题，让青年科技人才安心进行技术攻关。

建立人才评价"测量仪"。在人才评价体系构建方面，坚持"多维度、多学科、多标准"的原则，以创新能力、工作质量、任务实效、业绩贡献为导向，着重看标志成果、实际贡献、科学价值及经营业绩，把管理部门与技术部门进行分领域、分层级、分赛道评价，注重考核标准的科学化、定量化、合理化、全面性与动态性，搭建"青年新秀、青年骨干、青年英才"的人才选拔与评价体系。比如，在基础领域，侧重对新理论的发展、解决重大难题的评价，重点用市场估值的方式来衡量；在应用领域，侧重对成果的应用潜力和实际贡献的评价，重点用市场业绩来衡量；在相关交叉领域，侧重对其他领域及对国家战略需求的实际贡献的评价，重点采取社会价值评价来衡量。

打出人才激励"组合拳"。根据不同类型科技人才，制定有针对性的激励措施：建立动态科技人才库，按照"四力一品"要求，实施青年新秀、业务骨干、职业经理差异化竞聘；定向激励战略科学家，积极争取国省人才专项资金，国家荣誉等激励措施，加大对领衔创新任务科研人员激励；灵活激励科技人才和产业孵化人才，根据科技成果转化和科技奖励等有关政策，对取得原创性、突破性成果的科技人才给予重奖，通过赋予科技人才长期成果使用权、参股权、收益权等措施，加大科技成果转化激励力度，调动广大科技人才创新的积极性和主动性；组织召开年度人才工作会，进一步全面系统谋划干部人才工作，完善人才职业发展体系，畅通员工职业发展通道。

27.5 创新文化引领区　激活一江春水

文化是更高层面的竞争力。创新文化是科技创新的内在动力，是国家科技竞争的软实力，它与创新实践息息相关，并以追求变革、崇尚创新为基本理念和价值取向，对创新具有导向性和牵引力。创新文化培育创新精神、激励创新事业。国创中心以科技奋斗者为本，聚焦"三融三创"特色党建品牌，创新开展"创新者说""思享会""博士论坛"等活动，通过经验分享、专家授课等形式，全面导入 IPD 研发体系，从组织重塑、氛围营造、精神宣贯等方面着力培育创新文化，不断解放广大员工思想瓶颈，破除因循守旧观念，增强创新意识和创新能力。

创建基于业务流和信息流的高效组织。通过大部制设置实现组织扁平化，比如把人事、党群、后勤、文秘、保密等业务整合成人事行政中心，把规划、投资、联盟、对外合作、项目申报等业务整合成战略发展中心，把科技管理、采购、孵化等职能整合成产业孵化中心，把财务、法务、审计、风险管控等职能整合成财务风控中心；把市场营销、项目管理、安环健、质量、制度等职能整合成企业运营中心，充分对接市场，进一步拉近基层和高层之间的距离，加深决策者的沟通，缩短决策链条的长度，打通内部间的协同创新，深化与外部的开放创新，形成"科研支撑产业、产业反哺科研"的良性循环，使得上传下达更快捷，组织反应更敏捷。

营造开放协同、跨界融合的工作环境。根据科技攻关任务，采取"揭榜挂帅"和"公开竞标"的形式，择优选聘最有影响力的项目负责人，并实施项目负责人组阁制，由项目负责人根据项目需求组建不超过9个人的核心小团队。改变以往每个职能部门设置独立办公场所、领导有独立的办公室、每个员工有单独隔间的办公环境，采取大空间布局，把办公室软件、硬件、结构等都集中到一个大办公室，方便跨部门对话和合作；并设置私密会议室、露天阳台、院落，甚至阅览室和茶室，供员工清静休憩。建立先锋模范荣誉墙，设置先锋模范岗，发挥先锋模范作用，激发员工爱岗敬业精神和创先争优、争先进位的奋进意识，树立企业品牌形象，让"始于颜值、成于细节、终于品质"等思想，内化于心、外化于行。

倡导"快乐工作、健康生活"的理念。积极弘扬"向上向善向前"的企业精神，倡导"志存高远、崇尚创造、敢为人先、锲而不舍、宽容失败"的科研文化，在绩效管理考核方面，坚持正向鼓励，更多地采取奖励而不是惩罚，向"冷暴力"说"不"；积极组织球类比赛、团队培训等文体活动，充分运用内外网站、微信公众平台等新兴融媒体，加强与《科技日报》《湖南日报》等媒体的合作，多渠道、多维度地宣传展示创新成效，传播创新人物，讲好创新故事；国家部委、省市政府和行业专家领导多次实地考察调研，多项国家级、省部级科技成果背后鲜为人知的创新故事得到大量转发与点赞，激发了广大员工投身科技创新、矢志科技报国的使命担当，注入了不断前行的新动能。国创中心先后荣获全国国企管理创新成果一等奖、第十八届全国交通企业管理现代化示范单位、2019年中国管理科学大会"中国管理创新先进单位"等荣誉，探索了一套可复制的管理创新模式。

创新永无止境。只有永远的创新，企业才能铸造永远的进步和永远的生机。面向未来，国创中心将继续埋头苦干、真抓实干、守正创新、善作善成，为实现高水平科技自立自强、建设高水平创新型国家贡献力量。

以模式创新赋能高质量发展

经过多年建设实践，国家制造业创新中心已探索出了适合自身特点的成功发展模式。

当下，全球产业竞争日益激烈，科技创新已成为决定各国产业核心竞争力的决定性因素，世界各国纷纷启动了新型创新载体平台建设，例如美国的制造业创新研究院、英国的弹射中心等。我国也于2016年启动了制造业创新中心的建设工作，截至目前，已完成了21家国家级制造业创新中心的布局建设。

经过多年的建设实践，国家制造业创新中心已探索出了适合自身特点的成功发展模式。其中,国家先进轨道交通装备创新中心(下称"国创中心")建立起了"一地四区"特色化发展模式,实现了自身的高质量发展,极大地提升了产业竞争力。

国创中心通过打造原创技术的策源地,有效激发了行业创新主动性;建立创新驱动的先行区,凸显了整合汇聚创新资源,帮助企业创新的行业服务功能,提升产业整体创新效能;建设创新体制的示范区,在战略规划、创新激励以及项目管理等多个方面,制定适应创新研发的政策制度,为创新驱动提供有力支撑;构造创新人才的聚集区,完善人才引进、培养、选拔体系,实现了高水平创新人才梯队建设;构建创新思想的引领区,以内部分享和外部宣传营造良好创新文化氛围,使创新精神做到真正的内化于心、外化于行。

国家先进轨道交通装备创新中心的案例为国家级制造业创新中心建设发展提供了几方面的借鉴。

一是坚定不移地做好行业带头人。国家制造业创新中心要始终把加强行业关键共性技术供给、引领行业发展作为核心使命。创新中心要充分发挥战略专家委员会作用,聚焦行业关键共性技术创新领域,制定清晰的技术发展方向和路线图,通过多元化合作方式带动不同性质、规模的产学研创新主体联合攻关,切实解决行业发展的短板。

二是探索多元化的行业服务形式。国家制造业创新中心应利用平台创新资源汇聚优势,发挥资本对创新的催化作用,联合政府资金和社会资本等金融力量,通过设立成果转化专项基金等,以项目形式牵引企业创新聚焦重大科技战略研究、技术研判等,优化项目激励和管理制度,灵活实现技术成果转移扩散。

三是持续完善创新体制机制建设。国家制造业创新中心应在科技战略规划、创新激励、项目管理等方面建立完善的政策制度，并及时对相关政策制度进行更新，探索建立符合创新发展实际需要的新制度，尝试不同制度组合运行模式，促进创新提质增效。

四是注重创新人才的引培工作。国家制造业创新中心要增强战略科学家、科技领军人才等顶尖创新人才的引进和交流力度。同时，要强化毕业生招聘工作，依托国家级平台和重大课题培养高学历创新人才，完善青年研究人员职业发展途径和选拔体系，努力构建善于创新的高水平人才梯队。

五是营造崇尚创新的企业文化。在创新中心内部通过分享会、论坛等形式，加强对创新精神的弘扬力度，营造良好的创新氛围。对外加大通过多元化媒体渠道，宣传企业创新历程，增强员工创新荣誉感和责任感。

——杨磊，中国电子信息产业发展研究院科技与标准研究所

28

先进轨道交通装备产业集群 促进机构的探索与实践

世界级产业集群作为产业集群的高级形态,是在一定区域内,与特定先进技术相关的若干企业、行业组织和科研院所等机构,围绕共同目标,共生形成的组织高度网络化、能够引领全球技术创新和产业变革、具有强大包容性和根植性的产业网络。它是现代产业体系的重要组成,代表一国战略、优势产业领域的综合竞争力最高水平,凭借持续的技术创新和组织创新,引领先进制造业高质量发展。产业集群作为一个高度网络化的产业组织,核心应该是推动集群组织变革,通过设立能够推动集群成员间竞争与协作的集群促进机构,推动集群形成技术共生、利益共享、组织共治的集群网络化发展格局,增强集群的"网络化"和"根植性"属性,是打造世界级产业集群的重要手段。

为培育在全国乃至全球有竞争力、影响力的优势产业集群,株洲市组建了产业集群促进机构,积极探索以产业链的思维来推动轨道交通装备产业的集群发展。经过近几年的发展,株洲目前已经集聚了设计与研发、装备与制造、工程设备与材料、营运与安全维护等轨道交通领域的所有门类,构建了具有世界先进水平的现代轨道交通装备制造体系和整机总装、核心部件及配套部件制造与研发的黄金产业链,成为全国首个轨道交通千亿产业集群和国内最大的轨道交通装备出口基地,是闻名世界的"中国轨道交通装备制造之都",更是代表"中国制造"走向世界的闪亮名片,产业集群优势非常明显，整体处于全球产业链与价值链的中高端。

28.1 先进制造业集群促进机构的运营模式特点

根据欧美发达国家推进产业集群建设的先进经验，集群促进机构采取政府引导、自愿组织的方式，依托社会组织、骨干企业或其他机构，探索成立的新型、非营利独立法人机构。其核心要义在于，集群促进机构是一种新型的民非机构，发起人应具有代表性，不得为公民个人发起成立，也有别于"块状经济"下的行业协会商会组织或"园区经济"下的管委会等组织，它根植于集群地方产业特色和历史文化，聚焦某一行业领域，在政府引导下组建成立，既不收取会费，也不单纯靠财政资金补贴，其本质还是聚焦"促进"二字，通过创新运营模式，促进自主创新、促进集群发展、促进机制转换，实现沟通交流、监督激励、协调管理、国际合作等功能。其在组织结构和运营模式具备两大特点：

一是在组织层面。集群促进机构是非政府、非营利的独立法人机构，其发起单位应包含行业领军企业、知名大学、金融机构、行业组织等，能够实现自我造血与持续经营，并在集群发展中具有一定的影响力和话语权。

二是在运营层面。集群促进机构的举办资金，不同于企业法人的注册资金，其本质是一种捐赠行为，其根本属性是非营利的。但这并不意味着集群促进机构不能盈利或者没有盈利，只是盈利后不能向发起人分红，运营过程中产生的盈利仍需持续用于促进机构的扩大再生产或者公共服务能力的再提升。

28.2 株洲先进轨道交通装备产业集群促进机构的组建及架构

根据工信部《关于培育发展先进制造业集群的意见》，2019年5月在株洲市民政局注册成立了株洲先进轨道交通装备产业集群促进机构——株洲国联轨道交通产业服务中心（以下简称"国联中心"），遵循共商、共建、共享的原则，采取"国联中心+产业联盟（行业协会）+平台公司"的运作模式，建立了组织章程，实行扁平化管理，建立了理事会决策制、经营团队负责制、专家委员咨询制"三位一体"的组织架构，涵盖核心层、管理层和专家层。

核心层：由集群内龙头企业、科研机构、政府部门等主体依据专业化分工和协作关系组成，经民主推荐选举产生理事会和监事会，理事设5名、监事设3名。

管理层：采取企业市场化运作模式，由一名主任、若干名副主任组成，下设秘书处和相关职能部门。职能部门包含综合部、技术部、市场部等，具体负责国联中心相关职能管理；秘书处主要负责对接产业联盟、协会和平台公司等，推进项目实施考核评估。管理层通过市场化选聘产生，对国联中心理事长负责。

专家层：采取专家顾问委员会的形式，是国联中心的决策参谋顾问机构，依据国联中心的定位和目标，系统分析研究产业布局、市场开拓、技术创新、基础管理、商业模式等方面的重点难点问题，提出有效解决方案或建议。专家委员会主任由刘友梅院士和丁荣军院士担任，并聘请龙头企业总工程师为副主任、产业链相关单位技术专家为委员。

28.3 株洲先进轨道交通装备产业集群促进机构的运营与实践

国联中心成立后，在政府和相关龙头企业的支持下，通过"政府赋权、企业赋能、协会赋势"，按照"当好四员、扩大两圈"的发展思路，通过承担管理咨询项目、技术成果交易、技术委托研发、产权入股、检测认证服务、政府资助或企业捐赠等形式实现自我造血，高效服务于集群相关企业和组织，致力于把国联中心建设成为公共服务示范点、产业发展助推器、创新人才集聚区、关键技术策源地，促进产业集群做强、做大、做优。图28-1介绍了国创中心的"百千万"工程。

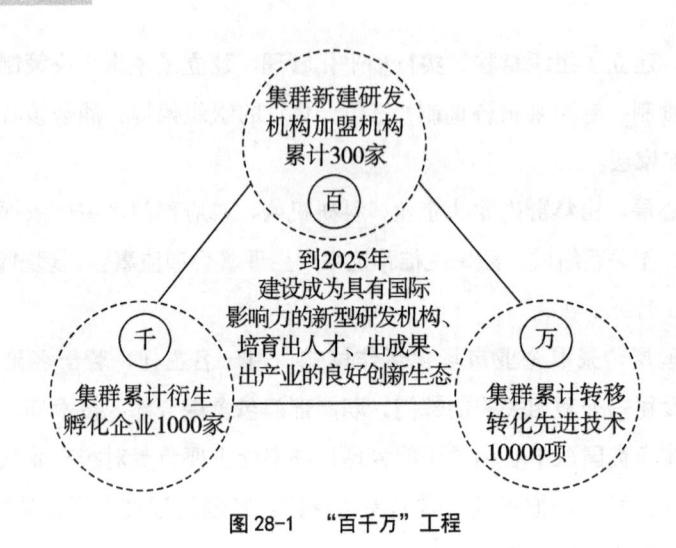

```
           集群新建研发
           机构加盟机构
           累计300家
              (百)
                    到2025年
                  建设成为具有国际
                  影响力的新型研发机构、
   (千)            培育出人才、出成果、    (万)
  集群累计衍生      出产业的良好创新生态   集群累计转移
  孵化企业1000家                        转化先进技术
                                        10000项
```

图28-1 "百千万"工程

28.4 全方位整合资源，切实当好领航员、服务员、联络员和战斗员

把握发展趋势，当好"领航员"。一是强化党建引领。在株洲市委的大力支持下，依托株洲市轨道交通装备产业链，组建成立轨道交通装备产业链企业联合党委，搭建"党建引领、共建共享、产业衔接、融合发展"的工作体系，推动集群资源整合和共享，强化成员之间沟通交流与协同配合，形成推动产业集群发展合力。二是突出规划引领。聘请工信部赛迪研究院等智库编制《湖南省培育发展先进制造业集群实施方案》《株洲市轨道交通装备制造产业发展规划（2019—2025年）》，细化"两图两库两池两报告"，即产业链现状图和全景图、招商项目库和客商资源库、高端人才池和资金池、产业链分析报告和招商分析报告，明晰产业链的发展思路和重大举措。三是坚持市场引领。国联中心根据组织章程，按照市场化运作原则，实行理事会决策制、主任负责制、专家委员会咨询制，并以市场需求为导向，加强行业SWOT分析，开展风险识别并提出风险防范建议，引导产业链企业实施技术攻关、产业配套等。图28-2介绍了扩大集群朋友圈、构建产业生态圈的具体要素。

图 28-2　扩大集群朋友圈、构建产业生态圈

国联中心按照产业链思维，系统整合产学研用政金商资源，推动各方共商共建共享，当好"联络员"。一是建体系，系统整合行业协会／产业联盟资源，完善链长制工作推进体系、支撑服务体系、决策咨询体系和议事协调体系，组建成立轨道交通装备产业链领导机构，由市委书记担任链长，龙头企业董事长、银行行长、高等院校校长担任副链长，国联中心主任担任链办主任，形成产业链长抓统筹、龙头企业董事长担任联盟理事长促配套、银行行长帮融资化解企业融资难题、高等院校校长领衔科技攻关的"四长"联动推进机制。二是解难题，编印一个"资料包"，把产业链全景图、现状图、招商图等情况梳理出来，报领导、送部门、达企业，及时掌握并解决轨道交通产业发展有关困难和问题。三是强调度，实行分级调度机制，建立"一单四制"，即问题清单，台账制、交办制、督办制、销号制，组织定期召开调度会议，做到事事有回音、件件有落实。

依托平台公司，当好"服务员"。一是让龙头企业安营扎寨，推进集群做大。联合产业链企业拓展维保服务、咨询设计等上下游产业链，完善集群产业链条，探索政企共建、工程总包模式（项目基建联合体），走出一条集设计、施工、产品采购、运营维保于一体的发展模式，并将有关核心部件技术向其他领域延伸，实现轨道交通路内路外双轨发展。二是让配套企业借梯登高，推进集群做优。依托工业互联网和区域链技术，构建"龙头企业＋创新中心＋行业协会／产业联盟"的产业生态组织系统，先后组织实施27个先进轨道交通产业重大科技创新项目，大力发展微笑曲线两端的咨询设计、检测认证、物流等服务型制造业，积极创建国家工业设计研究院和轨道交通智能制造研究院，推进建设智轨云轨道交通工业互联网公共服务、轨道交通车辆智能远程运维保障等平台，助力创新型产品推开通向最终应用的大门。三是让中小企业抱团取暖，推进集群做强。依托主机企业，围绕轮对、车轴、车门、贯通道、空调等关键零部件，进一步提升集群内部配套能力；依托中国先进轨道交通装备创新联盟，从政策解读、技术咨询等入手，定期举办"技术大讲堂"和"博士大讲堂"系列特色培训活动，打造线上线下的人才交流阵地，为集群中小企业搭建学习交流平台；通过举办中国国际轨道交通和装备制造产业博览会，将株洲田心确定为永久会址，筹建轨道交通"海外仓"，积极支持轨道交通抱团出海。

布局产业链条，当好"战斗员"。一是抓扶持，围绕产业链布局资金链、创新链、人才链、服务链，"一链一策"帮扶产业发展，通过打通各创新链条，促进集群企业合作交流能力。二是抓企业，紧紧依托龙头核心企业，紧盯国内外有影响力、有核心技术的优质供应商，引进一批轨道交通关键零部件配套，集中力量培育打造百亿级龙头企业，不断壮大优质中小微企业队伍。三是抓项目，抢抓国家"十四五"规划和"新基建"项目铺排窗口期，储备一批大项目、好项目，推动更多的项目进"笼子"，同时抢抓央企混改机遇，以资本入股参与混改，不断地实现延链、补链、强链。

28.5 依托协会／联盟，扩大集群朋友圈和优化产业生态圈

扩大集群朋友圈，构建最广泛统一战线。以促进机构（国联中心）为内核，打通集群内"产学研"合作渠道，组织集群内成员单位，围绕增强产业核心竞争力开展重大技术创新和公共服务等，有效解决科研机构、大学和企业之间研发和产业化信息不对称的问题，跨越"死亡之谷"。以行业协会为中环，加强集群内产业链上下游企业间的互助合作，弥补促进机构

辐射面的不足。以创新联盟为外圈，通过中国先进轨道交通装备创新联盟辐射全国乃至全球，组织成员对外宣传、联合参展、国际合作、人才引进、咨询服务等，实现抱团取暖。图28-3为中国国际商会装备制造产业委员会授牌仪式。

图28-3　中国国际商会装备制造产业委员会授牌仪式

共建产业生态圈，构建集群命运共同体。以创新维为纽带，推动校院企地联合创新。依托国家先进轨道交通装备创新中心、功率半导体创新中心、南方军民融合创新中心、国基检测认证中心、减振降噪重点实验室等创新平台建设，加大与中南大学等高校的合作力度，共建新一代轨道交通综合实验平台群。以要素维为支撑，推进资源精准配置。发挥促进机构和平台公司的优势，探索以投代补、以奖代补等手段，扶持龙头企业、重点企业、创新型企业创新发展；通过高端复合型人才培养、柔性引进人才、推动院士培育工程等，推动轨道交通领域人才的"订单式"培养，并在用地、用能、环保方面，因地制宜，施行精准要素匹配。

28.6 几点思考与建议

集群机构并没有统一的组建方式，建议因地制宜，以新机制为核心，以促进机构的定位与内涵、具备核心特征和功能作为评判标准，探索多种形式的促进机构组建模式。

一是改制模式，即在既有行业协会商会作用发挥突出的产业集群区域，可以通过对现有的行业协会、产业联盟等第三方机构进行改制，优化完善组织架构，改变传统层级管理实行扁平化管理，增强公共服务功能，实现促进机构的功能。

二是剥离模式，即通过将政府部门负责的公共服务的职能等进行剥离，实行市场化运作，明确促进机构和政府与企业的边界，进一步整合归并内设机构，推行政企分开、政资分开，实行管理机构与开发运营企业分离。

三是新设模式，即推动集群内龙头企业、创新型企业、大专院校、科研机构、政府机构等主体，建立从核心层到管理层的分层次组织架构。

通过"政府赋权、企业赋能、协会赋势"的方式赋予促进机构相应的事权，不断强化自身能力。图28-4介绍了促进机构的角色定位。

一是政府赋权，当好"黏合剂"角色。通过参与制定产业发展规划、政策制定、项目申报、评审调研等方式，组织举办相关学术会议、论坛、培训等活动，将企业的发展需求和政府的政策导向进行有序衔接，开展项目申报和政策制定调研工作并提出意见建议，做好政府和企业的桥梁纽带，当好党委政府的参谋助手。同时依托产业链联合党委的政治核心作用和凝心聚力作用，在选举党代表、人大代表、政协委员评选优秀企业家等工作时，征求促进机构的意见，不断提升机构的话语权。

二是企业赋能，当好"牵线人"角色。充分发挥龙头企业的支撑作用，把分散的资源和单个企业整合起来，加强国有企业与民营企业、龙头企业与配套企业、大企业与中小微企业之间的信息交流、资源共享、产品互补、平台共用，畅通产业链企业之间的供需对接，促进企业间合作和抱团发展，

28 先进轨道交通装备产业集群促进机构的探索与实践

政府赋权	企业赋能	协会赋势
"黏合剂"	"牵线人"	"代言人"
产业规划　政策制定 项目申报　评审调研	龙头企业与配套企业 大企业与中小微企业 国有企业与民营企业	信息敏感　反应敏锐 政策熟悉　趋势了解
在党代表、人大代表、政协委员、优秀企业家、劳模推选等方面充分考虑促进机构意见，提升话语权	促进企业间信息交流、资源共享、产品互补、平台共用，畅通供需对接，促进企业间合作和抱团发展，减少交易成本	制定自律规约，营造彼此了解和相互信任的集群文化，规范会员企业生产和经营行为，促进竞争性企业间的合作，引导经营者依法合规经营

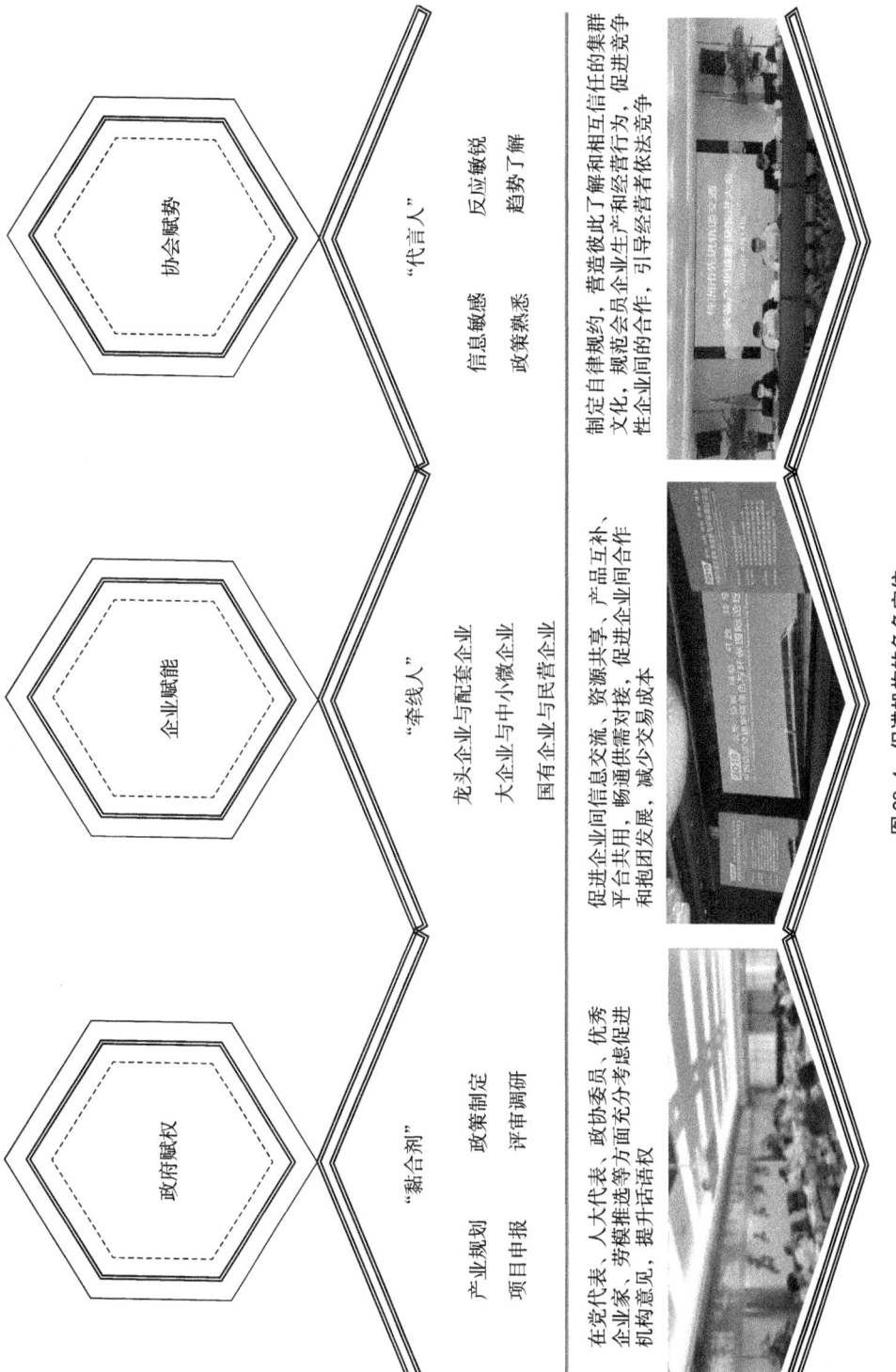

图 28-4　促进机构的角色定位

减少集群成员和潜在合作者的交易成本，共同防范发展风险。

  三是协会赋势，当好"代言人"角色。充分发挥产业协会所具有的对行业政策熟悉、对市场信息敏感、对行业趋势了解、对市场反应敏锐等独特优势，立足自身角色定位，根据行业发展要求，以会员需求为导向，发挥独特作用。加强行业自律，研究制定自律规约，营造彼此相互了解和相互信任的集群文化。规范会员企业生产和经营行为，促进竞争性企业间的合作，引导经营者依法竞争，推动集群成员达成共同目标和统一行动，自觉维护市场竞争秩序，实现资源互补和共享。

29

基于市场需求导向的技术产业化路径思考

党的十九大报告中明确提出"建立以企业为主体、市场为导向、产学研深度融合的技术创新体系"。政府有关部门随后出台了一系列促进科技成果转化的政策,推进科研机构、高等院校的技术转移,激励科技人员创新创业。尽管目前我国还没有关于科技成果转化状况的权威数据发布,现实情况却是部分科技成果被"束之高阁",落地难、转化率低则是普遍现象,"有没有成果转"以及"是否转得顺"等深层次问题仍有待进一步破解。其实,这种情况并不是中国独有,而是一个普遍性的世界难题,被冠以科技成果转化的"死亡之谷"。如何跨越"死亡之谷",构建基于市场需求导向的技术产业化模式是不错的选择之一。

基于市场需求导向的技术产业化,是一种以消费者为核心的技术孵化方式,它以挖掘潜在需求、创造新消费和开拓新市场为目的,以市场调查预测为依据,通过新技术产品来满足日益变化的消费需求,即从市场需求出发,用需求引导科研方向,实现科技突破并推向市场。市场需求是研究开发的主要来源,技术创新是市场拉动的结果,市场需求决定着技术创新的资源配置,并影响技术创新的方向、速度和规模。充分发挥市场在资源配置中的决定性作用,疏通技术市场协同创新网络中的现实堵点,有助于跨越技术创新的"死亡之谷"。

29.1 基于市场需求导向技术产业化的必要性分析

满足市场需求是科技创新的动力源泉。纵观人类科技发展史，市场需求是拉动科技创新的最强动力，推广应用是科技创新的永恒目标。科技创新只有与市场需求相结合，通过市场的检验，才能完成从"科学研究、实验开发到推广应用"的"三级跳"，才能真正实现价值。目前中国是全球最大的新技术、新产品、新业态、新模式的应用推广市场，在"大智移云物区"等领域具有巨大的应用场景和拓展空间。同时，中国正处在新型城镇化、快速工业化进程之中，进入创新驱动发展新阶段，对科技创新提出了明确要求和紧迫需求，这是其他许多国家所不具备的。无论是围绕某一核心技术研制开发产品，还是将技术用于改进或提升产品的特定性能，都不是单一的科学技术问题，而是一个涉及技术需求、开发设计、产品定价、市场推广等多要素的复杂系统。这不是简简单单地对接洽谈就能容易实现的，必须立足市场，发挥市场对技术研发方向、路线选择、要素价格、资源配置的导向作用。唯有通过市场的手段，让技术作为一种要素在市场自由流通，才能降低交易成本，把技术创新端与产品供给端衔接起来，从而有力支撑产业的创新发展。

技术产业化是科技创新的应有要义。技术产业化主要指科技成果的转移转化和产业孵化，是为提升社会生产力水平而对科技成果所进行的后续试验验证、再次开发、应用推广直至形成新技术、新产品、新工艺、新材料、新产业等活动，最终变成现实产品，其本质是将科技成果转化为实体产业，产生科技成果的经济效益和社会效益。科技成果的转化，不仅强调技术的创新性，也要确保产品参数的稳定性及适应市场的大众性。而科技创新是一个极端矛盾的综合体，是最先进的生产力和最落后的生产关系的结合，是高活跃、最前沿的创造性工作和分散的、落后的个性化生产方式的结合，它与技术产业化存在根本区别：一是目的不同，科技创新目的是发现、发明，产业化目的是创造经济和社会效益；二是风控不同，科技创新如果有1%的可能，就可以付出100%的努力去探索，而产业化只有经过

100%的论证，才可以投入实施；三是投入不同，科技创新投入的是科研经费，投入后完成目的任务就可以了，甚至可以宽容失败，而产业化投入的是资金，是有投资回报要求的；四是产出不同，科技创新的产出是新理论、新技术，不一定赚钱，也不一定是成熟的产品；产业化要求必须产出产品，以产品作为载体，为投资产生效益。所以产业化是科学研究到应用推广过程的重要环节，也是促进国家科技发展和社会进步的有效手段，同时通过产业化，又可以反哺科研，形成可持续发展模式。

跨越"死亡之谷"是科技创新的现实需求。根据美国国防部的划分方式，技术走向市场的成熟度（Technology Readiness Level，简称TRL）分为0—10级：0为概念雏形的诞生；第1—3级为基础研究阶段，由学术界完成；第8—10级为产业化阶段，由产业界完成；而中间风险最大、实验成本最高的第4—7级，则成为技术产业化的"死亡之谷"，阻碍着科技成果向现实生产力的转化。这也就意味着科技成果转化不仅取决于技术成熟度，还取决于其市场成熟度，不仅需要转化为产品，而且还需要持续提升和跨越。如果科学研究仅仅满足于提出新颖的概念想法，或者写出鞭辟入里的研究报告和发表掷地有声的学术论文，最后形成的只是束之高阁、沉睡电脑的发明专利或者软著，而不能走出实验室、进入工厂、走向市场，就不能真正转化为生产力、推动经济发展、造福百姓生活。在过去很长一段时间，人们讨论科技创新时，自然而然地认为，其成功的关键在于如何构建一个完善的技术创新要素供给体系，但实践却又屡屡证明：科技创新成功的关键，很多时候却都在于供给与需求的精准对接与高效迭代。

科技成果转化是建设世界科技强国的战略抓手。当今世界，欧美发达国家都把促进科技成果转化作为实现持续发展的重要载体和关键举措。国内外的实践已经证明，科技成果转化是科技与经济相结合的核心内容、科技创新驱动经济社会发展的重要环节，也是国家创新体系效能提升的关键所在和促进全社会知识存量增加的核心动力，还是迈向现代化经济体系的重要途径，能够牵引使命型科研院所、创新型大学和创业型企业的形成与发展，有利于完善现代大学制度、现代科研院所制度和现代产权制度。随着我国《科技成果转化法》的修订实施，科技成果转化进入新发展阶段，已经成为把握新科技革命与产业变革重大机遇、加快迈向创新型国家和科技强国的战略抓手，不仅有利于实现原创科技成果转化与科技创新策源能力增强的相互协同，而且有利于促进科技团队创新创业以加速新旧动能转换，加快科技创新治理体系和治理能力的现代化，对促进我国科技成果转化具有深远战略意义和重要现实作用。唯有健全完善科技成果转化制度体系，才能集聚和培育尖端科技创新人才，创造出引领时代发展的原创性科技成果和未来产业，推动我国迈入世界重要的科学中心和创新高地。

29.2 技术产业化过程中存在的问题及其分析

技术产业化需满足的"四项条件"难以同时具备。科技成果转化一般至少具备以下四个基本条件：一是要有明确的市场定位，准确回答"解决市场什么问题"，包括有没有、新不新、精不精、廉不廉等问题；二是技术创新的原理或方法要符合基本的科学原理；三是技术具备良好的可重复性，尤其要关注产品或技术的变异系数 CV 值；四是具备行业准入资质，特别是某些行业必须具备专门的许可资质。如果不同时具备以上四个基本条件，科研成果是很难实现产业化的。

科研成果与市场需求之间存在"两张皮"现象。一些高校或科研院所的科研成果过于"高大上"而导致企业用不上；同时，企业在生产经营过程中遇到的疑难杂症和技术难题，高校和科研院所又无力解决或无心解决，科研成果与市场需求之间存在严重的"两张皮"现象。数据显示，发达国家的科技成果转化率为 60% ~ 70%，而我国的这个指标却不足 30%。究其原因主要是：在思想层面，不少科技人员将技术本身当作科技创新的全部，缺乏技术市场化与产品商业化的基本导向，成果转化和产业化思维不足；在机制层面，供需双方缺乏互信互联机制平台，技术转移信息不太对称，没有形成整体系统的良性生态匹配链。在制度层面，科技成果转化激励制度不太完善，技术转化机构专业化、精细化能力不足，导致科技成果对接效能与落地效率不高，在一定程度上削弱了产学研合作各方的积极性；

在目标层面，高校科技人员更多关注产业化前端成果，无心介入后续繁重烦琐的产业化工作，而企业极力追求利润利益最大化，不太愿意承担科技成果应用的诸多风险。

成果转化不力不顺的一个重要症结是体制机制障碍。科技管理体制不顺，资源配置分散，信息对接不顺，科研仪器设备等基础设施重复购置、封闭运行，跨机构跨地区的资源开放共享不足，资产利用效率较低。科技创新服务体系不太完善，对知识产权创造、保护、管理和应用等各环节的服务支撑不够，市场化、网络化、社会化的科技创新服务能力水平较低，不太适应多样化、个性化的市场需求，导致高校和科研院所缺乏将科研成果继续转化为产品的主动性和积极性。这些体制机制障碍严重阻塞了科技创新成果向现实生产力转化的通道，必须深化科技体制改革，破除制约科技创新的思想障碍和制度藩篱，正确处理好政府和市场的关系，推动科技和经济社会发展深度融合。

29.3 国内外技术产业化的经验借鉴

汉堡航空创新聚集区模式。汉堡航空创新聚集区整合政府经济部门、行业巨头、中小企业及高校科研院所的技术力量成立决策委员会，共同制定区域性产业发展战略规划，搭建应用研究的公共平台，让学术界、科技界、产业界和金融界在科研项目的选择上得到更好地沟通，从而解决 TRL4—7 级"死亡之谷"问题。同时支持设立职业教育与再教育机构，让工程技术能力紧跟科研水平，从而加速技术转移转化和市场化。德国联邦教育与研究部从 2007 年开始进行了多轮"领先技术创新聚集区"的评比，独立专家根据地方政府意愿度、科研与产业合作度、地区合作网络成熟度、中小企业参与度、合作可持续性等指标，每轮选出 5 家左右科技创新聚集区。胜选的科技创新聚集区在 5 年内将获得联邦政府 4000 万欧元科技补助，同时按照德国科技补贴政策，要求聚集区内产业界同比例匹配资金用于联合研发项目，最大程度避免企业为了申报政府科技补贴与学术界"拉郎配"。相比技术成果的实现，创新聚集区更重视区域产业合作网络的打造，重视促进集成商、中小企业以及学术界之间的互动。

大学企业或企业研究院模式。英国剑桥大学将技术转移办公室、剑桥创业者中心和大学风险基金整合为一个新的组织，创立"剑桥企业（Cambridge Enterprise）"。剑桥企业作为知识产权产业化和商业化的重要孵化器，主要承担以下职能：为创建新公司提供咨询和指导；提供成本计算、合约协商、商业报价、保险税收等专业化咨询服务；开展技术评估、专利保护和知识产权认证、展览服务和社交网络等服务；提供种子基金并与有关基金组织建立联系等。美国的企业研究院100多年来为创新发展做出巨大贡献，1900年成立的美国通用电气研究院见证了GE百年强大，与AT&T的贝尔实验室、杜邦实验室和IBM实验室，成为20世纪上半叶美国四大工业研究院的典范。贝尔实验室曾经诞生11位诺贝尔奖获得者，IT时代施乐、苹果、微软、英特尔、惠普、谷歌等企业巨头的企业研究院同样发挥了非常重要的作用，已经成为跨国企业或科技创新型企业的基本标配和创新源头。

国家制造业创新中心模式。国家制造业创新中心定位于实现从科学技术到市场产品商品的转化，促进重大基础研究成果的产业化，不做基础研究和规模生产，主要通过合同科研的方式为企业解决技术难题。所谓"合同科研"，指科研机构与企业签署技术服务合同，为企业特别是中小企业提供技术支持和智力服务。自2018年2月成立以来，国家先进轨道交通装备创新中心明确专注于产业技术研发的定位，不与高校争学术之名，不与企业争产品之利，逐步建设起以博士为核心的研发队伍，将基础研究成果进行二次开发后再向企业转移孵化，探索出了一套"研发作产业、技术当商品"的新模式。同时搭建了科技界和工业界的桥梁，从平台自身功能建设、知识产权有效评估、加大资本助力、提升新型研发机构自主性等方面入手，助推科技成果市场化落地和产业化应用，推动科技成果从"实验室"成功走向"应用场"；对于新孵化的项目公司，由创新平台和项目团队共同出资，调动团队创新和创业热情，提升孵化成果存活率和市场竞争力。

29.4 以四个联动为抓手加速推进技术产业化

习近平总书记指出,"中国要强盛、要复兴,就一定要大力发展科学技术,努力成为世界主要科学中心和创新高地"。创新高地的重要标志就是高新技术不断产业化并服务于经济社会发展,核心就是要提高技术成熟度、跨越"死亡之谷",推动科技成果快速完成从实验室样品到对市场有吸引力的商品的蜕变。这需要相关方共同解决这一过程面临的系列问题。

29.5 有为政府与有效市场的联动

以市场需求为导向,打通科技成果转化链条,首先就要处理好政府和市场的关系,厘清两者的职责边界。有效市场与有为政府是现代化建设的两大抓手,有效市场是资源配置的决定形式,有为政府能提高市场在资源配置方面的有效性,让有为政府和有效市场共同发力,以推动两种力量不断进行动态有机磨合,最终实现资源要素最佳配置。

切实发挥市场决定性作用。迈克尔·波特在《国家竞争优势》中,反复强调的一个核心观点是,一个高质量的、挑剔的、专业化的国内市场需求,是一个国家产业发展的关键。党的十八届三中全会通过的《关于全面深化改革若干重大问题的决定》把市场在资源配置中的作用,由"基础性"改为"决定性",释放了一个非常明确重要的信号,就是要进一步强化市场需求导向。科技创新活动要满足经济社会发展要求、适应市场发展变化需求,推动企业真正成为技术创新的主体。充分发挥市场对技术方向、路线选择、资源配置和要素价格的导向作用,运用市场机制引导协同创新,用市场机制带动技术的研发攻关、示范运用和科研成果的衡量评价。对于市场可以解决的科技问题,就应发挥市场作用,让市场决定技术方向、研发项目、经费安排及成果评价等。对于市场机制不能有效解决的基础性研究、前沿技术研究、重大关键共性技术研究、社会公益项目研究等科技活动,要遵循科技发展规律,逐步建立以稳定的支持政策,集中优势资源、提高使用效率,增加有效供给,为突破重大关键技术持续提供有力支撑。

高效发挥政府引导作用。实现科技与经济的有效对接，除了搞好科研机构与制造企业之间的协同，还需要政府内部多个管理部门之间的高效配合。首先政府部门应当最大程度地发挥自身在科技成果转移转化中的引导作用，重点建设一批科技成果转移转化示范区，培育一批具有地方特色的科技成果产业化基地，扶持一批产业技术研究院、新型研发机构的创办发展，探索可复制、可推广的经验与模式，完善承接科技成果转移转化的平台和机制。其次要完善专业化的科技成果转化服务体系，构建市场化、专业化、网络化的知识产权交易平台，培育区域性、行业性的技术交易市场，完善技术转移机构的综合服务功能。最后定期开展科技成果信息汇集与发布，以科技奖励成果和财政科技计划成果为重点，发布一批能够促进产业转型升级、产业带动力强的重大"科技成果包"，鼓励社会资本、民间资本参与投资，探索市场化科技成果转化的发展路径。

29.6 创新主体与要素市场的联动

在科技成果转化的链条上，一头连着科研探索，一头连着产业需求，每个主体、每个节点都不可或缺，但二者有天然的差异，企业、高校、科研院所等创新主体都应发挥好各自职责。发挥市场在科技成果生态链条上的驱动作用，有助于建立以市场需求为导向的成果产出机制，引导高校和科研院所围绕"四个面向"展开科技攻关。在鼓励市场驱动和自由探索的同时，强化科技成果转化意识，从科研立项源头提高创新资源利用效率，避免出现缺乏转化价值的科技成果。

加速推进创新主体要素的融合共生。共建、共担、共享的融合创新已经成为创新发展的主旋律，产学研用政经商合作俨然是创新的"王道"。作为科技创新主体，高校与科研院所的科研人员应当站在产业化和商用化的高度来审视和设定技术路线，推出有助于解决企业实际需求特别是重大瓶颈的技术成果，内部建立专门的科技成果转化机构和职业化技术转移队伍，具体负责与企业的协同合作，同时加大科技人员科研成果转化激励力度，确保科技成果奖励更好地落到科研人员手中。此外，外部成果的植入与转化,也会给企业带来格外显著的效果,因此在与科研院所和高校交流合作时,尤其是在与高校、科研院所合作建设产业技术创新联盟、新型研发机构以及成果定制孵化等合作平台和机制方面,企业理应更加积极主动、走在前面。

面向要素市场提供系统解决方案。信息化、数字化、智能化时代技术的综合、交叉、融合成为显著特征,一个产品数字表征背后是极其复杂的材料、设计、加工与制造、算法、程序迭代、接口,并且在不同的技术发展阶段需要不同功能的资本或资本市场支持,以及极其复杂的管理与过程控制技术的有效支撑。技术不再是科技人员、科研共同体内部的游戏,已经成为一个国家甚至整个世界的逻辑关键。一个人、一个组织只身包打天下的时代已经一去不复返。客户需求的技术创新,实质上是产业链、供应链之间的竞争。这条链条覆盖联合研发新技术的战略伙伴关系到零部件的供应商,以及客户需求、解决方案、系统集成到工程安装、售后服务等全过程的良好协调,最终共同形成产业链的核心竞争力,进而提升整个产品的附加值。非常有必要在企业技术创新、科技大市场建设、创新要素市场化配置、科技成果转化、科技资源开放共享等方面开展改革试点,建设集"展示、交易、交流、合作、共享"五位一体的科技要素市场服务体系,加快各类科技中介和科技服务主体的发展,促进产业链、创新链、资金链的紧密结合。

29.7 产业人才与金融资本的联动

在市场上,有人说缺技术,有人说缺资金。具有转化价值的科技成果固然比较稀缺,但是有时更缺的却是可用于投资科技成果转化的资金,尤其是体系化的结构性安排。科技创新与产业化不是喊口号,必须看实际成果和真实业绩,需要一个完善系统的产业生态体系。

集聚产业人才这个第一资源。科技成果转化不仅仅是科技界和投资界的事,需要全社会齐心协力,共同打造科技成果转化生态系统。高新技术企业的竞争,说到底还是人才的竞争。产业人才不仅包括科技人员,还包括企业经营人员和投资者等。企业家专注于成事，科学家热衷于创新，投资人着眼于赚钱，这三种人才往往很难协同，这也是当前科技成果转化中的一个难点，需要坚持"人力资本增值"优先于"财务资本增值"，实行核心人才持股，吸引和留住优秀人才，增强团队凝聚力，使员工与公司共担风险、共享成功；探索资本与劳动共同创造财富和分配财富的合理方式，基于分享制的机理，建立产业人才自我约束激励分配机制。图29-1介绍了资本管控"时空角"模型。

图29-1 资本管控"时空角"模型

循环金融资本这个经济血脉。一个科技型企业从创意到产品、从产品到销售、从销售到利润、从利润到上市、从上市到发展成为行业龙头，完成从科研院所知识IP到资本市场IPO历程，在不同阶段，需要政府经费、企业投资、金融机构贷款、保险或担保等不同融资方式，以打通从知识海洋到资本海洋的"运河"。政府经费要集中形成资金池，除了支持重点科研项目外，还用于资助科研课题承担者回答科研成果产业化的市场技术问题，在科研阶段就做好把技术成果"送出去"的准备；企业投资和私募资金，忌惮于高风险，往往不敢于投资新技术，需要一个分担风险的机制，比如以色列科技领域的种子基金和风险投资基金，其有限合伙人中的60%～70%资金来自政府，最大程度激发社会投资者的积极性，促进科技成果转化；金融机构贷款，应该要"投贷服"一体联动，保险或担保是金融服务的另一种存在形式，科研和科技成果转化的投资本身存在不确定性，需要保险对冲，科技投资保险全过程、全方位、全要素为科技创新提供保险，是推进创业投资、提升创新能力的有力举措。对于科技初创企业，要走出"死亡之谷"，满足不同阶段的资金需求，通过政府主导的母基金引导，将政府科研经费、企业资本、金融保险等放大投资规模，通过母基金实现"用社会化的钱和市场化的人做产业化的事"，帮助科技企业渡过市场"认钱不认人"的难关。

29.8 科技界与工业界的联动

习近平总书记指出，科技成果只有同国家需要、人民要求、市场需求相结合，完成从科学研究、实验开发、推广应用的"三级跳"，才能真正实现创新价值、实现创新驱动发展。"要围绕产业链部署创新链、围绕创新链完善资金链"，是习近平总书记对推进科技与经济融合提出的新要求，阐明了科技创新的内容要求、价值取向和重点环节，为推进科技界与工业界的深度融合提供了行动指南。

市场检验促进科研成果价值实现。研究成果不能只满足于体制内的验收或评奖，更重要的是接受市场检验和实现产业化。因此，必须围绕产业链部署创新链，消除科研体系长期形成的体制内循环的孤岛状态，改变大量成果长眠于实验室的现象。一方面要鼓励高校院所开展科学展望和技术预见，围绕经济社会发展愿景，优化学科布局和能力建设，将科研选题立项与战略需求、前沿探索与示范应用充分结合起来。另一方面要强化知识产权保护，提升知识资本，夯实人力资本，倡导和形成"惟创新者进，惟创新者强,惟创新者胜"的风尚,进一步扩大高校院所自主权,鼓励高校院所探索学术休假制度,让科研人员能在学术休假期内到企业工作,在创新平台等新型研发机构探索实施"双聘制",方便优秀人才身份柔性转换,推动产学研的无缝对接。

多措并举促进企业创新能力增强。探索个税抵免、创新收益税费减免等普惠性政策,鼓励企业增加研发投入、增强创新能力;财政扶持资金适当向中小企业倾斜,基于供应链和创新链重点支持联合开发和开放创新,促进大中小企业融通联动发展;创新政府采购等需求侧政策,使科技成果在以企业为核心的产学研生态圈中得以顺畅转移孵化;充分发挥财政资金的示范效应、杠杆效应和托底效应,将"先投后奖""先使用后付费"等多种成果转化形式纳入递延纳税、税基优惠等范畴;鼓励金融科技的创新应用,为成果转化提供战略性资金资本支撑;支持科研院所细化、量化考核评价标准,将有突出贡献的成果转化服务人员一并纳入转化奖励对象范围。

学习贯彻落实习近平总书记关于科技创新的重要论述,深入推进基于市场需求导向的技术产业化实践探索,扩大科技在产业上的扩散力、渗透力、支撑力,形成新技术、新服务、新产品、新业态,需要着眼于价值导向、主体增强、人才流动和财富效应等因素,构建一个高效的科技成果孵化转化生态系统,提供高质量科技供给,打通从"科技强"到"产业强、经济强、国家强"的通道,支撑中国式现代化经济体系建设,把更多科技成果应用在经济社会发展主战场,助推"中国号"巨轮驶向光辉未来。

30

产学研深度融合的产业生态圈构建

为贯彻习近平总书记考察湖南时赋予湖南的"三个高地"战略定位和"四新"使命任务的重要指示精神,落实湖南省第十二次党代会、株洲市第十三次党代会要求,紧扣市场主体培育年目标,助推中小企业转型发展,支撑龙头企业跨越式发展,破解市场出路、技术来源、产业发展等问题,推动技术产品裂变孵化,助力"3+3+2"产业集群打造具有世界级影响力的产业集群,国创中心积极发挥平台作用,先后就株洲市轨道交通装备产业产学研合作情况实地调研了21家企业,以及湖南工业大学等7家高校科研机构,组织召开了6次专题座谈会,总结发展经验、寻找问题原因、探索解决路径。

30.1 产学研做法及成效

"十四五"以来,株洲市主动承接"三高四新"战略定位和历史使命,全面落实"发愤图强、重振雄风"工作要求,坚持"聚焦、裂变、创新、升级、品牌"工作思路,结合株洲市产业发展现状,聚焦产业链深化创新链,依托创新链延伸产业链,以市场技术需求为出发点,充分发挥高校科技创新优势和产业链龙头企业引领作用,立足株洲、着眼湖南,高位推动产学研合作,在高质量发展中闯出新路。

图30-1介绍了政产学研军金用协同发展模式。

图 30-1　政产学研军金用协同发展模式

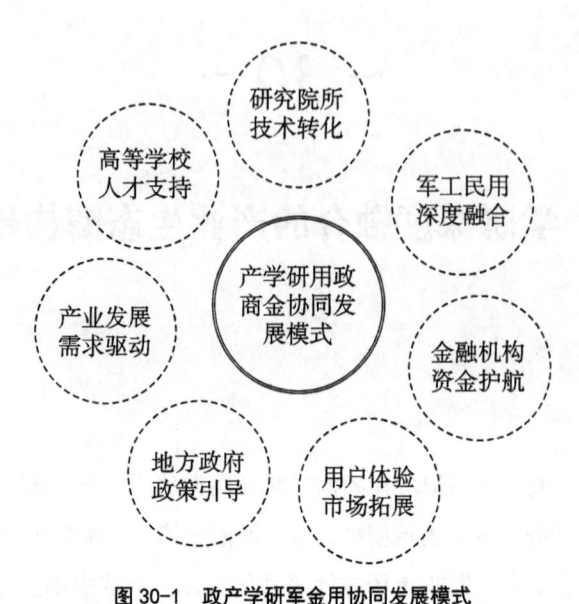

30.1.1　创新产学研合作模式，深化培育市场主体的突破点

发挥政府主导作用。强化顶层设计，通过科技合作磋商工作会议、创新创业大赛、科技招商等活动，签署产学研用合作协议 500 多项；建立政企"早餐会"制度，定期举办政企早餐会，破解企业产学研合作痛点；成立"三个高地"指挥部和产业链办公室，聚焦"两个一批"传统产业以及新兴未来产业，精准梳理产业链技术需求，制定需求清单，对接高校科研院所，推动科技成果转化，助推株洲 2018—2021 年的规模工业增长率分别为 7.4%、8.6%、5.1%、12%。

发挥企业主体作用。中车株机、中车株所等产业链企业，根据自身战略规划与市场定位，强化前沿技术的源头供给，与清华大学、中南大学、剑桥大学等国内外 40 多所科研院所签订产学研合作框架协议，以科研项目为纽带，实现协同创新。近几年，每一年通过产学研合作实施的国家及省部级科技计划项目达 200 余个。

拓展产学研转化机制。探索团队核心技术骨干联合社会资本的科技成果转化模式，孵化泛航智能、汉能科技等高新企业；成立"一站式"成果转化服务机构，其中南方中心建成专利库 14000 件，累计孵化科技型中小企业 60 余家，2021 年孵化项目产值约 6000 万元；引进科研院所及行业高精尖技术团队，孵化慧风流体、山河科技等企业，提升产业链配套能力。2021 年株洲市完成 831 家科技型中小企业评价入库，全市高新技术企业突破 900 家，高新技术产业增加值 1016.11 亿元。

30.1.2 拓展产学研创新平台，强化培育市场主体的着力点

搭建产业孵化高地。先后起草出台《株洲市发展众创控件推进大众创新创业实施方案》《关于加快推进众创空间建设的若干意见》等政策法规，按照创新链、创业链布局产业链的思路进行全链条设计与一体化实施，创建国家级众创空间 8 家、省级科技企业孵化器或众创空间 10 家、市级众创空间 17 家，形成"众创空间—科技企业孵化器—加速器—产业园区"的孵化生态链。截至 2021 年底，全市万人有效发明专利拥有量达 21.98 件。

校企共建产学研平台。依据行业特性，积极推动市内企业与同济大学、湖南大学、浙江大学等建立长期战略合作关系，集聚创新优势资源，共同合作研发，联合组建技术创新中心、实验室、实训中心等平台，促进科技创新和成果转化，打造行业产学研用的前沿哨所，解决"技术从哪里来"的问题。近年来，株洲市创建国家级重点实验室 5 家、省部级重点实验室 20 家、工程技术研发中心 43 家、省级以上技术研发平台 262 家、企业技术创新中心 600 多家。

30.1.3 构建产学研人才体系，把握培育市场主体的关键点

出台扶持政策吸引高端人才。制定出台了《株洲市核心专家优待办法》《关于进一步推进人才优先发展的 30 条措施》《科学技术奖励办法》等政策，对高端人才、优秀青年人才给予住房补贴、科技奖励、子女教育、医疗健康等方面优待，对创业团队给予项目扶持、税收减免等政策；开通"人才贷"和金融 VIP 服务，最高可为"双创"人才提供 500 万元免抵押贷款。

依托高校资源建设产学研基地。根据区域产业集聚特色，面向市场需求，组建产学研融合基地：石峰区联合湖南铁道职院、湖南铁路科技职院成立轨道交通产业学院，开设10个专业、28个技能工种的职业培训，累计培训职业职工4000人次；芦淞区组建的湖南新媒体服饰产业学院年培训能力达10万人次；醴陵成立陶瓷产业学院；湖南工业大学冠名由华锐董事长兼总经理肖旭凯担任班主任的"华锐精英班"等，真正把专业建在产业链上，实现产业链与人才链的有效协同。

组建多层次产学研人才队伍。设立院士工作站9家，建立了由刘友梅、丁荣军等两院院士领衔、行业专家支撑、核心人才保障的专业化人才团队；发挥专家智力优势，组建科技专家服务团，强化中小企业及个体户产学研孵化能力。2021年争取"三区"人才24名，省级科技特派员43名，市级科技特派员100名，县级科技特派员188名。

30.2 存在的问题

30.2.1 产业链层面，产学研合作的产业联动不够深

缺乏主体协同效益。政府与企业、企业与高校等产学研用合作主体之间结合度不够强，政府参与度不够高，产业链企业间协同较少，工作机制未渗透产学研合作的全生命周期，资源重复投资建设，价值发挥不够充分，且存在单打独斗、同质化竞争、协调困难等现象。

头雁作用不太明显。产业链头部企业在产学研合作中追求短平快，对研究难度大、投入金额多、研究周期长的关键共性技术、"卡脖子"技术等重大科技难题关注较少，且资源相对封闭，链条企业间资源共享较少，对产业链企业技术创新、产品开发等带动不太明显。

中小企业参与较少。部分中小型企业受限自身利益、市场环境等因素影响，对高校科研成果能否实现产业化及未来市场效益存在一定质疑，特别是处于前期的开发项目，由于投入较大、开发周期较长、不确定性大，投入意愿不强，部分企业认为将资金投入到产品开发将承担较大风险，更

愿意投入产业扩能项目。

30.2.2 创新链层面，产学研合作的创新驱动不够强

科技资源配置不太均衡。创新资源要素是支撑产学研合作创新的前提，但是株洲市产业链的创新资源主要集中在产业链龙头企业，中小型企业的技术创新平台、人才、仪器等软硬件资源配置较低，缺乏技术创新、产品研发、产业中试等基础条件。企业自主创新能力亟待进一步提升，高端创新资源集聚不足，引领性原创成果突破不够，支撑高水平科技自立自强的作用尚未充分发挥。国际化程度有待提高，与国际接轨的环境亟待改善，开放合作深度广度不够。

创新环境生态有待优化。符合自身发展条件和阶段的体制机制探索不足，专业化服务能力不强，制度环境和创新创业生态有待优化，与新产业、新业态、新场景发展相适应的制度创新亟须加强。就产业发展资源现状而言，目前缺乏突破科学前沿、解决经济社会发展和国家安全重大科技问题的物质技术基础，无法支撑产业裂变发展，实现产业转型升级。

知识产权布局不太系统。从产业发展层面来看，产学研合作中还存在知识产权供给和产业发展需求错位、中小企业知识产权布局无序等现象，中小企业对标准制定、知识产权布局的重要性认知和系统性思考不足，缺乏专业性指导和系统性谋划，难以迈向价值链中高端，实现产业链协调发展，发挥门槛效应和溢出效益。

30.2.3 供应链层面，产学研合作的供需关系不够紧

供需配套不太协调。主导产业核心竞争力有待加强，产业优势和特色不突出，对产业链供应链安全支撑还不够。高校科研立项在前期研究和选题上普遍存在企业人员参与度不高、供需双方对接不畅等问题，导致高校科研项目没有充分考虑市场需求因素，从而忽略了企业主体在市场机制中的指导功能，选题往往偏重技术与理论，造成科技成果与市场脱节，存在技术和产业"两张皮"现象。

科研成果转化率低。高校基础科研往往尚处实验试制阶段，受实验条件、市场认知、成果评估导向等现实问题的影响，理论性成果居多，转化落地成果较少，市场接受度不太明确，导致其研究成果与市场环境脱节，不能为企业提供匹配市场的高科技产品。

评价体系存在差异。产学研的两大主体是企业与高校，高校作为技术主体，是技术供给方，倾向易出高水平论文、专利等科研项目；企业作为市场主体，是技术需求方，倾向需求前瞻性、市场化的科技产品。由于两大主体在目标追求及评价体系方面存在差异，从而导致"技术价值"与"市场价值"脱节脱钩。

30.2.4 人才链层面，产学研合作人才支撑不够多

人才政策有待完善。目前株洲市城区在人才政策方面存在差异，存在河西和河东不同、高新区人才政策不能"过河"等现象，且在人才购房补贴、高端认定人才、高端人才资格互认、服务共享等方面的政策难以得到有效落地。

人才引留难度较大。产学研落地实施的关键在人才。株洲作为内地三四线城市，其区域、教育、医疗等公共资源品质不优，难以满足高端人才品质要求，且作为长株潭城市群副中心，存在"虹吸效应"，人才的"引进来""留下来"难度不小。

人才培养方式单一。目前仅有湖南工业大学一所本科院校，开设专业及人才来源有限，对大数据、区块链等新一代技术产业人才培养较少，难以满足产业发展需求；且企业与高校的产学研合作主要集中在项目合作，产业人才培育有限，对产业发展缺乏长效支撑。

30.2.5 资金链层面，产学研合作的资金动力不够足

金融服务模式单一。目前株洲市大中小企业在产业孵化、产品攻关、产能扩充等方面的融资渠道、融资对象单一，局限于全国性商业银行，中小商业银行因实力较弱、融资支撑能力有限、银行贷款利息较高等原因，

致使中小企业的融资成本增高，企业经营风险和经营成本提升，导致中小企业融资意愿降低。

缺乏专项资金支撑。国外政府在产学研合作中设有专项合作基金，美国、英国、日本等国家设立科学基金、教育与工业和商业联合奖励基金等，以专项基金保障产学研合作的资金来源。目前株洲尚未设立支持产学研合作的专项基金来满足产学研合作资金需求，且国家设置的科技型中小企业技术创新基金、"火炬计划"等项目基金资金总额有限，存在"量少面广"的问题，对株洲市产业扶持效果不太明显。

中小企业研发经费少。产业链中中小企业因经营体量、产品市场份额等因素，普遍存在研发资金短缺问题，且中小企业缺乏对企业的长远投资，融入产业链的自主意愿不强，产学研合作中的经费有限。

30.3 几点建议

30.3.1 突出市场引领，协同创新提升产业链

发挥产业协会推动作用。推动政府职能向产业协会赋能，通过产业协会引导产业要素合理配置、资源禀赋集约利用、企业集聚集群发展，协同突破产业链卡点、堵点、断点等问题，实现精准补链，强化产业配套能力，补强产业链薄弱环节，推动产学研合作由单打独斗向共建共享转变、松散型向紧密型转变、单一型向全面型转变，通过产学研的深度融合，从而把产业"比较优势"转换成"整体优势"。

发挥主机企业带头作用。推动产业链链长企业、龙头企业建设共享服务基地，基于技术共享、人才共享，提升产业链企业的技术研发、工艺流程、质量管控等方面的能力；通过资源共享、渠道共用、党建共建等方式，带动"专精特新"企业和中小企业深度融入产业链，在企业个体技术创新的基础上，着力推动产业全链条技术创新，形成分工合理、优势互补的现代化产业发展新格局。

发挥中小企业生态圈作用。梳理"专精特新""小巨人"企业产业链图

谱，组织成立专业化产学研专家服务团队，加大对中小型科技企业的重点扶持。根据需求清单，指导中小型科技企业开展产学研合作，助力实施重点科技攻关项目，攻克产业链的难点、痛点，推动研究成果转化落地，实现产业链产品的技术创新和迭代更新，培育"四上"企业，打造一体化产业链协同生态。

30.3.2 突出创新驱动，围绕产业链部署创新链

组建创新"联合体"。支持产业链科技企业联合高校科研院所、头部企业联合产业链"专精特新"中小企业共建创新"联合体"，共同推动实验室、中试基地、产业研究院等创新平台的建设；坚持"项目为王"，参考一流课题标准，凝练申报、实施一批产业技术创新重大项目；引导高校科研院所开放智力资源，头部企业开放品牌、设计研发能力、仪器设备等创新资源要素，搭建行业研究院、新型研发机构、共性技术平台，开展基础研究和应用基础研究、前沿技术和关键核心技术攻关，为产业链发展注入创新动能。

适度超前建设高端科研设施。以国家战略为牵引、以发展战略为支撑、以产业突破为目标，对接大科学装置战略布局，加快建设极端力能大科学装置、轨道环形检测试验认证基地等高端科研设施，突破现有产业基础，实现产业重大突破。参照岳麓山大学科技城模式，依托湖南工业大学、职教城等智力资源，建设大科学城、校企研究中心等，打造产业转型升级的动力引擎。

推动专利标准的战略布局。支持鼓励产业链链长企业协同上下游企业，共同参与国际标准、国家标准、行业标准、团体标准的制定及推广，引导产业链企业强化知识产权领域合作，强化湖南省知识产权综合服务分中心等"科技中介"机构对产业链企业专利代理、交易、指导等服务要素，完善产业链专利布局，同步推进"挖掘布局＋专利导航"，掌握行业话语权，彰显行业主导权。

30.3.3 突出需求导向,聚焦创新链延伸供应链

加强供需双方的对接。发挥行业协会、平台机构的作用,组织产业链企业、高校、科研院所举办科技合作磋商工作会议、科技招商、"百场万企"洽谈会等供需对接活动,建立产业信息需求发布平台,引导产业链企业向高校、科研院所发布技术创新、产品迭代需求,促进大中小企业与高校科研院所深化合作,依托市场机制促进产品技术的供需精准对接。

拓展产学研合作模式。改变传统以高校提供创新资源、企业提供资金资源的合作模式,建立"企—校—所"一体化的产学研攻关团队,实现"高校中试基地建在企业、企业技术人才来自高校"的联动模式,推动技术创新与企业需求的精准对接,确保技术成果服务企业市场需求,解决科技成果落地难、转换率低等问题。探索"先使用后付费"的技术转移扩散模式,采取"零门槛费+里程碑支付+收入提成"或"延期支付许可费"等方式收取技术许可费,把技术交易费的支付时间放在许可合同生效一年(含)后或被许可方基于此科技成果形成产品或提供服务产生收入之后。

完善成果转化激励机制。完善《株洲市科技成果转化办法》,选取先进轨道交通装备等优势产业作为试点,以实现科技创新为目标,探索构建"平台+项目+基地+基金"的科技协同创新孵化模式,实行高新技术成果转化项目认定制度,设置产学研合作孵化奖励政策,针对高校、科研院所等人才(团队)直接给予经费奖励,提升企业、高校、科研院所产学研合作的积极性和主动性。

30.3.4 突出人才支撑,紧扣创新链打造人才链

强化扶持政策兑现。参考马栏山视频文创产业园的做法,在配套建设、人才补贴等方面制定激励政策,为产学研用合作提供有力保障;统一市区内人才激励和扶持政策,保障政策有效落实,防止出现享受不到或兑现不及时的现象;加快田心、凤凰山、职教城等人才集聚区的提质改造,大力筹建人才公寓、专家楼、青年驿站等,持续优化生态环境和公共服务配套;联合打造长株潭"一站式"人才服务平台,探索创新身份档案制、

职务聘任制、竞争上岗制等体制机制，扎实推进构建长株潭"资源共享、市场共管、信息互通、资格互认、服务互补"的全方位人才服务保障体系和企业全生命周期的服务体系。

加强人才培养引进。瞄准高端平台、前端产业、尖端人才，聚焦重点产业关键环节，重点引进一批科技领军人才和创新团队；根据产业发展需求，探索"候鸟式"聘任、"离岸式"研发等方式，构建"产业+项目+人才团队""人才+团队+基金"的协同引才模式和"全职+柔性"的灵活引才方式，选树一批创新企业家、先进制造技术人才和先进基础工艺人才；积极发挥院士、科技领军人才、企业家的作用，努力形成"引进一个、集聚一批、带动一片"的乘数效应；推动湖南工业大学优化专业设置、开展本科层次的定向培养、实施博士联络企业；推动株洲职业院校开展"厂中校""校中厂"等培养模式，引导企业能工巧匠进校园、校内专业教师进企业，解决工程技术人才培养与生产实践脱节的问题。

推动人才共享共用。发挥株洲轨道交通产业链头部企业的高端人才集聚程度较高的优势，推动产业链企业采取自建或联合共建等形式，设立现代产业学院、公共实训基地、产业人才学院、技能大师工作室等专业化共享型培训平台，加强对产业链上下游企业的人才培养，造就一支数量充足、技艺精湛、结构合理的专业技能人才队伍。

30.3.5 突出金融赋能，对接产业链强化资金链

创新金融服务模式。发挥金融在服务实体经济中的支撑功能，引导金融活水精准流向产业孵化薄弱环节。比如，探索建立"项目贷""人才贷""成果贷"等新模式，打造株洲市"科技+金融"的产业发展"双引擎"，支持中小型创新公司、创新团队、创新达人的技术创新、产品创新与产业孵化，实现金融与产业发展的深度融合、联动发展；组织企业加强与银企、上市融资中介、政策服务机构等金融机构合作，建立战略合作关系，促成银企合作，促进企业上市融资。

激活用好产业基金。引导国家、省市产业资金，成立专项扶持基金，

推行科技基金试点先行先试；加大对产业链上下游企业的组合式联动投资，盘活既有产业基金，强化对产业链中小企业的融资支持力度，推动产业发展基金为中小企业提供产业孵化的资金支撑。

构建产业链金融体系。推动产业链头部企业、链长企业、龙头企业等具备资金实力的企业，支持配合产业链上下游企业实施产业链金融，开展供应链融资，破解中小企业缓解融资难、融资贵、融资慢等问题，改善产业链企业现金流，进而形成产业生态优势。

— *31* —

"1+3+7"高效运营系统的构建

国创"从 0 到 1",从无到有,一路走来,每一个国创人紧扣"高质量经营、高效率运营"两大主题,始终志存高远、坚韧不拔、锲而不舍,不仅能"熬",而且一直向阳而生、逐梦前行、韧性成长,一路高歌,高水平建设国家级创新中心,打造高能级产业平台。

回顾来时路,从创想到实践,从理想到实现,国创中心成功获批、高效创建、持续发展的核心密码是什么?我们把它总结为:依托"1+3+7"的高效运营体系。具体而言,"1"是基于"战略思维、情报意识、实干精神"的创新创业文化引领;"3"是围绕"定战略、建班子、带队伍"三大企业管理核心要素的保障;"7"是覆盖企业运营全过程的"目标、平台、制度、流程、执行、监督和考核"七大领域的运行管控(见图31-1)。其中,文化、目标和制度是企业运营管理中三大最重要的内核,通过培育文化,统一工作思维;通过明确目标,统一前进方向;通过完善制度,统一行动步调,进而整体提升团队的思想力、方向力和行动力(见图31-2)。

在整个企业运营体系中,战略规划是目标前提和经营逻辑,涵盖企业的愿景使命、战略定位、商业模式、品牌打造和营销策略等,需要从战略管理、行业洞察、组织设计等方面着手,定好战略规划棋;运营管理是战略执行的重要载体,涵盖了各项标准体系、制度流程的制定与执行,以及与之相匹配的机制设计、人才发展等,需要从班子建设、研发激励、生产提效、内控把关等方面着手,下好组织管理棋;文化塑造是战略落地的润

31 "1+3+7"高效运营系统的构建

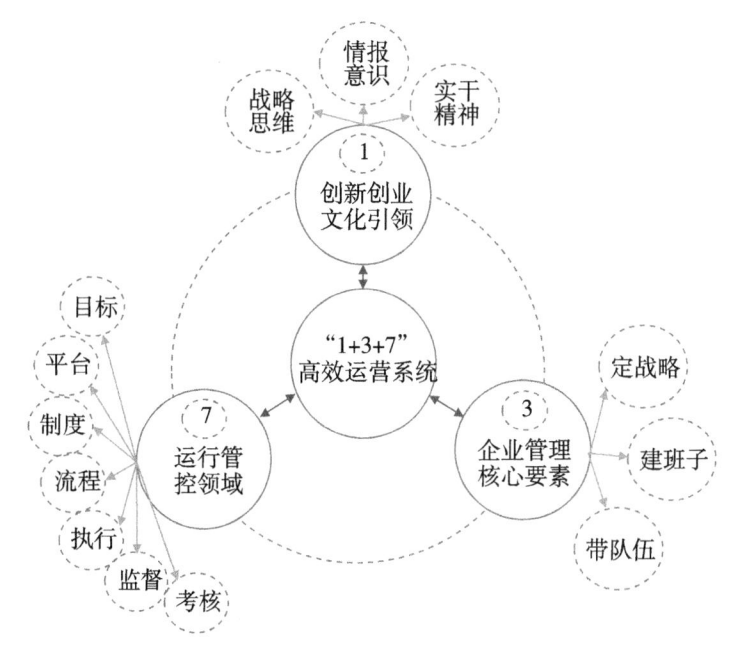

图31-1 "1+3+7"高效运营系统的构建

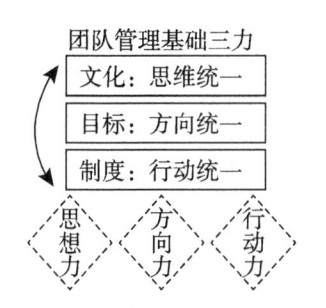

图31-2 企业管理的三大核心及基础

滑剂，涵盖了企业管理层的管理文化、基层员工的执行文化、制度文化以及全员都认同并践行的企业整体价值观等，需要通过成本控制、计划预算、财务分析等手段，强化成本意识、合规意识、风险意识等，进而走好运营规范棋。其中，目标管理、流程管理和组织管理被称为基础管理，这是企业生存的关键所在。战略管理和文化管理是更高一个层面的管理，是企业成长的管理，以保障企业可持续发展。图31-3介绍了企业运营体系。

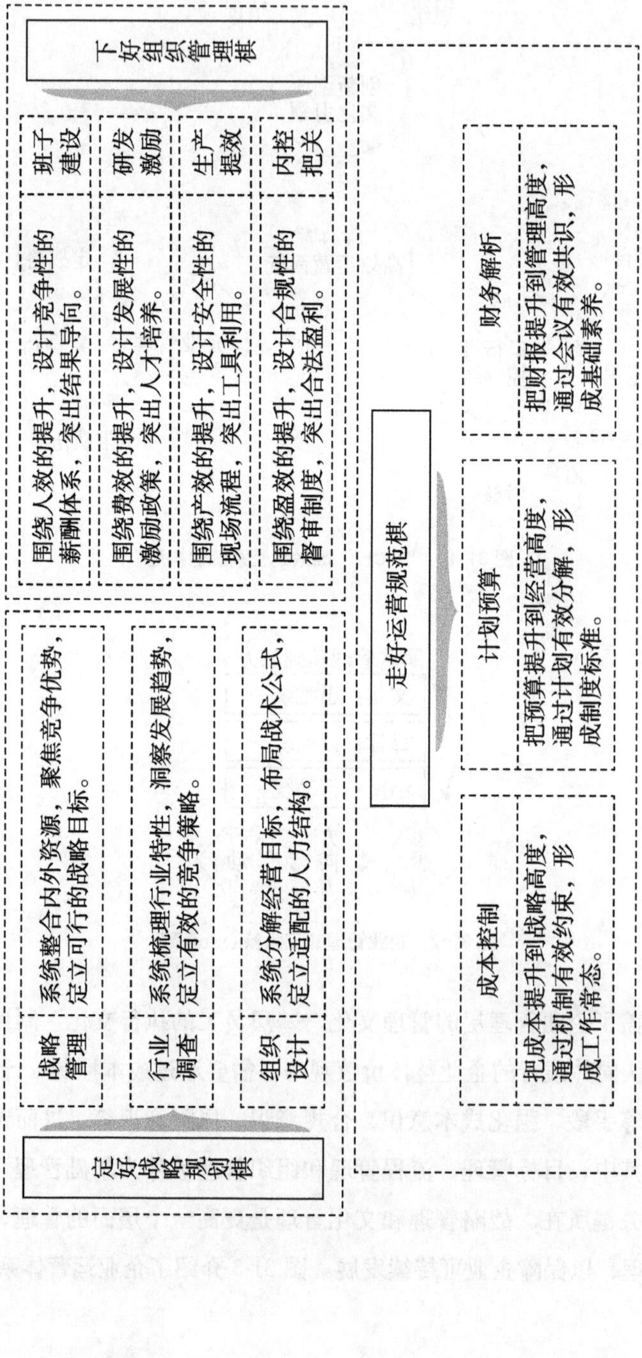

图 31-3 企业运营体系

下好组织管理棋

- 班子建设：围绕人效的提升，设计竞争性的薪酬体系，突出结果导向。
- 研发激励：围绕费效的提升，设计发展性的激励政策，突出人才培养。
- 生产提效：围绕产效的提升，设计安全性的现场流程，突出工具利用。
- 内控把关：围绕盈效的提升，设计合规性的督审制度，突出合法盈利。

定好战略规划棋

- 战略管理：系统整合内外资源，聚焦竞争优势，定立可行的战略目标。
- 行业调查：系统梳理行业特性，洞察发展趋势，定立有效的竞争策略。
- 组织设计：系统分解经营目标，布局战术公式，定立适配的人力结构。

走好运营规范棋

- 成本控制：把成本提升到战略高度，通过机制有效约束，形成工作常态。
- 计划预算：把预算提升到经营高度，通过计划有效分解，形成制度标准。
- 财务解析：把财报提升到管理高度，通过会议有效共识，形成基础素养。

企业文化既是企业的核心灵魂,也是企业的本质特征,是基于企业家推崇和执行的管理方式下产生的团队绩效。真正的企业家在成长过程中无时无刻不在思考:企业生存和发展的目的是什么?最终奋斗目标是什么?产品如何被人们接受?如何制造出最有竞争力的产品?怎样把最好的人才集中到公司,又能充分调动积极性?……这些问题的回答正是企业文化所承担的责任。因此,企业家们或多或少会提出、实践和塑造企业文化,使企业上下产生一种认同感,形成共同的价值观。在这个知本时代,为了增强企业的创新能力,建立学习型组织或许将是创新文化的关键因素之一。优秀企业大多都在以学习型组织为样本,强调组织持续变革创新和优化改进,选定一种持续优化精进的意识推广模式,使之与企业的战略发展和文化高度契合。随着知识经济的发展,企业文化已经成为一种不可低估的力量,对企业兴衰发挥着越来越重要、甚至是关键性的作用。图 31-4 介绍了基于企业愿景的文化打造"四部曲"。

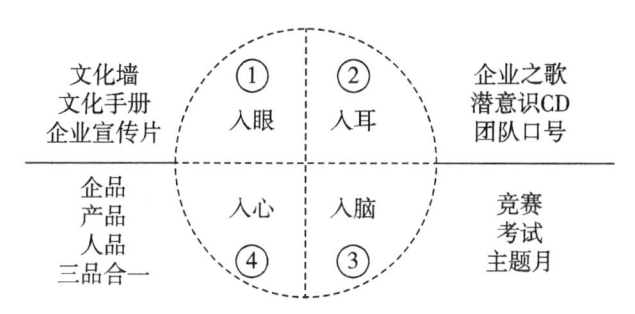

图 31-4 基于企业愿景的文化打造"四部曲"

战略思维指引前进的方向。正如西方学者总结的那样,"战略"一直是中国近代发展奇迹中的思想精髓。回首 40 多年来的改革历程,战略规划、战略判断、战略重点、战略部署、战略机遇期……这样的表述耳熟能详,"战略思维"一直发挥着至关重要的作用。我们常说,不谋全局者不足以谋一域,不谋万世者不足以谋一时,每一次审时度势的战略抉择,无不为深幽曲折的改革进程迎来柳暗花明;每一次决定前途命运的关键转折,无不源于科学准确的战略判断。这就需要善于把局部利益放在全局利益中去权衡把握，不能只见树木、不见森林；善于把眼前需要与长远谋划统一起来，不能急功近利、投机取巧；善于把解决具体问题与破解深层次难题结合起来，不能头痛医头、脚痛医脚；善于把国内形势与国际环境结合起来，不能闭目塞听、固步自封。从企业角度来审视战略思维，就是要提前思考清楚：怎么办企业、想把企业办成什么样、是否有理想、是否有决心等系列问题，就是要为实现企业的长远目标进行重大取舍及其采取的关键举措，以及对资源分配优先秩序锲而不舍的承诺。在所有关键举措中，最重要的是资源分配，一旦产业赛道确定下来了，就要基于资源、能力、人才等要素擘画发展战略，指导未来的行动。国创中心的发展战略始终紧紧围绕提升自身的核心竞争能力，想尽办法，尽快缩小所追求的远大目标和当前有限能力之间的差距，尽量缩短实现目标的时间。

要有情报意识，摸清发展的环境。情报意识专指人在认识情报信息这一客体过程中对空间结构思维（形象思维、直觉思维）和时间逻辑思维的觉察、调节或控制。情报意识具体表现在日常工作中，首先是一种"敏感"，也可以称之为是"直觉"，比如在调查工作中可以第一时间想到其他人想不到的角度和方法；广义上来说，情报意识也可以是一种很强的学习与模仿能力，即使遇到自己此前并不熟悉的领域知识，都可以自主、自发、有方向地学习与汲取相关知识，迅速攻克难关。随着市场竞争的日益加剧，企业面临的风险挑战逐渐增加，成功与失败往往就在一瞬间，竞争情报自然而然备受企业青睐和广泛关注，成为企业无形资产的重要组成部分。企业通过合法途径，获取技术、市场、产品和服务信息等竞争情报，特别是获得关于竞争对手的重要信息，便可寻找更有影响力的定位、开发更具竞争力的产品、提供更有吸引力的服务，甚至关键时间出手收购对方，达到扩张企业、消灭竞争对手的目的。商场如战场，竞争情报获取也是一场信息战，与商场中的价格战、服务战、品牌战等争夺战一样同样异常激烈。雇佣间谍获得竞争情报是一种违背法律规范的行为，面临法律惩戒的风险，所以更多的还是依靠技术交流报告、互联网资讯、展览会表现、市场调查

31 "1+3+7"高效运营系统的构建

数据等公开信息,从行业地位、竞争格局、关键要素、未来趋势等六个关键问题视角全方位洞察行业(见图31-5),分析整理出有价值的竞争情报信息。

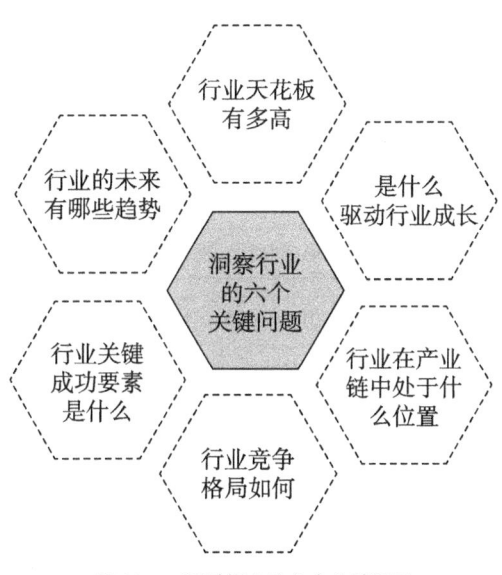

图31-5 洞悉行业的六个关键问题

实干精神是往上攀登的阶梯。实干是最美的语言,业绩是最大的尊严。实干就是积极干、抢着干、努力干、加油干,就是脚踏实地地干、奋勇争先地干、开拓创新地干。实干精神表现为突破陈规、革故鼎新、变革创新、勇于创造的思想观念;表现为自强不息、奋斗不止、锐意进取、大胆探索的精神状态;表现为不甘落后、奋勇争先、开拓前行、追求完美的意识境界;表现为只争朝夕、争分夺秒、立马就干、毫不懈怠的奋斗作风。光说不练假把式,行百里者半九十。一分部署、九分落实。做企业,就是要拿出实实在在的举措,以钉钉子精神全面抓落实,一个节点一个节点地往前推进。没有夜以继日、通宵达旦的奋斗精神,没有苦干、实干、拼命干的坚韧品格,不可能取得科技最前沿的突破,不可能实现对全球对手的超越。夜晚研发大楼常常灯火通明,就说明广大员工才是真正践行自己提出的"把自己逼疯、让客户满意"的最美奋斗者！

管理核心要素的保障见图 31-6。

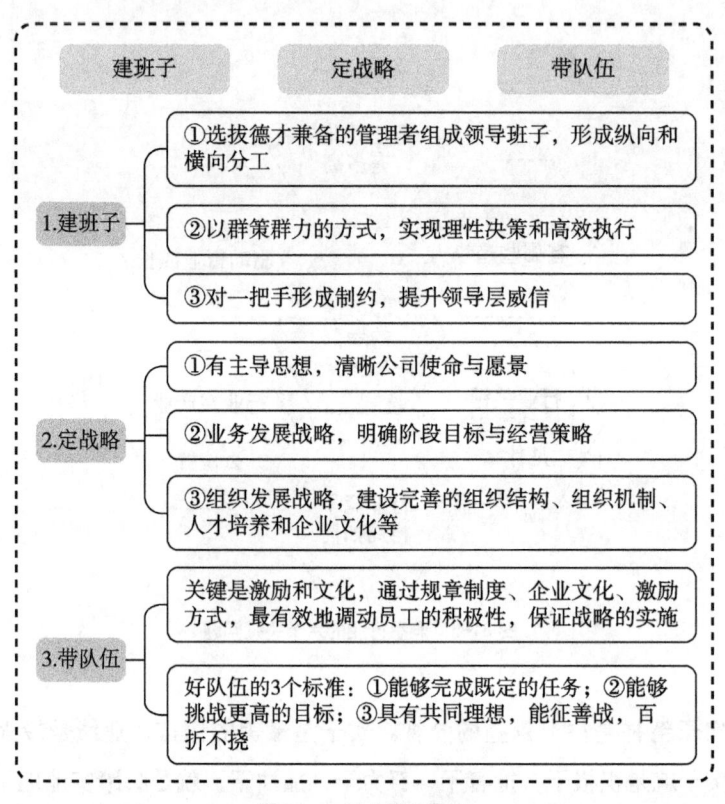

```
┌─────────────────────────────────────────────────────────────┐
│         建班子            定战略            带队伍            │
│                                                             │
│        ┌─ ①选拔德才兼备的管理者组成领导班子，形成纵向和      │
│        │   横向分工                                          │
│  1.建班子├─ ②以群策群力的方式，实现理性决策和高效执行        │
│        └─ ③对一把手形成制约，提升领导层威信                  │
│                                                             │
│        ┌─ ①有主导思想，清晰公司使命与愿景                    │
│  2.定战略├─ ②业务发展战略，明确阶段目标与经营策略            │
│        └─ ③组织发展战略，建设完善的组织结构、组织机制、      │
│            人才培养和企业文化等                              │
│                                                             │
│        ┌─ 关键是激励和文化，通过规章制度、企业文化、激励     │
│        │   方式，最有效地调动员工的积极性，保证战略的实施    │
│  3.带队伍│                                                  │
│        └─ 好队伍的3个标准：①能够完成既定的任务；②能够       │
│            挑战更高的目标；③具有共同理想，能征善战，百       │
│            折不挠                                            │
└─────────────────────────────────────────────────────────────┘
```

图 31-6　三个管理要素

建班子，领导是龙头。领导者最重要的职责就是当老师（教授技能）+做牧师（心理辅导）+架梯子（助其攀登）+搭舞台（给员工表现机会），它好比是一个数字最前面的阿拉伯数字，有了这个大于1的数字，后面带上0才有意义，不然一切都归零……要办成一个永续经营的百年老店，一个有规模的公众企业，需要从制度化、人才聚集、班子建设等方面做准备，核心是要培养一群人，而不是培养一个人。好的领导班子应该1+1>2，而不是1+1<2，这样就可以发挥头雁效应。"小圈子"和"部门墙"是影响经

营团队士气状态的绝症,要坚决杜绝一切可能产生的不和谐因素。

定战略,方向定存亡。什么是企业战略?就是你要干什么业务,规模干到多大,人才资金往哪里投,实质上就是把我们"想做的、能做的、可做的、该做的"想明白,需要的阳光、雨露和空间在哪里,分析清楚环境条件,设计好飞行高度和距离,寻找有比较优势的战略机会(见图31-7)。制定战略时,专业知识并不重要,关键在于摸清基本规律。立意高,才能制定出战略,才可能一步步地按照你的立意去做;立意低,只能蒙着做,做公司等于撞大运。一般我们采取五步法来定战略:确定长远目标、决定大致分几个阶段、当前的目标是什么、选什么道路到达、行进中看要不要调整方向。在制定战略过程中,重点要回答好以下五大战略问题:一是我们的雄心和目标是什么?也就是我们要打赢什么硬仗?我们企业的目的和鼓舞人心的东西是什么?比如做中国化妆品第一品牌,让中国女士更有魅力。二是我们的战场在哪里?也就是我们在哪里打仗?我们选择在哪里竞争?比如:某中国糖果企业要在美国市场销售糖果,在美国市场做知名品牌。三是在我们选择的战场上,我们如何赢得胜利?比如:某中国糖果企业要在美国的节日市场的小众糖果需求上做出大销售和知名品牌。四是我们有什么特别好的禀赋或独特的能力才能赢?五是我们需要拥有怎样的管

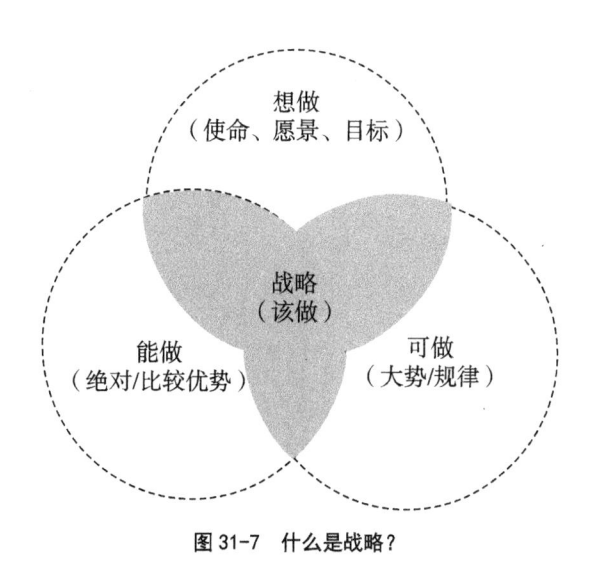

图31-7 什么是战略?

理系统来保持并升级我们的独特能力，以持续支持我们的战略选择？数字经济时代，企业核心竞争力不在于满足需求，而在于为顾客价值创造需求，很多需求是被创造出来的，甚至顾客都不懂这个需求，往往通过技术引领市场需求。面对今天遇到的机遇挑战，需要坚持共生主义、顾客主义和长期主义，抛弃零和博弈和对手逻辑，不把同行当成对手，通过共生逻辑，培育自身的连接与共生的能力和创造新价值空间的能力。

带队伍，团队是关键。带队伍实质上就是三件事：一是如何调动人的积极因素，激励措施是什么？二是光调动是不够的，员工没本事也不行，怎么去培养他。三是怎么能够有序的工作，也就是说，怎么使机器有序地协调，效率高。在工作的时候，特别注意"带人"：事业要做出来，人也要培养出来。这样的做事风格和成事氛围，将逐渐成为一种干事创业的文化。在选拔人才时，除了要求"德才兼备"，更重要的是要把"德"放在第一位。人才的标准，首先是信誉，信誉包含的不仅仅是品德，还有能力与素养。人才是利润最高的商品，人力资本是最大的资本，经营好人才的企业最终才是大赢家。图31-8介绍了团队模型。

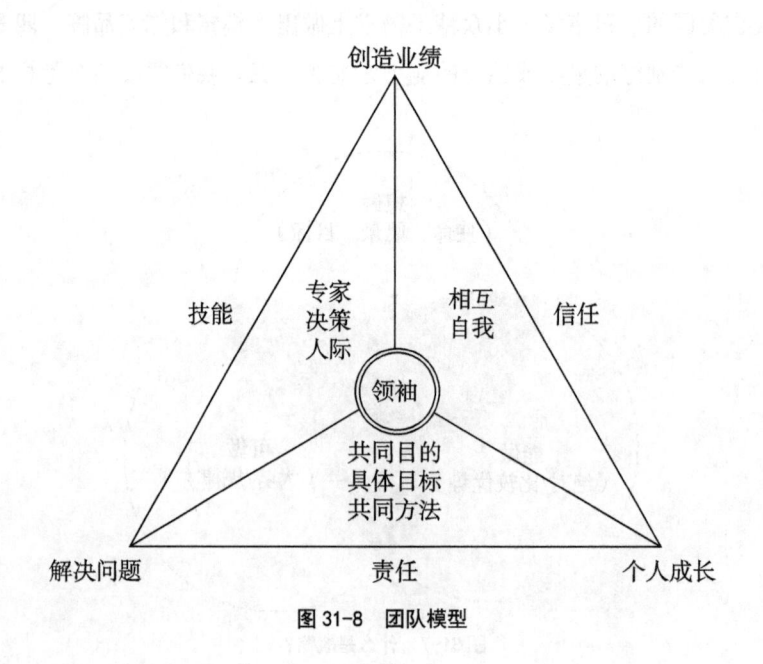

图 31-8 团队模型

定目标，聚焦很重要。目标是计划管理的基准，计划管理通常也被确认为目标管理。目标管理的实现需要三个条件：高层强有力的支持、目标要能够检验、使目标清晰。看画，退到更远的距离，才能看得清楚；退得远点，才能看懂，黑是为了衬托白。这个比喻，时刻提醒要牢牢锚定战略目标，不能做着做着就迷糊了，就游离目标之外了。一个人如果做事情的时候，忘了目的，做着做着就会被过程所驱动。企业家的一个优秀品质就是能够初心不改，意志坚定，不屈不挠，矢志不渝朝着目标奋勇前进。但在具体行动上，则可做到有理想而不理想化，不然很难万事如意。目标与资源两者匹配的关系是计划管理的结果，当所拥有的资源能够支撑目标时，计划管理得以实现；当资源无法支撑目标或者大过目标时，要么浪费资源，要么"做白日梦"。图31-9介绍了覆盖过程领域的管控。

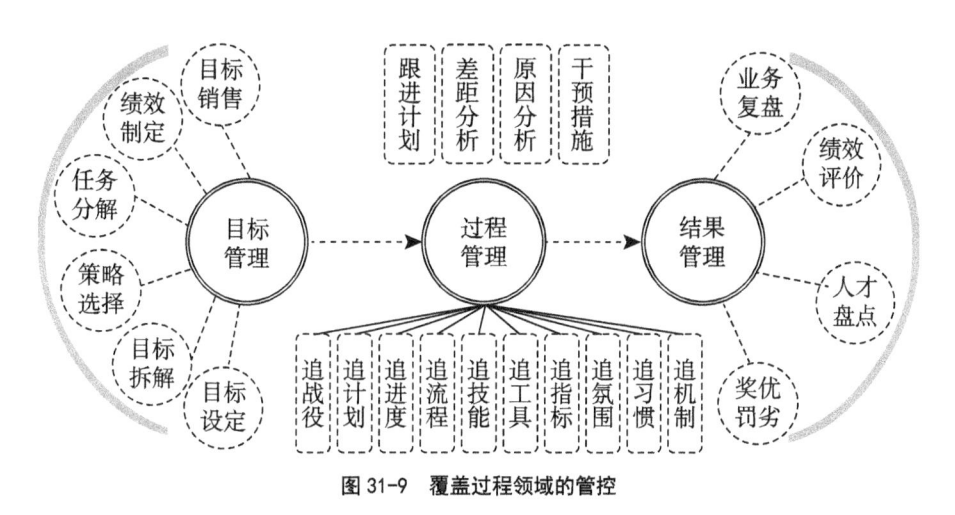

图31-9 覆盖过程领域的管控

建平台，系统是支撑。我们在申报国家先进轨道交通装备创新中心基础上，围绕科研方向和发展重点，先后申报了新能源系统铁路行业工程研究中心、国家技术创新中心（质量与安全）、湖南省智能感知与运维工程研究中心等平台，通过平台来集聚资源、汇聚人才。但这么多平台，牵一发而动全身，必须要有一个系统设计，需要综合考虑方方面面的问题。如果为了解决某个问题而单兵突进，表面上看似解决了，其实其他方面就可能全乱了，进而引起次生问题。这就需要想方设法通过设计一个高效运营系统，让更多的人、更多的业务在这个系统上有序运转，并通过企业文化培育、制度流程固化、长短期绩效激励等措施，让管理团队真正以"主人翁"的心态埋头苦干、狠抓落实、达成目标。

立规矩，制度是戒尺。制度体系和组织手册的管理就是让有权力的人必须负责，负责的人必须有权，让权力与责任处于平衡状态是组织管理要解决的问题。摩根士丹利董事长兼CEO普赛尔说："所谓的企业管理，就是解决一连串关系密切的问题，必须树立健全的规章制度，以便系统地予以解决，否则必将造成损失。"国创中心非常重视建规立制，先后平移了中车株机公司财务管理、技术研发、组织运营等各类制度，并结合运营实际进行修订完善，让全体员工依规办事。但是管理问题归根到底是管理者本人的问题，而不是被管理者的问题。许多管理者虽然一直强调并重视制度化管理，但是他们口中的制度化，仅仅是对员工的约束，从来不包括自己。无情考核、有情关怀，就是要以规范化、科学化的管理为基础，用人情、亲情来进行调整优化。通过制度体系建设，让组织具有赋能的能力、与更多成员共生的能力、跟其他成员协同效率的能力，进而在未来发展中找到属于自身的价值并获得持续成长。

理流程，程序出效率。解决企业效率的问题，流程是关键。但很多人可能把流程看成审批权，而不是把它看成做事情必须要有的分工。流程是什么？简而言之就是一件事（信息）操作要求和流经过程，流程管理的本质就是打破职能习惯，培养系统思维习惯，形成绩效导向的企业文化，解决"人人有事做，事事有人做"的问题，解决"怎么干、谁来干、什么时间完成"等系列问题，使得责任一清二楚，防止扯皮，提高效率。尤其是一些简单劳动，通过严格执行程序和规范，是可以取得好成绩的。比如，上海一家日企的一个绕磁芯工序，熟练女工两分钟一个，日方管理人员不满意，要求达到30秒，女工认为不可能，日方反复优化流程，并挑选两个女工培训了两个小时，结果就达到了目标。当然，流程设计是一个系统工程，必须经过所有关联部门的充分沟通，结合实际工作进行合理化设计，最终形成书面的、规范的、标准的流程，严格按此操作。我们从梳理、诊断、完善采购流程出发，逐步优化各种审批流程、办事流程，做到责权利对等、运转高效。

抓执行，落实是核心。执行的核心就是要推动企业战略规划的落地。企业战略执行落地系统见图31-10。我们根据企业发展战略进行月季年的任务分解，每个月会组织绩效对标与成果发布，进而凝聚战略共识，实施战略解码，开展关键事项督办，寻找问题和差距，并进行复盘迭代与改进，形成一个完整的企业战略执行落地系统，核心目的就是狠抓落实。图31-11介绍了执行体系全流程。当然，一个企业有无执行力，关键看有没有选对人，执行力往往就体现在任用会执行的人身上。比如，一个企业能把会议办得有声有色、井井有条，就能体现执行力。公司制度明确要求，开会不许迟到，不管会议大小，迟到的必须罚站一分钟。从创业到现在，一直坚持贯彻执行。一开始还有人不当回事，后来开会有人迟到，主持人没罚他站，主持人就自己罚站一分钟。

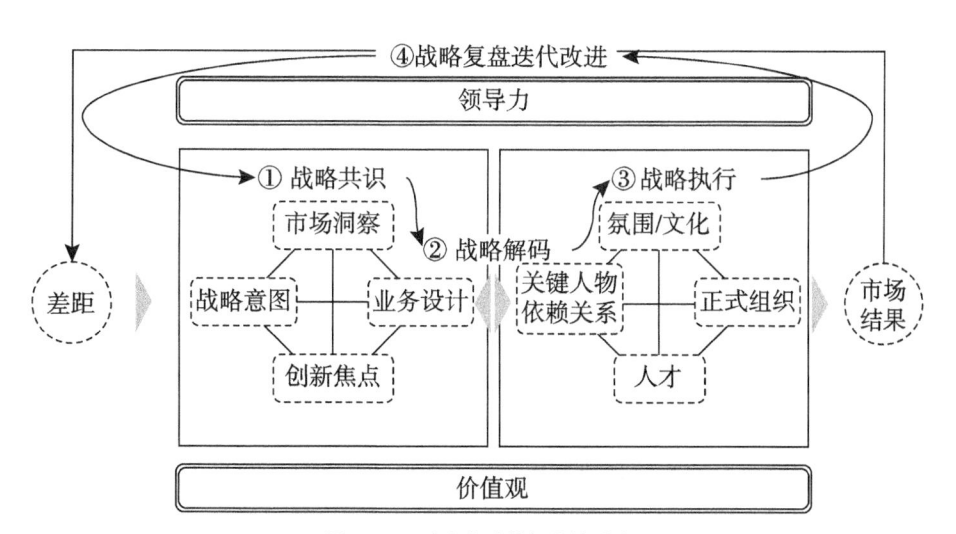

图 31-10 企业战略执行落地系统

```
┌─────────────────────────────────────────────────────────────┐
│                    如何建立执行体系                          │
└─────────────────────────────────────────────────────────────┘
     ┌───────────────────┐              ┌───────────────────┐
     │   过程如何跟踪?    │              │   结果如何考核?    │
     └───────────────────┘              └───────────────────┘

  ┌──────────────┬──────────────┐   ┌─────────────────────────┐
  │  执行跟踪    │  执行结果    │   │  过程跟踪   │ 结果考核  │
  │ ➢业绩跟踪    │ ➢销售业绩完成│   │             │           │
  │ ➢活动跟踪    │ ➢市场活动完成│   ├─────┬─────┬─────┬───┬───┤
  │ ➢用户跟踪    │ ➢品牌传播完成│   │跟踪 │完成 │奖罚 │流程│协同│
  │ ➢渠道跟踪    │ ➢团队建设完成│   │机制 │标准 │体系 │管理│工作│
  │ ➢市场跟踪    │ ➢营销管理完成│   │     │     │     │    │    │
  │ ➢产品跟踪    │ ➢产品开发完成│   │     │     │     │    │    │
  │ ➢品牌跟踪    │ ➢渠道推广完成│   │     │     │     │    │    │
  └──────────────┴──────────────┘   └─────┴─────┴─────┴───┴───┘
```

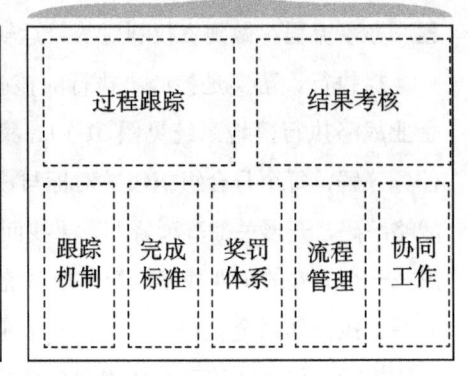

图 31-11　执行体系全流程

　　勤检查，监督要到位。列宁说过，信任固然好，监控更重要。管理需要信任，但是信任不代表放任。如果不监督，放任不管，执行力就是一句空话。企业为什么缺乏执行力？就是因为缺少科学的监督考核机制。既没有人监督，也没有监督方法。IBM公司总裁郭士纳说：如果强调什么，你就检查什么；你不检查，就等于不重视。我们要求中高层团队每周都主动申报周计划，一是让每一位管理者清楚经营团队的工作状态、工作内容及进展；二是用计划牵引的方式，督促经营团队全力推进各项工作。

　　重绩效，考核是保障。任正非说，"提拔一个人，不能仅仅看品德素质这个软标准，还要客观地看绩效和结果"。品德素质评价更多的是凭借印象，跟领导的个人喜好及其对事物认识的局限性有强关联性，但绩效和结果确是实实在在的，不要用言语去回应质疑，只用具体的业绩赢取信任。一个称职的中层干部就是要做好"目标计划、激励指导、公正考评"的绩效管理工作。我们建立了基于战略的绩效考核评价体系，导入了面向市场和制造的IPD科研体系，优化了薪酬管理体系，构建了融合岗位评估、绩效评估和个人评估的 3P 管理系统（见图 31-12），并设置了超额利润提成、科研项目奖励、外部资金奖励等专项奖金，目的就是增强磁场效益，进一步激发团队干事创业激情。

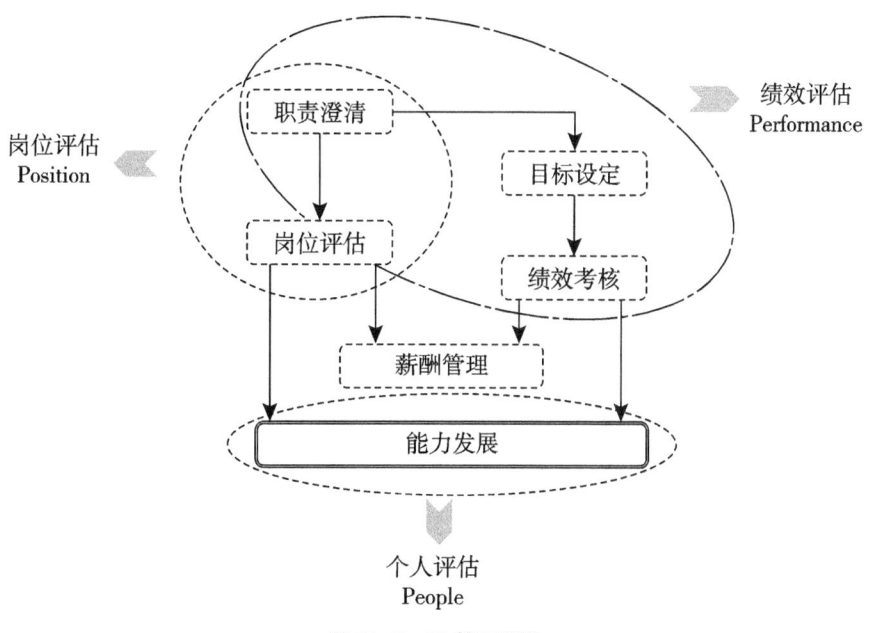

图 31-12　3P 管理系统

国创中心的经营管理始终围绕"带好人、做好事、分好钱"这个主轴，通过构建"1+3+7"运营体系，进一步明晰企业的使命、愿景、价值观和发展战略目标，解决好方向问题；成立混合所有制企业，搭建干事创业的平台，解决好体制机制问题；组建一支年富力强的团队，优化组织架构，解决好动力问题；培育优秀的企业文化，解决好凝聚人心问题；构建绩效管理体系，分好"蛋糕"和利益，解决好聚集人才问题；坚持变革创新，不断自我革新，解决好持续发展与永续经营问题。企业运营管理的核心要素见图 31-13。

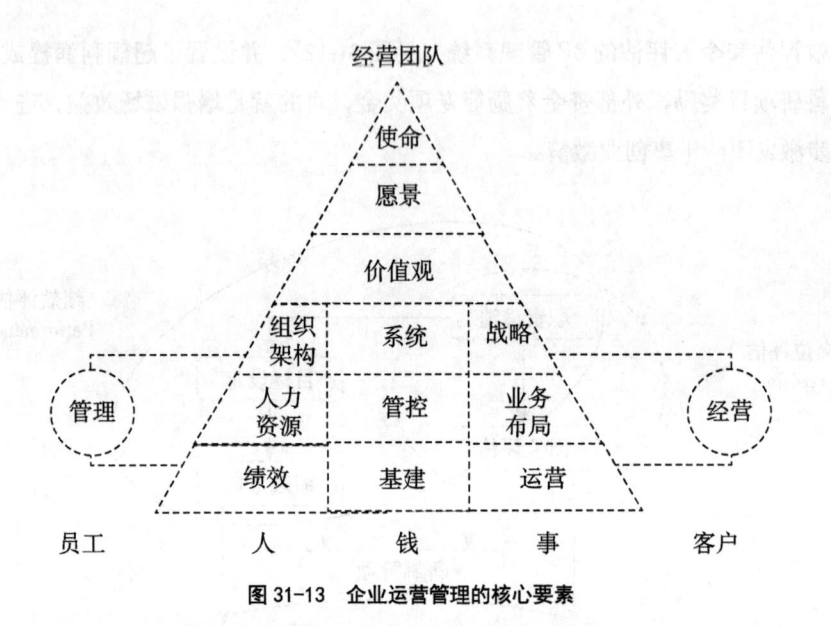

图 31-13 企业运营管理的核心要素

32

展望：打造枢纽型高能级创新平台

当前，我国已开启全面建设社会主义现代化强国的伟大新征程，正朝着第二个百年奋斗目标勇毅前行。党的二十大报告中强调，"必须坚持科技是第一生产力、人才是第一资源、创新是第一动力"，这为我们今后的科技创新工作指明了方向。在新征程上，身处新发展阶段，需要坚持以企业为主体的科技创新催生新发展动能，依靠创新驱动实现内涵式高效增长，推动高质量发展；在新征程上，更好地贯彻新发展理念，首当其冲的就是要坚持把发展的出发点和落脚点放在全面创新上，用改革创新的精神来破解发展过程中遇到的各种难题；在新征程上，加快构建新发展格局，最本质的要求就是要通过创新来实现高水平的自立自强，进一步提升产业链的韧性，实现产业链的自主可控。

国家先进轨道交通装备创新中心作为行业唯一的国家级制造业创新中心，也是湖南省重点支持建设的"三中心"（岳麓山种业创新中心、岳麓山工业创新中心、先进轨道交通装备创新中心）之一，未来不仅是推进和拓展中国式现代化的重要力量，也是全面践行"三高四新"战略定位和使命任务的主要阵地，更是湖南省深入实施创新驱动战略的重大科技创新平台。在过去几年的建设过程中，国创中心深入学习贯彻习近平总书记关于打造国家战略科技力量的重要论述精神，深入实施科技创新和人才强企战略，深刻把握创新制胜工作导向，聚焦关键共性技术重点战略方向，抬头看路、埋头苦干、上接天气、下接地气、凝聚人气，以重大科技攻关和重大科技基础设施建设为主线，以形成原创性、引领性、颠覆性成果为追求，坚持技术创新与管理创新"双轮驱动"、服务国家战略与赋能地方发展"双向发力"，以超常规举措打造人才引领优势、创新策源优势、产业创新优势和创新生态优势，高水平科研成果持续涌现，高能级平台建设稳步推进，高层次人才加速汇聚，开创性、策源性工作扎实起步，开局良好。突出表现在，形成了清晰的发展思路，推出了得力的有效举措，建立了比较稳定的科研队伍，形成了自主创新的科研能力，构建了比较完备的创新体系，开展了平台实体化运行，推出了标志性科研成果，树立了良好的品牌影响力和社会声誉，在体制机制创新上走出了一条独特、高效的路子，实现了"一年打基础、两年出成果、三年有形象"的阶段性目标。

但是，我们也深深感到，虽然曾经有过一些精彩故事和美好回忆，但还有一些工作距离领导要求、社会期望、员工目标等仍有不小的差距，还有很大提升空间，务必清醒看到建设发展过程中存在的问题困难和短板不足，以成为典型标杆为新的奋斗起点，围绕高水平科技自立自强，找准自身发展定位，聚焦公共关键核心技术攻关，寻找着力点切入点创新突破，加快塑造战略体系，持续提升自主创新能力、核心竞争能力和持续发展能力；以优秀高端人才团队为核心，进一步扩大放大比较优势，以宽广的胸襟高举高打，努力建成具有国际影响力的国家级创新中心，成为国家战略科技力量的重要组成部分。

站在历史的新起点，在新型举国体制下，国创中心作为新型研发机构，需要坚持创新理念、变革思维、市场意识和实干精神，采取市场化手段，实施现代化管理，打造适应经济社会发展的2.0版新型研发机构。基于此，我们将不忘初心、牢记使命，坚持"四个面向"，明确战略方向，保持战略定力和发展耐心，抢抓机遇、激发活力，抬高标杆、乘势而上，致广大而尽精微，迅速提升核心能力。同时，积极对接国家重大战略和地方发展需求，进一步明确发展定位，重点突出唯一性和不可替代性，切实加强与科研院所交流合作，专攻擅长领域，抓好实施"四个一"工程

32 展望：打造枢纽型高能级创新平台

(见图 32-1)，奋力推进开放、协同、跨界、融合型高能级创新平台建设，不断创造新业绩、展现新作为；牢牢把握创新驱动发展战略的机遇期，按照"开放协同、跨界融合"的理念，拼搏而不拼凑，加油而不加醋，凝心聚力，奋力拼搏，主动当好服务员、联络员和领航员，积极做好政府和企业的产业智库，向龙头企业"借梯登高"，与中小企业"抱团取暖"，引外部企业"安营扎寨"，更好服务于产业链上下游企业以及世界级产业集群的建设，全力打好"产业基础高级化、产业链现代化"攻坚战，致力于打造国际一流的新型研发机构、国家级创新中心、世界级产业集群，用创新擦亮轮轨上的"国家名片"，让中国动力谷享誉四方、唱响全球。

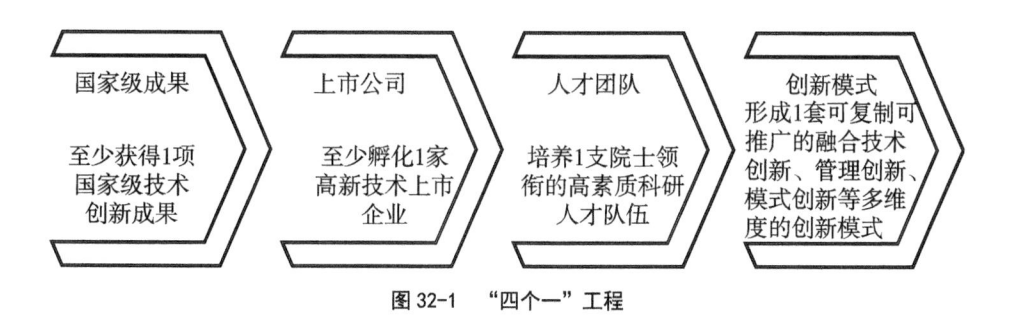

国家级成果	上市公司	人才团队	创新模式
至少获得1项国家级技术创新成果	至少孵化1家高新技术上市企业	培养1支院士领衔的高素质科研人才队伍	形成1套可复制可推广的融合技术创新、管理创新、模式创新等多维度的创新模式

图 32-1 "四个一"工程

打造更多引领性科技创新"硬成果"。心怀"国之大者"，重点围绕新原理、新功能，以"板凳甘坐十年冷"的专注，扎实开展基础研究、原创性研究，重点突破甲醇制储加氢一体化技术、大功率氢燃料发动机技术、复合激光无损清洗技术、远程智能运维技术等；以国家重大战略需求为导向，整合资源、聚集力量开展原创性和引领性技术攻关，坚决打赢关键共性技术攻坚战，实现异形承载碳纤维制造、安全防碰撞、半导体封装测试、隔音降噪等关键共性技术的突破；积极实施产业基础再造工程和重大技术装备攻关工程，积极探索，着力突破单个企业、高校、科研院所没有能力突破的短板和弱项；从国家长远需求和急迫需要出发，突出原创，在关键共性技术攻关上抢占"新赛道"，在前沿引领技术研究上勇闯"无人区"，加快突破一批"卡脖子"技术难题，努力让更多科技成果上"书架"、上"货架",争取在科技创新新赛道中脱颖而出,打造有国际影响力的"国之重器";深入开展专利导航和战略地图分析,搞好一批国际专利战略布局,建设"双创"示范基地和产业孵化基地,加快技术成果转化和产业化应用,树立产品品牌、平台品牌和生态品牌,实现自我造血与持续经营,为实现高水平科技自立自强做出新的更大贡献。

构筑高端科技人才"蓄水池"。党的二十大报告指出,"深化人才发展体制机制改革,真心爱才、悉心育才、倾心引才、精心用才,求贤若渴,不拘一格"。这是对所有用人主体提出的要求。我们将坚持人才是第一资源、战略资源的理念,充分信任人才、尊重人才、善待人才、包容人才,打造优秀英才向往之地;惜才如金、求贤若渴,创新优化人才引育政策体系和服务保障体系,扎实做好平台引才、事业育才、待遇留才的工作,在成果确权、资源共享、知识产权保护、收益共享、人才评价等方面加大改革探索,更好激发科研人员的创造力,确保人才"引得进、留得下、发展得好"。重点发挥创新平台作用,给足"阳光雨露",下大力气引进一批行业优秀人才,梯度培育更多的战略科学家、科技领军人才、青年科技人才、卓越工程师、大国工匠、高技能人才和创新创业团队等,汇聚国内外优质科技力量,壮大国际化科研人才队伍;全力支持青年科技人才学习深造、勇攀高峰,在服务国家战略中不断成就自我,在助力打造世界重要人才中心战略支点上展现更大担当。

建设重大科技基础设施"强磁场"。虽然有平台,但平台还不够,还要努力搞定国家工业设计研究院、国家检测认证机构、国家企业技术中心、国家计量理化中心、国家小巨人企业、国家或省长质量奖等。没有这些,就没有更强的议价权、更大的行业影响力。未来,必须加强与国家重点实验室等创新平台的衔接,强化创新资源的汇聚和共享,整合各方资源,谋划建设极端力能大科学装置、环形铁路试验基地、冰雪风洞实验室等一批新的重大科技基础设施,加快建成开放、协同、共享的大科学装置群,进一步增强原始创新能力,放大重大科创平台的磁场效应,发挥查漏补缺、强基补链的独特作用;统筹参与区域科技创新中心建设,推动科技创新资源要素加速集聚,重点承接或实施一批具有战略性、全局性、前瞻性的国家重大科技项目,整体提升区域和行业科技创新能力,放大行业和区域创新体系整体效能,增强自主创新能力。同时依托国际博览会、中非论坛等交流平台,加强国际科技交流合作,全力构筑对外开放新优势,抢占国际话语权,在服务国家参与全球科技治理上展现更大担当。

做好体制机制改革"加减法"。国创中心是混合所有制企业,如果完全在大股东的管辖范围之内,没有自己的体系,就没有成长的土壤,未来就难以成为参天大树。虽然大树底下好乘凉,但是树下是长不出草的,不能胎死腹中;虽然已经启动科创板上市,但如果没有团队持股、没有三轮融资,就算上市了也不算成功。所以必须向阳而生,聚焦体制机制创新实践,完善创新中心独立运行机制、多元投入盈利机制、柔性招才引智机制、和常态化绩效考核机制,全方位激发科技创新活力;持续深化"高原造峰"发展模式,创新企业治理机制,构建开放协同、富有活力的产业生态,构筑自主创新、整合式创新的制度优势,完善以企业为主体、产学研深度融合的技术创新体系,加速推动科技成果转移转化与推广应用,在探索新型举国体制的实践中展现更大作为;坚持"英雄不论出处、创新不问出路、资历不论深浅",加快建立以创新价值、能力、贡献为导向的科技人才评价体系,优化科技人才发展环境,让科技人才自由张扬个性、充分释放潜能。特别是要尊重科技创新的规律,从政策、资金、人才等要素配置方面进行积极探索实践,赋予科研人员更多的经费使用权和更大的技术路线决定权,让科研人员心无旁骛地安心搞研究、潜心做学问,为科研人员建设创造更大的创新空间和发展平台。与此同时,努力发挥示范引领带动作用,认真总结行之有效的好经验与好做法,形成一套可以复制推广的创新发展模式。

跑出创新链产业链融合"加速度"。充分发挥国家级创新中心的引领作用,促进产业研究院、新型研发机构、中试基地等创新平台,与科技产业社区等创新载体进行有机协同,高效促进各要素在各个环节间的有机联动,构建符合区域创新资源禀赋特色的创新体系;依托行业协会和产业联盟,完善技术转移扩散合作体系,通过共建创新平台、吸引金融资本、创新孵化机制等方式，联合产业链核心企业共同实施、转移孵化一批重大科技项目，打造"基础研究、应用开发、产业培育"互融共生、相互促进的最佳创新生态；坚持把技术创新落到产业上，以应用目标和产业服务为牵引，以科技创新根植于产业沃土为路径，搭建科技创新与产业需求链接、成果嫁接的平台，成为推动产学研深度融合的原动力；扎实推动产业链创新链深度融合、战略新兴产业培育、数字经济高质量发展等一批重大示范工程，进一步提升产业链安全可控和韧性，在支撑制造强国战略上展现更大担当；定期举办轨博会、高峰论坛等重大活动，强化科技战略咨询，增强协作共赢意识，促进资源共享、优势互补，相互点亮，相互滋养；发挥创新平台前沿高地作用，积极参与关键共性技术供给体系和行业创新联合体的建设，打造覆盖"从0到N"的全链条创新体系，层层放大底层动力，推动更多科技成果转化为现实生产力，更好助力产业转型升级，成为创新驱动发展的动力源泉。

回头，我们有一路的故事；低头，我们有坚定的脚步；抬头，我们有清晰的远方。在逐梦的路上，愿你我激情永在、境界常新，朝着不一样的未来——奋进，感召时代的呼唤！奋斗，为了美好的明天！

未来已来，未来可期，我们一直阔步走在创新发展的康庄大道上。擦亮轮轨上的"国家名片"，建设交通强国、制造强国，实现民族伟大复兴，需要弘扬中国高铁精神、改革创新精神，需要一代代人守正创新、踔厉奋发、接续奋斗，用脚步丈量宇宙时光，用眼睛发现山河壮丽，用耳朵倾听世界美好，用内心感应时代脉搏，把对祖国的热爱、事业的追求贯穿科技创新的全过程，在逐梦时空、圆梦理想的征途上发出夺目光彩……

附录 1
创所未创的心路历程

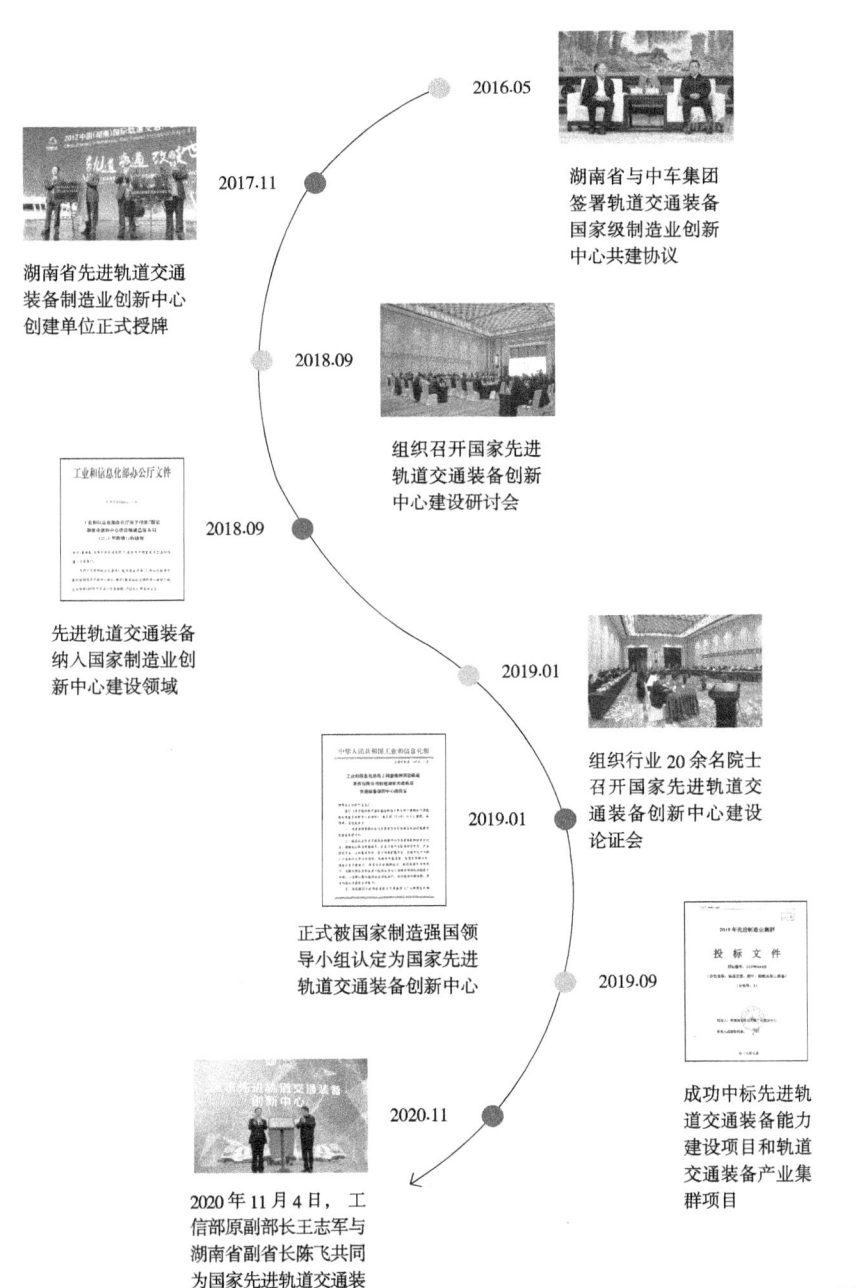

2016.05 湖南省与中车集团签署轨道交通装备国家级制造业创新中心共建协议

2017.11 湖南省先进轨道交通装备制造业创新中心创建单位正式授牌

2018.09 组织召开国家先进轨道交通装备创新中心建设研讨会

2018.09 先进轨道交通装备纳入国家制造业创新中心建设领域

2019.01 组织行业20余名院士召开国家先进轨道交通装备创新中心建设论证会

2019.01 正式被国家制造强国领导小组认定为国家先进轨道交通装备创新中心

2019.09 成功中标先进轨道交通装备能力建设项目和轨道交通装备产业集群项目

2020.11 2020年11月4日，工信部原副部长王志军与湖南省副省长陈飞共同为国家先进轨道交通装备创新中心揭牌

附录 2
国创中心 LOGO 创意来源

　　LOGO 以国家先进轨道交通装备创新中心企业发展理念——"开放、协同、跨界、融合"为设计理念,以轨道交通为基本创作元素,图形创意中融入"太极"图形的融合共生及"方胜"同心的概念,"轨道"图形围合而成的外圆内方的正负图形,体现包容和突破,锐意进取又相互依存,体现科技创新,融合共生,协同发展,生生不息,颜色选取"环保绿""工业蓝",代表"绿色、智能"的发展方向。以全球视野,比肩世界先进轨道交通装备前沿科技,构建产业链、技术链、创新链和价值链,成为推动轨道交通装备领域持续引领的国家中坚力量和国家名片。

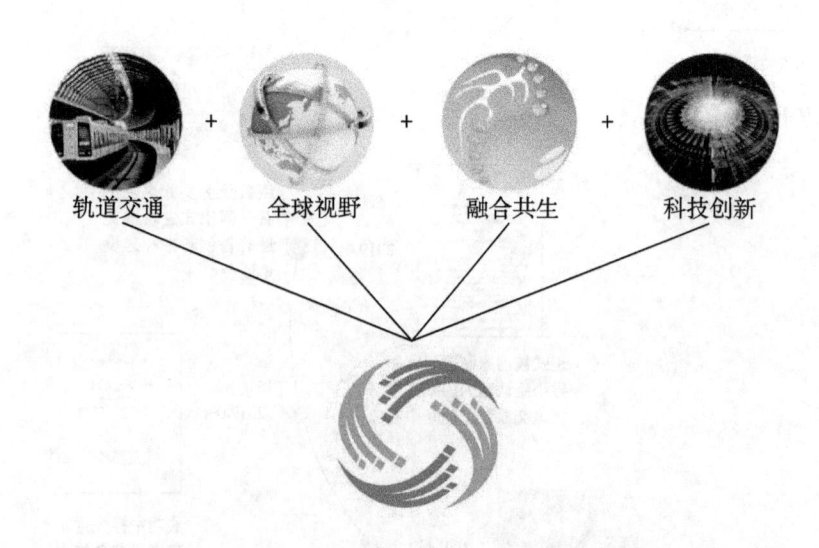

轨道交通 ＋ 全球视野 ＋ 融合共生 ＋ 科技创新

致　谢

　　写到这里，我内心充满感恩、感激、感谢之情。《高能级创新平台实战：守正　创新　笃行》这本书正式出版面世了，本书记载了国家先进轨道交通装备创新中心从设想、创建、申报到建设全过程的点点滴滴，汇集了探索发展过程中有关运营体系构建、团队人才培养、企业文化根植、战略决策思考等方方面面，比较完整地体现了全场景的心路历程。最初筹划这本书时，目的是整理一下相关资料进行汇编以供项目验收和后期查阅。随着材料的逐步完善、逐渐成形，正式出版书籍的念头开始浮出水面。这个念头和动力来自很多方面。不止是完成国家先进轨道交通装备创新中心建设的核心考核指标任务，形成一套可推广、可复制的创新中心建设发展模式。更重要的是，回顾来时路，创新中心从无到有、从有到优、从优到特的过程，不仅仅是一部奋斗史、创新史和创业史，其中的经验弥足珍贵，师长们、同行们、朋友们在不同场合都鼓励我，希望通过整理成册，供人学习借鉴，让更多的人在其中受到启发、受到鼓舞。正是这样的呼声、期许和勉励，于是有了这本书。

　　毋庸置疑，轨道交通装备产业是高端装备领域的国家名片，也是湖南省株洲市的亮丽名片。国家级创新中心、世界级产业集群，看似"忽如一夜春风来"，实则十月怀胎、孕育已久。我们轨道交通装备产业的成功，来源于湖南省株洲市轨道交通装备行业的技术积累、管理积累和人才积累；得益于我们这个区域的政策环境优势、产业链群优势和人才组织优势；归结于面向"产学研用政金商"的"跨领域、全链条、宽赛道"的全社会开放协作与共同奋斗；也离不开国家部委、各级党委政府以及股东单位、联盟单位、社会各界的大力支持，尤其是离不开我们省市领导的运筹帷幄、各级领导的关心指导、"80后"刘友梅院士的举旗助力,以及以傅成骏、李东林、周清和、肖勇民等董事长为代表的企业家朋友们的携手同行。可以说,没有社会各界的关心、指导、支持与奉献,就没有我们的"C位出道"。

本书很多思想理念在探索实践的过程中,得到了刘友梅、干勇、陈晓红、雒建斌、田红旗、丁荣军、翟婉明、卢秉恒、沈保根、丁汉、李卫、钟掘等院士专家的精心指导,对本书的思想形成起了很大作用,让技术创新与管理创新"双轮驱动"战略更加完善,更具操作性和可行性,对此深表谢意!

多年来,书中讲述的理念想法能够得以实践实现、开花结果,离不开股东单位和董事会的关心与支持,给予了创新探索的机会和平台,并提出了许多富有建设性的意见建议,使得创新之路更具智慧、活力与丰富色彩,让我们始终保持"闯"的精神、"创"的劲头、"干"的作风,凝聚向善、向上、向前的磅礴伟力。在此,特别感谢傅成骏、李东林、王巧林、周清和、聂自强、罗崇甫、李铁生、肖勇民、马明星、周述勇、周后葵等股东单位主要领导,以及刘可安、廖洪涛、高殿柱、尚敬等董事会主要成员。

发展是"认识—实践—再认识—再实践"的无穷过程,在认识、建设、提升创新中心的过程中,工信部、省委省政府及市委市政府等相关领导给予了精心指导、发展建议及政策支持,提供了更多的学习、交流与实践机会。在此,由衷感谢莅临国创中心考察指导的王晨、毛伟明、罗文、许达哲、王志军、陈飞、周海兵、曹慧泉、陈恢清、何朝晖、雷绍业、王卫安等各级领导和各位朋友。

本书的撰写得到了国家先进轨道交通装备创新中心的大力支持,尤其是要感谢在书稿形成过程中,彭俊江、陈皓、刘玉宗、张晶福、周晓彤、黄南根、李栎等人,倾注了大量心血,付出了艰辛劳动;本书凝聚了创始团队、经营团队的集体智慧、共同行动和历史积淀,感谢大家的携手同行与一路陪伴。此外,书中很多思想,也深受"家文化"的启发,感谢家人在背后默默的支持,让自己有更多的时间静心思考、反复雕琢。

本书最终成稿,还要感谢在编辑、审稿过程中给了很多反馈和建议的陈晓春、张乐等老师们，让本书更成体系、更具可读性。感谢经济日报出版社同仁们的支持与帮助，让这本书的付梓成为可能，使得这本书能以更好的形式，呈现到更多的读者面前。

感谢选择本书的读者，你们选择本书，是对我们最大的支持。在此，衷心希望你们能喜欢上这本书。如果在阅读本书的过程中，能够得到一些感悟，受到一些启发，甚至产生一些新的创意并付诸行动，那么自己为本书的出版所付出的努力是非常值得的。

我们清楚众口难调的道理，也知道读者朋友们可能会在书中发现一些纰漏，期待读者朋友的来信来电，我们将以开放包容的心态，与您一起探讨其中的想法与思考。在您的关心支持下，让本书从完成到完善、最终争取达到完美。

最后，再一次感谢你在阅读本书的过程中认真"聆听"我们的想法。谢谢！